Transnationale Unternehmensvereinbarungen

Forschung aus der Hans-Böckler-Stiftung **134**

Herausgegeben von der Hans-Böckler-Stiftung, Düsseldorf

Stefan Rüb
Hans-Wolfgang Platzer
Torsten Müller

Transnationale Unternehmensvereinbarungen

Zur Neuordnung der Arbeitsbeziehungen in Europa

Bibliografische Information der Deutschen Nationalbibliothek

Die Deutsche Nationalbibliothek verzeichnet diese
Publikation in der Deutschen Nationalbibliografie;
detaillierte bibliografische Daten sind im Internet
über http://dnb.d-nb.de abrufbar.

ISBN 978-3-8360-8734-6

Umschlaggestaltung: Gaby Sylvester, Düsseldorf. Umschlaggrafik: Iosif Szasz-Fabian – fotolia.com.

Druck: Rosch-Buch, Scheßlitz

Printed in Germany

Inhalt

Vorwort

Diese Studie über die transnationale Vereinbarungspolitik auf europäischer Unternehmensebene hat ihre besondere Vorgeschichte in einem kontinuierlichen Forschungskontext der Forschungsgruppe Europäische und globale Arbeitsbeziehungen an der Hochschule Fulda. Die Forschungsgruppe, die mittlerweile auf fünfzehn Jahre kontinuierlicher Forschungsaktivitäten im Feld transnationaler Arbeitsbeziehungen zurückblicken kann, ist aus der Beschäftigung mit Europäischen Betriebsräten hervorgegangen. Das Startprojekt galt – zwei Jahre nach der 1994 verabschiedeten EU-Richtlinie zur Einrichtung Europäischer Betriebsräte – einer ersten empirischen Erkundung der sich entwickelnden Praxis dieser neuen Institution grenzübergreifender Arbeitsbeziehungen. Weitere Untersuchungen folgten, in denen – wiederum auf der Basis von Unternehmensfallstudien und in einem Mehrländervergleich – die Konstitutionsbedingungen und Entwicklungspotentiale Europäischer Betriebsräte in unterschiedlichen Branchen ausgeleuchtet wurden. Auf dieser breiten empirischen Basis war es uns möglich, einen typologischen Erklärungsansatz zu entwickeln, der zugleich die kontrovers geführte theoretische Debatte über die Handlungs- und Wirkungsmöglichkeiten Europäischer Betriebsräte befruchten sollte. Unter den von uns damals – nur wenige Jahre nach Beginn des Entwicklungsprozesses Europäischer Betriebsräte – herausgearbeiteten Typen befand sich bereits der Typ des beteiligungsorientierten Europäischen Betriebsrats, dessen empirisch beobachtbare Praxis auf eine Verhandlungsorientierung verwies, die über die geregelte Information und Konsultation hinausging.

Mit der vorliegenden Studie kehren wir gleichsam zu den Anfängen unserer Forschungsgruppe, der Beschäftigung mit Europäischen Betriebsräten, zurück. Wir greifen dabei jenen Entwicklungspfad beteiligungsorientierter Europäischer Betriebsräte auf, der angesichts der jüngeren Dynamik transnationaler Unternehmensvereinbarungen vielschichtige neue Fragen aufwirft.

Der Versuch, empirisch fundierte und theoretisch reflektierte Antworten auf diese Fragen zu geben, ist für die Praxis betrieblicher Interessenvertretung wie für die Arbeitsbeziehungsforschung gleichermaßen bedeutsam, da die transnationale Vereinbarungspolitik auf europäischer Unternehmensebene eine neue Etappe in einem längerfristigen Prozess der Europäisierung der Arbeitsbeziehungen markiert.

Die Untersuchung und die vorliegende Publikation wären ohne eine beeindruckende Kooperationsbereitschaft zahlreicher Personen und Institutionen nicht möglich gewesen, denen wir an dieser Stelle unseren herzlichen Dank abstatten möchten.

Großen Dank schulden wir den zahlreichen Gesprächspartnern im Bereich der Europäischen Betriebsräte und des Konzernmanagements, der Gewerkschaften, Arbeitgeberverbände und der EU-Kommission. Sie haben uns bei der Durchführung der Experteninterviews durch ihre Kenntnisse, ihre Erfahrungen und ihre Bereitschaft zu umfassender und offener Auskunft nachhaltig unterstützt.

Dank schulden wir im Zusammenhang der Datengewinnung *Lionel Fulton, Dr. Udo Rehfeldt* und *Dr. Volker Telljohann,* die für uns die Interviews in den in die Falluntersuchungen einbezogenen Ländern Großbritannien, Frankreich und Italien durchgeführt haben.

Wertvolle Anregungen haben wir im Verlauf des Projekts von den Mitgliedern des Projektbeirats erhalten, denen ebenfalls unser großer Dank gebührt.

Schließlich gilt ein herzlicher Dank der Hans-Böckler-Stiftung, die dieses Forschungsvorhaben finanziell ermöglicht hat. Zu guter Letzt möchten wir dem Verlag edition sigma und dessen Verleger, *Rainer Bohn*, für die bewährte professionelle Zusammenarbeit bei der Drucklegung der Forschungsergebnisse sehr herzlich danken.

Fulda, im Juli 2011

Stefan Rüb
Torsten Müller
Hans-Wolfgang Platzer

1 Einleitung

1.1 Gegenstand und Ziele der Untersuchung

Transnationale Unternehmensvereinbarungen sind in den Beziehungen zwischen Konzernmanagement und betrieblicher bzw. gewerkschaftlicher Arbeitnehmervertretung ein noch relativ junges, neuartiges und im Wachstum begriffenes Instrument der Arbeitsbeziehungen und der arbeitspolitischen Regulation jenseits des Nationalstaates. Diesem Prozess der Herausbildung einer europäisch-transnationalen Ebene konzernbezogener Verhandlungen und Vereinbarungen widmet sich diese Studie. Ihr Ziel ist es, das sich öffnende transnationale Terrain von Verhandlungsbeziehungen, das für die die Arbeitsbeziehungs- und Europaforschung bislang noch weithin eine terra incognita darstellt, empirisch zu vermessen und analytisch auszuleuchten.

Auf der Basis von Fallstudien sollen Antworten auf die Frage nach dem interessenvertretungspolitischen Stellenwert, der regulatorischen Reichweite und den Entwicklungspotentialen europäischer Unternehmensvereinbarungen gegeben werden. Unmittelbar damit verknüpft sind Fragen nach den Wechselwirkungen zwischen einer transnationalen Vereinbarungspolitik und den je nationalen Arbeitsbeziehungen sowie nach den Ausstrahlungseffekten dieses neuen Regulierungsansatzes auf das Gesamtgefüge europäischer Arbeitsbeziehungen, das neben der Konzernebene (Europäische Betriebsräte und SE-Vertretungsstrukturen) auch europäisch-sektorale Verbands- und Dialogstrukturen und eine multisektorale Interaktionsebene zwischen den europäischen Dachverbänden der Gewerkschaften und Arbeitgeber umfasst.

Ein entwicklungsgeschichtlicher Blick auf die Europäisierung der Arbeitsbeziehungen zeigt zunächst, dass die 1994 verabschiedete EBR-Richtlinie die beabsichtigte Wirkung einer dynamischen Ausbreitung Europäischer Betriebsräte in europäischen Unternehmen entfaltet und damit – bei gegenwärtig über 950 etablierten Europäischen Betriebsräten[1] – neue institutionelle Strukturen und Akteurskonstellationen in den europäischen Arbeitsbeziehungen hervorgebracht hat. Ein Kennzeichen dieses Prozesses ist allerdings, dass die Kompetenzzuschneidungen zwischen der betrieblichen Vertretungsebene von Arbeitnehmerinteressen und den überbetrieblichen Vertretungsebenen bis dato nicht hinreichend geklärt sind.[2] Diese Frage gewinnt in dem Maße an Bedeutung, in

1 Nach Zahlen des Europäischen Gewerkschaftsinstituts bestehen gegenwärtig (Oktober 2010) 969 Europäische Betriebsräte (ETUI 2010).

2 Die betriebliche Vertretungsebene umfasst die Arbeitnehmer- und Gewerkschaftsstrukturen innerhalb eines Unternehmens oder einer Unternehmensgruppe bzw. eines Kon-

dem eine wachsende Zahl „beteiligungsorientierter Europäischer Betriebsräte" (Platzer/Rüb 1999) den ihr durch die EBR-Richtlinie zugewiesenen Kompetenzrahmen der Information und Konsultation überschreitet und in die Rolle eines Verhandlungs- und Vertragspartners mit ihren zentralen Unternehmensleitungen hineinwächst. Die Verhandlungs- und Vereinbarungspolitik Europäischer Betriebsräte stößt nicht nur in einen (bislang) rechtlich unregulierten, sondern auch interessenvertretungspolitisch weithin ungeklärten Raum vor.

Dementsprechend befasst sich diese Studie mit transnationalen Vereinbarungen, die auf Unternehmensebene geschlossen werden und an deren Zustandekommen und Umsetzung Europäische Betriebsräte beteiligt sind. Ausgeklammert werden Neuverhandlungen und Weiterentwicklungen von EBR-Gründungsvereinbarungen, die sich auf Bestimmungen zu Ressourcen und Rechten der EBR selbst beziehen. Die in dieser Studie analysierten Vereinbarungen kennzeichnen wir als *transnationale Vereinbarungen zweiter Ordnung,* weil sie bereits transnationale Vereinbarungen erster Ordnung, nämlich EBR-Gründungsvereinbarungen, voraussetzen. Diese transnationalen Vereinbarungen zweiter Ordnung befassen sich mit grundlegenden Arbeitnehmerrechten und Kernarbeitsnormen, mit Fragen der Gewinnbeteiligung, mit allgemeinen Prinzipien der Beschäftigungs- und Personalpolitik der Unternehmen, mit Unternehmensrestrukturierungen und ihren Auswirkungen oder mit spezifischen Aspekten der Unternehmenspolitik wie Arbeitssicherheit und Gesundheitsschutz, Aus- und Weiterbildung oder der Nichtdiskriminierung am Arbeitsplatz. Sie umfassen auch Internationale Rahmenvereinbarungen (International Framework Agreements/IFAs), an deren Zustandekommen und Umsetzung Europäische Betriebsräte beteiligt sind.

Im Entwicklungszusammenhang einer transnationalen Vereinbarungspolitik stellen sich an der Schnittstelle zwischen betrieblicher und überbetrieblicher Vertretungsebene von Arbeitnehmerinteressen zur Bearbeitung transnationaler Herausforderungen und unternehmenspolitischer Probleme neue, politisch brisante Fragen, die zugleich eine empirische (Ist-Zustand) wie auch normative Dimension (Soll-Zustand) beinhalten:

- Welche Akteure verhandeln bislang arbeitnehmerseitig bzw. welche sollten verhandeln: die Europäischen Betriebsräte und/oder die betroffenen nationalen Gewerkschaften bzw. die europäischen oder globalen Gewerkschaftsverbände?
- Welche Themen und Materien sind Gegenstand bisheriger transnationaler Konzernvereinbarungen, welche könnten bzw. sollten es künftig sein?

---

zerns. Die überbetriebliche Vertretungsebene bezeichnet die unternehmens- und konzernübergreifend agierenden Gewerkschaftsorganisationen.

- Nach welchem Ablaufschema und in welcher Akteurskonstellation wird mit welchem Mandat verhandelt bzw. sollte künftig aus Gründen der Verfahrenseffizienz und -legitimation – und damit der Sicherstellung einer verbindlichen Umsetzung der Vereinbarung – verhandelt werden? Und schließlich:
- Was sind die Interessen und Motive der Unternehmensleitungen, sich auf transnationale Verhandlungen einzulassen und Vereinbarungen zu schließen bzw. diese ihrerseits anzustoßen?

Eine transnationale Vereinbarungspolitik auf Konzernebene ist insbesondere für die nationalen Gewerkschaften, aber auch für die europäischen und globalen Gewerkschaftsverbände mit besonderen Herausforderungen verbunden. Vor dem Hintergrund einer wachsenden Transnationalisierung der Ökonomie und der Unternehmensstrukturen sind Europäische Betriebsräte nach Zahl und Entwicklungsstand zentrale Akteure, um eine aus politisch-funktionalen Gründen gebotene Transnationalisierung der Arbeitsbeziehungen insgesamt voranzutreiben. Sie sind potentielle Ressourcen und Türöffner einer transnationalen Konzernpolitik der Gewerkschaften. Die Ressource Europäischer Betriebsrat zur Bearbeitung grenzübergreifender arbeits- und unternehmenspolitischer Fragen wird jedoch dann zu einem Problem für die Gewerkschaften, wenn Europäische Betriebsräte Unternehmensverhandlungen aufnehmen und abschließen, ohne die Gewerkschaften einzubeziehen. In diesen Fällen kann die europäische Unternehmensvereinbarung mit nationalen Tarifregelungen, Gewerkschaftsrollen, -identitäten und -interessen kollidieren. Zugleich sind die Interessen und Sensibilitäten der nationalen Gewerkschaften in Europa im Hinblick auf eine EBR-Vereinbarungspolitik je nach den nationalen Arbeitsbeziehungssystemen und -traditionen unterschiedlich gelagert. Hierdurch können in unternehmensbezogenen Verhandlungsprozessen auch Konflikte im zwischengewerkschaftlichen Verhältnis auftreten und Blockaden bei der Weiterentwicklung einer transnationalen Vereinbarungspolitik auf europäischer Unternehmensebene entstehen.

Die möglichen Auswirkungen transnationaler Unternehmensvereinbarungen auf die nationalen Arbeitsbeziehungssysteme werfen im Falle des deutschen dualen Systems der Interessenvertretung insbesondere die Frage auf, ob der zunehmende Dezentralisierungsdruck von innen, also die Verbetrieblichung der Arbeitsbeziehungen, durch Entwicklungstendenzen im transnationalen Raum zusätzlich verschärft wird. Aber auch in Ländern mit anders verfassten Arbeitsbeziehungssystemen, etwa in monistischen Systemen, stellen sich analoge Probleme im Verhältnis einer betrieblichen und überbetrieblichen Handlungslogik der Gewerkschaften sowie im Verhältnis einer nationalen und europäischen Vertretungsebene.

Schließlich wirft die Praxis von Konzernvereinbarungen, die als Internationale Rahmenvereinbarungen angelegt und ausgestaltet sind, die Frage auf, wie

Kompetenz- und Rollenkonflikte zwischen Europäischen Betriebsräten und Globalen Gewerkschaftsverbänden vermieden werden können. Reibungsflächen entstehen dadurch, dass die Globalen Gewerkschaftsverbände Internationale Rahmenvereinbarungen als Instrument gegenüber globalen Konzernen entwickelt haben und die IFA-Politik als ihre originäre Handlungsdomäne betrachten, während gleichzeitig auch eine wachsende Zahl von Europäischen Betriebsräten in die Aushandlung von Internationalen Rahmenvereinbarungen involviert ist und deren Inhalte (die Sicherung fundamentaler Arbeitnehmerrechte und insbesondere der IAO-Kernarbeitsnormen) interessenvertretungspolitisch in eigener Regie zu nutzen versucht.

Zu dieser gesellschaftlichen Sphäre, in der sich die eingangs beschriebenen Entwicklungen vollziehen, tritt im EU-Rahmen eine politische Sphäre hinzu. Auf europäischer Ebene steht durch einen Vorstoß der EU-Kommission im Jahr 2005 die Schaffung eines (optionalen) Rechtsrahmens für transnationale Konzernvereinbarungen auf der politischen Tagesordnung (Jagodzinski 2007; Bé 2008). Auch wenn eine politisch-rechtliche Lösung derzeit (Anfang 2011) ungewiss ist und die bisherige Praxis rein voluntaristischer Arrangements wohl auch die nähere Zukunft prägen wird, kommt durch dieses Regulierungsvorhaben der EU in ersten Umrissen ein shadow-of-the-law-Effekt ins Spiel; und zwar dergestalt, dass sich die Gewerkschaften und Arbeitgeberverbände mit dieser Gesetzgebungsinitative auseinandersetzen müssen und ihr jeweiliger Umgang mit der real sich entfaltenden Vereinbarungspraxis auf eine künftig mögliche Rechtsetzung zurückstrahlen kann.

Denn die europäischen Gewerkschaften waren und sind – jenseits der betrieblichen Dynamik transnationaler Konzernvereinbarungen – nicht zuletzt durch diese politische Regulierungsinitiative der EU-Kommission gefordert, sich in diesem Prozess programmatisch und politisch-strategisch zu positionieren. Der Europäische Metallgewerkschaftsbund (EMB) hat 2006 nach schwierigen internen Verhandlungen (siehe dazu Kap. 3.5) ein Verhandlungsverfahren vorgelegt, dem eine Pionierrolle zugeschrieben werden kann und das mittlerweile in seinen Grundelementen auch von anderen Europäischen Gewerkschaftsverbänden, beispielsweise von EMCEF (2009), EGV-TBL (2007) und UNI-Europa Finanz (2008), übernommen wurde.[3]

Es sind somit drei Verhandlungsräume, die in unterschiedlicher Weise miteinander verflochten sind und interagieren: der europäisch-politische, der europäisch-zwischengewerkschaftliche und der transnational-betriebliche Raum. In

3 EMCEF bezeichnet die Europäische Föderation der Bergbau-, Energie- und Chemiegewerkschaften, EGV-TBL den europäischen Gewerkschaftsverband Textil, Bekleidung, Leder und UNI-Europa Finanz den Finanzdienstleistungszweig der europäischen Regionalorganisation der Fachberufs- und Dienstleistungsinternationalen UNI.

diesen drei Räumen finden Suchprozesse statt, werden Entscheidungen vorbereitet bzw. bereits reale Festlegungen und Vereinbarungen getroffen.

Mithin widmet sich diese Studie einem multidimensionalen, entwicklungsoffenen und politisch umkämpften Prozess, bei dem es im Kern um die Frage geht, ob und wie sich eine neue *Ordnung* transnationaler Konzernarbeitsbeziehungen herausbildet und welche Perspektiven für eine weitergehende Europäisierung der Arbeitsbeziehungen damit verbunden sind.

Die zentrale Ausgangsthese und Arbeitshypothese lautet: Europäische Unternehmensvereinbarungen stellen eine neue Entwicklungsstufe europäischer Unternehmensarbeitsbeziehungen dar. Da mit transnationalen Konzernvereinbarungen ein neues Terrain beschritten wird, wird in jedem Verhandlungsprozess – jenseits der konkreten Regelungsgegenstände – zugleich die Ordnung einer europäischen Vereinbarungspolitik auf Unternehmensebene mitverhandelt; und zwar hinsichtlich der Frage, welche Akteure in den Verhandlungsprozess einbezogen sind und welche (mit oder ohne Vorsatz) ausgeschlossen werden, hinsichtlich der Frage, welche Rolle den Akteuren jeweils zugeschrieben werden soll bzw. ihnen faktisch zuwächst, und hinsichtlich der Frage, welche Verfahrensregeln oder Routinen das Akteurshandeln leiten bzw. welche prozeduralen Arrangements im Vereinbarungsprozess hervorgebracht werden, die dann wiederum eine künftige Ordnung prägen (können).

Eine zweite, den Konzernfokus unterstreichende Annahme lautet: Die Unternehmen sind die zentrale und dynamischste Ebene der Entwicklung transnationaler Arbeitsbeziehungen, da andere, originäre gewerkschaftliche Handlungsdomänen und bipartite Kollektivverhandlungsarenen auf europäischer Ebene begrenzt (sektorale EU-Sozialdialoge) und auf globaler Ebene strukturell weitgehend blockiert sind (zu den sektoralen Arbeitsbeziehungen und Gewerkschaftsaktivitäten auf europäischer und globaler Ebene siehe Platzer/Müller 2009).

Schließlich liegt der Untersuchung die folgende komparative Ausgangsperspektive und Annahme zu Grunde. Das gegenseitige Verhältnis und die Funktionsteilungen zwischen betrieblicher und gewerkschaftlicher bzw. überbetrieblich-tarifpolitischer Vertretungsebene haben sich in den verschiedenen nationalen Arbeitsbeziehungssystemen in unterschiedlicher Weise entwickelt, wofür die Differenzierung in monistische und dualistische Arbeitsbeziehungsstrukturen noch eine zu grobe Unterscheidung darstellt. Die Dynamik transnationaler (insbesondere konzernbezogener) Arbeitsbeziehungen wirft demnach aus der Perspektive nationaler Arbeitsbeziehungsmodelle Fragen der Systemisomorphie auf. Dabei geht es insbesondere um die Frage, ob und inwieweit die sich entwickelnden transnationalen Strukturen und Praxen mit den nationalen Gegebenheiten kompatibel sind bzw. inwieweit ein bestimmtes Transnationalisierungsmuster zur Erosion nationaler Arbeitsbeziehungstraditionen beitragen kann. Bei gegebenen Unterschieden in den nationalen Arbeitsbeziehungssystemen sind die mit einer transnationalen Vereinbarungspolitik verbundenen Diffusionswirkungen auf nationaler Ebene notwendigerweise unterschiedlich gelagert. Dementsprechend ist davon auszugehen, dass es auf Seiten der Akteure zu jeweils unterschiedlichen Problemperzeptionen und Abwägungen zwischen den Transnationalisierungsrisiken und -chancen kommt. Dieser (zumal für die Gewerkschaften) schwierige Abwägungsprozess lässt seinerseits unterschiedliche strategische Festlegungen der Akteure erwarten, die sich zwischen einem eher defensiv-restriktiven und einem offensiv-proaktiven Umgang mit transnationalen Unternehmensvereinbarungen bewegen können.

Angesichts der Komplexität transnationaler Arbeitsbeziehungen mit ihren horizontalen Konfliktlinien zwischen den je nationalen Settings und Akteuren und ihren vertikalen Grenzziehungskonflikten zwischen nationaler, europäischer und globaler Ebene (und hierbei wiederum zwischen betrieblicher und überbetrieblicher Interessenvertretung) können die hier formulierten Annahmen und aufgeworfenen Fragen nur empirisch beantwortet werden. Dies gilt insbesondere hinsichtlich der Frage, ob sich in den Verhandlungsprozessen Strukturmuster herausbilden, die eine gewisse prozedurale Stabilität und mithin eine Ordnung – zumindest in statu nascendi – erkennen lassen.

Die empirische Beobachtung und Beschreibung dieses Prozesses – die Suche nach einer Ordnung transnationaler Konzernarbeitsbeziehungen – erfolgt auf der Basis ausgewählter Fallanalysen. Die Fallstudien sind ihrerseits in einem theoretischen Rahmen verortet. Das Untersuchungsdesign (siehe Kap. 2.3) baut zunächst auf einem von den Autoren bereits an anderer Stelle ausformulierten Konzept eines dynamischen Mehrebenensystems transnationaler Arbeitsbeziehungen auf (Platzer 1998; Müller et al. 2004; Platzer/Müller 2009; Rüb 2009). Des Weiteren wird dieses Mehrebenenmodell mit einem Konzept der „negotiated order“ verbunden, das die diesbezüglichen grundlegenden Arbeiten von Anselm Strauss (1978) aufgreift und auf den Untersuchungsgegenstand zuschneidet. Im Zuge der Operationalisierung dieses Konzepts werden zugleich weitere einschlägige Theoreme und Konzeptualisierungen der Arbeitsbeziehungsforschung aufgegriffen und in das Untersuchungsdesign integriert.

Die Untersuchung konzentriert sich auf den Metallsektor, dem aus zwei Gründen eine exemplarische Bedeutung für die Analyse der eingangs aufgeworfenen Fragen zukommt. Er ist der Sektor mit den meisten transnationalen Konzernvereinbarungen, die zudem eine breite Palette von Regelungsgegenständen aufweisen, und er ist der Sektor, in dem die Gewerkschaften im Rahmen des Europäischen Metallgewerkschaftsbundes (EMB) erstmals ein Verfahren zur Steuerung von Verhandlungsprozessen entwickelt haben, das die Eigendynamik und Naturwüchsigkeit betrieblicher bottom-up-Prozesse mit einem gewerkschaft lichen top-down-Verfahren einzufangen und an die Prärogative gewerkschaftlicher Kollektivvertragshoheit zurückzubinden versucht.

1.2 Zur Entwicklungsdynamik transnationaler Konzernvereinbarungen

Bereits die quantitativen Entwicklungen und die Wachstumsdynamik transnationaler Konzernvereinbarungen lassen erkennen, dass es sich hier um einen politisch bedeutsamen Prozess handelt, der die wissenschaftliche Aufmerksamkeit verdient.

In Anbetracht einer nach Form und Inhalt breiten Palette von Vereinbarungen und einer die Diskussion prägenden Begriffsvielfalt sind zunächst definitorische Festlegungen erforderlich. Wir verstehen unter einer europäischen Vereinbarungspolitik alle unternehmensbezogenen Vereinbarungsaktivitäten, an denen Europäische Betriebsräte, Europäische Gewerkschaftsverbände oder eine Koalition nationaler Gewerkschaften aus mehreren europäischen Ländern beteiligt waren. Als transnationale Unternehmensvereinbarungen bezeichnen wir alle auf Unternehmensebene ausgehandelten transnationalen Texte, die von Repräsentanten des Unternehmens und der Belegschaften unterzeichnet sind. Neben Kollektivvereinbarungen im engeren, tradierten Sinne fallen hierunter auch gemeinsame Stellungnahmen oder Erklärungen, die von den Verhandlungsparteien explizit unterhalb des rechtlichen Niveaus einer Vereinbarung gehalten wurden.

Verlässliche und vollständige Zahlen zum Verbreitungsgrad einer europäischen Vereinbarungspolitik auf Unternehmensebene liegen nicht vor. Die umfassendste Bestandsliste wurde im Auftrag der EU-Kommission erstellt, die seit 2005 öffentlich zugängliche transnationale Unternehmensvereinbarungen sammelt und analysiert. Zur weiteren Erfassung, Auswertung und Informationsbereitstellung via Internet hat die EU-Kommission die Entwicklung einer Datenbank transnationaler Unternehmensvereinbarungen in Auftrag gegeben. Ihre Bestandslisten erfassen für den Zeitraum bis Herbst 2009 insgesamt 96 Unternehmensvereinbarungen mit globaler und 83 mit europäischer Reichweite (European Commission 2008a/2009).[4]

Die globalen Vereinbarungen schließen die von den Globalen Gewerkschaftsverbänden anerkannten und unterzeichneten Internationalen Rahmenvereinbarungen ein. 84 der 91 in diese Auswertung einbezogenen globalen Vereinbarungen wurden insgesamt, 63 ausschließlich von Gewerkschaften unterschrieben. 82 der 84 gewerkschaftlich unterzeichneten Vereinbarungen wurden von

4 In den Listen enthaltene Vereinbarungen erster Ordnung blieben ebenso unberücksichtigt wie unilaterale Texte, an deren Zustandekommen Vertreter der Arbeitnehmerseite beteiligt waren.

Tab. 1: Arbeitnehmerseitige Vertragspartner globaler und europäischer Unternehmensvereinbarungen

	europ. Vereinb.	globale Vereinb.	europ. Vereinb.	globale Vereinb.	europ. Vereinb.	globale Vereinb.
	betriebl. Gremien		Gewerkschaften			
Unterzeichner	61	28	27	82		
davon ausschließlich	47	7	14	63		
	WBR		GUF		global	
Unterzeichner	0	4	0	82	0	82
davon ausschließlich	0	0	0	23	0	23
	EBR		EGV		europäisch	
Unterzeichner	61	22	21	12	72	27
davon ausschließlich	47	7	3	0	60	8
	nat. ANV		nat. Gew.		national	
Unterzeichner	1	2	14	39	15	39
davon ausschließlich	0	0	3	0	3	0

Eigene Erhebung aus Bestandslisten der EU-Kommission (European Commission 2008a/ 2009)

einem oder mehreren Globalen Gewerkschaftsverbänden allein (23) oder mit unterzeichnet (davon 35 gemeinsam mit nationalen Gewerkschaften). Ein Europäischer Gewerkschaftsverband hat in 19 Fällen unterzeichnet. 28 Vereinbarungen tragen die Unterschrift betrieblicher Gremien (Weltbetriebsrat, EBR, nationale betriebliche Arbeitnehmervertretung), sieben davon ausschließlich die Unterschrift eines EBR. In 15 weiteren Fällen unterzeichnete der EBR gemeinsam mit den Gewerkschaften. Die Vereinbarungen tragen in 27 Fällen die Unterschrift eines Europäischen Betriebsrats oder eines Europäischen Gewerkschaftsverbands. Die Beteiligung von EBR an globalen Unternehmensvereinbarungen dürfte aber bei weitem höher liegen. So kommt Dehnen aufgrund einer Inhaltsanalyse globaler Vereinbarungen zu dem Ergebnis, dass EBR in 43 Fällen an der Verhandlung und Verabschiedung globaler Unternehmensvereinbarungen beteiligt oder in deren Umsetzung involviert sind (Dehnen 2010). Zudem sind EBR darüber hinaus an Verhandlungen globaler Vereinbarungen beteiligt, ohne in den Vereinbarungen selbst explizit Erwähnung zu finden.

Im Gegensatz zu globalen Unternehmensvereinbarungen tragen 61, d.h. die überwiegende Mehrheit der in die Auswertung einbezogenen 75 europäischen Unternehmensvereinbarungen die Unterschrift des EBR und in 47 Fällen wurden die Vereinbarungen ausschließlich von einem EBR unterzeichnet. Dagegen sind nur 27 Vereinbarungen von Gewerkschaften mit- und davon wiederum nur 14 ausschließlich von diesen unterschrieben.

Für den Metallsektor als dem dynamischsten Sektor einer konzernbezogenen transnationalen Vereinbarungspolitik ergibt sich folgendes Bild:

Die 37 bisher im Metallsektor unterzeichneten europäischen Unternehmensvereinbarungen (siehe Tab. 2) lassen sich grob in zwei Phasen von 2000 bis 2005 und von 2006 bis 2010 untergliedern. Während rein quantitativ im Zeitverlauf die Zunahme von Vereinbarungen weitgehend konstant verläuft (16 Vereinbarungen in Phase eins und 21 Vereinbarungen in Phase zwei), unterscheiden sich die beiden Phasen in qualitativer und politischer Hinsicht. In der Phase zwischen 2000 und 2005 konzentrierten sich die Abschlüsse europäischer Unternehmensvereinbarungen auf die Unternehmen Ford und GM Europe (13 von 16). Bei den Regelungsgegenständen dominierte das Thema Restrukturierung (elf von 16).

Im Gegensatz dazu kam es in der Phase von 2006 bis 2010 zu einer Ausweitung der Unternehmen, in denen europäische Unternehmensvereinbarungen unterzeichnet wurden. So verteilen sich die 21 in der zweiten Phase abgeschlossenen Vereinbarungen auf zehn verschiedene Unternehmen. Zugleich differenzierten sich die in den Vereinbarungen abgedeckten Themenbereiche weiter aus. Der Anteil der Restukturierungsvereinbarungen ging von knapp zwei Drittel auf gut ein Drittel zurück. Themen wie Chancengleichheit, Antizipation von Veränderungen oder Personalentwicklung kamen neu hinzu.

Generell ist zu beobachten, dass Europäische Betriebsräte bei allen (nachstehend aufgelisteten) Vereinbarungen im Metallsektor in die Initiierung und Durchführung der Verhandlungen involviert waren bzw. sind. Diese „überschießende" EBR-Praxis, d.h. eine über Informations- und Konsultationsrechte hinausgreifende Erweiterung des Handlungsfeldes, die quantitative Ausweitung europäischer Unternehmensvereinbarungen auf eine wachsende Zahl von Unternehmen und die qualitativ-thematische Ausdifferenzierung der Verhandlungsgegenstände unterstreicht unsere Ausgangsannahme, dass Europäische Betriebsräte sich zu einem zentralen Akteur der europäischen Arbeitsbeziehungen auf Unternehmensebene entwickeln und die europäische unternehmensbezogene Vereinbarungspolitik – bottom-up – vorantreiben und ihnen deshalb bei der Gestaltung dieser Vereinbarungspraxis eine erhebliche Bedeutung zukommt.

Der hier einleitend unternommene Versuch, auf der Basis öffentlich verfügbarer Daten den Entwicklungsprozess einer transnationalen konzernbezogenen Vereinbarungspolitik zahlenmäßig zu erfassen und in seinen unterschiedlichen

Tab. 2: Europäische Unternehmensvereinbarungen in der Metallindustrie

Unternehmen	Jahr	Regelungsinhalt
Ford	2000	Restrukturierung: Separation of the Ford Visteon Organisation
Ford	2000	Restrukturierung: Transfer of the Ford Manual Transmission Activities into a Joint Venture with Getrag
GME	2000	Restrukturierung: Ausgliederung eines Aktivitätsbereichs in ein Joint Venture mit Fiat
GME	2001	Restrukturierung: Olympia-Projekt
GME	2001	Restrukturierung: Sicherung des Standorts Luton
Ford	2002	Restrukturierung: Transfer of the European Ford Customer Operations to Vastera Ltd.
Ford	2002	Restrukturierung: Ausgliederung eines Aktivitätsbereichs in ein Joint Venture mit Getrag (Ergänzung zur 2000er Vereinbarung)
GME	2002	europaweite soziale Mindeststandards/CSR
Usinor	2002	Arbeitssicherheit und Gesundheitsschutz
Ford	2003	europaweite soziale Mindeststandards/CSR
Ford	2003	Restrukturierung: Ausgliederung der Visteonstandorte (Ergänzung zur 2000er Vereinbarung)
Arcelor	2004	Arbeitssicherheit und Gesundheitsschutz
EADS	2004	Gewinnbeteiligung
Ford	2004	Restrukturierung: Einführung und Umsetzung eines Restrukturierungsprojekts
GME	2004	Restrukturierung: konkrete Modalitäten
Ford	2005	Restrukturierung: Neuaufteilung der europäischen Entwicklungsaktivitäten
EADS	2006	Verfahren zur Information und Konsultation im Rahmen der Globalisierung
Daimler	2006	lokale Information und Konsultation: europaweite Mindeststandards
Daimler	2006	Personalanpassung: Grundsätze
Areva	2006	Chancengleichheit
GME	2006	Restrukturierung: Schließung des Werks in Azambuja
Daimler	2007	Restrukturierung: Ausgliederung Vertrieb
GME	2007	Restrukturierung: Zukunft der Astra-Produktion
GME	2007	Restrukturierung: Zukunft des Standorts Antwerpen
SchneiderElectric	2007	Antizipation von Veränderungen
EADS	2008	Gewinnbeteiligung
Ford	2008	Restrukturierung: Neuaufteilung der globalen Entwicklungsaktivitäten
ABB	2009	Personalentwicklung/soziale Mindeststandards/Personalanpassung: Grundsätze

→

Tab. 2: (Fortsetzung)

Unternehmen	Jahr	Regelungsinhalt
ArcelorMittal	2009	Antizipation von Veränderung
EADS	2009	Gewinnbeteiligung
GME	2009	Restrukturierung: konkrete Modalitäten
Thales	2009	Personalentwicklung Grundsätze
Alstom/Schneider Electric	2010	Restrukturierung: Übernahme des Geschäftsbereichs T&D von Areva durch Schneider und Alstom
Areva	2010	Chancengleichheit (Ergänzung zur 2006er Vereinbarung)
GME	2010	Restrukturierung: konkrete Modalitäten
GME	2010	Gewinnbeteiligung
Thales	2010	Personalentwicklung

Eigene Erhebung

kategorialen Ausprägungen zu systematisieren, dürfte insofern kein vollständiges Bild der gesamten Wachstumsdynamik bieten, als von einer Dunkelziffer transnational wirksamer Vereinbarungen und Arrangements in weiteren Unternehmen auszugehen ist, die aus unterschiedlichen Gründen nicht öffentlich dokumentiert sind. Diese Annahme gründet zum einen darauf, dass die Daten zu einem beträchtlichen Teil aus gewerkschaftlichen Quellen stammen. In diesem Fall ist aber davon auszugehen, dass der gewerkschaftliche Organisationsgrad die Verlässlichkeit der Daten beeinflusst. Je geringer die organisatorischen und informatorischen Vernetzungen zwischen der betrieblichen und gewerkschaftlichen Ebene sind, desto wahrscheinlicher sind – auch im Falle transnationaler Aktivitäten von betrieblichen Vertretungsorganen – unvollständige oder fehlende Rückkopplungen an die Gewerkschaften und desto begrenzter sind wiederum deren Steuerungsmöglichkeiten im Bereich einer transnationalen Unternehmenspolitik. Im Branchenvergleich bestehen aber erhebliche Unterschiede der gewerkschaftlichen Organisationsgrade in den Unternehmen. Hinzu kommt der Faktor Unternehmensgröße, der mit Blick auf die gewerkschaftliche Verankerung in den Betrieben und die informatorische Vernetzung gleichfalls bedeutsam ist. D.h. in kleineren, gleichwohl transnational strukturierten Unternehmen (die dann auch über einen Europäischen Betriebsrat verfügen können) sind die gewerkschaftlichen Betreuungsmöglichkeiten der betrieblichen Arbeitnehmervertretungen in der Regel schwieriger und meist auch geringer als in den die Branche dominierenden Großkonzernen. Auch in diesem Unternehmensfeld ist von realen transnationalen Vereinbarungspraxen auszugehen, die sich einer öffentlichen Dokumentation oder einer verlässlichen Rückkopplung an die Gewerkschaften entziehen. Schließlich gründet die Annahme einer Dunkelziffer europäischer Unternehmensvereinbarungen darauf, dass die betrieblichen Arbeitsbeziehungen vielfach auch informelle Absprachen und Arrangements umfassen, die faktisch wirksam sind, ohne als förmliche Vereinbarung (öffentlich) in Erscheinung zu treten.

Wie in der einführenden Problembeschreibung gezeigt wurde, erschließt die hier vorliegende Studie ein relativ junges Feld transnationaler Arbeitsbeziehungen und ein neues Instrumentarium der betrieblichen Interessenvertretung. Diese Entwicklungen sind für die gegenwärtige und künftige Praxis der Betriebs- und Tarifparteien von ebenso großer Relevanz wie für die sozialwissenschaftliche Forschung, die sich mit Fragen der Europäisierung der Arbeitsbeziehungen befasst. Die empirische Untersuchung will Einsichten in Triebkräfte und Konstellationen ermöglichen, die diese gegenwärtige Entwicklungsphase – auch vor dem Hintergrund eines historisch längerfristigen Prozesses der Europäisierung der Arbeitsbeziehungen – prägen. Der Prozess selbst wird mittels eines theoretischen Konzepts strukturiert, das erste generalisierbare Einordnungen und systematisierende Schussfolgerungen ermöglicht. Dabei sind der Generalisierbarkeit der Befunde Grenzen gesetzt, die nicht nur der oben skizzierten Problematik einer unvollständigen Datenlage zur quantitativen Verbreitung einer transnationalen Vereinbarungspolitik geschuldet sind, sondern die bereits methodologisch im fallstudienbasierten Untersuchungsansatz und im Branchenfokus begründet sind.

Im nachfolgenden Teil 2 wird ausgehend von einer Auseinandersetzung mit dem derzeitigen Forschungsstand zunächst der theoretische Rahmen und Untersuchungsansatz vorgestellt, dem sich eine Analyse der strukturellen Rahmenbedingungen europäischer Unternehmensverhandlungen (Teil 3) anschließt. Mit dem Aushandlungsprozess und der inhaltliche Ausgestaltung des EMB-Verfahrens zum Umgang mit transnationalen Unternehmensverhandlungen wird ein für den Metallsektor zentrales Strukturmoment empirisch detailliert nachgezeichnet (Kap. 3.5). Im Zentrum der empirischen Analyse stehen Fallstudien, in denen die europäische Vereinbarungspolitik in insgesamt zehn Unternehmen rekonstruiert wird (Teil 4). Dabei wird ein facettenreiches Bild transnationaler Unternehmensverhandlungen sichtbar. Im Schlussteil der Untersuchung (Teil 5) werden aus einem Quervergleich der Fallstudien die zentralen Verhandlungsmuster, Konfliktstrukturen und Entwicklungsachsen einer transnationalen Vereinbarungspolitik herausdestilliert und abschließend im Lichte der theoretischen Prämissen der Untersuchung und der Leitfrage – auf dem Weg zu einer verhandelten Ordnung? – bewertet.

2 Theoretischer Rahmen und Untersuchungsansatz

2.1 Zum Stand der Forschung

Eine unternehmensbezogene Vereinbarungspolitik durch Europäische Betriebsräte ist in der Arbeitsbeziehungsforschung schon seit längerem ein Ansatzpunkt für die Reflexion aktueller und potentieller Entwicklungsmuster und Akteursrollen Europäischer Betriebsräte in einem sich entwickelnden europäischen Arbeitsbeziehungssystem (Müller/Hoffmann 2001: 104ff.). Dabei werden in einem europessimistischen Szenario substantielle EBR-Vereinbarungen als Ausdruck eines europäischen Unternehmenssyndikalismus gewertet, der zu einer weiteren Schwächung nationaler Arbeitsbeziehungen beitragen könnte, indem er Tochterunternehmen europäischer Konzerne aus nationalen oder sektoralen Kollektivvertragssystemen herauslöst und dadurch nationale Verbetrieblichungstendenzen verstärkt (Keller 1996/2007; Schulten 1996). In einem optimistischeren Szenario könnten dagegen durch Gewerkschaften forcierte und kontrollierte EBR-Vereinbarungen zu qualitativen Themen zugleich den Nukleus für die Entwicklung eines umfassenden europäischen Kollektivverhandlungssystems darstellen (Eller-Braatz/Klebe 1998). Europäische Betriebsräte bilden in diesem Szenario keine unternehmensbezogenen europäischen Inseln national fragmentierter Arbeitsbeziehungen, sondern das dezentrale Element eines mehrstufigen, integrierten europäischen Arbeitsbeziehungssystems, bei dem Mikro-, Meso- und Makro-Ebene ineinander greifen und Gewerkschaften und Europäische Betriebsräte eng miteinander verzahnt sind (Lecher et al. 1998).

Die Feststellung von Carley (2001: 1), dass die empirische EBR-Forschung der Frage einer (möglichen) Verhandlungsrolle von Europäischen Betriebsräten bislang noch nicht in systematischer Weise die gebührende Aufmerksamkeit geschenkt habe, trifft – sieht man von einzelnen Fallstudien (beispielsweise da Costa/Rehfeldt 2007; Haipeter 2006; Weinert 2007) und Auswertungen von Vereinbarungstexten (Carley 2001; Pichot 2006) ab – noch immer zu.

In einer von Waddington durchgeführten Befragung gab etwa ein Viertel aller in die Erhebung einbezogenen EBR-Mitglieder an, eine transnationale EBR-Vereinbarung abgeschlossen zu haben (Waddington 2006: 565). Dieser erstaunlich hohe Prozentsatz lässt aber keinen unmittelbaren Rückschluss auf den tatsächlichen Verbreitungsgrad von verhandelnden und Vereinbarungen schließenden Europäischen Betriebsräten zu. Zu vermuten ist, dass die Erhebung größere und aktive EBR tendenziell überbewertet, da bei aktiven EBR ein höherer Rücklauf angenommen werden kann. Zugleich enthält die Befragung einen Hinweis darauf, dass „EBR-Aktivitäten weg von den ‚weichen' Themen hin zu solchen umschwenken, die größere Bedeutung für den Arbeitsvertrag haben" (ebd.). Waddington macht dies daran fest, dass sich einige Vereinbarungen, die zumeist jüngeren Datums sind, mit Themen wie Sondervergütung, Bezahlung nach Leistung und Arbeitszeit befassen. Dies deutet im Übrigen darauf hin, dass die oben genannte Liste der EU-Kommission, in der solche Themen keine Rolle spielen, nicht vollständig ist. Für Waddington gewinnen angesichts der wachsenden Zahl transnationaler Vereinbarungen zwei Fragen an Relevanz:

> „Werden sich, erstens, die Gegenstände transnationaler Vereinbarungen weitgehend von Themen, die die Arbeitsbedingungen von Arbeitnehmern direkt beeinflussen, abgrenzen lassen? Und zweitens, in welchem Verhältnis stehen von den EBR geführte Verhandlungen langfristig zu Tarifverhandlungen?" (Ebd.)

Die Fähigkeit zur Einschätzung der quantitativen Entwicklungsdynamik verhandelnder und Vereinbarungen schließender Europäischer Betriebsräte setzt ein besseres Verständnis der spezifischen Bedingungsfaktoren einer Vereinbarungspolitik durch Europäische Betriebsräte voraus. Dabei lassen sich – neben akteursspezifischen Faktoren wie die Entwicklung von Arbeits-, Kommunikations- und Netzwerkstrukturen der EBR-Mitglieder untereinander sowie hin zu den je nationalen und lokalen Arbeitnehmervertretern und den Gewerkschaften (Lecher et al. 1998, 1999) – eine Reihe von strukturellen Faktoren benennen, die die Entstehung einer Vereinbarungspolitik Europäischer Betriebsräte begünstigen; dazu zählen ein geringer Diversifizierungsgrad der Unternehmen, eine transnational verteilte und zugleich integrierte Produktionsorganisation, eine europäische Managementstruktur, die mit der Struktur des Europäischen Betriebsrats korrespondiert, sowie eine Strategie des Managements, den Europäischen Betriebsrat aktiv für die eigenen Zwecke zu nutzen (Müller et al. 2001; Hall et al. 2003; Marginson et al. 2004; Marginson/Sisson 2004; Arrowsmith/Marginson 2006; Léonard et al. 2007).

Haipeter und da Costa/Rehfeldt kommen in ihren Fallstudienuntersuchungen zur EBR-Vereinbarungspolitik bei General Motors und Ford zu folgenden Ergebnissen. Nach Haipeter haben fünf Bedingungsfaktoren dazu geführt, dass sich der Europäische Betriebsrat von General Motors zu einem wirkungsvollen Verhandlungsgremium entwickelt hat:

1) die Herausbildung einer europäisch-integrierten Managementstruktur,
2) der Aufbau umfassender Parallelproduktionen,
3) Lernprozesse der EBR-Mitglieder,
4) der außereuropäische Konzernsitz und
5) die Konflikthaftigkeit der Unternehmensarbeitsbeziehungen (Haipeter 2006: 623).

Da Costa und Rehfeldt stellen in ihrer Untersuchung der beiden Pionierfälle einer EBR-Vereinbarungspolitik im Bereich Restrukturierung (Ford und General Motors) auf folgende den Pionierstatus begründende Bedingungsfaktoren ab:

1) die traditionelle Stärke der Gewerkschaften in der Automobilindustrie, die sie in vieler Hinsicht zu einer Vorreiterin innovativer Arbeitsbeziehungsarrangements sowohl auf nationaler als auch auf transnationaler Ebene (z.B. im Bereich Weltbetriebsräte) gemacht hat,
2) der hohe gewerkschaftliche Organisationsgrad in diesem Sektor verbunden mit starken Arbeitnehmervertretungsstrukturen,
3) der außereuropäische Konzernsitz und
4) die starke Konzentration der Beschäftigten auf Deutschland, wodurch den verhandlungserfahrenen deutschen Arbeitnehmervertretern der EBR-Vorsitz zufiel und sie eine Schlüsselfunktion bei der Entwicklung einer transnationalen Gewerkschaftsstrategie spielten (da Costa/Rehfeldt 2007: 315f.).

Ein weiteres Forschungsfeld, in dem die transnationale Vereinbarungspraxis mit und durch Europäische Betriebsräte eine Rolle spielt, ist die Verhandlung und Vereinbarung Internationaler Rahmenvereinbarungen. Bei den bisher existierenden Untersuchungen in dem noch relativ jungen Forschungsfeld der Internationalen Rahmenvereinbarungen stehen insbesondere Fragen der Verbreitung und der Reichweite dieses Regulierungsinstruments, die Bedingungsfaktoren, die zum Abschluss einer Internationalen Rahmenvereinbarung führten, sowie die Umsetzungsproblematik im Vordergrund (siehe z.B. Tørres/Gunnes 2003; Fichter/Sydow 2008; Papadakis 2008; Schömann et al. 2008; Telljohann et al. 2009). Die Frage der Reichweite und Wirkungskraft von Internationalen Rahmenvereinbarungen sowie verschiedene Mechanismen zu deren Umsetzung und Überwachung war auch der zentrale Untersuchungsfokus der vereinzelt existierenden Fallstudienuntersuchungen (Wills 2002; Riisgaard 2004; Hellmann 2007).

Der konkrete Prozess der Aushandlung von Internationalen Rahmenvereinbarungen, insbesondere die darin angelegten arbeitnehmerseitigen Konfliktlinien zwischen betrieblicher und gewerkschaftlicher Interessenvertretungsebene, bleibt in der bisherigen Forschung zu Internationalen Rahmenvereinbarungen jedoch stark unterbelichtet. Obwohl verschiedene Autoren (z.B. Miller 2004; Brandl 2006; Stevis/Boswell 2006) die Frage nach dem Verhältnis von betrieblicher und überbetrieblich-gewerkschaftlicher Interessenvertretungsebene bei der Aushandlung von Internationalen Rahmenvereinbarungen und die Frage nach den potentiellen Auswirkungen einer verstärkten Ausbreitungsdynamik auf nationale Arbeitsbeziehungssysteme problematisieren, besteht ein zentraler Bedarf an einer systematischen fallstudienbasierten empirischen Aufarbeitung dieser Fragestellungen.

Das Verhältnis von überbetrieblich-gewerkschaftlicher und betrieblicher Interessenvertretung bei der Entwicklung Europäischer Betriebsräte ist zwar Teil vieler empirischer Untersuchungen, wurde aber bislang nicht umfassend und systematisch untersucht (Weinert 2007: 7). In einem diesbezüglichen Aufsatz reflektiert Knudsen unter Rückgriff auf Ergebnisse der empirischen EBR-Forschung das widersprüchliche Verhältnis von Europäischem Betriebsrat und Gewerkschaften (Knudsen 2003). Er kommt zu dem Ergebnis, dass Europäische Betriebsräte zwar das Potential hätten, genuine Gewerkschaftsgremien auf transnationaler Ebene zu werden, da Europäische Betriebsräte mehrheitlich von Gewerkschaftern dominiert würden, dass jedoch zugleich die interne Uneinigkeit der nationalen Gewerkschaften untereinander hinsichtlich der Rolle von EBR und die Angst einiger nationaler Gewerkschaften, diese Gremien könnten außer Kontrolle geraten, die Entwicklung einheitlicher Gewerkschaftsstrategien für Europäische Betriebsräte verhinderten (ebd.: 164).

Was die Vereinbarungspolitik Europäischer Betriebsräte betrifft, haben wir bereits in einer früheren Untersuchung auf die Ambivalenz substantieller EBR-Vereinbarungen hingewiesen.

> „Ein dergestalt produzierter ‚europäischer Mehrwert' wäre aus nationaler gewerkschafts- und tarifpolitischer Sicht (...) dann ambivalent, wenn die konzernbezogene europäische Verhandlungslösung konzern-, unternehmens- oder betriebsbezogene Verbesserungen um den Preis einer tendenziellen Abkopplung vom nationalen Tarifsystem erbrächte. Sie wäre dann dysfunktional, wenn unter bestimmten, konzernspezifischen Handlungszwängen verhandelte arbeits- oder tarifpolitische Regulierungen zur Erosion oder Absenkung nationaler Standards führten. Der beteiligungsorientierte EBR könnte aber auch eine treibende Kraft für interessenvertretungs- und gewerkschaftspolitische europäische Handlungsperspektiven sein, die über den einzelnen Konzern hinausgehen. Verhandlungen in einzelnen (strategischen) Konzernen könnten arbeits- und tarifpolitische Pilotfunktion haben. Sie können des Weiteren Anstöße geben, die zu Verhandlungen im Rahmen der sektoralen Sozialdialoge auf europäischer Ebene führen." (Lecher et al. 2001: 204)

Das Europäische Gewerkschaftsinstitut sieht ebenfalls in substantiellen EBR-Vereinbarungen eine bedeutende Herausforderung für die europäischen Gewerkschaften.

> „Even though the listed subjects regulated by substantive agreements clearly invade the traditional domains of trade unions, the latter have been involved in negotiating and signing less than 20% of the texts. The resolution of this emerging conflict of competence between the EWCs and the trade unions already now poses and will continue to represent a major challenge not only for the EWCs but also for trade unions and their organisations on the European level." (ETUI-REHS 2007: 89)

Jagodzinski und die Ales-Gruppe konstatieren ein Konfliktpotential einer unternehmensbezogenen Vereinbarungspraxis hinsichtlich unterschiedlicher Akteure (EBR/Gewerkschaften) und unterschiedlicher Verhandlungsebenen (national/ europäisch, unternehmensbezogen/sektoral), ohne aber zu klären, inwieweit bereits heute real vorfindbare Konflikte beobachtbar sind (Jagodzinski 2007: 327; Ales et al. 2006).

Weinert zieht aus der unternehmensbezogenen Vereinbarungspolitik bei General Motors Europe, die er unter einer gewerkschaftspolitischen Perspektive fallanalytisch bearbeitet hat, den Schluss, dass im Falle transnationaler Restrukturierungen eine enge Zusammenarbeit zwischen Europäischem Gewerkschaftsverband, in diesem Fall dem EMB, und Europäischem Betriebsrat eine unabdingbare Voraussetzung für den Erfolg gewerkschaftlicher Gegenmaßnahmen sei, da beide wechselseitig und arbeitsteilig aufeinander angewiesen seien. Dem Europäischen Betriebsrat komme dabei die Rolle des Verhandlungspartners mit der Unternehmensleitung, den Gewerkschaften die Rolle des Organisators gewerkschaftlicher Gegenmaßnahmen zu (Weinert 2007: 49).

Hinsichtlich der Rückwirkungen auf die nationalen Arbeitsbeziehungen insgesamt (Tarifverhandlungsebenen, Bedeutung überbetrieblich-kollektiver Vereinbarungspraxis, Rolle der Gewerkschaften und Arbeitgeber) können eine Erhöhung der Zahl und politischen Substanz von EBR-Vereinbarungen unterschiedliche, tendenziell problematische Wirkungen entfalten. Interessanterweise finden sich in der Literatur Bedrohungsszenarien sowohl für Länder mit dualistischen als auch für Länder mit monistischen Arbeitsbeziehungssystemen. Für dualistische Systeme mit Flächentarifverträgen, wie z.B. in Deutschland, ist das gängige Argument, dass von EBR geschlossene transnationale Unternehmensvereinbarungen die Herausbildung supranationaler mikrokorporatistischer Arrangements begünstigen und damit den vorhandenen Trend zur Dezentralisierung weiter verstärken (Keller 1996/2007; Schulten 1996). Für monistische Systeme, wie z.B. in Großbritannien, wird die Gefahr solcher Vereinbarungen im Wesentlichen darin gesehen, dass erstens EBR als standortübergreifende Repräsentationsstrukturen auch gewerkschaftlich nicht organisierte Arbeitnehmer umfassen können und damit das gewerkschaftliche Monopol zur Vertretung der Beschäftigten („single channel representation") bedrohen und dass zweitens verhandelnde EBR eine Parallelstruktur zu traditionell existierenden Verhandlungsstrukturen auf nationaler Unternehmensebene darstellen und damit potentiell die Verhandlungskompetenz der Gewerkschaften untergraben oder im Extremfall ersetzen (Wills 1998; Fulton 1998).

2.2 Der fallstudienbasierte Untersuchungsansatz

Der skizzierte Forschungsstand zeigt, dass sich die wissenschaftlichen Diskussionen über die Bedingungen und Folgen einer transnationalen Vereinbarungspolitik noch vielfach auf der Ebene theoretischer Spekulationen (im Sinne von „educated guesses") bewegen, während die Basis gesicherter empirischer Erkenntnisse weiterhin vergleichsweise dünn ist. Diesem Umstand trägt diese Studie in ihrem empirischen Zuschnitt und ihrer methodischen Anlage Rechnung.

Den empirischen Kern der Untersuchung bilden zehn Unternehmensfallstudien, die dokumentenanalytisch und empirisch-qualitativ mittels Experteninterviews mit an den Verhandlungen beteiligten Akteuren erschlossen wurden. Im Zentrum der Betrachtung stehen sieben Fallstudien einer europäischen Vereinbarungspraxis im Metallsektor. Diesen empirischen Fokus erweiternd wurden je eine Fallstudie zur globalen Vereinbarungspraxis im Metallsektor sowie zur europäischen Vereinbarungspraxis im Chemie- und Dienstleistungssektor durchgeführt. Erstere soll die Raumdimension (europäisch versus global) beleuchten. Letztere sollen die Erkenntnisse über die Entwicklungen im Metallsektor unter einem kontrastiven transsektoralen Blickwinkel ergänzen und dabei Hinweise auf die Frage liefern, ob und inwieweit ein sektoral unterschiedlich gelagerter Verbandseinfluss, insbesondere die entsprechenden gewerkschaftlichen Strategien, die Entwicklung unternehmensbezogener Vereinbarungspraxen beeinflusst. Um einen Überblick über die Gesamtentwicklung der konzernbezogenen Vereinbarungspolitik im Chemie- und Dienstleistungsbereich zu gewinnen und die diesbezüglichen gewerkschaftlichen Einschätzungen und Strategievorstellungen zu ermitteln, wurden Experteninterviews mit Vertretern der nationalen Gewerkschaften und Europäischen Gewerkschaftsverbände in den beiden Sektoren durchgeführt. Hinsichtlich einer globalen Vereinbarungspolitik im Metallsektor einschließlich der Politik des Internationalen Metallgewerkschaftsbundes (IMB) wurde auf Interviewmaterial und Ergebnisse früherer Forschungsarbeiten zurückgegriffen (Platzer/Müller 2009; Rüb 2009).

Die Experteninterviews, die im Metallsektor auf nationaler und europäischer Gewerkschaftsebene durchgeführt wurden, galten zunächst gleichfalls der Ermittlung gewerkschaftlicher Einschätzungen hinsichtlich des Gesamtprozesses und der in den Fallstudien untersuchten Unternehmen. Des Weiteren wurden in diesen Experteninterviews Informationen und Einschätzungen ermittelt, die eine Rekonstruktion der Genese der 2006 verabschiedeten EMB-Verfahrensleitlinien zur Steuerung von Konzernverhandlungen ermöglichte. Dieses EMB-Verfahren, das als Pionierprojekt im Feld transnationaler Unternehmensvereinbarungen gelten kann, wird in unserem Untersuchungsansatz als eigenständiger zwischengewerkschaftlicher Verhandlungsraum gefasst (vgl. Kap. 3.5).

Zur Einschätzung des Entwicklungsstandes und der Perspektiven des optionalen Rechtsrahmens – der in unserem Untersuchungsansatz gleichfalls einem Verhandlungsraum, in diesem Falle dem europäisch-politischen Entscheidungsgefüge, zugeordnet wird – wurden neben der Auswertung von Dokumenten Interviews mit Vertretern der Dachverbände der Gewerkschaften (DBG, EGB) und Arbeitgeber (BDA, Businesseurope) sowie der EU-Kommission geführt (vgl. Kap. 2.2).

Forschungspraktisch wurden in einer ersten Erhebungsphase zunächst die Experteninterviews mit den Vertretern der nationalen und europäischen Gewerkschaften durchgeführt, in deren Vertretungsbereich die Fallstudien angesiedelt sind, um ein möglichst umfassendes Gesamtbild transnationaler unternehmensbezogener Vereinbarungspolitik und der damit verbundenen Herausforderungen zu erhalten. Zugleich diente diese Erhebungsrunde einer Vorklärung der Fallauswahl. Der Fallauswahl liegen die folgenden Kriterien zugrunde:

(1) Es wurden nur solche Fälle einbezogen, in denen ein Europäischer Betriebsrat als transnationaler „betrieblicher" Akteur am Zustandekommen und der Umsetzung der transnationalen Vereinbarung beteiligt war.
(2) Die Fallauswahl sollte der vergleichenden Perspektive mit den einbezogenen Ländern Deutschland, Frankreich, Italien, Großbritannien Rechnung tragen. Die Unternehmen wurden so gewählt, dass der EBR-Sitz und relevante Konzernteile in diesen Ländern angesiedelt sind.[1]
(3) Die Fallauswahl erfolgte des Weiteren so, dass sie sowohl die Auslotung von Rollenkonflikten und Kompetenzüberlappungen als auch die Rekonstruktion gelungener bzw. „modellhafter" Zusammenarbeit zwischen betrieblichen und gewerkschaftlichen Akteuren ermöglichte.
(4) Schließlich sollten sowohl Fälle europäischer Unternehmensverhandlungen in die Untersuchung einbezogen werden, die zeitlich vor und nach der Verabschiedung des EMB-Verhandlungsverfahrens angesiedelt waren.

Die Empirie der Fallstudien basiert neben der Analyse der Vereinbarungstexte und zugänglicher untersuchungsrelevanter Dokumente auf leitfadengestützten Interviews mit einem Spitzenvertreter des EBR, dem für den EBR europaweit zuständigen gewerkschaftlichen Koordinator sowie dem verantwortlichen Managementvertreter. Die Interviews in den einbezogenen Vergleichsländern wurden jeweils von nationalen „Korrespondenten", die als wissenschaftliche Experten mit den länderspezifischen Bedingungen vertraut sind, durchgeführt.

---

1 Im Metallsektor findet sich kein Unternehmen mit einer europäischen Vereinbarungspolitik, bei dem sich der Sitz des EBR in Großbritannien oder Italien befindet. Deshalb wurde im Finanzdienstleistungsbereich auf ein Unternehmen mit italienischem EBR-Sitz zurückgegriffen. Bei den gewählten zehn Fällen ist der Sitz des EBR in sieben Fällen in Deutschland, in zwei Fällen in Frankreich und in einem Fall in Italien.

Die in die Unternehmensfallstudien einbezogenen Länder Deutschland, Frankreich, Italien und Großbritannien repräsentieren unterschiedliche Grundmodelle der Arbeitsbeziehungen mit verschiedenen Gewerkschafts- und Kollektivverhandlungstraditionen:[2]

- das Modell der kontinentaleuropäischen Sozialpartnerschaft mit selbstbewussten und mitbestimmungs- und verhandlungserfahrenen Betriebsräten bei einer rechtlich definierten Grenzziehung zwischen den betrieblichen und gewerkschaftlichen Vereinbarungskompetenzen (Deutschland);
- das Modell der romanischen Polarisierung mit einer im Bereich der Unternehmen auf Informations- und Konsultationsmöglichkeiten beschränkten Struktur von Betriebsausschüssen ohne Verhandlungsmandat, das allein den (vielfach konkurrierenden) Gewerkschaften zukommt (Frankreich);
- das Modell der romanischen Polarisierung, das sich allerdings vom französischen Modell durch seine monistische Vertretungsstruktur betrieblicher Arbeitsbeziehungen unterscheidet (Italien);
- schließlich das Modell des angelsächsischen Pluralismus mit einem fragmentierten, dezentral-betrieblichen Kollektivvertragssystem und einem gewerkschaftlichen Verhandlungsmonopol im Unternehmen, bei erstmaligen Erfahrungen mit betrieblichen Informations- und Konsultationsgremien infolge der Umsetzung der EU-Richtlinie (2001) zur nationalen Information und Konsultation (Großbritannien).

Die Länderauswahl trägt zugleich dem Faktum Rechnung, dass den Arbeitsbeziehungsakteuren dieser Länder ein großes Gewicht bei der Entwicklung europäischer Arbeitsbeziehungen zukommt. Dies gilt insbesondere für die Metallgewerkschaften der vier ausgewählten Länder hinsichtlich der Strategiebildung im EMB. Die EMB-Mitgliedsgewerkschaften dieser Länder stellen zusammen genommen gut die Hälfte der zahlenden Mitglieder des EMB. Da die Stimmenzahl in den Entscheidungsgremien des EMB an die Zahl der zahlenden Mitglieder gekoppelt ist, besitzen sie eine bedeutende Position in den Entscheidungsgremien des EMB.

Schließlich spielen im Metallsektor vor allem die Länder Frankreich und Deutschland im Zusammenhang dieser Untersuchung dahingehend eine zentrale Rolle, dass die Mehrzahl aller abgeschlossenen Vereinbarungen Konzerne betrifft, die ihren europäischen Beschäftigtenschwerpunkt und EBR-Sitz in den beiden Ländern haben, wodurch bei transnationalen Verhandlungen *Stammlandeffekte* zu erwarten sind, die von den Arbeitsbeziehungskulturen dieser Länder geprägt sind.

---

2 Nach Ebbinghaus/Visser (1997: 336) lassen sich folgende vier Modelle der Arbeitsbeziehungen in Westeuropa unterscheiden: nordischer Korporatismus, kontinentaleuropäische Sozialpartnerschaft, angelsächsischer Pluralismus und romanische Polarisierung.

Die Länderauswahl ist aber letztlich auch begrenzten Forschungsressourcen geschuldet, da sie mit Blick auf die Arbeitsbeziehungsmodelle den Typus des skandinavischen Korporatismus ausklammert und auch kein Vergleichsland Mittelosteuropas mit wiederum spezifischen Arbeitsbeziehungsstrukturen (vgl. Kohl/ Platzer 2004/2007) einbezieht.

Die komparative Perspektive fließt ausschließlich in die konkreten Fallstudien ein, während eine grundlegende Analyse der je nationalen Kräfteverhältnisse und Entwicklungstendenzen in den betrieblichen und überbetrieblichen Arbeitsbeziehungen weitgehend ausgeblendet bleiben muss.

2.3 Das Untersuchungsdesign

Das Untersuchungsdesign basiert auf drei strukturierenden Zugängen und der Verknüpfung der nachstehend beschriebenen theoretischen und konzeptionellen Elemente. Wir greifen zunächst auf das von uns bereits an anderer Stelle entwickelte dynamische *Mehrebenenkonzept europäischer Arbeitsbeziehungen* zurück, das den Ebenen-, Akteurszusammenhang und die Interdependenz der miteinander verflochtenen und sich überlappenden Ebenen sichtbar macht und dadurch das Untersuchungsfeld zu strukturieren vermag (Unterkapitel 2.3.1). Die zu untersuchenden Verhandlungsprozesse verorten wir wiederum in *Verhandlungsräumen,* die innerhalb des Mehrebenengeflechts europäischer Arbeitsbeziehungen aufgespannt sind (Unterkapitel 2.3.2). Schließlich ziehen wir das insbesondere auf Anselm Strauss zurückgehende *Konzept der verhandelten Ordnung* (Strauss 1978) zur Analyse der Verhandlungsprozesse heran und schneiden es – erweitert um spezifische Kategorien und Theoreme der Arbeitsbeziehungsforschung – auf den Untersuchungsgegenstand zu (Unterkapitel 2.3.3). In den beiden nachfolgenden Unterkapiteln werden schließlich mit dem Verhandlungskontext (Unterkapitel 2.3.4) und dem strukturellen Kontext (Unterkapitel 2.3.5) zwei zentrale Elemente des Konzepts der verhandelten Ordnung auf den Untersuchungsgegenstand hin spezifiziert und operationalisiert.

2.3.1 Europäisches Mehrebenensystem der Arbeitsbeziehungen

Verhandlungen auf europäischer Unternehmensebene sind in einen multidimensionalen Rahmen eingebettet, der sich als transnationale Mehrebenenstruktur und -politik der Arbeitsbeziehungen beschreiben lässt (Platzer 1998/2002; Müller et al. 2004: 38ff.).

Dieses Mehrebenengefüge transnationaler Arbeitsbeziehungen ist komplex und dynamisch. Es ist komplex, weil zur historisch gewachsenen, funktional-instititutionellen Mehrebenenstruktur, die sich von der betrieblichen Mikroebene der Arbeitsbeziehungen über die Mesoebene der Branchen bis zur branchenübergreifenden Makroebene aufbaut, eine territorial-räumliche Mehrebenenstruktur hinzukommt, die von der lokalen/nationalen über die europäische bis zur transregionalen/globalen Ebene reicht. Dieses Mehrebenensystem ist zugleich dynamisch, weil es einem permanenten Veränderungsprozess unterworfen ist, bei dem sich die Interdependenzen zwischen den Raumdimensionen und Funktionsebenen verändern (können) und die Gewichtungen zwischen den Interaktionen und Akteursrollen verschieben (können).

Diesem Mehrebenenkonzept folgend lassen sich, wie in Tabelle 3 dargestellt, analytisch neun Arenen der Arbeitsbeziehungen unterscheiden. Diesen neun Arenen lassen sich wiederum spezifische Akteure der Arbeitsbeziehungen – Arbeitnehmerorganisationen auf der einen, Unternehmen und Arbeitgeberverbände auf der anderen Seite – zuordnen. Da Marktprozesse und das Verhältnis

Tab. 3: Handlungsebenen und Akteure im Rahmen eines transnationalen Mehrebenenkonzepts der Arbeitsbeziehungen

	unternehmensbezogen	branchenbezogen	branchenübergreifend	politisch-staatlich
national/lokal	*nationale/lokale Unternehmensebene:* betriebliche Arbeitnehmer-/Gewerkschaftsvertretungen — nationale bzw. lokale Unternehmensleitung	*nationale Branchenebene:* Nationale Branchengewerkschaften — nationale Branchenverbände der Unternehmen	*national-branchenübergreifende Ebene:* Nationale Gewerkschaftsdachverbände — nationale Arbeitgeberverbände	*nationale politisch-staatliche Ebene:* nationale staatliche Stellen mit Zuständigkeit für die Arbeitswelt
europäisch	*europäische Unternehmensebene:* Europäische Betriebsräte (EBR) — europäische Unternehmensleitung	*europäische Branchenebene:* Europäische Gewerkschaftsverbände (EGV) — europäische Branchenverbände der Unternehmen	*europäisch-branchenübergreifende Ebene:* Europäischer Gewerkschaftsbund (EGB) — europäische Arbeitgeberverbände	*europäische politisch-staatliche Ebene:* EU-Instanzen mit Zuständigkeit für die Arbeitswelt
global	*globale Unternehmensebene:* Weltbetriebsräte (WBR) — zentrale Unternehmensleitung	*globale Branchenebene:* Globale Gewerkschaftsverbände (GUF) — globale Branchenverbände der Unternehmen	*global-branchenübergreifende Ebene:* Internationaler Bund Freier Gewerkschaften (IGB) — globale Arbeitgeberverbände	*globale politisch-staatliche Ebene:* Internationale Regierungsorganisationen mit Zuständigkeit für die Arbeitswelt

zwischen Lohnarbeit und Kapital immer auch durch politische Regulierungen strukturiert sind, sind staatliche Instanzen mit Zuständigkeit für die Arbeitswelt als dritte Akteursgruppe integraler Teil des Institutionen- und Beziehungsgefüges der Arbeitsbeziehungen (Armingeon 1994: 11) und dementsprechend auch in Tabelle 3 ausgewiesen.

Die verschiedenen Ebenen sind sowohl in horizontaler als auch in vertikaler Richtung zu den jeweils benachbarten Ebenen hin durchlässig und mit diesen verschränkt. Beispielsweise sind Europäische Betriebsräte und Weltbetriebsräte multinationale Gremien, die sich aus Delegierten der nationalen Vertretungsorgane der Beschäftigten zusammensetzen. Entsprechend verstehen sich die EBR- und WBR-Delegierten einerseits als Repräsentanten ihrer je nationalen (betrieblichen) Interessen im EBR und andererseits als Vertreter des EBR, der als transnationales Gremium nach außen gegenüber Dritten in Erscheinung tritt. Eine ähnliche Zwitterposition nehmen gewerkschaftlich angebundene EBR- bzw. WBR-Mitglieder oder Gewerkschaftsvertreter im EBR bzw. WBR zwischen betriebsrätlicher Unternehmens- und gewerkschaftlicher Branchenebene ein. Diese Durchlässigkeit zwischen den Ebenen bzw. die Verflechtung der Akteure zeigt sich beispielsweise auch in der großen Zahl globaler Konzernvereinbarungen, an deren Aushandlung und Umsetzung, wie im Einleitungsteil dokumentiert, Europäische Betriebsräte beteiligt sind.

2.3.2 Verhandlungsräume einer Vereinbarungsordnung auf europäischer Unternehmensebene

Mit Blick auf europäische Konzernvereinbarungen können drei Raumdimensionen identifiziert werden, in denen seit Anfang/Mitte der 2000er Jahre Suchprozesse im Gang sind, Verhandlungen stattfinden und Vereinbarungen getroffen werden, die in ihrem Zusammenwirken – sei es gezielt oder als unbeabsichtigte Nebenfolge der Verhandlungsverläufe und -ergebnisse – eine Ordnung oder verschiedene Ordnungen einer transnationalen Vereinbarungspolitik vorantreiben und hervorbringen (können).

Diese Räume sind von innen (der betrieblichen Ebene) nach außen (der politischen Ebene) die folgenden:

- der grenzübergreifend-betriebliche Raum der Unternehmen: die sich dynamisierende Verhandlungs- und Vereinbarungspraxis transnational wirksamer Regelungen in unterschiedliche Regelungsbereichen;
- der grenzübergreifend-zwischengewerkschaftlichen Raum: die Bemühungen um ein Steuerungsverfahren, das transnationale Kollektivvereinbarungen prozedural strukturiert und insbesondere die gewerkschaftliche tarifpolitische Prärogative und Verhandlungsrolle bei Konzernvereinbarungen sichert;

- der politische Raum des EU-Institutionengefüges: der von der EU-Kommission angestoßene Prozess von Beratungen und Auseinandersetzungen um einen optionalen Rechtsrahmen.

Im Hinblick auf das engere Untersuchungsfeld europäischer Unternehmensvereinbarungen lassen sich die drei Verhandlungsräume unter dem Kriterium der Akteursgruppen, die jeweils in die Verhandlungen einbezogen sind, innerhalb des Mehrebenengefüges der Arbeitsbeziehungen wie im Folgenden erläutert und in Abbildung 1 grafisch veranschaulicht verorten.

(1) Europäische Unternehmensvereinbarungen verorten sich zunächst und primär auf der europäischen Unternehmensebene.

Arbeitgeberseitig ist die europäische Leitungsebene des Unternehmens – und hier wiederum einzelne, für die Personalpolitik oder Arbeitsbeziehungen zuständige Fachabteilungen – für die Verhandlung und den Abschluss europäischer Unternehmensvereinbarungen zuständig. Zugleich können arbeitgeberseitig andere Ebenen auf mehrere Weise ins Spiel kommen. Zum einen zeigt sich die Durchlässigkeit der Raumebenen darin, dass abhängig von der Unternehmensstruktur die europäische Leitung mit der zentralen Leitung des Unternehmens oder auch mit der nationalen Leitung im Stammland des Unternehmens identisch sein kann. Zum zweiten können Abstimmungserfordernisse zwischen zentralem, europäischem und nationalem Management zum Tragen kommen. Zum dritten können – nationale oder europäische – Verbandsvertreter Einfluss geltend zu machen versuchen, um darauf hinzuwirken, dass keine Präzedenzfälle geschaffen werden und sich Unternehmenspraktiken durchsetzen, die der Verbandslinie entgegenstehen.

Arbeitnehmerseitig übersteigt der Verhandlungsraum europäischer Unternehmensvereinbarungen schon deshalb die europäische Unternehmensebene, weil sowohl der Europäische Betriebsrat als auch die Gewerkschaften (die Europäischen Gewerkschaftsverbände und/oder die nationalen Gewerkschaften) eine Verhandlungsrolle europäischer Unternehmensvereinbarungen für sich beanspruchen (Ales et al. 2006: 22ff.).[3] Ferner ist zu beobachten, dass Europäische

3 Die formale Zuständigkeit der Europäischen Betriebsräte gemäß EBR-Richtlinie (1994/2009) erstreckt sich auf Information und Konsultation. Eine Verhandlungsrolle hinsichtlich europäischer Unternehmensvereinbarungen wurde ihm seitens des europäischen Gesetzgebers weder explizit zu- noch abgesprochen. Auf der anderen Seite hat der europäische Gesetzgeber den europäischen Gewerkschaften zwar eine Verhandlungsrolle im Rahmen des sektoralen und multisektoralen sozialen Dialogs auf europäischer Branchen- und branchenübergreifender Ebene zuerkannt, nicht aber auf europäischer Unternehmensebene.

Abb. 1: Verhandlungsräume einer Ordnung europäischer Vereinbarungspolitik auf Konzernebene

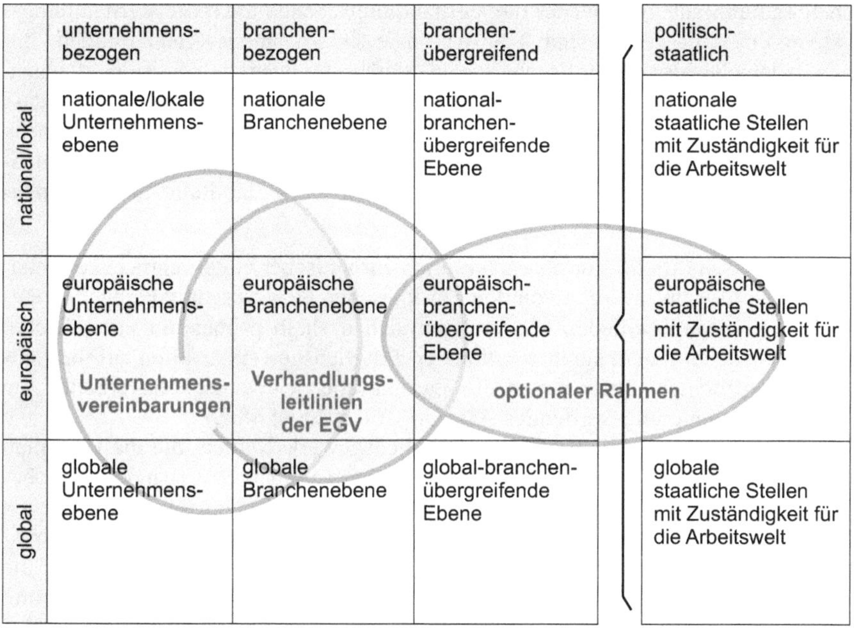

	unternehmens-bezogen	branchen-bezogen	branchen-übergreifend	politisch-staatlich
national/lokal	nationale/lokale Unternehmens-ebene	nationale Branchenebene	national-branchen-übergreifende Ebene	nationale staatliche Stellen mit Zuständigkeit für die Arbeitswelt
europäisch	europäische Unternehmens-ebene	europäische Branchenebene	europäisch-branchen-übergreifende Ebene	europäische staatliche Stellen mit Zuständigkeit für die Arbeitswelt
global	globale Unternehmens-ebene	globale Branchenebene	global-branchen-übergreifende Ebene	globale staatliche Stellen mit Zuständigkeit für die Arbeitswelt

Betriebsräte, nationale Arbeitnehmervertretungen, nationale Gewerkschaften und Europäische Gewerkschaftsverbände gleichermaßen versuchen, ihren Einfluss- und Kompetenzbereich bei europäischen Unternehmensverhandlungen zu sichern bzw. auszuweiten, obwohl sie nach den tradierten Rollenmustern auf anderen Handlungsebenen oder in anderen Zuständigkeitsbereichen agieren.[4] Zudem sind EBR, unternehmensinterne nationale Arbeitnehmer- und Gewerkschaftsvertretungen, Europäische Gewerkschaftsverbände, externe nationale Gewerkschaftsorganisationen, Globale Gewerkschaftsverbände und einzelne Teilbelegschaften in unterschiedlichem Maße in die arbeitnehmerseitig internen Interessenabstimmungsprozesse einbezogen, die zusammen mit den bilateralen Verhandlungen den Gesamtkomplex der Verhandlungen europäischer Unternehmensvereinbarungen bilden.

---

4 So lassen sich empirisch Fälle finden, in denen eine nationale Gewerkschaft, eine gewerkschaftliche Verhandlungsgruppe, an der alle betroffenen nationalen Gewerkschaften beteiligt sind, Europäische Gewerkschaftsverbände oder ein deutscher GBR bzw. KBR am Unternehmensstammsitz (der seine Betriebsvereinbarungskompetenz ausweitet) als Akteure europäischer Unternehmensverhandlungen auftreten.

Verhandlungen von europäischen Unternehmensvereinbarungen (wie auch von transnationalen Unternehmensvereinbarungen generell) zeichnen sich demnach dadurch aus, dass weder die Verhandlungsebenen noch die Verhandlungsakteure eindeutig geklärt sind. Transnationale Unternehmensvereinbarungen können beispielsweise auch Ergebnis von Verhandlungsprozessen sein, die ausschließlich auf nationaler Unternehmensebene stattgefunden haben, ohne dass transnationale Akteure involviert waren. Zugleich kommt die Branchenebene insbesondere dadurch ins Spiel, dass Branchengewerkschaften die Unternehmensebene als ein zentrales gewerkschaftspolitisches Handlungsfeld wahrnehmen und bearbeiten.

(2) Gewerkschaftliche Verfahrensleitlinien europäischer Unternehmensvereinbarungen wurden und werden von den Europäischen Gewerkschaftsverbänden entwickelt und verabschiedet. Sie verorten sich deshalb primär auf europäischer Branchenebene. Indem sie ihre nationalen Mitgliedsgewerkschaften auf die Leitlinien verpflichten, übernehmen die Europäischen Gewerkschaftsverbände die Rolle eines Steuerungsverbundes (Platzer/Müller 2009: 48ff.).

Zugleich sind es die nationalen Mitgliedsgewerkschaften, die die Leitlinien unter dem Dach der Europäischen Gewerkschaftsverbände verhandeln und beschließen. Konkret finden diese multinationalen zwischengewerkschaftlichen Verhandlungen in den politischen Fach- und Exekutivausschüssen der Europäischen Gewerkschaftsverbände statt. Der Verhandlungsraum ist demnach auf die nationale gewerkschaftliche Branchenebene ausgeweitet. Die europäische und nationale Unternehmensebene kommt dadurch ins Spiel, dass die nationalen Branchengewerkschaften ihre Positionen mit Spitzenvertretern der betrieblichen Arbeitnehmer- und Gewerkschaftsvertretungen, die in der Regel zugleich EBR-Funktionen wahrnehmen, abstimmen. Schließlich finden branchenübergreifende gewerkschaftliche Abstimmungsprozesse des Umgangs mit europäischen Unternehmensvereinbarungen unter dem Dach des EGB statt, die wiederum in die Verhandlungen der Verfahrensleitlinien der einzelnen Europäischen Gewerkschaftsverbände eingehen (können).

(3) Die Verhandlungen eines optionalen Rechtsrahmens für europäische Unternehmensvereinbarungen verorten sich auf der europäisch-branchenübergreifenden Ebene und im Rahmen etablierter Verhandlungs- und Entscheidungsroutinen der EU. EGB und Businesseurope/CEEP werden als von der Kommission anerkannte europäische Sozialpartner in informellen Konsultationen und förmlichen Anhörungen an der Ausgestaltung der Gesetzgebungsinitiative beteiligt. Die nationalen branchenübergreifenden Organisationen der Gewerkschaften und Unternehmen sind wiederum in die internen Interessenaushandlungen ihrer jeweiligen europäischen Dachverbände einbezogen.

Die ersten beiden Verhandlungsräume (europäische Unternehmensvereinbarungen und gewerkschaftliche Verhandlungsleitlinien) sind eng miteinander verschränkt und beeinflussen sich wechselseitig. Die Verschränkung manifestiert sich darin, dass eine Reihe von Akteuren, wie beispielsweise hauptamtliche Vertreter der Europäischen Gewerkschaftsverbände oder Europa-Experten der nationalen Gewerkschaften, in beiden Verhandlungsräumen gleichermaßen agieren und dadurch eine Relaisfunktion zwischen beiden Räumen wahrnehmen. Die Wechselwirkung kommt darin zum Ausdruck, dass Verhandlungsprozesse europäischer Unternehmensvereinbarungen die zwischengewerkschaftlich verhandelte Ausgestaltung von Verhandlungsleitlinien ebenso beeinflusst haben und beeinflussen, wie umgekehrt die Existenz solcher Leitlinien die Verhandlungsprozesse auf europäischer Unternehmensebene beeinflusst bzw. beeinflussen kann.

Schwieriger ist die Bestimmung der jeweiligen Wechselwirkungen dieser beiden Verhandlungsräume mit dem dritten Verhandlungsraum, dem politischen Prozess zur Schaffung eines (optionalen) Rechtsrahmens.

Zweifellos hat der Vorstoß der EU-Kommission (neben dem gewerkschaftlichen Reaktionsbedarf auf verhandlungswillige und verhandelnde Europäische Betriebsräte) als ein zusätzlicher Impulsgeber für eine gewerkschaftliche Positionierung gewirkt. D.h. die Prinzipien und Prozeduren, die im Verhandlungsverfahren des EMB erstmals – gleichsam in einer gewerkschaftlichen Pioniertat – niedergelegt und mittlerweile von weiteren Europäischen Gewerkschaftsverbänden im Kern übernommen wurden, sind auch eine Reaktion auf diese politische Initiative. Sie repräsentieren insoweit ein „antizipierendes Modell" eines nach gewerkschaftlichen Vorstellungen zu gestaltenden Rechtsrahmens. Schließlich spielen in den Anhörungen und Beratungsprozessen innerhalb des dritten, staatlich-politischen Raums auch die Erfahrungswerte, die innerhalb der betrieblichen Sphäre, des Verhandlungsraums europäischer Unternehmensvereinbarungen, gesammelt wurden, eine gewichtige Rolle.

Obgleich das politische Projekt eines Rechtsrahmens bislang nicht über das Stadium der Kommissionskonsultationen hinausgekommen ist (vgl. hierzu Kap. 3.2), sind also, wenn auch in geringerer Dichte, Austauschprozesse und Wirkungszusammenhänge zwischen dem politisch-suprastaatlichen Raum und den beiden anderen Räumen vorhanden. Ob und inwieweit die reale Praxis transnationaler Konzernvereinbarungen und die auf voluntaristischer Basis laufenden Prozesse, eine soziale Ordnung auszuhandeln, ihrerseits rechtstreibend wirken können oder werden, lässt sich zum gegenwärtigen Zeitpunkt nicht vorhersagen.

Sollte es in naher oder (was nach der gegenwärtigen politischen „Gefechtslage" wahrscheinlicher ist) fernerer Zukunft zu einem optionalen Rechtsrahmen kommen, wäre davon auszugehen, dass dieser – vergleichbar den subsidiären Bestimmungen der EBR-Richtlinie bei den Aushandlungsprozessen zur Einrichtung von Europäischen Betriebsräten – als Referenzrahmen wirken würde, der Verhandlungen europäischer Unternehmensvereinbarungen vorstrukturieren und nach aller Voraussicht eine unternehmensbezogene transnationale Kollektivvertragspolitik weiter dynamisieren würde.

2.3.3 Das Konzept der verhandelten Ordnung

Während die ersten beiden Schritte zur Entwicklung des Untersuchungsdesigns dazu dienten, die unternehmensbezogenen Verhandlungsprozesse innerhalb eines dynamischen und interdependenten Mehrebenengefüges europäischer Arbeitsbeziehungen zu verorten und innerhalb dieses Strukturrahmens wiederum die drei Verhandlungsräume zu umreißen, in denen sich die Ordnungssuche vollzieht, geht es nunmehr darum, die Verhandlungsprozesse selbst analytisch zu fassen. Eine hierfür geeignete theoretisch-konzeptionelle Grundlage bietet der von Anselm Strauss entwickelte Ansatz der verhandelten Ordnung („negotiated order"), der es ermöglicht, Aus- und Verhandlungsprozesse in ihren Wechselwirkungen zu sozialen Ordnungen zu modellieren.[5]

Der Kerngedanke des Strauss'schen Ansatzes besteht darin, dass soziale Ordnungen stets Gegenstand von Verhandlungen – um Bedeutungen, Normen und Herrschaftsverhältnisse – auf unterschiedlichen Ebenen unter Beteiligung unterschiedlicher Akteure und mit unterschiedlichen Reichweiten sind. Jede, auch die repressivste, soziale Ordnung ist deshalb in gewissem Sinne auch eine verhandelte Ordnung. Zugleich treten Aus- und Verhandlungen immer in Verbindung mit alternativen Modi der Handlungskoordination („getting things done") wie Zwang, Manipulation oder Ähnlichem auf.

Aus der Prämisse, dass Verhandlungen ein integraler Bestandteil jedweder sozialen Ordnung sind, folgt zugleich, dass eine soziale Ordnung mehr ist als ihre formale Struktur. Sie schließt vielmehr eine Vielzahl informeller und infor-

---

5 Im Deutschen wird „negotiated order" gleichermaßen mit verhandelter oder ausgehandelter Ordnung übersetzt. Das Konzept der ver- oder ausgehandelten Ordnung entstand Anfang der 1960er Jahre als Ergebnis einer organisationssoziologischen Studie zum Verhältnis von Patienten und Beschäftigten in psychiatrischen Krankenhäusern (Strauss et al. 1964), in der deutlich wurde, „dass die Regeln ärztlichen und pflegerischen Handelns auf den untersuchten psychiatrischen Stationen weniger strikt zu befolgende Handlungsanweisungen darstellen, sondern vielmehr beständiger Gegenstand von Aushandlungen der Akteure untereinander sind" (Strübing 2007: 26). Weil die Organisationsregeln nicht eindeutig und vollständig spezifiziert waren, erwiesen sich Aushandlungen als ein zentrales Kennzeichen des Organisationsalltags. Die soziale Ordnung der untersuchten psychiatrischen Stationen war weniger „gesetzt" (Weber) als vielmehr Ergebnis ständiger Aushandlungsprozesse (Mikropolitik). Ende der 1970er Jahre entwickelte Strauss dieses Konzept in sozialtheoretischer Perspektive weiter und zeigte seine Anwendbarkeit für ganz unterschiedliche soziale Felder und Fallvarianten von Aus- und Verhandlungsprozessen.

mell verhandelter Übereinkünfte mit unterschiedlicher Reichweite und kurzem oder langem zeitlichen Bestand ein. Eine soziale Ordnung lässt sich demnach verstehen als die Gesamtheit aller Vereinbarungen, Regeln und Übereinkünfte einer sozialen Einheit. Sie umfasst sowohl die aus täglichen Aushandlungsprozessen resultierenden „fließenden" Arrangements als auch die formalisierten und dauerhaften Regeln und Grundsätze sowie die etablierten Konventionen und Verständnisse, die die stabileren Elemente einer sozialen Ordnung bilden und den täglichen Aushandlungen Grenzen setzen und Richtungen vorgeben.[6]

Das von Strauss vorgeschlagene Verhandlungsparadigma geht aber nicht nur davon aus, dass die Ausgestaltung und Entwicklung sozialer Ordnungen sich zu einem wesentlichen Teil über Verhandlungen vollzieht, sondern dass soziale Ordnungen zugleich konkrete Verhandlungsprozesse strukturieren, indem ihre spezifischen strukturellen Bedingungen bestimmte Arten von Verhandlungen unmöglich oder zumindest unwahrscheinlich machen, während sie andere Verhandlungen wahrscheinlich machen und häufig auftreten lassen (Strauss 1978: 12). Welche Verhandlungen mit welchen Verläufen und welchen Ergebnissen jeweils auftreten, ist demnach nicht beliebig, sondern in Kontexte eingebettet, die Aushandlungsprozesse ermöglichen bzw. restringieren und dadurch letztlich Korridore für die Entwicklung einer verhandelten Ordnung schaffen (Wirth 2000: 47). Soziale Ordnungen sind demnach sowohl Ergebnis vorangegangener als auch Medium nachfolgender Verhandlungsprozesse.[7]

Verhandelte soziale Ordnungen sind nicht statisch, sondern in ständiger Bewegung und Veränderung begriffen. Sie stellen sich in einer Wechselbeziehung zwischen den täglichen Aushandlungsprozessen und einem periodischen Prozess der Infragestellung, (Neu-)Bewertung und Modifikation ihrer stabileren Elemente immer wieder neu her. Empirisch abgegriffen wird eine Momentaufnahme, ein jeweiliger Zwischenstand eines sich kontinuierlich verändernden Prozesses. Die Ergebnisse der Verhandlungen – formale Verträge, informelle Verständigungen und Übereinkünfte, Regeln usw. – sind temporär. Irgendwann werden sie überprüft, revidiert, aufgehoben und erneuert.

---

6 Strauss definiert soziale Ordnung sehr offen „as referring to the larger lineaments of groups, organizations, societies and international orders that yield the structural conditions under which negotiations of particular kinds are or are not initiated by or forced on actors." (Strauss 1978: 12)

7 Allerdings bedarf es einer sorgfältigen Untersuchung, wer in welchem Maße an der Verhandlung welcher sozialen Ordnung beteiligt und wer in welchem Maße von den Strukturbedingungen dieser sozialen Ordnung tangiert ist. Denn Verhandlungen werden von unterschiedlichen Verhandlungsparteien auf unterschiedlichen Ebenen um Vereinbarungen unterschiedlicher Reichweiten in Raum und Zeit geführt. Dies bedeutet, dass Verhandlungsparteien in soziale Ordnungen Dritter eingreifen können, indem sie einen Ordnungsrahmen vereinbaren, der von Dritten als gesetzter Ordnungsrahmen genutzt werden kann oder diesen Bedingungen setzt.

Der Prozesscharakter verhandelter Ordnungen ergibt sich allein schon daraus, dass jedwede Veränderung des Verhandlungskontexts, wie beispielsweise ein personeller Wechsel oder ein Vertragsbruch, Neuaushandlungen und Neubewertungen nach sich ziehen kann. Dies heißt aber nicht, dass soziale Ordnungen stets instabil sind. Verhandlungen können vielmehr ebenso zur Stabilität und zu einem kaum sichtbaren, schleichenden Wandel einer sozialen Ordnung beitragen wie zu abrupten Veränderungen der gemeinsamen Arbeitsgrundlage.

Verhandlungen sind bei Strauss weit gefasst und umfassen sowohl formale Verhandlungen kollektiver Akteure als auch informelle Aushandlungen im Alltagshandeln von Individuen. Zu Verhandlungen kommt es dann, wenn Parteien in einem Arbeits- und Organisationszusammenhang stehen und aufeinander (zumindest eine Partei davon) angewiesen sind, um eine Arbeit oder eine Aufgabe zu erledigen, einen Plan umzusetzen oder eigene Interessen durchzusetzen. Aber auch in einer solchen Konstellation muss es nicht zwingend zu Verhandlungen kommen. Diese sind vielmehr, wie oben erwähnt, nur *ein* Mittel, um in einem Organisationszusammenhang „Dinge erledigt zu bekommen".[8] Alternative Handlungsoptionen wären beispielsweise Zwang oder Manipulation (Strauss 1978: 235).

Verhandlungen bezeichnen demnach einen sozialen Koordinationsmodus zwischen Konsens und Zwang. Wird eine Sache erzwungen, ist keine Verhandlung möglich. Besteht Konsens über eine Sache, ist keine Verhandlung nötig (ebd.: 11f.). Konsens kann dabei wiederum auch Ergebnis von Manipulation oder Zwang sein. Im Falle eines einseitigen Koordinationsbedarfs bzw. -interesses, d.h. wenn zur Bewerkstelligung einer Sache eine Partei auf die andere angewiesen ist, dies umgekehrt aber nicht gilt, kann eine Verhandlungsabsicht schlicht deshalb ins Leere laufen, weil die andere Partei nicht darauf eingeht.

Die Untersuchung und Erklärung von Verhandlungsprozessen umfasst nach Strauss demnach die folgenden Dimensionen: die Interaktionen, die Akteurstypen, die Strategien und Taktiken der verschiedenen Akteure und schließlich die verschiedenen Subprozesse und die Auswirkungen der Verhandlungen, wobei den Subprozessen der Stellenwert einer Schlüsselkategorie zugewiesen wird (ebd.: 237). Mögliche Ausprägungen solcher Subprozesse können u.a. das Eingehen von Tauschgeschäften, die Abwicklung von Schmiergeldzahlungen, die Aushandlung eines Kompromisses oder das Abschließen einer Vereinbarung sein.

In diesem Zusammenhang weist Strübing darauf hin, dass die von Strauss vorgenommene Zuordnung von Handlungen (z.B. überzeugen, erziehen, manipulieren, sich auf Regeln oder Autoritäten berufen) als mögliche alternative Handlungsoptionen, die an die Stelle des Verhandlungsmodus treten können,

---

8 Strauss schlägt als Arbeitsdefinition vor, Verhandlungen zu fassen als „one of the possible means of ‚getting things accomplished' when parties need to deal with each other to get those things done." (Strauss 1978: 2)

wenig einleuchtend ist, da „Aushandlungen, die nicht so basale Handlungen wie ‚Überzeugen', ‚Informieren', ‚Berufung auf Normen' etc. enthalten", empirisch kaum vorstellbar und theoretisch kaum tragfähig sind (Strübing 2007: 59f.). Sinnvoller scheint es deshalb, diese nicht als Handlungsalternativen, sondern als taktisches Repertoire der Verhandlungsakteure und mögliche Interaktionsmodi in den Verhandlungen zu fassen.

Bei der Analyse der strukturellen Eigenschaften des Kontexts unterscheidet Strauss zwischen strukturellem und Aushandlungskontext. Prinzipiell sind dabei nur diejenigen Eigenschaften des strukturellen Kontexts relevant, die in den Aushandlungsprozessen konkret wirksam werden und Aushandlungsverlauf oder -ergebnis beeinflussen.

Das Konzept des strukturellen Kontexts bleibt vergleichsweise unbestimmt. Der strukturelle Kontext ist nur vage als Rahmen definiert, innerhalb dessen die Verhandlungen im weitesten Sinne stattfinden (Strauss 1978: 98). Übergreifende Entscheidungskriterien, welche Eigenschaften des strukturellen Kontexts bezüglich der zu untersuchenden Verhandlungen hervorstechend und relevant sind und deshalb in die Untersuchung Eingang finden sollten, werden nicht genannt.[9] Der strukturelle Kontext wird deshalb in Kapitel 2.3.5 konzeptionell präziser gefasst und gegenstandsbezogen operationalisiert. Dabei geht es darum, die längerfristig strukturell wirksamen Dynamiken und Bedingungen zu identifizieren und zu beschreiben, die – jenseits singulärer Verhandlungskontexte und konzernspezifischer Bedingungen – für den Gesamtprozess einer sich entwickelnden transnationalen Vereinbarungspolitik bedeutsam sind.

Der Verhandlungskontext selbst lässt sich nach Strauss (1978: 111ff.) entlang der folgenden grundlegenden Dimensionen strukturieren und analysieren:

- der Zahl der verhandelnden Akteure, ihrer relativen Verhandlungserfahrung und ihrer Repräsentativität als Verhandlungspartner,
- der zeitlichen und sachlichen Struktur der Verhandlungen (finden Verhandlungen einmalig, wiederholt oder fortlaufend statt und sind sie miteinander verbunden),
- der jeweiligen Machtbalance, die die Parteien in den Verhandlungen haben (ausgeglichen/einseitig),
- der jeweiligen Einsätze, die in den Verhandlungen auf dem Spiel stehen (zwischen substantiell/‚lebenswichtig' und marginal/‚Kleinigkeit'),

9 In den aufgeführten Beispielen fasst Strauss den strukturellen Kontext ebenfalls recht allgemein. Beispielsweise sei der strukturelle Kontext von Aushandlungen in einem psychiatrischen Krankenhaus durch die Eigenschaften des amerikanischen Gesundheitssystems, speziell der Psychiatrie, durch die Spezialisierung zwischen den Pflegeberufen und die Arbeitsteilungen in psychiatrischen Krankenhäusern geprägt (Strauss 1978: 98f.).

- der Sichtbarkeit der Transaktionen für andere (ihr offener oder verdeckter Charakter),
- der Anzahl und Komplexität der Probleme/Gegenstände, über die verhandelt wird,
- der Klarheit der Legitimitätsgrenzen der verhandelten Punkte (eindeutig versus ungeklärt) und schließlich
- der gegebenen Optionen der Vermeidung bzw. des Abbruchs von Verhandlungen, d.h. der als verfügbar wahrgenommenen alternativen Handlungsmodi.

2.3.4 Verhandlungskontext: Analyseraster einer europäischen Vereinbarungspolitik

Auf der Grundlage der von Strauss allgemein entwickelten Dimensionen lässt sich der Verhandlungskontext unter Hinzuziehung weiterer Kategorien und Theoreme, die die industriesoziologische Forschung für die Analyse der (betrieblichen) Arbeitsbeziehungen bereitstellt, für unsere empirische Falluntersuchung wie folgt operationalisieren.

Akteurskonstellationen und Repräsentationsverhältnisse der Verhandlungsparteien

Europäische Unternehmensverhandlungen lassen sich nicht auf die unmittelbaren bilateralen Verhandlungen zwischen Vertretern der Arbeitgeber- und der Arbeitnehmerseite reduzieren. Die bilateralen Verhandlungen sind vielmehr mit internen Interessenabstimmungs- und -aushandlungsprozessen verbunden und verschränkt, die selbst wiederum als Verhandlungen verstanden und analysiert werden können.

In den Verhandlungsraum europäischer Unternehmensvereinbarungen sind eine ganze Reihe unterschiedlicher Akteursgruppen einbezogen:

- auf Arbeitgeberseite die europäische Leitungsebene des Unternehmens, eventuell in Abstimmung mit der zentralen Leitung und/oder den nationalen Leitungsebenen,
- auf Arbeitnehmerseite insbesondere das Geflecht von Europäischem Betriebsrat, Europäischem Gewerkschaftsverband, nationalen Gewerkschaften und nationalen betrieblichen Arbeitnehmer- und Gewerkschaftsvertretungen.

Diese Akteursgruppen verhandeln wiederum stellvertretend für andere. Sie repräsentieren dritte Parteien und vertreten deren Interessen und Forderungen. Zugleich nutzen sie ihren Vertretungsstatus in den Verhandlungen, um ihre organisationalen Eigeninteressen zu vertreten (Strauss 1978: 125).

Diese Akteursgruppen werden wiederum selbst repräsentiert. Verhandlungen werden nicht von *dem* Europäischen Betriebsrat, *dem* Europäischen Gewerkschaftsverband, *den* nationalen Gewerkschaften, den nationalen Arbeitnehmer- und Gewerkschaftsvertretungen und ebenso wenig von *dem* europäischen, nationalen oder zentralen Management geführt. Vielmehr sind es Personen oder Personengruppen, die stellvertretend für diese kollektiven Akteure in interne Interessenauseinandersetzungen, -abstimmungen und -aushandlungen einbezogen sind und als Parteien bilateraler Verhandlungen auftreten.

Die europäische Unternehmensleitung wird in der Regel von der für Personal- und Arbeitsbeziehungsfragen zuständigen Fachabteilung und hier wiederum von dessen Spitzenvertretern repräsentiert.

Der Europäische Betriebsrat kann in den Verhandlungen von allen Delegierten, von den Delegierten seines engeren Ausschusses oder von einem oder mehreren Spitzenvertretern des EBR (EBR-Vorsitzende, stellv. EBR-Vorsitzender, eventuell unterstützt durch den EBR-Referenten) repräsentiert werden. Ein Europäischer Gewerkschaftsverband kann in Person eines Verbandssekretärs (bis hin zum Generalsekretär selbst) oder eines Vertreters einer nationalen Gewerkschaft, der von ihm zur EBR-Koordinierung beauftragt ist, an den Verhandlungen beteiligt sein. Die Vertreter der nationalen Gewerkschaften können schließlich jeweils unterschiedliche Funktionen in ihren Organisationen wahrnehmen und auf unterschiedlichen Ebenen agieren.

Die an europäischen Unternehmensverhandlungen beteiligten kollektiven Akteure agieren auf Grundlage ihres ebenenbezogenen Erfahrungs- und Interessenhorizonts. Zugleich agieren die Repräsentanten dieser kollektiven Akteure vor dem Hintergrund ihres persönlichen Erfahrungs- und Interessenhorizonts, der wiederum national oder organisational geprägt sein kann. Dies gilt vor allem für diejenigen Repräsentanten, die eine europäisch-nationale Doppelrolle einnehmen. So agieren die EBR-Delegierten in europäischen Unternehmensverhandlungen als Repräsentanten des EBR, ohne ihre Rolle als nationale Arbeitnehmervertreter vollständig ablegen zu können. Ähnliches gilt für nationale Gewerkschaftsvertreter, die im Auftrag eines Europäischen Gewerkschaftsverbands an den Verhandlungen beteiligt sind.

Da Europäische Betriebsräte multinational zusammengesetzt sind und die EBR-Beauftragten Europäischer Gewerkschaftsverbände von nationalen Gewerkschaften gestellt werden, kommen unterschiedliche nationale Verhandlungserfahrungen, -konzepte und -kulturen in den Verhandlungsprozessen auch dann zum Tragen, wenn die Verhandlungen von formal europäischen Akteuren geführt werden. Dabei ist ein *EBR-Dominanz-Effekt* dahingehend zu vermuten, dass sich insbesondere die Verhandlungserfahrungen, -konzepte und -kulturen der den EBR dominierenden EBR-Spitzenvertreter in den europäischen Unternehmensverhandlungen Geltung verschaffen. Dieser Einfluss dürfte umso stärker sein, je dominanter die Position einer nationalen Fraktion im EBR ist. Der EBR-Dominanz-Effekt dürfte sich weiter verstärken, wenn die dominante nationale EBR-Fraktion zugleich über eingespielte formale und informelle Interaktions- und Verhandlungsbeziehungen mit dem zentralen Konzernmanagement verfügt.

Für europäische Unternehmensverhandlungen sind zwei Eigenschaften der Repräsentation der Beschäftigten charakteristisch. Zum einen ist die Repräsentation der Beschäftigten mehrfach gestuft, so dass diejenigen, die die europäischen Unternehmensverhandlungen führen, die Beschäftigten nur indirekt vertreten. Zum anderen werden die Beschäftigten doppelt repräsentiert: auf der einen Seite durch nationale Arbeitnehmervertretungen und EBR, auf der anderen Seite durch nationale Gewerkschaften und den Europäischen Gewerkschaftsverband.

Aus dieser doppelten Repräsentation erwächst einerseits eine Konkurrenz und somit ein Konfliktpotential bezüglich der Frage, wer jenseits formalrechtlicher Tatbestände legitimer Weise das Verhandlungsmandat der Beschäftigten für sich reklamieren kann. Die betriebliche und die gewerkschaftliche Vertretungsebene sind andererseits zugleich miteinander verschränkt und können sich gegenseitig stützen und stärken.

Dem EBR-Beauftragten des Europäischen Gewerkschaftsverbands kommt dabei die entscheidende Relaisfunktion zwischen beiden Repräsentationsformen auf europäischer Ebene zu. Denn er repräsentiert die Gewerkschaften und ihren jeweiligen Europäischen Gewerkschaftsverband im EBR. Seine Kompetenzen sind im Regelfall, in dem das Sekretariat eines Europäischen Gewerkschaftsverbandes nicht direkt oder allenfalls am Rande involviert ist, entscheidend für die Sichtbarkeit, die Akzeptanz und den Einfluss der Europäischen Gewerkschaftsverbände im EBR wie auch im Rahmen der europäischen Vereinbarungspolitik insgesamt.

Das Zusammenspiel von gestufter und doppelter Repräsentanz begründet den Anspruch der Akteure beider Repräsentationskanäle, angemessen in die Verhandlungen einbezogen zu sein. Daraus erwächst die Frage, ob, inwieweit und wie europäische Unternehmensverhandlungen zwischen EBR, nationalen betrieblichen Arbeitnehmer- und Gewerkschaftsvertretungen bis hin zur Belegschaft, nationalen Gewerkschaftsorganisationen und Europäischem Gewerkschaftsverband koordiniert werden.

Zur weiteren Analyse der Repräsentationsverhältnisse lassen sich in Anlehnung an Sofsky und Paris drei Muster der Stellvertretung unterschieden, die in europäischen Unternehmensverhandlungen zum Tragen kommen können (Sofsky/Paris 1994: 167ff.).[10]

---

10 Neben den für unsere Analyse aufgegriffenen Vertretungsmustern thematisieren Sofsky und Paris zwei weitere Vertretungsmuster, die jedoch für unseren Untersuchungsgegen-

Ein erstes relevantes Muster ist das des Vertreters als *Fürsprecher*. Der Fürsprecher setzt sich gegenüber einem Dritten für die Belange anderer ein und vertritt diese in Verhandlungen. Er nimmt eine Vermittlungsrolle zwischen der Gruppe, deren Interessen er vertritt, und einem Dritten, gegenüber dem er sie vertritt, ein. Er übersetzt deren Interessen in einen anderen Zusammenhang, um ihnen mehr Wirkung zu verleihen. Er bringt sie „auf einen Punkt, über den sich mit dem Dritten verhandeln oder streiten läßt" (ebd.: 169). Er stellt die Belange nicht nur dar, sondern wirbt und begründet sie. Er bettet sie in einen neuen Zusammenhang ein, konstruiert Gründe und Begründungen. Zugleich heißt Übersetzung immer auch Interpretation. Der Fürsprecher vertritt die Belange der Gruppe, wie er sie vor dem Hintergrund eigener Überzeugungen und Interessen interpretiert und wie sie nach seinem Verständnis zu vertreten sind. Ziel des Fürsprechers ist es, durch Überzeugungsarbeit (durch besondere Darstellungsweisen und Begründungen) Verhandlungsverlauf und -ergebnis zu beeinflussen. Er hat das Vertrauen der Gruppe, für sie als Agent diskursiver Macht, als fachliche Autorität, aufzutreten, aber kein Mandat, im Namen der Gruppe Entscheidungen zu treffen.

Als ein zweites relevantes Vertretungsmuster ist die *gebundene Delegation* zu nennen. Der gebundene Delegierte erhält ein imperatives Mandat, das ihn verpflichtet, die Verhandlungsziele durchzusetzen und die Entscheidungen herbeizuführen, die ihm die Gruppe aufgetragen hat. Der imperative Auftrag verpflichtet sowohl den Delegierten als auch die delegierende Gruppe. Der Delegierte ist auf den Beschluss der Gruppe eingeschworen. Er darf nur vertreten, was sie will, und nicht vom Beschluss abweichen. Zugleich zwingt ein imperatives Mandat auch die Gruppe, sich festzulegen, ihre Forderungen und Ziele zu fixieren, um andere mit deren Durchsetzung beauftragen zu können. „Damit verlagert sich die Entschlußbildung von der Verhandlungszone zurück in die Gruppe" (ebd.: 170). Im Extrem erhebt die Gruppe einen uneingeschränkten Kontrollanspruch gegenüber den Verhandlungsergebnissen und gesteht dem De-

stand nicht relevant sind. Im Falle des Vertretungsmusters des Stellvertreters als *Sprachrohr* fungiert der Stellvertreter als Wortführer einer Gruppe, indem er deren Wünsche und Meinungen aufgreift und gegenüber Dritten Ausdruck verleiht. Er ist unmittelbarer Teil der Gruppe, tritt aber zeitweilig aus ihr heraus, um ihr Gehör zu verschaffen. Strauss rückt eine Variante dieses Vertretungsmusters in den Fokus, bei der eine Person zwar in eigener Sache verhandelt, implizit aber zugleich als Fürsprecher von Gruppeninteressen agiert, indem sie Interessen ihrer Bezugsgruppe für sich geltend macht. Da ihr Anliegen in den Verhandlungen stellvertretend für das Anliegen einer Gruppe wahrgenommen wird, hat ihre Eigeninteressenvertretung Ausstrahlung auf die Lage der Gruppe, dessen Teil sie ist. Eine gleichfalls geringe Untersuchungsrelevanz hat das Vertretungsmuster der *selbsternannten Repräsentation,* bei der der Repräsentant die Vertretung einer Gruppe beansprucht, ohne von dieser und von Dritten als ihr legitimer Vertreter anerkannt zu sein.

legierten keinen Verhandlungsspielraum ohne erneute Rücksprache mit der Gruppe zu. Als Verhandlungsführer verliert der Delegierte an Beweglichkeit und Kompromissfähigkeit. Spontane Kompromissbildungen als zentrales Element erfolgreicher Verhandlungen sind nicht möglich. Vielmehr benötigt er stets ein neues Mandat, um auf Widerstände und veränderte Situationen reagieren zu können. Imperative Delegation ist deshalb langwierig. Überdies verlangt sie von der anderen Verhandlungspartei „ein Höchstmaß an Geduld und die Bereitschaft, wechselnde Mehrheiten in Kauf zu nehmen" (ebd.: 172). Die gebundene Delegation gründet im Misstrauen der Gruppe gegen mögliche Verselbständigungen des eigenen Vertreters und letztlich im Misstrauen der Gruppe gegen sich selbst.

In der Praxis tritt die gebundene Delegation zumeist in abgemildeter Form auf, bei der dem Delegierten abgesteckte Verhandlungsspielräume zugestanden werden.

> „An die Stelle eindimensionaler Ziele treten verzweigte Handlungsprogramme mit mehreren Alternativen, Zweckprogramme mit einem einzigen Essential oder Rahmenprogramme, die den Vertreter nur zur Wahrung der Gruppeninteressen verpflichten, ohne genau festzulegen, worin jene Interessen tatsächlich bestehen." (Ebd.)

Die *freie Repräsentation* stellt schließlich ein drittes untersuchungsrelevantes Vertretungsmuster dar. Der freie Repräsentant verfügt über ein offenes Vertretungsmandat der Gruppe. Er ist in den Verhandlungen an keine inhaltlichen Vorgaben gebunden und kann autonom stellvertretend für die Gruppe, die er vertritt, Entscheidungen treffen und Vereinbarungen schließen. Er kann sich nicht wie der gebundene Delegierte darauf berufen, lediglich im Namen der Gruppe gehandelt zu haben, sondern muss seine Entscheidungen und sein Handeln allein verantworten. Den Willen der von ihm Repräsentierten, soweit dieser überhaupt bestimmbar ist, muss er nur insofern berücksichtigen, als davon sein Ansehen und möglicherweise seine Wiederwahl abhängt. Seine Freiheit ermöglicht ihm, unpopuläre, aber aus seiner Sicht gebotene Entscheidungen zu treffen. Andererseits kann er sich angesichts der vergleichsweise losen Rückkopplungsschleifen zur vertretenen Gruppe deren Unterstützung nicht sicher sein, so dass er dazu gezwungen ist, nachträglich um Zustimmung zu werben.

Spezifische Eigenschaften von Verhandlungen europäischer Unternehmensvereinbarungen

Verhandlungen im Bereich der Arbeitsbeziehungen zeichnen sich in der Regel dadurch aus, dass sie Teil einer Serie von Verhandlungen sind. Aktuelle Verhandlungen sind nicht unabhängig von vorangegangenen und nachfolgenden Verhandlungen, sondern eingebettet in bereits etablierte soziale Ordnungsprinzipien oder Kulturen der Arbeitsbeziehungen.[11] In jeder Verhandlung wird die Arbeitsbeziehungskultur, wenngleich zumeist implizit, in dem Sinne mitverhandelt, dass die Verhandlungspartner in der Regel darauf bedacht sind, in einer Vielzahl von Interaktionen und Verhandlungen gewachsene Kooperationsformen und Vertrauensbeziehungen, d.h. die erarbeiteten Verhandlungsgrundlagen, in aktuellen Verhandlungen nicht zu gefährden und die eigene Position in der Interaktions- und Verhandlungsbeziehung auf Dauer zu stärken.

Europäische Unternehmensverhandlungen zeichnen sich zugleich dadurch aus, dass sie eine neue und neuartige Verhandlungsebene eröffnen, auf der sich noch keine Verhandlungskulturen und -routinen entwickelt haben. Von daher ist davon auszugehen, dass sich die Verhandlungsparteien zwar an Erfahrungen ihrer bisherigen Dialogpraxis auf europäischer Ebene, etwa der Verhandlungen zur Einrichtung Europäische Betriebsräte, orientieren, zugleich aber – behelfsweise – auf die im nationalen Rahmen etablierte Verhandlungskulturen, Verhandlungsroutinen und Vertrauensbeziehungen insbesondere im Stammhaus des Unternehmens zurückgreifen (zumal wenn die Schlüsselpersonen identisch sind). Verhaltenssicherheit und Vertrauen dürften dadurch entstehen, dass europäische Unternehmensverhandlungen als Variation nationaler Unternehmensverhandlungen konstruiert werden und die etablierte nationale Verhandlungskultur an die neuen europäischen Gegebenheiten und die bereits etablierten europäischen Arbeitsbeziehungspraktiken angepasst wird.

Europäische und nationale Unternehmensverhandlungen können unmittelbar und explizit verbunden sein, sei es, dass das Zustandekommen der europäischen Unternehmensvereinbarung unmittelbar an einen erfolgreichen Abschluss nationaler Unternehmensverhandlungen gekoppelt wird, oder – als vermutlicher Regelfall ebenenübergreifend verbundener Verhandlungen – die Implementie-

---

11 Wir lehnen uns hier an das von Bosch, Ellguth, Schmidt und Trinczek entwickelte Konzept der politischen Kultur der innerbetrieblichen Austauschbeziehungen an (Bosch et al. 1999: 28ff.). Arbeitsbeziehungskulturen sind demnach gekennzeichnet durch ein Nebeneinander von Machtbeziehungen und Konsens- bzw. Verständigungshandeln auf Basis individueller und kollektiver Interessen, beinhalten ein anerkanntes Set von formellen wie informellen (prozeduralen und substantiellen) Regeln und Normen sowie historisch in Interaktionsbeziehungen gewachsene, bewährte und damit zwar stabile, aber auch veränderbare Muster der Problemwahrnehmung und -verarbeitung. Sie sind zugleich Ergebnis eines betriebsspezifisch verlaufenden, vielfältigen historischen Entwicklungsprozesses, in dem sich die strukturell asymmetrischen innerbetrieblichen Machtauseinandersetzungen sedimentiert haben. Im Rahmen des Mehrebenenkonzepts transnationaler Unternehmensarbeitsbeziehungen gehen wir davon aus, dass sich auf je lokaler und nationaler sowie auf europäischer und globaler Ebene eine Vielzahl unterschiedlicher Arbeitsbeziehungskulturen zum Teil unabhängig voneinander, zum Teil in gegenseitiger Wechselwirkung herausgebildet haben und nebeneinander existieren.

rung abgeschlossener europäischer Unternehmensvereinbarungen auf nationaler oder lokaler Ebene Verhandlungsprozesse nach sich zieht. Die nationalen und lokalen Umsetzungsverhandlungen können informeller, aber auch sehr formaler Natur sein. Sie können den Abschluss formaler und rechtlich bindender Umsetzungsvereinbarungen auf nationaler oder lokaler Ebene zum Ergebnis haben. Zum Teil schreiben europäische Unternehmensvereinbarungen den Abschluss nationaler oder lokaler Umsetzungsvereinbarungen explizit vor.

Europäische und nationale Verhandlungen können aber auch lediglich mittelbar und implizit miteinander verbunden sein, indem europäische Unternehmensvereinbarungen den Spielraum oder die Richtung nationaler Unternehmensverhandlungen beeinflussen. Dies birgt dann ein Konfliktpotential, wenn europäische Unternehmensvereinbarungen nationale Verhandlungsrechte und -praxen der Gewerkschaften tangieren oder tangieren könnten, ohne dass diese am Prozess des Zustandekommens der europäischen Vereinbarungen beteiligt waren.

Diese enge Verknüpfung von europäischen und nationalen Verhandlungen verweist zugleich auf eine komparative Perspektive unterschiedlicher nationaler Arbeitsbeziehungen, die im Rahmen einer europäischen Vereinbarungspolitik praktisch in Wechselwirkung zueinander treten.

Verhandlungsmacht und Machtbalance der Akteure in der transnationalen Mehrebenenstruktur der Arbeitsbeziehungen

Zunächst lassen sich unter Rückgriff auf Jürgens (1984) zwei zentrale Machtquellen unterscheiden, die Arbeitnehmervertretungen und Gewerkschaften zur Interessendurchsetzung in Auseinandersetzungen und Verhandlungen mit der Arbeitgeberseite zur Verfügung stehen. Grundlegend ist die Primärmacht der Beschäftigten. Sie beruht auf deren Stellung im Produktionsprozess und der dadurch gegebenen Möglichkeit, die Arbeitgeberseite durch selektive Kooperationsverweigerung, z.B. in Form zeitweiliger Arbeitsniederlegung oder des Ableistens von Dienst nach Vorschrift, unter Druck zu setzen.

> „Sie ist umso größer, je dringlicher der Gegenüber auf die betreffenden Beschäftigten und ihren Kompetenzen angewiesen ist, je weniger Möglichkeiten er hat, auf Alternativen auszuweichen, und je zahlreicher die Alternativen sind, über die die Beschäftigten ihrerseits verfügen." (Kädtler 2006: 19f.)

Die Verhandlungsmacht der Arbeitnehmervertretungen und Gewerkschaften basiert wiederum auf deren Fähigkeit, diese Primärmacht kollektiv zu organisieren und wirksam zur Geltung zu bringen, d.h. die Beschäftigten zur Beteiligung an Arbeitskampfmaßnahmen zu mobilisieren (wobei bereits eine glaubhafte Androhung dieser Aktionsmittel ausreichend sein kann).

Die Sekundärmacht der Beschäftigten und deren Vertreter beruht dagegen „auf bereits kollektiv erkämpften bzw. staatlich gesetzten Regelungen und Institutionen" (Jürgens 1984: 61). Darunter fallen Arbeitnehmerschutzrechte und Rechte, die die Institutionen der kollektiven Interessenvertretung absichern und ihnen Handlungsmöglichkeiten eröffnen.

> „Sekundärmacht stützt sich (...) auf rechtlich oder institutionell gesicherte Einflusspositionen, die häufig auf politische Auseinandersetzungen und damit auf das Geltendmachen von Primärmacht in der Vergangenheit zurückgehen." (Kädtler 2006: 20)

Sekundärmacht ist somit Ausdruck der Machtbalance einer übergreifenden sozialen Ordnung. Historisch war es vor allem die nationalstaatliche Ordnung, die den Beschäftigten und ihren kollektiven Vertretungen Sekundärmacht sicherte, so dass im Gegensatz zur Primärmacht der Rückgriff auf Sekundärmacht weitgehend unmittelbar an die nationalstaatliche Ebene gebunden ist.

Die Primär- und Sekundärmachtpotentiale der Beschäftigten und ihrer Vertretungen erlauben es den Unternehmensleitungen nicht, die Unternehmens- und Arbeitsorganisation allein auf Zwang zu gründen, sondern machen gegenseitige Interessenaushandlungen erforderlich. Die jeweiligen Kulturen der Arbeitsbeziehungen auf den verschiedenen Ebenen eines Unternehmens sind verhandelte Ordnungen, in denen Kompromiss- und Machtgleichgewichte als Ergebnis vormaliger Auseinandersetzungen und Verhandlungen eingewoben sind.

Dies vorangestellt, lassen sich Verhandlungsmacht und Machtbalance im Fall europäischer Unternehmensvereinbarungen wie folgt näher bestimmen:

(1) Europäische Unternehmensvereinbarungen erfolgen unter voluntaristischen Verhandlungsbedingungen, so dass für keine der Verhandlungsparteien Verhandlungsaufnahmen oder -abschlüsse rechtlich erzwingbar sind und laufende Verhandlungen prinzipiell jederzeit einseitig abgebrochen werden können. Inwieweit die Aufnahme oder der Abbruch europäischer Verhandlungen eine Option darstellt, ist allein vom Interessenkalkül der Verhandlungsparteien (Wahrnehmung der Durchsetzungschancen der eigenen Interessen, Regelungsgegenstand etc.) abhängig.

(2) Die in nationalen Arbeitsbeziehungskulturen geronnene Macht der Arbeitnehmervertretungen und Gewerkschaften kann für europäische Unternehmensverhandlungen fruchtbar gemacht werden. Ein solcher Machttransfer von der nationalen auf die europäische Ebene ist vor allem am Stammsitz des Unternehmens möglich, weil und wenn Schlüsselakteure von Unternehmensverhandlungen auf beiden Ebenen identisch sind.

(3) Über die Nutzbarmachung der in den Arbeitsbeziehungskulturen auf nationaler Unternehmensebene geronnenen Macht für europäische Belange hinaus ist

es zugleich denkbar, die national verfügbaren Primärmachtpotentiale durch europaweite Mobilisierungen, Aktionen und Arbeitskampfmaßnahmen, die über den EBR und/oder die Gewerkschaften und deren europäische Verbandsstrukturen organisiert und koordiniert sind, transnational zu bündeln und zu verknüpfen und so das Niveau kollektiver Verhandlungsmacht über das jeweils national verfügbare Niveau anzuheben.

(4) Inwieweit nationale und lokale Machtpotentiale in europäischen Unternehmensverhandlungen zur Geltung gebracht werden, ist sowohl von den jeweils nationalen und lokalen Arbeitsbeziehungskulturen als auch von der wahrgenommenen Relevanz des europäisch verhandelten Gegenstandes abhängig.

Relevanz und Komplexität der zu verhandelnden Gegenstände europäischer Unternehmensvereinbarungen

In europäischen Unternehmensverhandlungen wird prinzipiell um zweierlei verhandelt. Primär geht es um die inhaltlichen Fragen des jeweiligen Regelungsgegenstands. Zugleich werden Fragen der sozialen Ordnung bzw. der prinzipiellen Gestaltung europäischer (Unternehmens-)Arbeitsbeziehungen – intendiert oder nicht intendiert – mitverhandelt.

(a) Empirisch evident ist zunächst die große Bandbreite der Regelungsgegenstände europäischer Unternehmensverhandlungen und zwar sowohl in Bezug auf die Themen als auch hinsichtlich der Regelungstiefen.

Die Regelungsgegenstände variieren thematisch von der Vereinbarung fundamentaler sozialer Mindeststandards (einschließlich der IAO-Kernarbeitsnormen) über die Vereinbarung von Maßnahmen zur Verbesserung des Arbeits- und Gesundheitsschutzes, der Nichtdiskriminierung, der Qualifizierung und beruflichen Entwicklung und von Maßnahmen einer vorausschauenden und sozialverträglichen Gestaltung europäischer Unternehmensumstrukturierungen bis hin zur Vereinbarung europaweiter Gewinnbeteiligungsregelungen (einschließlich von Gegenleistungen, die von Belegschaftsseite zu erbringen sind) und der konkreten Modalitäten europäischer Umstrukturierungsprozesse (z.B. Besitzstandssicherung im Falle von Auslagerungen, Investitionszusagen etc.).

Die Regelungstiefen der getroffenen Vereinbarungen reichen von vagen Absichtserklärungen über generelle Leitlinien bis hin zu präzise definierten Ansprüchen auf materielle Leistungen und zur Verankerung konkreter Strukturmaßnahmen (z.B. die Schaffung von Sozialdialoggruppen auf nationaler Unternehmensebene oder der Ebene einzelner Standorte).

Generell ist davon auszugehen, dass für die Verhandlungsparteien umso mehr auf dem Spiel steht, je stärker die Regelungsgegenstände Kernfragen der Arbeits- und Beschäftigungsbedingungen (insbesondere materielle Leistungen,

Arbeitszeiten, Arbeitsplatzsicherheit) tangieren. Zugleich ist die Höhe der Einsätze jeweils unterschiedlich verteilt und wird unterschiedlich wahrgenommen. Dies gilt sowohl im Verhältnis von Arbeitgeber- und Arbeitnehmerseite aufgrund ihrer unterschiedlichen Interessenlagen in den Verhandlungen als auch innerhalb der jeweiligen Seiten aufgrund unterschiedlicher nationaler Sensibilitäten vor dem Hintergrund der verschiedenen nationalen Arbeitsbeziehungspraktiken.

(b) Die Verhandlung der sozialen Ordnung europäischer (Unternehmens-)Arbeitsbeziehungen umfasst mehrere Aspekte. Zuallererst geht es um die Frage, inwieweit überhaupt eine europäische Verhandlungsebene in einzelnen Unternehmen eröffnet und entwickelt wird und welche inhaltliche Reichweite und regulatorische Tiefe ihr zuerkannt wird. Ein zweiter Aspekt besteht darin, wem welche Verhandlungskompetenzen zuerkannt werden, insbesondere welche Rolle den Gewerkschaften auf der einen, dem EBR auf der anderen Seite im Prozess der Initiierung, der Verhandlung, des Abschlusses und der Umsetzung einer europäischen Unternehmensvereinbarung jeweils zukommt.

Da europäische Unternehmensarbeitsbeziehungen im Entstehen begriffen sind, ohne dass sich bislang allgemein anerkannte Praktiken herausgebildet und gefestigt haben, werden Legitimitätsfragen immer mitverhandelt, sei es hinsichtlich des Verhältnisses von Regelungsgegenstand und Regelungsebene oder hinsichtlich der Rollen- und Zuständigkeitsdefinition der Akteure: Dürfen die zur Verhandlung vorgesehenen oder verhandelten Themen auf dieser Ebene verhandelt werden? Dürfen diejenigen, die die Verhandlungen führen, dies tun? Wird die Legitimität der Verhandlungen und Vereinbarungen in Zweifel gezogen? Und wenn ja, von wem und warum?

Weil bislang noch nicht eindeutig bestimmt ist, welchen Ordnungsprinzipien eine europäischen Vereinbarungspolitik folgt und noch keine stabilen prozeduralen Normen in diesem Feld etabliert sind (und dadurch ebenfalls – zumindest implizit – zum Gegenstand der Verhandlungen werden), steht für die Akteure der Arbeitsbeziehungen grundsätzlich mehr auf dem Spiel als die Durchsetzung konkreter Interessen bezüglich der zu verhandelnden Materie.

Dabei sind wiederum die jeweiligen inhaltlichen bzw. prozeduralen Aspekte, über die auf europäischer Unternehmensebene verhandelt wird, für verschiedene Akteure in unterschiedlichem Maß relevant. So ist davon auszugehen, dass für den Europäischen Betriebsrat und das Unternehmensmanagement in den Verhandlungen nicht zuletzt prozedurale Aspekte wichtig sind, die die bestehende oder künftige gemeinsame Arbeitsbeziehungskultur auf europäischer Unternehmensebene betreffen. Dagegen steht für die nationalen Gewerkschaften und die Europäischen Gewerkschaftsverbände weitaus stärker die Frage im Vordergrund, welche Ausstrahlungseffekte eine transnationale Vereinbarungspolitik auf das

Gesamtgefüge der Arbeitsbeziehungen, insbesondere auf das gewerkschaftliche Tarifvertragsmonopol hat. Welche Regelungsgegenstände dabei wiederum von welchen nationalen Gewerkschaften als sensibel oder nicht verhandelbar betrachtet werden, lässt sich – so unsere Ausgangsannahme – nicht schablonenhaft aus den formalen Regeln der nationalen Arbeitsbeziehungssysteme ableiten, sondern nur empirisch mittels der Falluntersuchungen ermitteln. Die jeweiligen nationalen Systembedingungen – etwa die Unterschiede zwischen monistischen und dualistischen Modellen – sind demnach notwendige, aber keine hinreichenden Erklärungsfaktoren für das je konkrete Akteurshandeln.

Die beschriebene Komplexität der Verhandlungskonfiguration und -folgen erfordern bei den unmittelbaren Prozessbeteiligten ein hohes Maß an inhaltlichem und prozeduralem Wissen, das jedoch nicht zwingend und nicht in jedem Verhandlungsfall vorausgesetzt werden kann. Die Folge können Verhaltensunsicherheiten und Fehleinschätzungen sein. Zugleich kann damit der Bedarf an externer Expertise verbunden sein. Letzteres, der Bedarf an gewerkschaftlichem Expertenwissen in inhaltlicher und prozeduraler Hinsicht, kann beispielsweise dazu führen, dass Vertreter unternehmensexterner Gewerkschaftsorganisationen als Sachautorität in europäischen Unternehmensverhandlungen anerkannt werden und dadurch einen gewissen Einfluss auf Verlauf und Ergebnis der Verhandlungen nehmen können.

Die hier vorgenommene Operationalisierung des spezifischen Verhandlungskontexts europäischer Unternehmensverhandlungen ist im nachfolgenden Analyseraster, das zugleich das analytische Kerngerüst für die Gesamtauswertung der Fallstudien bildet, noch einmal zusammengefasst (vgl. Tab. 4).

2.3.5 Struktureller Kontext: Schalenmodell einer europäischen Vereinbarungspolitik

Bedient man sich des Strauss'schen Konzepts als heuristischem Wegweiser und schneidet es in der hier entwickelten Weise auf unseren Gegenstand zu, sind weitere Fragen zu klären, die die Zusammenhänge und Abgrenzungen zwischen Verhandlungskontext und strukturellem Kontext betreffen.

In Kapitel 2.3.3 haben wir dargelegt, dass der strukturelle Kontext, in den der eigentliche Verhandlungskontext eingebettet ist, im Konzept der verhandelten Ordnung weitgehend unbestimmt bleibt. Strauss endet mit der Feststellung, dass nur diejenigen Eigenschaften des strukturellen Kontexts relevant sind, die in den Aushandlungsprozessen konkret wirksam werden und den Verhandlungsverlauf und die Verhandlungsergebnisse beeinflussen. Demnach kann die Frage, welche Eigenschaften des strukturellen Kontexts als Voraussetzungen, Anreize, Zwänge oder Restriktionen für die konkreten Verhandlungsprozesse relevant

Tab. 4: Analyseraster: Dimensionen des Verhandlungskontexts europäischer Unternehmensverhandlungen

Dimensionen	Schlüsselbegriffe/Kategorien
Akteurseigenschaften und Repräsentationsverhältnisse der Verhandlungsparteien	
(1) multinationale Zusammensetzung der arbeitnehmerseitigen Akteure	Annahme eines EBR-Dominanz-Effekts, d.h. des Durchschlagens nationaler Verhandlungserfahrungen, -konzepte und -kulturen von EBR-Delegationen und -Delegierten, die den EBR dominieren, in europäischen Verhandlungsprozessen Annahme der Verstärkung des EBR-Dominanz-Effekts im Falle eingespielter Interaktions- und Verhandlungsbeziehungen zwischen dominanter nationaler EBR-Fraktion und europäischer Unternehmensleitung
(2) Eigenschaften der Repräsentation der Beschäftigten	a) indirekte Vertretung der Beschäftigten aufgrund mehrfach gestufter Repräsentation b) doppelte Repräsentation der Beschäftigten durch nationale Arbeitnehmervertretungen und EBR auf der einen, nationale Gewerkschaften und Europäische Gewerkschaftsverbände auf der anderen Seite → ambivalentes Konkurrenz-/Kooperationsverhältnis zwischen betrieblicher und gewerkschaftlicher Vertretungsebene → EBR-Beauftragte der EGV als entscheidende Relaisstelle zwischen beiden Repräsentationsformen → Frage nach Grad und Muster der Koordination zwischen beiden Repräsentationsformen
(3) Vertretungsmuster	a) Fürsprache b) gebundene Delegation c) freie Repräsentation
Eigenschaften europäischer Unternehmensverhandlungen	
(1) Teil einer Serie von Verhandlungen	eingebettet in bereits etablierte Kulturen der Arbeitsbeziehungen, deren Fortbestand und Fortentwicklung ein wesentlicher Faktor jeglicher Arbeitsbeziehungsverhandlungen darstellt
(2) neue und neuartige Verhandlungsebene	noch keine entwickelten Verhandlungskulturen und -routinen und geringe Verhandlungserfahrungen der Verhandlungsparteien auf europäischer Ebene → Annahme des Aufsetzens auf mehr oder weniger entwickelte Arbeitsbeziehungskultur zwischen EBR/Gewerkschaften und europäischem Management einerseits, des Rückgriffs auf im nationalen Rahmen etablierten Verhandlungskulturen, Verhandlungsroutinen und Vertrauensbeziehungen insbesondere im Stammhaus des Unternehmens andererseits
(3) Verbundenheit europäischer und nationaler Verhandlungen	a) Kopplung des Zustandekommens einer europäischen Unternehmensvereinbarung an den erfolgreichen Abschluss nationaler Unternehmensverhandlungen b) nationale/lokale Umsetzungsverhandlungen als Folgewirkung abgeschlossener europäischer Unternehmensvereinbarungen c) Veränderung der Strukturbedingungen nationaler Unternehmensverhandlungen (Spielraum, Richtung) infolge des Abschlusses europäischer Unternehmensvereinbarungen

→

Tab. 4: Analyseraster: Dimensionen des Verhandlungskontexts europäischer Unternehmensverhandlungen (Fortsetzung)

Dimensionen	Schlüsselbegriffe/Kategorien
Verhandlungsmacht und Machtbalance der Verhandlungsparteien	
(1) Strukturbedingungen auf europäischer Ebene	voluntaristische Aushandlungsbedingungen mit der prinzipiell beidseitigen Option des Verhandlungsabbruchs (abhängig vom Interessenkalkül der Akteure)
(2) Arbeitnehmerseitige Organisation europäischer Verhandlungsmacht	a) Nutzbarmachung von in nationaler Arbeitskultur geronnener Macht (vor allem am Stammsitz des Unternehmens) durch Machttransfer auf die europäische Ebene b) europäische Bündelung nationaler Machtpotentiale durch die transnationale Organisation und Koordination von Aktionen und Arbeitskampfmaßnahmen über den EBR und/oder die Gewerkschaften und deren europäische Verbandsstrukturen
(3) Einflussfaktoren der Geltendmachung von Macht in europäischen Unternehmensverhandlungen	a) nationale und lokale Arbeitsbeziehungskulturen b) wahrgenommene Relevanz des europäisch verhandelten Gegenstandes
Zu verhandelnde Gegenstände	
(1) Relevanz	inhaltliche Fragen des Regelungsgegenstands (Regelungsbereich, Regelungstiefe) soziale Ordnungsfragen einer europäischen Vereinbarungspolitik (Formalitätsgrad, Regelungstiefe)
(2) Komplexität	Komplexität und Regelungstiefe des thematischen Regelungsinhalts Mitverhandlung sozialer Ordnungsfragen macht es per se komplex → mögliche Quelle für Verhaltensunsicherheit und Fehleinschätzungen → mögliche Quelle für gewerkschaftliche Sachautorität

sind, nur gegenstandsbezogen – in unserem Fall also auf das Phänomen transnationaler Unternehmensvereinbarungen gerichtet – beantwortet werden.

Zur Bestimmung der Kontextbedingungen, die die konkreten Verhandlungen überwölben und strukturieren, bedienen wir uns eines Schalenmodells, bei dem die Schalen die jeweiligen Kontexte darstellen, die in unterschiedlicher Weise und Reichweite auf die Verhandlungen einwirken (können), während die Interaktionen der Verhandlungsakteure den Kern bilden. Je näher die Schalen am Kern liegen, desto leichter können die Kontextbedingungen in den Interaktionen verändert werden. Je weiter sie vom Kern entfernt sind, desto weiter greifen die Rahmenbedingungen in Raum und Zeit aus; und zwar in dem Sinne, dass sie für die Verhandlungsakteure übergreifende und auf Dauer gestellte Strukturen darstellen, die sie in ihrem Handeln berücksichtigen müssen, die sie nutzen, aber zumindest nicht alleine und ad hoc verändern können (ähnlich Bosch et al. 1999: 34f.).

Die nachstehende Abbildung des Schalenmodells zeigt die in der Untersuchung zugrunde gelegten strukturellen und verhandlungsbezogenen Kontextbedingungen (zu letzteren vgl. das vorangegangene Kap. 2.3.4).

Abb. 2: Schalenmodell der europäischen Vereinbarungspolitik

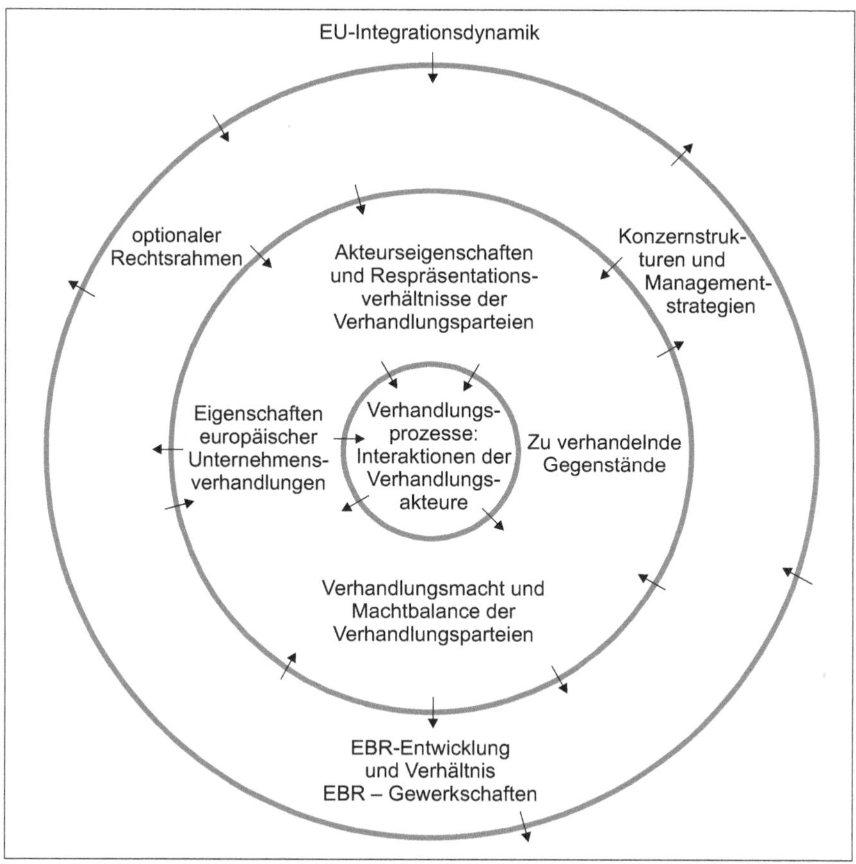

Hinsichtlich der inhaltlichen Füllung des Schalenmodells gehen wir bezogen auf unseren Untersuchungsgegenstand von folgenden Überlegungen aus.

(1) Die Prozesse der Globalisierung und Europäischen Integration, die in den vorangegangen beiden Dekaden eine neue Qualität und Dynamik angenommen haben, bringen veränderte strukturelle Rahmenbedingungen hervor, die im Sinne

von „opportunities and constraints", von Anknüpfungspunkten und Begrenzungen, die Entwicklung einer transnationalen Dimension konzernbezogener Arbeitsbeziehungen beeinflussen (können), ohne sie zu determinieren.

> „Die Transnationalisierung der Arbeitsbeziehungen vollzieht sich nicht nach einem einfachen (ökonomischen) Reiz-, (arbeitspolitischen) Reaktionsschema. Sie ist wesentlich komplexer determiniert. Sie ist ein in hohem Maße widersprüchlicher Prozess. Sie ist mit zahlreichen strukturellen Barrieren konfrontiert. Und sie ist, was die Anpassungszeiten an veränderte Rahmenbedingungen anbetrifft, durch institutionelle Trägheitsmomente gekennzeichnet." (Müller et al. 2004: 291)

Mit anderen Worten: Auch wenn bestimmte Makrotrends im Bereich der ökonomischen und unternehmenspolitischen Entwicklungen (erhöhter Kostendruck und verstärkter Standortwettbewerb durch finanzmarkgetriebene Renditeerwartungen angesichts globalisierter Produktmärkte etc.) oder überstaatliche politische Weichenstellungen im regulativen Bereich die strukturellen Rahmenbedingungen verändern, unter denen die Arbeitsmarktakteure bzw. Betriebsparteien handeln, verbleiben den betrieblichen Akteuren Spielräume in der Übersetzung dieser Bedingungen in die jeweilige betriebliche Politik.

(2) Die transnationale Vereinbarungspolitik auf Konzernebene, die zu den neueren und jüngeren Handlungsansätzen einer grenzübergreifenden arbeitspolitischen Regulierung zählt und sich seit der Jahrtausendwende dynamisch zu entwickeln beginnt, steht in einem Zusammenhang mit den weitreichenden Veränderungen der globalen und europäischen Ökonomie und Politik während der beiden vergangenen Dekaden.[12] Die EU ist dabei Teil und zugleich Motor eines Globalisierungsgeschehens, das nicht zuletzt in der Entgrenzung der Produkt-,

---

12 Die Entwicklung transnationaler Arbeitsbeziehungen auf globaler Ebene ist von den Verfassern an anderer Stelle analysiert worden (Müller et al. 2004, Platzer/Müller 2009). Dort wurde gezeigt, wie die forcierte ökonomische Globalisierung und Konzernglobalisierung seit den 1990er Jahren und eine spezifische Architektur der Global Governance mit ihren in den Bereichen Arbeit und Arbeitsbeziehungen defizitären Regulierungspotentialen vor allem voluntaristische transnational-globale Ansätze der Erwerbsregulierung hervorgebracht haben. Dabei wurde der globale Konzern zum zentralen Ort transnationaler Arbeitsbeziehungen und gewerkschaftlicher Aktivitäten. Zu den teils revitalisierten, teils neuen Ansätzen der interessenvertretungspolitischen Strukturbildung und arbeitspolitischen Normsetzung auf globaler (Konzern-)Ebene zählen globale gewerkschaftliche Netzwerke als unilaterale Instrumente einer transnationalen gewerkschaftlichen Selbsthilfe und mit dem Management bilateral vereinbarte Weltbetriebsräte sowie als dynamischstes und zahlenmäßig bedeutendstes Instrument bilateral verhandelte Internationale Rahmenvereinbarungen. Diese globalen Entwicklungen in den konzernbezogenen Arbeitsbeziehungen sind zum Teil mit den arbeitspolitischen Transnationalisierungsprozessen auf europäischer Ebene verbunden bzw. von diesen angestoßen und unterfüttert.

Arbeits- und Kapitalmärkte sowie im quantitativen Wachstum transnationaler Konzerne und in einem qualitativen Wandel der Unternehmensstrukturen und -strategien seinen Ausdruck findet. Die Entwicklungen transnationaler Arbeitsbeziehungen im Rahmen der EU weisen jedoch – sowohl unter quantitativen als auch unter qualitativen Vorzeichen – gegenüber der globalen Ebene zahlreiche Besonderheiten auf, die den politisch-ökonomischen Systemeigenschaften des europäischen Staatenverbundes geschuldet sind.

(3) Aufgrund dieser Besonderheiten fassen wir die längerfristig wirksamen Hintergrundbedingungen der EU-Integration als die äußerste Schale des Modells. Im Zentrum steht dabei das „sozial-ökonomische Regieren (in) der EU", das im nachfolgenden Kapitel 3.1 insbesondere mit Blick auf das europäische Mehrebenengefüge transnationaler Arbeitsbeziehungen und den acquis communautaire im Bereich der Arbeits- und Sozialpolitik skizziert wird. Dadurch soll verdeutlicht werden, in welchen Bereichen und in welcher Form im EU-Rahmen eine Institutionalisierung der grenzübergreifenden Sozialpartnerinteraktion und eine staatlich-politische Regulierung transnationaler sozial-ökonomischer Problemfelder stattgefunden hat und in welchen Bereichen Steuerungsdefizite fortbestehen. Dadurch werden zugleich (potentielle) Handlungsfelder sichtbar, die einer Selbstregulierung (private governance) durch gesellschaftliche Akteure – darunter die unternehmenspolitischen Akteure und deren transnationale Vereinbarungspraxis – überlassen bleiben.

(4) Die zweite Schale des Modells, in der die strukturellen Kontextbedingungen bereits näher an den eigentlichen Verhandlungskontext heranrücken, bilden drei Entwicklungszusammenhänge, die ihrerseits nur aus der übergreifenden EU-Entwicklungsdynamik zu verstehen sind und die in Wechselwirkung zueinander stehen:

- die politische Agenda des optionalen Rechtsrahmens (Kap. 3.2),
- die Transnationalisierung und Europäisierung der Unternehmen (Kap. 3.3) sowie
- der bisherige EBR-Prozess und das grundlegende Verhältnis zwischen Gewerkschaften und Europäischen Betriebsräten (Kap. 3.4).[13]

(5) Das grundlegende Verhältnis zwischen Gewerkschaften und Europäischen Betriebsräten hat im Falle europäischer Unternehmensverhandlungen in einer Reihe von Sektoren eine spezifische Ausgestaltung dahingehend erfahren, dass die Europäischen Gewerkschaftsverbände Verfahrensleitlinien für diese Fälle

---

13 Letzteres ist sowohl durch die übergreifende EU-Integrationsdynamik geprägt (Rollenzuweisung der Gewerkschaften nach der EBR-Richtlinie) als auch von den Konzernentwicklungen und den damit verbundenen transnationalen Herausforderungen einer gewerkschaftlichen Konzernpolitik beeinflusst.

entwickelt und verabschiedet haben. Diese Leitlinien kommen in einem Teil der unternehmensbezogenen Verhandlungsprozesse unmittelbar zum Tragen, indem sich einzelne in die Verhandlungen involvierten Akteure oder eine der beiden Verhandlungsparteien daran orientieren und diese zur Anwendung bringen oder zu bringen versuchen. Dabei kommt dem unter dem Dach des EMB seit Mitte 2004 entwickelten und Mitte 2006 verabschiedeten Verfahren zum Umgang mit europäischen Unternehmensverhandlungen eine Pionierrolle zu. Zugleich verdeutlichen die Fallstudien, dass dieses Verfahren im Metallsektor einen gewichtigen Einflussfaktor auf die unternehmensbezogenen Verhandlungsprozesse darstellt. Die Entstehung und Ausgestaltung dieses Verfahrens ist deshalb in Kapitel 3.5 Gegenstand einer detaillierten empirischen Analyse.

3 Die strukturellen Kontextbedingungen europäischer Unternehmensverhandlungen

3.1 Politisch-ökonomische EU-Integrationsdynamik, EU-Governance und transnationale Arbeitsbeziehungen

Der Prozess der europäischen Integration hat sich seit den 1990er Jahren in einer historisch beispiellosen Weise dynamisiert. Mit der Vollendung des Binnenmarktes und der Währungsintegration ist die Vertiefung der (ökonomischen) Integration weit vorangeschritten. Gleichzeitig hat sich mit den Erweiterungen 2004 und 2007 der Mitgliederkreis während der vergangenen Dekade nahezu verdoppelt.

Im Bereich der Ökonomie sind zunächst – stichwortartig – die folgenden Merkmale des EU-Integrationssystems hervorzuheben:

- die historisch und im Weltmaßstab singuläre Entgrenzung nationaler Volkswirtschaften durch die Binnenmarktintegration und die gleichfalls singuläre ökonomische Interdependenz durch die Europäische Währungsunion,
- die hierdurch mit beeinflusste permanente Restrukturierung der Unternehmenslandschaft in der EU, die u.a. in einem quantitativen Wachstum transnationaler Unternehmen (Euro-Companies) und in einem qualitativen Wandel der Unternehmensstrategien (Europäisierung der Managementstrategien) ihren Ausdruck findet, und schließlich
- die in Folge der Marktliberalisierung und Privatisierung intensivierte Wettbewerbslogik, die neben den Waren- und Dienstleistungsmärkten zunehmend auch die Arbeitsmärkte umfasst.

Die Wettbewerbslogik der Marktintegration und die Transnationalisierung der Unternehmen sind – neben anderen Faktoren – ihrerseits Verstärker einer Tendenz zur Dezentralisierung der Tarifpolitik und zur Verbetrieblichung der Arbeitsbeziehungen (auch und gerade in Systemen mit einer historisch gewachsenen sektoralen, überbetrieblichen Kollektivvertragstradition). Diese „dual shift" – die (mehr oder weniger „kontrollierte") Dezentralisierung/Lokalisierung/Flexibilisierung nationaler Tarifverhandlungen einerseits und die Transnationalisierung der Konzernstrukturen mit ihren Auswirkungen auf die konzerninternen lohn- und arbeitspolitischen Wettbewerbsparameter andererseits – schaffen für die gewerkschaftliche und betriebliche Interessenvertretung je national wie auch grenzübergreifend komplexe und widersprüchliche Handlungsanforderungen.

Im Bereich der Politik sind – zunächst wiederum stichwortartig – die folgenden Systemmerkmale der EU hervorzuheben:

- die im Weltmaßstab singuläre politische Integrationsqualität und Governance-Struktur der EU mit ihrer Möglichkeit zur supranationalen Rechtssetzung,
- die in den vergangenen zwei Dekaden (unter der Hegemonie des Neoliberalismus) gewachsene Asymmetrie zwischen den marktschaffenden und marktkorrigierenden EU-Politiken sowie
- die trotz der asymmetrischen konstitutionellen Grundarchitektur der EU im Zuge der bisherigen EU-Integration hervorgebrachten arbeitspolitischen Regelwerke und Institutionen, die mittelbar und unmittelbar für die Entwicklung transnationaler Arbeitsbeziehungen relevant sind; darunter insbesondere die primärrechtliche Verankerung und Institutionalisierung des Sozialen Dialogs und eine Reihe von EU-Regelungen im Bereich des individuellen und kollektiven Arbeitsrechts und der Sozialpolitik.

Fächert man diese ökonomischen und politischen Systemeigenschaften der EU weiter auf und wirft man einen kurzen Blick auf die historische Entwicklungsdynamik, so verdienen die folgenden Prozess- und Strukturmuster der EU-Integration hervorgehoben zu werden (dazu ausführlich Platzer 2011).

Der Stand und die Perspektiven des EU-Integrationsprojekts auf dem Feld der Arbeits- und Sozialpolitik sind untrennbar mit der ökonomischen Dimension der Gemeinschaftsbildung, also mit den verschiedenen Stufen der Markt- und Währungsintegration verbunden. Entsprechend stellte sich die Frage nach der sozialen Dimension bei EWG-Gründung, die ökonomisch (zunächst nur) auf den freien Warenverkehr zwischen sechs sozialökonomisch vergleichsweise homogenen Mitgliedstaaten zielte, unter gänzlich anderen Vorzeichen, als dies in der gegenwärtigen EU-27 der Fall ist. Die heutige EU weist nach den jüngsten Erweiterungsrunden zum einen ein nie gekanntes Maß an Wohlstandsunterschieden zwischen den Mitgliedstaaten und eine deutlich gewachsene Pluralität und Heterogenität nationaler Produktions- und Verteilungsregime sowie Arbeitsbeziehungssysteme auf (Kohl/Platzer 2004/2007). Zum anderen ist sie im Bereich der Wirtschaftsintegration (im Unterschied zu den Anfangsdekaden des Integrationsprozesses) durch ein nie gekanntes Maß an Marktliberalisierung (die mittlerweile neben den Produktmärkten auch die Arbeits-, Kapital- und Dienstleistungsmärkte umfasst) geprägt und durch die „Klammer" der gemeinsamen Währung (deren Bedingungen auch auf die nicht der Euro-Zone angehörenden EU-Mitgliedstaaten ausstrahlen) einem historisch gleichfalls beispiellosen Interdependenzzusammenhang unterworfen. Die Frage, wie sich diese wirtschafts- und währungspolitisch eng verflochtene, zugleich sozialpolitisch und in den nationalen Arbeitsbeziehungssystemen heterogenere EU-27 unter den andauernden Herausforderungen und ungelösten Problemen der Weltfinanzmarkt- und Eurokrise weiterentwickeln wird, ist gegenwärtig offen.

Auch wenn sie nach aller Voraussicht als weiterer Impulsgeber für konzernpolitische Anpassungszwänge und transnationale Verhandlungen wirken dürfte, kann diese Problematik hier nicht vertieft werden. Erkennbar ist aber folgender Zusammenhang. Die Spannungen in der Währungsunion, die aufgrund divergierender mitgliedstaatlicher Leistungsbilanzen schon vor der Weltfinanzmarktkrise vorhanden waren, die mittlerweile durch die ökonomische Krise verschärften Haushaltsprobleme nahezu aller EU-Mitgliedstaaten sowie die problematische Kreditwürdigkeit und Haushaltslage einzelner Länder in der Euro-Zone machen die Lösung der ökonomischen und währungspolitischen Herausforderungen zu einer conditio sine qua non für den politischen Zusammenhalt der EU insgesamt und damit auch zu einer alles entscheidenden Rahmenbedingung für die weiteren sozial-, arbeits- und tarifpolitischen Entwicklungen auf jeweils nationalstaatlicher Ebene wie auch im Bereich einer künftigen supranationalen Arbeits- und Sozialpolitik. In jedem Falle werden durch die Euro-Krise die von den Gewerkschaften in Reaktion auf die Europäische Währungsunion entwickelten Ansätze einer transnationalen tarifpolitischen Koordinierung mit noch schwierigeren Anforderungen konfrontiert sein. Ob und inwieweit die transnationale Tarifkoordination und die transnationale Konzernpolitik der Gewerkschaften sich künftig stärker verbinden und den Europäischen Betriebsräten dadurch eine erweiterte Bedeutung bzw. neue Aufgaben zuwachsen, ist eine offene (Forschungs-)Frage (siehe dazu Busch/Platzer 2010).

Ein zentrales Merkmal, das den EU-Integrationsprozess bis heute prägt, ist die asymmetrische Grundarchitektur zwischen der wirtschaftspolitischen und der sozialpolitischen Kompetenzausstattung. Auch der 2009 in Kraft getretene EU-Reformvertrag schafft in den zentralen Feldern der Wirtschafts- und Steuerpolitik (vgl. Dritter Teil AEUV, Titel I-VIII) keine optimierten konstitutionellen Rahmenbedingungen (neue Kompetenzzuweisungen und Mehrheitsentscheidungen), die eine nachfrage- und beschäftigungsorientierte makroökonomische Wirtschaftspolitik oder substantielle materielle Regulierungen (etwa im Bereich der Unternehmenssteuern) erleichtern oder befördern könnten. (Im Bereich der Finanzmarktregulierung konnte sich die EU in Reaktion auf die Finanzmarktkrise mittlerweile auf einzelne europäische Lösungen, u.a. im Bereich der Finanzaufsicht, einigen.)

Im Bereich der Arbeits- und Sozialpolitik schafft der in Kraft getretene EU-Reformvertrag Rahmenbedingungen, die als „konstitutioneller Minimalismus" (Platzer 2009b) qualifiziert werden können. Diese Charakterisierung resultiert daraus, dass einerseits Fortschritte im normativen Bereich erzielt werden konnten; dazu zählen insbesondere die sozialpolitischen Zielbestimmungen der Union, die Rechtsverbindlichkeit der Grundrechtecharta (auch wenn sie nunmehr nur im Protokollanhang erscheint und von ihren Verpflichtungen Großbritannien, Tschechien und Polen ausnimmt) und die Einführung einer horizontalen Sozialklausel (Art. III-117), durch die sich die EU verpflichtet, bei der Festlegung und Durchführung von Unionsmaßnahmen der Förderung von Beschäftigung und der Gewährleistung eines angemessenen Sozialschutzes, der Bekämpfung der sozialen Ausgrenzung sowie einem hohen Bildungsniveau und dem Gesundheitsschutz Rechnung zu tragen. Andererseits jedoch schreibt der Reformvertrag im Bereich der Kompetenzen und Verfahren, also in den institutionellen Kernfragen, den status quo ante weitgehend fort. D.h.

> „die institutionellen Rahmenbedingungen für die Verabschiedung sozialpolitischer Gesetzgebung (wurden) weitgehend unverändert gelassen (...) und auch die bestehenden Bereiche einstimmiger Beschlussfassung (wurden) nicht angetastet." (Treib 2004: 19)

Gerade die vertragliche Ermächtigungsgrundlage und die Frage von Einstimmigkeit oder Mehrheitsentscheidungen sind aber von entscheidender Bedeutung, wenn es um das materielle Sekundärrecht und die regulatorischen Qualitäten der EU-Politik geht. Ob künftig mögliche sozialpolitische Weichenstellungen aufgrund des gestärkten sozialen Normenkanons in erheblichem Maße durch Richterrecht geprägt sein werden (ebd.) und ob die stärkere vertragliche Normierung sozialer Ziele die liberalistische Tendenz der jüngeren EuGH-Rechtsprechung zugunsten sozialpolitischer Erwägungen und nationaler arbeitsrechtlicher Schutzbestimmungen verändern wird, bleibt abzuwarten.

Die beschriebene asymmetrische Grundarchitektur bedeutet nicht, dass im Laufe der Integrationsentwicklung – ausgehend von der schmalen Basis des EWG-Vertrags – die legislativen Zuständigkeiten der EU in den Bereichen der Arbeits-, Beschäftigungs- und Sozialpolitik nicht schrittweise erweitert und die Entscheidungsregeln nicht wiederholt angepasst worden wären. Dementsprechend hat die EU-Vertragsentwicklung „von Rom nach Lissabon" durchaus dazu geführt, dass die heutige EU über einen arbeits- und sozialpolitischen acquis communautaire verfügt, der politische Relevanz beanspruchen kann und sich wie folgt skizzieren lässt.

Die EU-Gesetzgebung im Bereich der Arbeits- und Sozialpolitik reflektiert zunächst in starkem Maße wettbewerbs- und mobilitätsbezogene Funktionserfordernisse. Entsprechende Regulierungen, die (im weitesten Sinne) auf dem Prinzip der Harmonisierung basieren, sind demzufolge in den Bereichen der sozialen Sicherheit der Wanderarbeitnehmer, der Sicherheit und dem Gesundheitsschutz am Arbeitsplatz, der beruflichen Gleichbehandlung von Männern und Frauen und im Bereich des individuellen Arbeitsrechts (z.B. Mindestschutz bei Massenentlassungen und Betriebsübergang) anzutreffen. Diese nach der Gemeinschaftsmethode erlassenen Richtlinien bzw. Verordnungen variieren in ihrem Regulierungsniveau, wobei einerseits – vor allem im Zuge der Binnenmarktregulierung – das Prinzip der Mindeststandards gilt, andererseits, wie etwa im Bereich des Arbeits- und Gesundheitsschutzes und der Gleichstellungspolitik, das Niveau und die Innovationskraft der Gemeinschaftsgesetzgebung als hoch bewertet werden können (Eichner/Voelzkow 1994).

Ein gewichtiges institutionelles Element der sozialpolitischen EU-Governance ist seit dem Maastrichter Vertrag der sektorale und sektorübergreifende Soziale Dialog zwischen den europäischen Sozialpartnern, deren Verhandlungen und Vereinbarungen den sozialpolitischen Besitzstand der EU gleichfalls angereichert haben. Zu den Ergebnissen des sektorübergreifenden Sozialen Dialogs, die anschließend nach dem Verfahren der so genannten verhandelten Gesetzgebung durch Ministerratsbeschluss in EU-Recht umgesetzt wurden, zählen die Vereinbarungen zum Elternurlaub (1996/2010), zur Teilzeitarbeit (1997) und zu befristeten Arbeitsverträgen (1999). Die seit dem Maastrichter Vertrag gleichfalls mögliche tarifautonome Option einer supranationalen Selbstregulierung arbeits- und tarifpolitischer Gegenstände durch die Sozialpartner kam nahezu ein Jahrzehnt nicht zum Tragen. Erst 2002 konnte ein erstes Rahmenabkommen zur Telearbeit abgeschlossen werden. Dem folgten Rahmenvereinbarungen zu den Themen arbeitsbezogener Stress (2004), Belästigung und Gewalt am Arbeitsplatz (2007) und integrierte Arbeitsmärkte (2010). Diese autonomen Rahmenabkommen, die bislang primär qualitativ-konsensuellen Materien gelten, werden – ohne EU-rechtlichen Flankenschutz – durch die nationalen Gewerkschaften und Arbeitgeber vermittels der nationalstaatlichen Praxen der Arbeitsbeziehungen implementiert.

Auch auf sektoraler Ebene hat sich der Soziale Dialog als eine neben der Gesetzgebung zweite Säule der EU-Sozialpolitik etabliert. Die derzeit etwa 40 Ausschüsse des Sektoralen Sozialdialogs (ASSD) schaffen den institutionellen Rahmen für eine Ko- oder Selbstregulierung der sektoralen europäischen Gewerkschafts- und Arbeitgeberverbände. Eine Analyse der bisherigen Politikergebnisse (Platzer/Müller 2009: 783ff.) zeigt, dass einem enormen quantitativen Wachstum gemeinsamer Stellungnahmen sowie einzelnen sektoralen Rahmenabkommen in der Qualität von Codes of Conduct eine bislang begrenzte Anzahl substantieller Vereinbarungen gegenübersteht. Vereinbarungen mit arbeits- und tarifpolitischem Gewicht (und rechtlicher Wirksamkeit) wurden von den Sozialpartnern insbesondere im Verkehrssektor abgeschlossen. Eine im Juli 2009 zwischen dem Europäischen Gewerkschaftsverband für den öffentlichen Dienst (EGÖD) und der Europäischen Arbeitgebervereinigung für Kliniken und Gesundheitswesen (HOSPEEM) ausgehandelte Vereinbarung über den Gesundheitsschutz von Beschäftigten im Krankenhauswesen wurde Anfang 2010 durch eine entsprechende EU-Richtlinie allgemein verbindlich gemacht.

Diese hier skizzierten Entwicklungen zeigen, dass im Zuge der ökonomischen Integration auch im Bereich der Arbeits- und Sozialpolitik Prozesse einer trans- und supranationalen Regulierung, also der hierarchischen Steuerung durch

EU-Rechtsetzung (darunter auch die arbeitspolitisch bedeutsame EBR-Richtlinie), und Institutionalisierung (Sozialer Dialog) stattgefunden haben. Dem beigestellt ist seit gut einem Jahrzehnt ein Politikinstrument, das auch die europäischen Sozialpartner tangiert bzw. involviert: die Offene Methode der Koordinierung (OMK), die dem Prinzip der Kontextsteuerung ohne Vergemeinschaftung folgt (vgl. hierzu Platzer 2009a).

Ungeachtet dieser sozial- und arbeitspolitischen Errungenschaften bleiben Probleme und Defizite der sozial-ökonomischen EU-Governance, die beim erreichten Grad an monetärer Integration in ihren Auswirkungen mittlerweile Kernbereiche der mitgliedstaatlichen Wohlfahrtspolitik und Arbeitswelt berühren (vgl. hierzu Scharpf 2002). Insbesondere haben die Diskrepanzen und Ungleichgewichte zwischen Marktintegration und Politikintegration in der Post-Maastricht-Phase, wie ein kurzer Blick auf die Steuerungsmodi und Politisierungsmuster der sozial- und arbeitspolitischen EU-Governance zeigt, tendenziell zugenommen.

Ein erstes hervorstechendes Entwicklungsmerkmal der jüngsten Integrationsetappe ist der weitreichende Wandel in den Modi des sozialpolitischen Regierens, der sich zunächst in der Bedeutungszunahme weicher Steuerungsformen, insbesondere in Gestalt der OMK, manifestiert, die im Zuge der Lissabon-Strategie extensiv genutzt wurde und die als zentrale Steuerungsform auch in der 2010 verabschiedeten Post-Lissabon-Strategie, der Europa-2020-Agenda fortgeschrieben wird.

Auch die Entwicklungen im Bereich des Sozialen Dialogs bekräftigen – auf sektorübergreifender wie sektoraler Ebene – seit 2000 diesen Wandel der Steuerungsformen, wonach anstelle verbindlicher Kollektivvereinbarungen (im Rahmen des Verfahrens der verhandelten Gesetzgebung) vermehrt mit unverbindlichen Zielvorgaben und Monitoringverfahren operiert wird, die keine Sanktionierungen im Falle mangelnder Fortschritte vorsehen. Leiber und Schäfer charakterisieren diese jüngere Entwicklungstendenz des Sozialen Dialogs als „doppelten Voluntarismus", wonach

> „zur Verlagerung von Regelungskompetenz auf freiwillige Vereinbarungen durch die Sozialpartner (prozedurale Ebene) der empfehlende, unverbindliche Modus bei der Umsetzung dieser Vereinbarungen (inhaltliche Ebene) tritt." (Leiber/Schäfer 2008: 117)

Zusammengenommen hat sich somit in beiden Bereichen oder Säulen der sozialpolitischen EU-Governance, also im Bereich der regulativen Politik wie im Rahmen des Sozialen Dialogs, seit Ende der 1990er Jahre ein Wandel vollzogen, der

> „gekennzeichnet (ist) durch eine Gewichtsverlagerung hin zur autonomen Sozialpartnerschaft und die Anwendung des weichen Steuerungsverfahrens OMK auch

> im Aktionsfeld des Sozialen Dialogs. Neben den Voluntarismus des ‚Regierens durch die Regierungen' ist damit der doppelte Voluntarismus des ‚Regierens durch die Sozialpartner' getreten. (...) Dies bedeutet nicht, dass rechtsverbindliche Instrumente nicht weiterhin in einigen Feldern Bedeutung haben (...). Parallel dazu gewinnen jedoch voluntaristische Instrumente an Gewicht." (Ebd.: 126)

Ein weiteres Entwicklungsmerkmal der jüngeren Integrationsetappe ist die verstärkte Anwendung des europäischen Wettbewerbsrechts auf Sektoren, für die dieses Recht ursprünglich nicht gedacht war, darunter die staatsnahen Bereiche Öffentlicher Daseinsvorsorge, Telekommunikation, Energie und Transport. Diese Liberalisierungstendenz wird schließlich auch durch europäisches Richterrecht dahingehend unterstrichen und verstärkt, dass der EuGH in mehreren jüngeren Urteilen in den Jahren 2005 bis 2008 (darunter die Fälle Viking, Laval, Rüffert) den Binnenmarktfreiheiten Vorrang vor nationalen arbeits- und sozialpolitischen Schutzrechten eingeräumt hat. Diese zunehmende Schärfung europarechtlicher Instrumente für eine stetige Vertiefung der marktschaffenden Integration bei einer gleichzeitigen Blockadeanfälligkeit der supranationalen Sozialpolitik führen, so Höpner und Schäfer, zu einer problematischen Konstellation:

> „Angesichts der Gleichzeitigkeit von heterogener werdenden politökonomischen Interessenlagen und der judikativen Fortentwicklung europäischen Rechts verfestigt sich die Asymmetrie zwischen der Beseitigung von (vermeintlichen) Binnenmarkthindernissen auf nationalstaatlicher Ebene einerseits und marktkorrigierender Integration auf europäischer Ebene andererseits. Die institutionalisierte Koordinierung der nationalen Arbeits- und Sozialverfassungen gewinnt zwar mit der OMK an Bedeutung, ist aber weit davon entfernt, im Europa der 27 auf einheitliche Standards hinwirken zu können oder auch nur zu wollen." (Höpner/Schäfer 2010: 17)

Die Entwicklungen seit der Jahrtausendwende lassen sich wie folgt bilanzieren. Auf der einen Seite ist die europäische Rechtssetzung in einigen wenigen, wenn auch sozialpolitisch durchaus bedeutsamen Feldern, wie der Antidiskriminierungspolitik, vorangekommen. Auf der anderen Seite ist durch die Forcierung der Marktliberalisierung, die unter anderem durch die Rechtsprechung des EuGH vorangetrieben wurde, ein Entwicklungstrend verstärkt worden, wonach an die Stelle eines (auf EU-Ebene) sozialpolitisch regulierten Wettbewerbs, zunehmend ein Wettbewerb der sozialpolitischen (mitgliedstaatlichen) Regeln getreten ist. Die voluntaristische Steuerungslogik der OMK und die jüngere, gleichfalls weiche Vereinbarungspolitik der europäischen Sozialpartner im Rahmen des Sozialen Dialogs sind – ungeachtet der Einbeziehung immer weiterer sozialpolitischer Bereiche in diese Koordinierungspraxis und des dadurch formal erhöhten Stellenwerts des Sozialen – nicht in der Lage, diesen vorherrschenden Entwicklungstrend einzufangen und auszutarieren. Eine zwischenstaatliche Konfliktkonfiguration, die nicht zuletzt der im Zuge der EU-Osterweiterung gewachsenen sozial-ökonomischen Heterogenität zwischen den EU-Mitgliedstaaten geschuldet ist, bildet ein auch die voraussehbare Zukunft prägendes Politisierungsmuster, das einer aktiven EU-Sozialpolitik weiterhin vergleichsweise enge Grenzen ziehen dürfte.

> „Die Auseinandersetzungen der vergangenen Jahre waren vielfach das Resultat von Verteilungskonflikten zwischen den Mitgliedstaaten. So verliefen die Konfliktlinien bei der Dienstleistungsrichtlinie und der Übernahmerichtlinie vor allem zwischen Mitgliedstaaten mit unterschiedlichen Kapitalismus- und Wohlfahrtsstaatsmodellen, weniger hingegen entlang der Links-Rechts-Achse der Parteiensysteme.“ (Ebd.: 4)

Im Falle der nachstehend analysierten Ausgestaltung eines optionalen Rechtsrahmens für transnationale Konzernvereinbarungen ist der Prozess bislang nicht so weit gediehen, dass sich die nationalen Regierungspositionen bereits deutlich erkennen ließen. Es ist aber davon auszugehen, dass neben den mitgliedstaatlichen Unterschieden in den Kapitalismus- und Arbeitsbeziehungsmodellen hier die Links-Rechts-Achse, also insbesondere die gegensätzlichen Interessen zwischen Gewerkschaften und Arbeitgebern, stärker zum Tragen kommen dürfte. Der bisherige politische Prozess deutet jedenfalls in diese Richtung.

Kehrt man zu den Ausgangsüberlegungen, zum strukturellen Kontext und zum Schalenmodell zurück, so legt diese Skizze der äußersten Schale, die der sozial-ökonomischen EU-Governance galt, die folgenden Schlussfolgerungen nahe. Die Prozesslogik der EU-Integration hat die Entwicklung einer europäischen Vereinbarungspolitik auf Unternehmensebene nicht determiniert. Sie hat aber in den vergangenen eineinhalb Jahrzehnten Rahmenbedingungen hervorgebracht (Marktliberalisierung und europäische Unternehmensstrukturen, forcierte Wettbewerbsverhältnisse und transnationale Restrukturierungen, die EBR- und SE-Richtlinie etc.), die eine transnationale Vereinbarungspolitik begünstigt haben und wohl auch in naher Zukunft – und zwar unabhängig von einem optionalen Rechtsrahmen – begünstigen dürften. Die jüngsten ökonomischen und monetären Entwicklungen und Verwerfungen im Integrationsraum werden den Bedarf an transnationalen sozial-ökonomischen Problemlösungen tendenziell erhöhen. Gleichzeitig ist im Bereich der Arbeits- und Sozialpolitik – dies legt die vorangegangene Analyse nahe – mit keiner substantiellen Ausweitung von Regulierungsaktivitäten durch die suprastaatliche Politik zu rechnen, die die vorherrschende Asymmetrie zwischen der weit fortgeschrittenen Marktintegration und der nachhinkenden (Sozial-)Politikintegration verringern würde. Diese regulatorische Lücke wird auch nicht durch die Sozialdialogbeziehungen zwischen den europäische Gewerkschafts- und Arbeitgeberverbänden geschlossen werden können. Somit bleiben ebenso große Handlungsspielräume wie tendenziell wachsende Handlungsbedarfe für eine Selbstregulierung (private governance) vermittels transnationaler Arrangements und Vereinbarungen durch die betrieblichen Akteure.

3.2 Die suprastaatliche Initiative eines (optionalen) Rechtsrahmens

Blickt man zunächst kurz auf die Genese der EBR-Gesetzgebung zurück, so zeigen die Erfahrungen, dass es eines langjährigen, politisch hoch komplexen Verhandlungsprozesses bedurfte, bis es zu einer (Kompromiss-)Lösung kam, die 1994 zur Verabschiedung der Richtlinie führte. Nicht zuletzt die Unterschiede in den nationalen Arbeitsbeziehungssystemen der EU-Mitgliedstaaten sind ein Faktor, der die Schwierigkeiten jeglicher EU-Gesetzgebung im Bereich des kollektiven Arbeitsrechts erklärt; dies zumal dann, wenn es sich um gewichtige institutionelle Fragen (wie im Falle der Einrichtung von Europäischen Betriebsräten) oder prozedurale Fragen (wie im Falle des optionalen Rechtsrahmens) handelt, die sich als sensibel für die nationalen Strukturen und Traditionen kollektiver Arbeitsbeziehungen erweisen können. Vor diesem Erfahrungshintergrund ist davon auszugehen, dass der Vorstoß der EU-Kommission zur Schaffung eines optionalen Rechtsrahmens für transnationale Kollektivverhandlungen, falls er überhaupt auf der politischen Tagesordnung bleiben bzw. in der EU-Agenda wieder Gewicht bekommen sollte, bislang lediglich der erste Schritt eines langen und steinigen Weges bis zur Verabschiedung eines Gesetzes ist.

Unser Untersuchungsdesign (Kap. 2.3) siedelt diese EU-Agenda in einem von drei Verhandlungsräumen an, in denen es seit Anfang/Mitte der ersten Dekade des 21. Jahrhunderts darum geht, transnationale Konzernvereinbarungen zu *ordnen.* Allerdings unterscheiden sich diese Verhandlungen im politischen Raum – nach Interaktionsstrukturen und Verfahrenslogik – signifikant von den Verhandlungen und Vereinbarungen auf Konzernebene bzw. im zwischengewerkschaftlichen Bereich, da in diesem Falle die etablierten Entscheidungsroutinen der EU zum Tragen kommen. Die bisherigen Entwicklungen eines optionalen Rechtsrahmens folgen dieser institutionellen Logik der EU, nach der die Kommission in einem ersten Stadium eine Initiative vorträgt, diesen Prozess im Fortgang durch wissenschaftliche Expertisen unterfüttert und begleitet und die von der Gesetzgebungsinitiative tangierten gesellschaftlichen Akteure – informell und im Rahmen förmlicher Anhörungen – konsultiert.

In ihren Erwägungsgründen geht die EU-Kommission davon aus, dass

> „(...) providing an optional framework for transnational collective bargaining (...) will give the social partners a basis for increasing their capacity to act at transnational level. It will provide an innovative tool to adapt to changing circumstances, and provide cost-effective transnational responses." (European Commission 2005a)

Mit dem Instrument eines optionalen Rahmens für transnationale Kollektivverhandlungen will die Kommission den Sozialpartnern demnach ein Instrument an die Hand geben, das es ihnen ermöglicht, grenzübergreifend Kollektivverhandlungen zu führen und die dabei erzielten Ergebnisse zu formalisieren. Die Kommission argumentiert, dass dieses Instrument den Unternehmen und Branchen helfen kann, insbesondere Probleme in den Bereichen Arbeitsorganisation, Beschäftigung, Arbeitsbedingungen oder Fortbildung zu lösen.

Mit diesem Gesetzgebungsvorhaben bewegt sich die EU-Kommission innerhalb ihrer Grundphilosophie zur Modernisierung des Europäischen Sozialmodells. Nach dieser Modernisierungsphilosophie sieht die Kommission einen wachsenden Bedarf an grenzübergreifenden und gemeinschaftlichen Problemlösungsstrategien, zugleich aber auch die Notwendigkeit einer Staatsentlastung auf europäischer Ebene, nach der die erforderlichen transnationalen Koordinierungs-, Steuerungs- und Regulierungsaufgaben – wo immer möglich – der privaten Selbstregulierung durch gesellschaftliche Akteure überlassen bzw. auf diese übertragen werden. Insoweit würde ein optionaler Rechtsrahmen zunächst zwar eine Regulierungslücke im bisherigen arbeitspolitischen Rechtsrahmen auf europäischer Ebene schließen, er wäre aber letztlich ein Instrument, das die private governance, nämlich die europäische Selbstregulierung der Betriebsparteien, befördern würde bzw. sollte. Vergleichbar der EBR-Richtlinie mit ihren flexiblen Aushandlungsspielräumen bei der Einrichtung und Funktionszuschneidung der Gremien (abgesichert durch gewisse rechtliche Standards und Rückfallpositionen) käme auch beim optionalen Rechtsrahmen ein EU-Steuerungsmodus zum Tragen, der sich als „regulierte Selbstregulierung" (Platzer 2002) charakterisieren ließe.

Ein 2006 vorgelegter Bericht einer von der EU-Kommission einberufenen ersten Expertenkommission unter dem Vorsitz des italienischen Arbeitsrechtsprofessors Edoardo Ales beschreibt die Potentiale aber auch die juristischen und politischen Probleme eines solchen Rechtsrahmens. Er räumt u.a. der Frage einer klaren Definition der Rolle von Gewerkschaften einerseits, des Europäischen Betriebsrats andererseits im Rahmen transnationaler Verhandlungen auf Unternehmensebene einen zentralen Stellenwert ein. Er verweist zudem auf die Möglichkeit von Konflikten zwischen verschiedenen Verhandlungsebenen. Eine erste mögliche Konfliktlinie verläuft zwischen Vereinbarungen, die im Rahmen des europäischen sektoralen Sozialdialogs (unter Beteiligung der Europäischen Gewerkschaftsverbände), und Vereinbarungen, die auf europäischer Unternehmensebene (möglicherweise ohne Beteiligung der Europäischen Gewerkschaftsverbände) getroffen werden. Der Bericht weist schließlich darauf hin, dass auf transnationaler Ebene getroffene Vereinbarungen mit tariflichen Vereinbarungen und arbeitspolitischen Regelungen auf nationaler Ebene in Konflikt geraten können (Ales et al. 2006: 35). Die in der ursprünglichen Kommissionsinitiative neben der betrieblichen Ebene vorgesehene Einbeziehung der sektoralen Ebene in den optionalen Rechtsrahmen wurde mittlerweile fallen gelassen (European Commission 2008b).

In den Anhörungen der Kommission artikulieren die Arbeitgeberverbände und die Gewerkschaften bis dato weit auseinander liegende Positionen. Die Arbeitgeber sehen keinen gemeinschaftsrechtlichen Handlungsbedarf und lehnen ein EU-Regelwerk ab. Diese Haltung reiht sich zunächst in eine in der jüngsten Vergangenheit bereits mehrfach artikulierte Grundsatzposition ein, die ein Moratorium jeglicher EU-Gesetzgebung in den Bereichen der Arbeits- und Sozialpolitik fordert. Im konkreten Falle argumentiert der Arbeitgeberdachverband Businesseurope, dass Entscheidungen über das *Ob, Wer* und *Wie* von Verhandlungen und Vereinbarungen

> „(...) will have to be taken by those involved and those represented – for the text to have the necessary legitimacy to lead to the results and objectives established – and to develop the mutual trust necessary to make any agreement a success". (Businesseurope 2009: 2)

Mit Blick auf transnationale Unternehmensvereinbarungen argumentiert der Verband, dass die auf globaler Ebene bereits existierenden Instrumente – die ILO Tripartite Declaration on Multinational Enterprises and Social Policy und die OECD Guidelines for Multinational Enterprises – „(...) are more likely to serve as guidance or good practice rather than instruments limited to the European sphere" (ebd.). Trotz dieser bislang dezidiert ablehnenden Position des europäischen Dachverbandes ist perspektivisch nicht auszuschließen, dass ein (bereits erkennbarer) innerverbandlicher Druck einer wachsenden Zahl von Unternehmen, die die transnationale Vereinbarungspolitik nutzen und weiterentwickeln wollen, zu einer offeneren Haltung des Arbeitgeberlagers gegenüber einem EU-Rechtsrahmen führen könnte.

Von Seiten der Gewerkschaften wird die Kommissionsinitiative begrüßt und eine rechtliche Rahmenregelung grundsätzlich befürwortet. Die gewerkschaftliche Unterstützung und politische Einforderung eines Rechtsrahmens wird allerdings an konkrete Bedingungen und Eckpunkte geknüpft, die als unverzichtbar bzw. als nicht verhandelbar definiert werden. Die erste und vorrangige Kernforderung des EGB betrifft das Verhandlungsmandat und das Recht, Vereinbarungen zu unterzeichnen.

> „The power to do this must remain solely and strictly a trade union right, owing to their representativeness (...). If this power were transferred to company level today, it would threaten to lead to the fragmentation of collective bargaining to the detriment of the unions." (ETUC 2005: 7)

Eine zweite Kernforderung des EGB gilt Kompatibilitätsfragen und dem Schutz nationaler Domänen. „(...) this new level must fit in the existing structure of collective agreements at various levels, but without changing or interfering with national powers and responsibilities.“ (Ebd.) Eine dritte Kernforderung bezieht sich auf die Vereinbarungsqualität.

> „(...) concluded agreements must not be allowed to adopt the lowest common denominator from clauses already negotiated in collective agreements or national legislation. Therefore enforcement of the ‘non-regression’ clause must be clearly specified (...).“ (Ebd.)

Hinter dieser Positionierung, die einen europäischen Rechtsrahmen grundsätzlich befürwortet, ihn aber an unverzichtbar Bedingungen knüpft, verbirgt sich nicht nur ein gängiges verhandlungstaktisches Moment (Verhandlungsstart mit Maximalforderungen), sondern eine vielschichtige inner- und zwischengewerkschaftliche Debatte, die wiederum die Fülle rechtlich ungelöster und politisch sensibler Fragen reflektiert, die mit einem transnationalen Rechtsrahmen verbunden sind. Die Palette der von nationalen Gewerkschaften vertretenen Sichtweisen reicht von der Infragestellung der Notwendigkeit eines europäischen Rechtsrahmens und defensiven Grundhaltungen bis zu offensiven Positionen, wie sie beispielsweise innerhalb der IG Metall diskutiert werden, wonach auch EBR-Mitglieder, sofern sie gewerkschaftlich organisiert sind, eine Verhandlungsrolle erhalten sollten und selbst Entgeltmaterien Gegenstand transnationaler Vereinbarungen sein könnten, weil die Praxis zeige, dass bei europäischen Verhandlungen zu umfassenden Unternehmensumstrukturierungen Fragen des Entgelts direkt oder indirekt berührt seien. Auch der Verhandlungsverlauf und die Ausgestaltung des EMB-Verfahrens (eingehend in Kap. 3.5 analysiert) verweisen auf diese sensible Beschlusslage auf europäischer Gewerkschaftsebene und auf die Schwierigkeiten, ein neues transnationales Regulierungsinstrumentarium zu entwickeln, das die unterschiedlichen nationalen Gewerkschaftsinteressen zu berücksichtigen und einzubinden vermag. Vor diesem Gesamthintergrund wird auch erklärlich, dass und warum die Gewerkschaften in Europa und deren europäische Föderationen das Gesetzesvorhaben eines transnationalen Rechtsrahmens bislang nicht an vorderster Stelle ihrer EU-Agenda platzieren, es zwar wohlwollend begleiten, aber nicht mit dem allergrößten politischen Nachdruck vorantreiben.

In der sozialpolitischen Kommissionsagenda für die Jahre 2010/2011 taucht der optionale Rechtsrahmen als Gesetzgebungsvorhaben nicht auf. Zunächst sind von Seiten der Kommission weitere Expertisen und Anhörungen vorgesehen.[1] Es ist schwierig, diese derzeitige Konfiguration zu deuten und die weitere

1 So legte die Kommission Mitte 2010 eine siebenmonatige „Studie zu den Merkmalen und rechtlichen Wirkungen von Betriebsvereinbarungen zwischen Unternehmen und Arbeitnehmervertretern“ auf (European Commission 2010). In dieser Studie, die etwa

Entwicklung zu prognostizieren. Vor dem gesamten Erfahrungshintergrund europäischer Gesetzgebungsprozesse können die erneuten Expertenkonsultationen ebenso ein Indiz dafür sein, dass dieses Vorhaben allmählich versandet (und letztlich scheitert), wie ein Hinweis auf ein noch immer vorhandenes politisches Momentum. Für Letzteres sprechen verschiedene industrie- und konzernpolitische Aktivitäten der EU-Kommission, aus denen heraus Querdynamiken und neue Impulse bezüglich eines Rechtsrahmens für die transnationale Kollektivvertragspolitik entstehen könnten. Bereits seit einigen Jahren und auch gegenwärtig spielt für die EU-Kommission das Thema Restrukturierung eine gewichtige Rolle. Sie hat in mehreren Positionspapieren (so genannten „Kommunikationen"), z.B. der „Communication on Restructuring and Employment" (2005) und der „Communication on an Integrated Industrial Policy for the Globalisation Era" (2010), dazu Stellung bezogen. Mittlerweile konsultiert die EU-Kommission die europäischen Sozialpartner bezüglich eines „EU framework for anticipation and management of change and restructuring" (European Commission 2011).

Nach den Vorstellungen der Kommission soll der zunehmenden Restrukturierungsproblematik „proaktiv" und durch ein „negotiated management" (ebd.: 3) begegnet werden. Instrumentell erwägt die Kommission einen „European Code of Conduct on anticipation, preparation and socially responsible management of restructuring", der entweder als rechtlich nicht bindendes EU-Instrument oder rechtsverbindlich mittels einer EU-Richtlinie umgesetzt werden soll (ebd.: 10). Ziel dieses Vorhabens ist es

> „(to) establish at European level the rules to be followed by main protagonists of restructuring (companies and the workers' representatives of the company affected); define the role of other crucial stakeholders (social partner organisations, public authorities etc.); create a follow-up mechanism that ensures that the rules are incorporated effectively (...)" (Ebd.: 4)

Die skizzierten Entwicklungen innerhalb des europäisch-politischen Verhandlungsraums, in dem es um eine mögliche EU-Rahmengesetzgebung geht, lassen sich wie folgt zusammenfassen:

- Die Initiative befindet sich im Rahmen der institutionalisierten EU-Entscheidungsprozeduren in einem Konsultationsstadium. Die EU-Kommission hat bislang den nächsten Schritt, die Eröffnung der offiziellen Sozialpartnerkonsultation im Rahmen des Sozialen Dialogs, (noch) nicht eingeleitet.
- Der Gesamtprozess ist auf politisch-rechtlicher Ebene mithin noch nicht so weit gediehen, dass sich bereits unmittelbare Wirkungskreise bzw. Rekur-

Mitte 2011 abgeschlossen sein wird, werden für alle 27 Mitgliedstaaten die rechtlichen Spezifika von Unternehmensvereinbarungen ermittelt.

sionsschleifen zwischen voluntaristischer betrieblicher Praxis und gesetzlicher Regelung schließen würden.

- Ein (wenn auch schwacher) shadow-of-the-law-Effekt ist gleichwohl dahingehend zu konstatieren, dass die Kommissionsinitiative inner- und zwischenverbandliche Diskurse ausgelöst und zu Positionierungen der Gewerkschaften geführt hat, die in einigen Fällen, so z.B. im Falle des in Kapitel 3.5 analysierten EMB-Verhandlungsverfahrens, eine Gestalt angenommen haben, die ein gewerkschaftliches Modell eines möglichen rechtlichen Ordnungsrahmens repräsentiert.

3.3 Konzernstrukturen und Managementstrategien

In den einzelnen Fallanalysen sind die aus bestimmten Konzernstrukturen und konzerninternen Arbeitsbeziehungen hervorgehenden Interessen und Kalküle des Managements integrale Momente des Verhandlungskontexts. Die Frage ist, ob sich übergreifende Tendenzen in den Konzernentwicklungen identifizieren und beschreiben lassen, die sich – betrachtet man die Gesamtentwicklung der Vereinbarungspolitik auf Konzernebene – insoweit einem strukturellen Kontext zuordnen lassen, als es einer bestimmten historischen Phase konzernstruktureller Entwicklungen bedurfte, um den noch relativ jungen Prozess transnationaler Konzernvereinbarungen anzustoßen und mit zu befördern. In Anbetracht einer breiten, von unterschiedlichen disziplinären Zugängen und konkurrierenden Erklärungsmodellen geprägten Forschungslandschaft zur Inter- und Transnationalisierung der Unternehmen (einen systematischen Überblick bietet Hirsch-Kreinsen 2010) ist diese Frage nicht abschließend zu beantworten. Jedoch lassen sich im Zusammenhang unserer Problemstellung einige Zugänge und Befunde bezüglich dieses strukturellen Kontexts skizzieren.

Zunächst werden in der sozialwissenschaftlichen Globalisierungsforschung multinationale Unternehmen als treibende Akteure der fortschreitenden Globalisierung und des Aufkommens einer weltweiten „interlinked economy" angesehen (ebd.: 597). Auch wird vielfach konstatiert, dass mit dem Prozess der ökonomischen Globalisierung und dem Prozess der Binnenmarktvollendung und Währungsintegration in der EU fortlaufende und zum Teil weitreichende Veränderungsprozesse in den Strukturen und Strategien der Konzerne einhergehen. Phänomenologisch lassen sich dabei wiederum bestimmte Makrotrends des Wandels identifizieren:

- die Finanzialisierung der Unternehmensentscheidungen, die vielfach Hand in Hand mit weitreichenden organisationalen Veränderungen der Unternehmen geht,

- eine veränderte Logik globaler oder europäischer Standortentscheidungen sowie
- qualitativ veränderte transnationale Steuerungsformen und Konzernstrategien; dazu zählen ein Neuzuschnitt der Wertschöpfungsketten, eine Unternehmenspolitik flexibler Operationalität, der Import experimentell erprobter Produktionsmodelle, ein permanentes grenzübergreifendes Benchmarking der Standorte und die Dominanz des Shareholder Value.

Trend bedeutet freilich nicht – wie wiederum zahlreiche empirische Untersuchungen zur Konzernentwicklung zeigen (u.a. Hassel et al. 2000) – einheitliches Muster oder langfristige strukturelle Konvergenz. Demzufolge wird in der einschlägigen Forschung seit längerem mit unterschiedlichen Internationalisierungstypen der Konzerne gearbeitet. Einem solchen Ansatz folgen, wie nachstehend gezeigt, auch Hauser-Ditz et al. (2010) bei der Analyse des Handelns und der Wirksamkeit von Europäischen Betriebsräten. Schließlich spielt – zumal in der Debatte um europäische Arbeitsbeziehungen – die Frage der Raumdimension der Konzernentwicklung, also die Frage, inwieweit die Konzerninternationalisierung ein spezifisches Europäisierungsmuster aufweist, eine gewichtige Rolle (Müller et al. 2004).

Die Strukturentwicklungen und der Strategiewandel der Konzerne sind insbesondere unter dem Gesichtspunkt des „organisational fit“ (Hauser-Ditz et al. 2010) seit geraumer Zeit in den Fokus der EBR-Forschung gerückt. Dabei geht es um die Frage, ob und inwieweit ein bestimmter Internationalisierungstypus der Unternehmen bzw. ein bestimmtes Europäisierungsprofil der Konzernmanagements die Struktur und Kultur, den Aktionsradius und den Output eines jeweiligen EBR beeinflusst. Auf diese Frage gerichtete fallstudienbasierte Untersuchungen (Hall et al. 2003, Marginson et al. 2004) kommen zu dem Ergebnis, dass

> „employee-side organization and networking activity was found to be strongest, and the impact of the EWC on management decision making greatest, in single business companies whose operations are spread across countries and where production and other activities are integrated across borders.“ (Marginson/Sisson 2004: 237)

Als günstig für eine aktive Rolle und transnationale Beteiligungspolitik des EBR erweist sich zudem eine europäische Managementstruktur, die mit der Struktur des Europäischen Betriebsrats korrespondiert, sowie eine Strategie des Managements, die den Europäischen Betriebsrat proaktiv für eigene Zwecke einzubinden versucht (ebd.). In einer aktuellen Untersuchung, die auf acht Fallstudien in der Automobilindustrie basiert, kommen Hauser-Ditz et al. (2010) gleichfalls zu dem Ergebnis, dass „ein recht enger Zusammenhang zwischen dem jeweiligen Internationalisierungstypus des Unternehmens und des entsprechenden EBRs festgestellt werden (kann)“ (ebd.: 384). Allerdings betonen sie auch:

> „Die spezifischen Strukturen und Kooperationsweisen der EBRs lassen sich keineswegs allein durch den Rückgriff auf den Organisational Fit und die institutionellen Effekte der Stammländer erklären. In allen untersuchten Fällen spielten einschneidende, bis zu einem gewissen Grade kontingente Ereignisse in der ‚trajectory' der Unternehmen und der EBRs eine wichtige Rolle." (Ebd.: 393)

Zu solchen Schlüsselereignissen zählen etwa transnationale Standortkonflikte und Unternehmensrestrukturierungen.

Insgesamt führt die Frage, ob und inwieweit längerfristig wirksame Trends in den Konzernentwicklungen wirksam sind, die sich zu einem strukturellen Kontext verdichten und – einschließlich managementseitiger Initiativen für Verhandlungen – eine weitere Dynamisierung einer transnationalen Vereinbarungspolitik erwarten lassen, zu folgenden ersten Schlussfolgerungen:

(1) Da Falluntersuchungen (Arrowsmith/Marginson 2006; Léonard et al. 2007) die Bedeutung transnational integrierter Unternehmensstrukturen für die Ermöglichung entsprechender Verhandlungs- und Vereinbarungsaktivitäten Europäischer Betriebsräte unterstreichen, wachsen mit dem Trend hin zu transnational integrierten Unternehmens- und Managementstrukturen (einschließlich der Europäisierung des Human Resource Managements) die unternehmensseitigen Voraussetzungen für eine transnationale Vereinbarungspolitik.

(2) In dem Maße, in dem der Trend hin zu einer transnational verteilten und integrierten Produktionsorganisation fortscheitet, entstehen strukturelle Kontextbedingungen, die zumal dann eine transnationale Vereinbarungspolitik befördern können, wenn grenzübergreifend wirksame Restrukturierungen anstehen und zum Schlüsselereignis für die (Re-)Aktivierung eines EBR werden.

(3) Allerdings zeichnet die EBR-Forschung, die – stärker akteurszentriert – die Interessen und Motive des Managements in den Blick nimmt, ein durchaus vielschichtiges Bild. Danach ist jenseits konzernstruktureller Faktoren auf Seiten der Unternehmensleitungen eine breite Palette von Handlungsorientierungen und Interessenkalkülen anzutreffen, die im Umgang mit dem EBR von proaktiv-beteiligungsorientierten bis zu defensiv-obstruktiven Verhaltensmustern reicht.

3.4 Entwicklungsmuster Europäischer Betriebsräte und das Verhältnis zwischen Europäischen Betriebsräten und Gewerkschaften

In den Fallanalysen steht der EBR in seiner konkreten Zusammensetzung und Praxis wie auch in seinem Verhältnis zu den Gewerkschaften im Zentrum des Verhandlungskontexts. Gleichwohl stellt sich – wie im Falle der Konzernentwicklungen und Managementstrategien – die Frage, ob sich übergreifende Trends und Strukturmuster in der Entwicklung Europäischer Betriebsräte und im Verhältnis zwischen Europäischen Betriebsräten und Gewerkschaften identifizieren und erklären lassen, die dann (jenseits der einzelnen Unternehmensfälle) zu einem Teil des strukturellen Kontexts werden. Diese den Einzelfall übergreifenden Strukturmuster werden nachfolgend beschrieben.

3.4.1 EBR-Entwicklungen

Die EBR-Richtlinie hat zur Etablierung von derzeit über 950 EBR geführt. Ohne diesen rechtlichen Rahmen wären transnationale Vertretungsstrukturen auf Konzernebene nicht in einer Größenordnung vorhanden, dass sich diese in nennenswerter Zahl zu Orten einer Verhandlungs- und Vereinbarungspraxis entwickeln könnten.

Auf die Frage, unter welchen Entwicklungs- und Strukturvoraussetzungen ein Europäischer Betriebsrat als handlungsfähiges transnationales Interessenvertretungsgremium in Erscheinung tritt, gibt die EBR-Forschung empirisch gesättigte Teilantworten, die sich aber zu keinem theoretisch geschlossenen Erklärungsmodell fügen. Dies gilt umso mehr für die Frage, unter welchen Voraussetzungen ein Europäischer Betriebsrat über die in der EBR-Richtlinie zugewiesenen Funktionen der Information und Konsultation hinauswächst und zu einem verhandelnden Akteur wird.

Das Wachstum transnationaler Konzernvereinbarungen repräsentiert ein Akteursprofil und eine Entwicklungsoption Europäischer Betriebsräte, die wir bereits zu einem relativ frühen Zeitpunkt des Gesamtprozesses der EBR-Entwicklung empirisch beschrieben, theoretisch reflektiert und prognostiziert haben. Um zu verallgemeinerungsfähigen Aussagen über die Praxis und Entwicklungspotentiale Europäischer Betriebsräte zu kommen, haben wir auf der Basis qualitativer Falluntersuchungen, die in der zweiten Hälfte der 1990er Jahre durchgeführt wurden und die einen repräsentativen Querschnitt von Ländern und Branchen umfassten, erstmals eine EBR-Typologie entwickelt, die bereits zum damaligen Zeitpunkt auch den Typus eines „beteiligungs- bzw. verhandlungsorientierten EBR“ umfasste (Platzer/Rüb 1999; Lecher et al. 1999/2001).

Nach dem dort entwickelten Erklärungsansatz gleicht die Entwicklungslogik und Praxis der Europäischen Betriebsräte einem sozialen Laboratorium. EBR bilden ein Experimentier- und Lernfeld für grenzübergreifende Arbeitsbeziehungen und ihre Praxis ist vielfach durch Suchbewegungen gekennzeichnet. Zu den äußeren Rahmenbedingungen, die die Entwicklung eines Europäischen Betriebsrats beeinflussen, zählen die Struktur und Strategie des Unternehmens, die Branche und die im Konzern (zumal am Sitz der Konzernmutter) historisch gewachsenen betrieblichen Arbeitsbeziehungen. Hinzu kommen die spezifischen Bedingungen und der Zeitpunkt der Etablierung eines EBR. Unter diesen Rahmenbedingungen durchläuft jeder Europäische Betriebsrat einen Prozess der inneren Konstituierung, in dem er einen unterschiedlichen Akteursstatus erlangen kann. Vor allem vier interdependente Interaktionszusammenhänge spielen hierbei eine Rolle.

Im Interaktionsfeld EBR und Management sind zwei Faktoren zentral; nämlich erstens, zu welchem Grad das Konzernmanagement – freiwillig oder sukzessive abgerungen – Handlungsspielräume und Beteiligungsmöglichkeiten (Information, Konsultation, Verhandlung) zugesteht und welche Interessen und instrumentellen Kalküle (Corporate Identity, Human Resource Management etc.) es kurz- oder längerfristig mit der Institution EBR verfolgt und ob und inwieweit der EBR Teil einer Europäisierungs- oder Internationalisierungsstrategie des Konzerns ist. Ein zweiter zentraler Faktor ist die Fähigkeit des EBR bzw. der Belegschaftsvertreter im EBR – mit oder gegen eine managementseitige Unterstützung – eigene Handlungsfähigkeit (Einfluss auf die Agenda, Sitzungssteuerung) und Ressourcen aufzubauen und zu mobilisieren.

Das zweite Feld sind die Interaktionsprozesse innerhalb des EBR-Gremiums selbst. Die Arbeitsfähigkeit des EBR entlang der Handlungsfelder Information, Konsultation und (fallweise) Verhandlung setzt voraus, dass in komplexen Lernprozessen Vertrauen aufgebaut, formelle und informelle Kommunikationsstrukturen entwickelt und gemeinsame Handlungsschwerpunkte und Arbeitsfelder bestimmt werden. Strukturell sind es meist die folgenden Konflikt- oder Spaltungslinien, die bearbeitet bzw. überwunden werden müssen: Dominanzverhältnisse zwischen nationalen EBR-Fraktionen, Gewerkschaftsdominanzen oder -konkurrenzen, Sprachgruppen und Sparteninteressen.

Das Interaktionsfeld EBR und nationale Ebene der Interessenvertretung bezeichnet die sachliche und politische Schnittstelle und teilweise Personenidentität zwischen EBR und den nationalen Akteuren konzernbezogener Interessenvertretung, wie z.B. den Konzernbetriebsräten in Deutschland oder den Comités de Groupe in Frankreich. Entscheidend für die Entwicklung dieses Feldes und letztendlich für die Handlungsfähigkeit der europäischen Ebene der Interessenvertretung ist, ob und inwieweit ein wechselseitiger Austausch von Ressourcen (im weitesten Sinne) gelingt.

Das Interaktionsfeld EBR und Gewerkschaften umfasst schließlich zunächst die mittel- und unmittelbare Einbeziehung der Gewerkschaften in die Arbeit des EBR. Diese ist abhängig von den unterschiedlichen nationalen Umsetzungsbestimmungen der Richtlinie, der faktischen gewerkschaftlichen Verankerung der EBR-Mitglieder sowie der spezifischen Anwendung der Sachverständigenregel. Darüber hinaus spielt die Gestaltung des Verhältnisses zwischen EBR und Gewerkschaften eine entscheidende Rolle bei der längerfristigen Orientierung der EBR und der Verklammerung der transnationalen betrieblichen Ebene mit den europäischen Handlungsfeldern der Gewerkschaften.

Mit Hilfe dieses analytischen Instrumentariums wurden hinsichtlich der empirisch vorfindbaren Handlungsmuster, Funktionen und Reichweiten der Praxis

Europäischer Betriebsräte vier Typen identifiziert und unterschieden: der symbolische, der dienstleistende, der projektorientierte und der beteiligungsorientierte EBR.[2] Der im hier interessierenden Kontext relevante Typus des beteiligungsorientierten EBR wurde (unter der Betonung einer erkennbaren Verhandlungsorientierung, nicht notwendigerweise einer bereits realisierten Verhandlungspraxis) wie folgt charakterisiert.

Der beteiligungsorientierte EBR zielt darauf, Handlungsmöglichkeiten gegenüber dem Konzernmanagement zu gewinnen und Beteiligungsmöglichkeiten zu erschließen, die über Information und Kommunikation hinausgehen; in Richtung geregeltes Konsultationsverfahren, in Richtung Durchführung gemeinsamer Initiativen mit der Konzernleitung und in Richtung Verhandlungen und den Abschluss von Vereinbarungen. Er versteht sich als ein Gremium der Interessenartikulation und -durchsetzung, der Konsultation und Verhandlung. Er arbeitet darauf hin, an Entscheidungsverfahren oder Maßnahmen, die sich auf die Belange der Konzernbeschäftigten auswirken, beteiligt und als Verhandlungspartner des Konzernmanagements anerkannt zu werden. Der Einstieg, über den es gelingt, zu Absprachen und Vereinbarungen mit dem Konzernmanagement zu kommen, liegt oftmals im Bereich konsensualer Themen.

Dieser typologische Erklärungsansatz macht deutlich, dass entlang der Interaktionsfelder, die für die Konstituierung und Praxis eines EBR relevant sind, jeweils mehrere Bedingungsfaktoren im Spiel sind und somit eine komplexe Konfiguration von Faktoren letztlich darüber entscheidet, wie und wohin sich ein EBR entwickelt. Auch zeigt dieses typologische Erklärungsmodell, dass es keine naturwüchsige Entwicklungslogik eines EBR von einem niedrigeren zu einem höheren Aktivitäts- und Wirksamkeitsgrad gibt.

Aus diesen empirischen Beobachtungen und theoretischen Reflexionen folgt zunächst, dass sich aus der wie immer gearteten inneren Verfasstheit Europäischer Betriebsräte keine exakten Aussagen oder verlässlichen Prognosen über das zahlenmäßige Potential künftig verhandelnder EBR ableiten lassen. Gleichwohl gibt die bisherige EBR-Forschung gewisse Anhaltspunkte, die erwarten lassen, dass auch der Faktor Binnenentwicklung der EBR eine dynamisierende Rolle bei einer künftig erweiterten transnationalen Vereinbarungspolitik spielen dürfte.

Eine Untersuchung von Waddington (2006), in der Vertreter von 196 EBR in sechs Branchen befragt wurden, ergibt hinsichtlich der Interessenvertretungs-

---

2 Von den dieser Typologie zugrunde liegenden 23 empirischen Fällen in den Branchen Metall, Chemie, Banken, Versicherungen und Lebensmittelindustrie waren zum Zeitpunkt der Untersuchung – um Relationen zu nennen, die freilich keine Repräsentativität beanspruchen können – knapp die Hälfte dem Typ des symbolischen EBR zuzurechnen; darunter wiederum Fälle, die ein dauerhaftes Verharren in diesem Stadium strukturell erwarten lassen. Die andere Hälfte ließ sich in etwa je zu einem Drittel den übrigen Typen zuordnen.

wirksamkeit folgendes Bild. Gut zwei Drittel der Befragten sehen im EBR ein effektives Instrument der Information und rund die Hälfte ein effektives Mittel der Konsultation. Demgegenüber fällt die Bewertung des EBR als Mittel zur Beeinflussung von Managemententscheidungen deutlich skeptischer aus. Diesbezüglich bewerten nur 0,8% der Befragten die Rolle des EBR als sehr effektiv und nur 13% als effektiv; 38% bewerten den EBR als neutral, 27% als ineffektiv und 16% als sehr ineffektiv. Ein wichtiger Befund dieser Untersuchung ist, dass Standortprobleme und Restrukturierungsfragen mittlerweile auf der Tagesordnung nahezu aller EBR stehen und sich zu einer Kernagenda der EBR entwickelt haben. Verbindet man diesen Befund mit der Beobachtung, dass Schlüsselereignisse als Katalysator einer Binnenkonstituierung, Konsolidierung und Effektivierung der EBR wirken können, so erscheint die Annahme plausibel, dass der Problemdruck im Themenfeld Standortwettbewerb, Standortsicherung und transnationale Restrukturierung bei einer zunehmenden Zahl von EBR über eine reine Informations- und Konsultationspraxis hinaustreiben dürfte und der arbeitnehmerseitige Handlungsbedarf mithin als ein dynamisierendes Element einer transnationalen Vereinbarungspolitik wirken wird.

Zum Thema EBR und Restrukturierung kommen Carley und Hall (2006), die den Forschungsstand aufgearbeitet haben, zu dem Ergebnis, dass der Umgang von Europäischen Betriebsräten mit Restrukturierungsproblemen

> „cannot be seperated from their overall nature and activity (...). Influential and active EWCs will tend to be more involved in restructuring situations, while symbolic and less effective EWCs will tend to be less involved. However there is evidence that dealing with restructuring can help build an EWC's coherence and effectiveness." (Carley/Hall 2006: 77)

3.4.2 Das Verhältnis EBR und Gewerkschaften

Die Verabschiedung der EBR-Richtlinie, die von den Gewerkschaften jahrelang gefordert wurde und nicht zuletzt das Verdienst intensiver Lobbyarbeit der Gewerkschaften in Europa war, eröffnete den nationalen Gewerkschaften und Europäischen Gewerkschaftsverbänden ein neues Handlungsfeld, das in seiner Entwicklung zugleich von den Bestimmungen der EBR-Richtlinie geprägt ist. Die durch die EU-Gesetzgebung geschaffenen formalrechtlichen Gegebenheiten wie die faktischen Verhältnisse, die sich in den Interaktionen zwischen dem Europäischen Betriebsrat und den Gewerkschaften im Zuge des bisherigen Entwicklungsprozesses dieser transnationalen Vertretungsstruktur herausgebildet haben, sind für europäische Unternehmensvereinbarungen als strukturelle Rahmenbedingung gleichermaßen relevant.

Unter einem rechtlichen Blickwinkel betrachtet sind Europäische Betriebsräte gegenüber den Gewerkschaften formal eigenständig. Sie können als europäische Belegschaftsgremien losgelöst von den Gewerkschaften agieren. Sie können aber auch so zusammengesetzt und ausgerichtet sein, dass sie als faktische Gewerkschaftsgremien auf europäischer Unternehmensebene fungieren. Dies gilt nicht nur für die so genannten freiwillig eingerichteten Europäischen Betriebsräte nach Artikel 13 der EBR-Richtlinie vom 22.9.1994,[3] sondern gleichermaßen für Europäische Betriebsräte, die nach dem gesetzlichen Normalverfahren eingerichtet werden. Mit anderen Worten: Die EBR-Richtlinie sieht für die Gewerkschaften keine Rolle in den Europäischen Betriebsräten vor, schließt diese aber auch nicht aus. Mit Ausnahme der Möglichkeit des Besonderen Verhandlungsgremiums, Gewerkschaftsvertreter auf Wunsch als Sachverständige mit beratender Funktion hinzuziehen (Art. 5.4), gilt dies auch für die neu gefasste EBR-Richtlinie vom 6.5.2009.[4] Der Unterschiedlichkeit der nationalen Arbeitnehmervertretungssysteme in Europa Rechnung tragend spricht die EBR-Richtlinie von Arbeitnehmervertretern und überlässt es den nationalen Mitgliedstaaten, im Rahmen der nationalen Umsetzungsgesetze näher zu definieren, wer Arbeitnehmervertreter sein kann. So gewähren beispielsweise das irische, österreichische und portugiesische Umsetzungsgesetz explizit die Möglichkeit, hauptamtliche Gewerkschaftsvertreter in das Besondere Verhandlungsgremium zu entsenden (Blanke 1999: 350ff.). Die für den Fall des Scheiterns der EBR-Gründungsverhandlungen im Anhang der EBR-Richtlinie festgehaltenen subsidiären Vorschriften, die in den EBR-Verhandlungen in der Regel als Orientierungslinie dienen (Lecher et al. 2001: 149), schreiben zugleich die Zugehörigkeit zum Unternehmen bzw. zur Unternehmensgruppe als Bedingung einer EBR-Mitgliedschaft vor und schließen dadurch eine EBR-Mitgliedschaft für hauptamtliche Vertreter nationaler Gewerkschaftsorganisationen oder eines Europäischen Gewerkschaftsverbands aus.

Die formale Eigenständigkeit der EBR gegenüber den Gewerkschaften ist wiederum dadurch eingeschränkt, dass in einer Reihe von Ländern (u.a. Frankreich, Griechenland, Italien, Portugal, Schweden und Spanien), den nationalen Gepflogenheiten folgend, die Gewerkschaften die Nominierung der EBR-Mitglieder steuern können. In Ländern, in denen die EBR-Mitglieder von betrieblichen Wahlgremien entsandt werden (wie in Deutschland, den Niederlanden oder Österreich), ist es aber allein eine Frage der gewerkschaftlichen Organisations-

3 Bezeichnet ist damit die Richtlinie 94/45/EG des Rates vom 22. September 1994 über die Einsetzung eines Europäischen Betriebsrats oder die Schaffung eines Verfahrens zur Unterrichtung und Anhörung der Arbeitnehmer in gemeinschaftsweit operierenden Unternehmen und Unternehmensgruppen.

4 Bezeichnet ist damit die Richtlinie 2009/38/EG des Europäischen Parlaments und des Rates vom 6. Mai 2009 über die Einsetzung eines Europäischen Betriebsrats oder die Schaffung eines Verfahrens zur Unterrichtung und Anhörung der Arbeitnehmer in gemeinschaftsweit operierenden Unternehmen und Unternehmensgruppen (Neufassung).

stärke und Überzeugungskraft in den Unternehmen, ob EBR-Delegierte gewerkschaftlich organisiert sind. Auch ein gewerkschaftliches Nominierungsrecht sichert den Gewerkschaften nur formal, nicht faktisch die Kontrolle über die EBR-Delegierten. Denn jenseits der formalen Ausgestaltung ist in der Praxis letztlich entscheidend, inwieweit ein politisches Verhalten, z.B. die Abberufung eines EBR-Mitglieds wegen Nichtbeachtung gewerkschaftlicher Beschlusslagen, bei den Belegschaften als legitim angesehen und mitgetragen wird (Hege/Dufour 1995: 91f.; Hege 1996: 11f.).

Die Flexibilität und Optionalität der EBR-Richtlinie lässt darüber hinaus die Möglichkeit zu, im Rahmen der EBR-Gründungsverhandlungen mit der Arbeitgeberseite zu vereinbaren, dass Vertreter der nationalen Gewerkschaftsorganisationen oder der Europäischen Gewerkschaftsverbände als Vollmitglieder oder Sachverständige in EBR einbezogen sind. Die Europäischen Gewerkschaften verfolgen dabei das Ziel, dass für jeden Europäischen Betriebsrat zumindest einem hauptamtlichen Gewerkschaftsvertreter eine Zugangsmöglichkeit als Vollmitglied oder Sachverständigen gewährt wird. In der Praxis sind die meisten Europäischen Betriebsräte ganz oder vorwiegend mit Delegierten besetzt, die gewerkschaftlich organisiert sind (Knudsen 2003: 154), so dass eine dauerhafte Abkopplung einer großen Zahl von Europäischen Betriebsräten von den Gewerkschaften bzw. die Übernahme von Europäischen Betriebsräten durch nicht gewerkschaftlich organisierte Belegschaftsvertreter sehr unwahrscheinlich ist.[5] Ebenfalls ist es weit verbreitete Praxis, dass zumindest ein hauptamtlicher Gewerkschaftsvertreter über die Sachverständigenregelung in den EBR einbezogen ist.

Jenseits formaler Bestimmungen der EBR-Gründungsvereinbarungen sind Europäische Betriebsräte in der Praxis in unterschiedlicher Weise und in unterschiedlichen Graden gewerkschaftlich angebunden, da die Akteure (EBR-Mitglieder, gewerkschaftliche EBR-Sachverständige) ihre Rollen und Funktionen (Belegschafts- bzw. Gewerkschaftsvertreter im EBR, Gewerkschaftsmitglied, Gewerkschaftshauptamtlicher) in unterschiedlicher Weise ausfüllen können. Die Gewerkschaftsmitgliedschaft der EBR-Delegierten (und insbesondere der EBR-Spitzenvertreter) und die Zahl und Form hauptamtlicher Gewerkschaftsvertreter, die in den EBR einbezogen sind, sind demnach keine hinreichenden Indikatoren für die gewerkschaftliche Anbindung eines EBR.

---

5 Folgte man der Argumentation von Streeck (1979), ließe sich deshalb der Europäische Betriebsrat in der überwiegenden Mehrheit der Fälle als de facto Gewerkschaftsorganisation auf europäischer Unternehmensebene fassen. Der Problemfokus würde sich demnach primär auf das Verhältnis der (lokalen) Gewerkschaftsorganisation im Unternehmen und der (zentralen) Gewerkschaftsorganisation auf nationaler oder transnationaler Ebene richten. Die Unterscheidung von monistischen und dualistischen Systemen der Arbeitsbeziehungen wäre eingeebnet.

Hinsichtlich der Praxis der gewerkschaftlichen An- und Einbindung eines EBR[6] kann auf der Basis der Erkenntnisse der EBR-Forschung davon ausgegangen werden, dass diese erstens von der dominanten Fraktion oder Koalition im EBR bzw. ihren Spitzenvertretern geprägt wird, dass hierbei zweitens wiederum je spezifische national geprägte Selbstverständnisse und Praxen zum Tragen kommen, die jedoch drittens nicht monokausal den Unterschieden in den nationalen Arbeitsbeziehungsmodellen zugeschrieben werden können. So wies Streeck schon 1979 darauf hin, dass Unternehmensegoismen oder -partikularismen in monistischen ebenso wie in dualen Arbeitsbeziehungssystemen anzutreffen seien. Die gewerkschaftliche Kontrollproblematik bezüglich der betrieblichen Vertreter in Großbritannien und Deutschland vergleichend kam er zu dem Schluss, dass die Fähigkeit der Gewerkschaftsspitzen in Großbritannien, die Politik der betrieblichen Gewerkschaftsvertreter zu beeinflussen, nicht nur nicht größer, sondern deutlich geringer war im Vergleich zu den Einfluss- und Kontrollmöglichkeiten der deutschen Gewerkschaftsspitzen gegenüber der Politik der formal unabhängigen, aber qua Mitgliedschaft und Selbstverständnis ihrer Mitglieder faktisch gewerkschaftlich angebundenen Betriebsräte (ebd.: 731). Auch Hege und Dufour sehen jenseits der formalen Unterschiedlichkeit ein gemeinsames Funktionserfordernis von gewerkschaftlichen und repräsentativen Vertretungsstrukturen der Beschäftigten in Unternehmen darin, dass sie die Belegschaften ständig hinter sich bringen und hinter sich halten müssen (Hege 1996: 11). Um die Legitimität ihres Handelns bei den Beschäftigten von den unmittelbaren Interessenlagen der Beschäftigten oder gar einzelner Beschäftigtengruppen zu entkoppeln, seien auch gewählte Arbeitnehmervertreter auf ihre Gewerkschaft als politische Autorität und „Legitimationsquelle der Sicherstellung dieser sozialen Distanz“ angewiesen (Hege/Dufour 1995: 93).

Unter einem Blickwinkel, der danach fragt, ob Europäische Betriebsräte einen unmittelbaren instrumentellen Nutzen für die Gewerkschaften, etwa im Bereich der Mitgliederrekrutierung haben, kommt Waddington zu folgendem Ergebnis:

> „In summary, EWC involvement is not a great assistance in achieving trade union objectives, particularly regarding articulation, organising union action, and recruitment. In a limited number of instances where EWC have been involved with trade union organisations in disputes with management, usually as a defensive reaction, EWCs may be regarded as 'political opportunity structures‘ insofar as they present opportunities for articulation that would not be available in their absence.“ (Waddington 2011: 159)

Vor dem hier beschriebenen Hintergrund bleibt zunächst festzuhalten, dass der Europäische Betriebsrat aus Gewerkschaftssicht eine Institution mit ambivalen-

6 Das Maß des Gewerkschaftseinflusses auf die EBR-Praxis ist zudem von situativen Aspekten abhängig.

ten Entwicklungseigenschaften ist. Europäische Betriebsräte haben einerseits das Potential, genuine Gewerkschaftsgremien auf europäischer Unternehmensebene zu werden, zumindest zentrale gewerkschaftliche Bündnispartner und Türöffner gegenüber dem Unternehmensmanagement. Andererseits besteht aus Gewerkschaftssicht die Gefahr, dass Europäische Betriebsräte zwar eine Betriebsrats- und europäische Identität, aber keine Gewerkschaftsidentität entwickeln. In diesem Fall könnten sich (ver-)handlungsfähige Europäische Betriebsräte von den Gewerkschaften und einer betriebsübergreifenden Tariflogik abkoppeln und einen europäischen Unternehmenssyndikalismus befördern (Müller/Rüb 2007).

Betrachtet man schließlich im Zusammenhang dieser Problemstellung die EBR-Arbeit der derzeit zwölf Europäischen Gewerkschaftsverbände (Platzer/Müller 2009: 809 ff.), so zeigt sich, dass abgesehen vom europäischen Polizeigewerkschaftsverband EuroCOP alle Verbände das Handlungsfeld der Europäischen Betriebsräte entwickelt haben, dass sich jedoch die EBR-bezogenen Aktivitäten in den Entwicklungsniveaus, jeweiligen Schwerpunktsetzungen und Organisationsweisen unterscheiden. Das gewerkschaftliche Handlungsfeld der Europäischen Betriebsräte umfasst die Einflussnahme auf den Gesetzgebungsprozess, den Anstoß und die Begleitung von Neugründungen sowie die Betreuung und gewerkschaftliche Koordinierung bestehender EBR. Die Entwicklung dieses Handlungsfelds hat nicht nur den Aufgabenbereich der Sekretariate der Europäischen Gewerkschaftsverbände erweitert, sondern zugleich zu einer Bedeutungszunahme der Sekretariate und der Europäischen Gewerkschaftsverbände selbst sowohl bei den nationalen Mitgliedsorganisationen als auch bei der Leitungsebene einer Reihe von transnationalen Unternehmen geführt. Gerade in der Frühphase des EBR-Prozesses bis Mitte der 1990er Jahre übernahmen die Generalsekretäre oder Sekretariatsmitarbeiter der Europäischen Gewerkschaftsverbände eine zentrale Rolle bei der Initiierung der Einrichtung von EBR und beteiligten sich unmittelbar an den Verhandlungsprozessen. Zum Teil leiteten sie die Verhandlungen federführend, zum Teil übernahmen sie die Funktion eines gewerkschaftlichen EBR-Experten, der die aus betrieblichen und gewerkschaftlichen Arbeitnehmervertretern unterschiedlicher Länder zusammengesetzte Verhandlungsgruppe auf eine gemeinsame, europäische Linie zu orientieren versuchte. Mitte der 1990er Jahre kam es zu einer Reorganisation der EBR-Arbeit. Aufgrund des raschen Anstiegs der Zahl einzurichtender und bestehender EBR gingen die meisten Europäischen Gewerkschaftsverbände zu einer stärker national-dezentral ausgerichteten Organisation der EBR-Arbeit über. Dazu schufen sie EBR-Ausschüsse bzw. task forces oder Netzwerke, in denen nationale EBR-Verantwortliche der Mitgliedsorganisationen und Vertreter des transnationalen Sekretariats zusammenarbeiten, um die EBR-Arbeit der nationalen Mitgliedsgewerkschaften transparent zu machen, zu koordinieren und weiterzuentwickeln. Die prozedurale und inhaltliche Koordinierung der gewerkschaftlichen EBR-Betreuung erfolgt zum einen über Informationsmaterialien, Checklisten oder Mustervereinbarungen, die auf der Ebene der Europäischen Gewerkschaftsverbände entwickelt wurden, zum anderen über Leitlinien und Mindeststandards, die in den Gremien der Europäischen Gewerkschaftsverbände verbindlich verabschiedet wurden. Letztere stellen das zentrale Instrument der Europäischen Gewerkschaftsverbände zur Steuerung des EBR-Prozesses und einer europäisch abgestimmten gewerkschaftlichen Unternehmenspolitik dar.

Der Europäische Metallgewerkschaftsbund (EMB) hat als Vorreiter einer solchen Politik bereits 1996 verbindliche Leitlinien zum Verfahren und den Inhalten von EBR-Vereinbarungen sowie 2000 zur Rolle der Gewerkschaftskoordinatoren und der nationalen Organisationen im Falle bestehender EBR verabschiedet. Des Weiteren hat der EMB im Jahr 2005 Grundsätze formuliert, die von den EMB-Mitgliedsgewerkschaften bei grenzüberschreitenden Umstrukturierungen befolgt werden sollen. Und er hat schließlich 2006 das nachstehend detailliert analysierte Mandatierungsverfahren im Falle der Verhandlung europäischer Unternehmensvereinbarungen beschlossen, das inzwischen auch von anderen Europäischen Gewerkschaftsverbänden übernommen worden ist. Insgesamt zeigen die beschriebenen Entwicklungen, dass der EBR-Prozess auch zu einer Europäisierung der Gewerkschaften im Bereich der Unternehmenspolitik geführt hat. Wichtige Weichenstellungen über das künftige Verhältnis von EBR und Gewerkschaften finden derzeit im Kontext der transnationalen Konzernvereinbarungen statt.

Beim derzeitigen quantitativen und qualitativen Entwicklungsstand des gesamten EBR-Prozesses stehen die Gewerkschaften vor einer dreifachen Aufgabe, die aufgrund der Gleichzeitigkeit des Ungleichzeitigen eine enorme Herausforderung darstellt. Erstens geht es darum, die noch immer beträchtliche Deckungslücke zwischen EBR-pflichtigen Unternehmen und Unternehmen mit EBR zu schließen, also weitere Verhandlungen anzustoßen und zu begleiten. Zweitens sind weitere Anstrengungen erforderlich, die bislang passiven oder symbolischen EBR durch den systematischen Transfer guter Praxis zu aktivieren. Drittens stellt sich die Aufgabe, die bereits aktiven und (ver-)handlungsfähigen EBR – wie oben thematisiert – strategisch zu orientieren und gewerkschaftlich einzubinden. Die Frage ob und inwieweit Letzteres gelingt und die Gewerkschaften durch die Vermittlung guter Praxis im Falle von Verhandlungen, bei gleichzeitiger An- und Einbindung der betrieblichen Prozesse in übergreifende gewerkschaftliche Handlungsansätze ihrerseits zu einem Katalysator bzw. einer Triebkraft transnationaler Konzernvereinbarungen werden, ist nicht zuletzt Gegenstand der Unternehmensfallstudien (Kap. 4).

3.5 Das Verfahren des EMB zum Umgang mit Verhandlungen auf europäischer Unternehmensebene

Der Exekutivausschuss des EMB verabschiedete im Juni 2006 eine EMB-interne Vorgehensweise bei Verhandlungen mit multinationalen Unternehmen, mit der sich die EMB-Mitgliedsorganisationen auf die Einhaltung der darin festgelegten Verfahrensleitlinien verpflichten. Die Frage der Gestaltung europäischer Unternehmensverhandlungen kam im EMB erstmals Ende der 1990er Jahre auf die Tagesordnung. Bereits 2001 beschloss der EMB ein Positionspapier, in dem das gewerkschaftliche Tarifverhandlungsmonopol sowohl auf nationaler als auch auf europäischer Betriebs- und Branchenebene hervorgehoben wurde. Die EMB-internen Verhandlungen der Ausgestaltung der Verfahrensleitlinien setzten 2004 ein.

Mit dem EMB-Verhandlungsverfahren einigten sich die Mitgliedsorganisationen eines Europäischen Gewerkschaftsverbandes erstmals auf detaillierte Leitlinien im Umgang mit europäischen Unternehmensverhandlungen. Dem EMB kam insofern eine Pionierrolle zu, als mittlerweile ähnliche Verfahren zur Steuerung von Verhandlungen auf europäischer Unternehmensebene auch von Europäischen Gewerkschaftsverbänden wie UNI-Europa Finanz (2008) und EMCEF (2009) verabschiedet wurden (Müller et al. 2010; Waddington 2011). In beiden Fällen entsprechen die Bestimmungen über die gewerkschaftliche Zustimmung zur Aufnahme von Verhandlungen, zur Mandatserteilung für die eigentlichen Verhandlungen sowie zur Annahme des ausgehandelten Vereinbarungsentwurfs prinzipiell dem EMB-Verfahren und weichen nur in der konkreten Ausgestaltung davon ab.[7]

Der EMB und seine Mitgliedsgewerkschaften verfolgten mit der Verabschiedung der Verfahrensleitlinien zum internen Umgang mit Verhandlungen auf europäischer Unternehmensebene ein zweifaches Ziel. Zum einen ging es darum, die federführende Rolle der Gewerkschaften bei europäischen Unternehmensverhandlungen gegenüber verhandlungsorientierten und verhandelnden EBR sicherzustellen, zum anderen darum, die letztendliche Entscheidungshoheit der nationalen Gewerkschaften gegenüber dem EMB und dem EBR als europäischen Akteuren zu gewährleisten. Das EMB-Verhandlungsverfahren ist damit nicht nur Ausdruck des Kontrollanspruchs der Gewerkschaften gegenüber betrieblichen Interessenvertretungsgremien, sondern auch des Kontrollanspruchs der nationalen

---

7 Beispielsweise definiert das EMCEF-Verfahren den Schwellenwert, ab dem die Gewerkschaften eines Landes die Verhandlungsaufnahme blockieren können, bei 10% der repräsentierten Beschäftigten, das EMB-Verfahren dagegen bei 5%. Das Verfahren von UNI-Europa Finanz ist schließlich allgemeiner gehalten und legt keine konkreten Schwellenwerte fest. Des Weiteren macht das EMCEF-Verfahren – im Gegensatz zu den Verfahren beim EMB und bei UNI-Europa Finanz – keine Angaben darüber, wer letztendlich die Vereinbarung unterschreiben soll.

Gewerkschaften gegenüber der europäischen Gewerkschaftsebene, also gegenüber einer möglichen Verselbständigung des EMB-Sekretariats im Rahmen europäischer Unternehmensverhandlungen. Damit trug das beschlossene Verfahren auch den Befürchtungen einzelner EMB-Mitgliedsgewerkschaften Rechnung, wonach Verhandlungen auf europäisch-transnationaler Unternehmensebene zu einer schleichenden Unterminierung ihrer nationalen Kompetenzen führen könnten.

3.5.1 Entstehungsgeschichte

Generelle Triebkräfte

Die Verfahrensleitlinien europäischer Unternehmensverhandlungen wurden vor dem Hintergrund eines in den verschiedenen EMB-Gremien zunehmend wahrgenommenen Handlungsdrucks entwickelt. Zu diesen Hintergrundbedingungen zählen auf der einen Seite die politischen Initiativen der EU-Kommission, die europäische Verhandlungsebene zu stärken und gegebenenfalls rechtlich auszugestalten (vgl. Kap. 3.2), und auf der anderen Seite die strukturelle Transnationalisierungsdynamik der Unternehmen und der Konzernarbeitsbeziehungen. Die politischen Entwicklungen auf EU-Ebene und die Kommissionsinitiativen waren selbst wiederum eine Reaktion auf die zunehmende Europäisierung der Unternehmen und die damit verbundenen Probleme und Herausforderungen.

Die Frage der Ausgestaltung europäischer Unternehmensverhandlungen wurde innerhalb des EMB erstmals Ende der 1990er Jahre in Reaktion auf Entwicklungen des Europäischen Sozialdialogs im tarifpolitischen Ausschuss diskutiert. Maßgeblich waren hier insbesondere die auf der Grundlage des Maastrichter Vertrags im Rahmen des interprofessionellen sozialen Dialogs abgeschlossenen Vereinbarungen zu den Themen Elternurlaub (1995), Teilzeitarbeit (1997) und Befristete Beschäftigung (1999) sowie die 1998 von der Europäischen Kommission durchgeführte Neustrukturierung des sektoralen sozialen Dialogs, die explizit darauf zielte, die Aufnahme und Durchführung von Verhandlungen auf europäischer Unternehmens- und Branchenebene zu fördern (Europäische Kommission 1998). Angesichts dieser Entwicklungen sah der EMB die Notwendigkeit, sich in diesem politischen Prozess zu positionieren und klarzustellen, dass Tarifverhandlungen sowohl auf nationaler als auch auf europäischer Betriebs- und Branchenebene Sache der Gewerkschaften seien (EMB 2001).

Auf Initiative des EMB-Sekretariats wurde 2001 ein entsprechendes Positionspapier verabschiedet, das mit dem Bekenntnis zum Verhandlungsmonopol der Gewerkschaften eine zentrale strategische Grundlinie des EMB enthielt, die später in dem 2006 beschlossenen EMB-Verfahrensleitlinien ebenfalls zu finden ist. Die Verabschiedung des Positionspapiers stärkte nicht nur den Einfluss des EMB in der weiteren politischen Diskussion eines zukünftigen europäischen

Kollektivverhandlungssystems gegenüber der Europäischen Kommission, sondern auch gewerkschaftsintern in den entsprechenden Gremien des EGB.

Parallel dazu wuchs der Handlungsdruck zur Entwicklung einer gemeinsamen Vorgehensweise im Falle europäischer Unternehmensverhandlungen durch folgende vier sich überlagernde und wechselseitig beeinflussende Entwicklungen, die auf Unternehmensebene vorangetrieben wurden.

(1) Seit den 1990er Jahren sind die europäischen Gewerkschaften in zunehmendem Maß mit europäischen Unternehmensrestrukturierungen konfrontiert. Dies hat dem EMB und seinen Mitgliedsgewerkschaften die Notwendigkeit vor Augen geführt, europäischen Restrukturierungen mit europäisch abgestimmten Strategien zu begegnen, um zu verhindern, dass Belegschaften unterschiedlicher Standorte und Länder aufgrund mangelnder Informationen oder aufgrund einer fehlenden gemeinsamen Organisationsmacht der Belegschaften gegeneinander ausgespielt werden konnten.

Grenzüberschreitende Unternehmensumstrukturierungen gewannen als Problem- und Gestaltungsfeld gewerkschaftlicher Politik und somit im EMB-internen Diskurs zunehmend an Bedeutung. Insbesondere im unternehmenspolitischen Ausschuss wurde diese Problematik in den Jahren 2000 folgende intensiv diskutiert. Bei diesen Diskussionen spielten auf der einen Seite die Analyse von Fällen eine Rolle, in denen eine grenzübergreifende Zusammenarbeit der Gewerkschaften bei transnationalen Restrukturierungen überhaupt nicht oder zu spät erfolgte, auf der anderen Seite von best-practice-Fällen wie insbesondere im Fall GM Europe, in dem ein Konzept einer europäisch koordinierten solidarischen Unternehmenspolitik entwickelt und erfolgreich umgesetzt wurde (Weinert 2007).

Aus diesen Diskussionen resultierte letztlich ein „Politischer Ansatz des EMB zur Gewährleistung von sozial verantwortlichen Unternehmensumstrukturierungen“, der im Juni 2005 vom EMB-Exekutivausschuss verabschiedet wurde (EMB 2006) und im Wesentlichen darauf beruhte, die Transparenz aller national verfügbaren Informationen sicherzustellen und darauf aufbauend eine europäisch koordinierte Gegenstrategie zu entwickeln. Zentrale Elemente dieser Gegenstrategie waren die Einrichtung einer gewerkschaftlichen Koordinierungsgruppe, das Aussetzen separater Verhandlungen auf nationaler oder lokaler Ebene, die Entwicklung eines gemeinsamen Forderungskatalogs und schließlich das Anstoßen europäischer Unternehmensverhandlungen.[8]

---

8 Wörtlich heißt es: „Die Gewerkschaften werden sich gemeinsam mit dem EBR um die Aushandlung einer Rahmenvereinbarung mit dem Management auf europäischer Ebene bemühen.“ (EMB 2006: 13) Dies korrespondiert mit dem Konzept einer europäisch solidarischen Unternehmenspolitik bei GM Europe, bei dem die Aufnahme von Verhandlungen mit dem europäischen Unternehmensmanagement bezüglich der Modalitäten des Restrukturierungsprozesses von zentraler Bedeutung ist.

Der politische Ansatz zur Gewährleistung von sozial verantwortlichen Unternehmensumstrukturierungen befruchtete auch die zunächst primär tarifpolitische Diskussion über die EMB-interne Vorgehensweise bei Verhandlungen mit multinationalen Unternehmen, da hier neben den unterschiedlichen Maßnahmen zur Gewährleistung einer grenzübergreifenden gewerkschaftlichen Zusammenarbeit zum ersten Mal ein Konzept gewerkschaftlich geführter Verhandlungen auf europäischer Unternehmensebene entworfen wurde.[9]

(2) Im Zuge der Ausbreitung und Praxisentwicklung Europäischer Betriebsräte kam es zu einer Zunahme beteiligungsorientierter EBR, die über die ihnen durch die EBR-Richtlinie eröffneten Informations- und Konsultationsmöglichkeiten hinausdrängten und Verhandlungen mit dem europäischen Unternehmensmanagement anstrebten. Im Metallsektor waren es, wie im Einleitungskapitel 1.2 dargestellt, die Europäischen Betriebsräte von Ford und GM Europe, denen es in den Jahren 2000 und folgende erstmals gelang, Vereinbarungen mit dem europäischen Unternehmensmanagement abzuschließen, und die dadurch demonstrierten, dass Europäische Betriebsräte in der Lage und bereit sind, Verhandlungen anzustoßen, durchzuführen und zu einem erfolgreichen Abschluss zu bringen. Der EMB nahm diese Vereinbarungen (noch) nicht zum Anlass, EBR-geführte Verhandlungen prinzipiell in Frage zu stellen. Vielmehr schätzte er EBR-geführte Verhandlungen zu europäischen Unternehmensrestrukturierungen in dieser Zeit als wenig bedenklich ein, zumal aus seiner Sicht mehr als zufrieden stellende Ergebnisse erzielt wurden und der Einbezug der Gewerkschaften faktisch gewährleistet war. In beiden Fällen war der EBR gewerkschaftlich umfassend organisiert und bei GM Europe war zudem die gewerkschaftliche Koordinierungsgruppe in die Verhandlungen einbezogen.

(3) Auch Anzeichen einer wachsenden Offenheit seitens des europäischen Top-Managements ließen eine weitere Zunahme europäischer Verhandlungs- und Vereinbarungsaktivitäten auf Unternehmensebene erwarten. Insbesondere in Unternehmen mit einer starken europäischen Unternehmenszentrale und einem entwickelten europäischen Personalmanagement zeichnete sich auch seitens des Managements ein zunehmender Bedarf an einheitlichen europäischen Regelungen ab, zu deren Durchsetzung europäische Rahmenvereinbarungen ein geeignetes Mittel darstellen konnten. Eine unmittelbare Rolle im Entstehungsprozess des EMB-Verhandlungsverfahrens spielte dabei das Management von Arcelor, das 2004 dem EBR das Angebot unterbreitete, eine europäische Vereinbarung zur finanziellen Beteiligung der Arbeitnehmer zu verhandeln, und damit die

9 Anders als im 2006 verabschiedeten EMB-Verhandlungsverfahren, das dem EBR keine eigenständige Rolle im Verhandlungsprozess zuweist, ist der EBR hier Teil der „Sozialdialog-Gruppe im Falle von Rahmenverhandlungen auf europäischer Ebene“ (EMB 2006: 13).

EMB-interne Diskussion um die Entwicklung eines unter den EMB-Mitgliedsgewerkschaften abgestimmten Verfahrens ins Rollen brachte.

(4) Verstärkt wurde der wahrgenommene politische Handlungsdruck durch die sich seit den 1990er Jahren europaweit verschärfende Tendenz einer Dezentralisierung der nationalen Tarifvertragssysteme, die im Wesentlichen auf die Strategie der Arbeitgeber zurückzuführen ist, unter Androhung von Standortschließungen bzw. -verlagerungen eine flexiblere unternehmensspezifische Gestaltung der Arbeitsbedingungen einzufordern (Traxler et al. 2001: 129). Unter diesen Vorzeichen kam es seit den 1990er Jahren vermehrt zu betrieblichen Wettbewerbsbündnissen zwischen Management und Arbeitnehmer- bzw. Gewerkschaftsvertretungen, in deren Rahmen letztere Zugeständnisse im Bereich von Löhnen, Arbeitszeit und sonstigen Arbeitsbedingungen für den (zeitlich befristeten) Verzicht auf betriebsbedingte Kündigungen tauschten (Schulten 2004: 258ff.). Die Gewerkschaften (insbesondere in Ländern mit einer „dualen" Arbeitsbeziehungstradition, darunter Deutschland, Österreich und die Niederlande) reagierten darauf mit der Strategie einer „kontrollierten Dezentralisierung", indem sie Unternehmen durch Öffnungs- bzw. Differenzierungsklauseln „geregelte Möglichkeiten verschaff(t)en, unter bestimmten Bedingungen von den Standardkonditionen des Flächentarifvertrags abzuweichen" (ebd.: 177). Die Verfolgung einer solchen Strategie ist „eine schwierige Balance" (Bispinck 2004). Einerseits förderten die Gewerkschaften damit selbst die Tendenz der Verlagerung tarifpolitischer Kompetenzen auf die Ebene der Unternehmen, andererseits sahen die Gewerkschaften darin ein geeignetes Mittel, ihre eigene tarifpolitische Gestaltungsmacht zu wahren bzw. wiederzuerlangen und eine „wilde Dezentralisierung" zu verhindern. Diese auf nationaler Ebene sichtbar gewordene tarifpolitische Kontrollproblematik sensibilisierte dazu, auf europäischer Ebene von Beginn an mögliche Entwicklungen einer „wilden Dezentralisierung" in Form einer unkontrollierten EBR-Vereinbarungspolitik zu verhindern.

Die im EMB geführten Debatten um die Entwicklung einer EMB-internen Vorgehensweise für europäische Unternehmensverhandlungen erhielten schließlich, wie bereits oben erwähnt, durch die Ankündigung der Europäischen Kommission, einen optionalen Rahmens für Kollektivverhandlungen auf den Weg zu bringen (Europäische Kommission 2005: 9), einen zusätzlichen Schub. Da in den ersten diesbezüglichen Verlautbarungen der Kommission ein gewerkschaftliches Verhandlungsmonopol nicht erwähnt wurde, wurden gewerkschaftliche Befürchtungen dahingehend verstärkt, dass eine Übertragung von Verhandlungskompetenzen auf Europäische Betriebsräte (die nicht notwendigerweise gewerkschaftlich organisiert und angebunden sein müssen), zu einer weiteren Fragmentierung von Kollektivverhandlungen führen könnte (ETUC 2005: 7). Die Kommissionsinitiative unterstützte im EMB-internen Diskurs die Position derjenigen, die darauf drängten, ein internes Verhandlungsverfahren zu entwickeln und praktisch umzusetzen, das in der Lage ist, die Notwendigkeit und Praktikabilität europäischer Unternehmensverhandlungen unter Federführung des EMB und unter Wahrung des gewerkschaftlichen Tarifverhandlungsmonopols zu demonstrieren.

EMB-interner Aushandlungsprozess

Die Diskussion um die Entwicklung eines EMB-internen Verfahrens zur prozeduralen und inhaltlichen Gestaltung europäischer Unternehmensverhandlungen konkretisierte sich 2004 anlässlich einer Verhandlungsinitiative des französischen Stahlherstellers Arcelor.

Das zentrale Arcelor-Management unterbreitete dem EBR das Angebot, eine europäische Rahmenvereinbarung zur finanziellen Beteiligung der Beschäftigten zu verhandeln, mit der das in Frankreich bestehende System der Arbeitnehmerbeteiligung auf alle europäischen Unternehmensteile ausgeweitet werden sollte. Der EMB war von Anfang an einbezogen, da sich der EBR mangels eigener Expertise sofort mit der Bitte um Unterstützung an das EMB-Sekretariat wandte. Der stellvertretende Generalsekretär und der Vorsitzende der kleinen Arbeitsgruppe des tarifpolitischen Ausschusses nahmen daraufhin für den EMB an einem Treffen der gewerkschaftlichen Sozialdialoggruppe teil.[10] Die beiden EMB-Vertreter hatten keine Bedenken, Verhandlungen aufzunehmen, solange diese im Rahmen der EMB-Leitlinien zur finanziellen Arbeitnehmerbeteiligung, die kurz zuvor vom tarifpolitischen Ausschuss verabschiedet wurden, stattfänden. Die gewerkschaftliche Beteiligung an den Verhandlungen wurde dadurch sichergestellt, dass die beiden EMB-Vertreter als Koordinatoren Teil der arbeitnehmerseitigen Verhandlungsgruppe waren, die sich aus einem Teil des engeren Ausschusses zusammensetzte. Erste Gespräche dieser insgesamt zwölfköpfigen Verhandlungsgruppe mit dem Management zeigten, dass auch das Management einer EMB-Beteiligung sehr offen gegenüberstand. Die Verhandlungen bei Arcelor schienen aus Sicht der einbezogenen EMB-Vertreter von daher problemlos zu laufen (Interview: EMB 01-2010).[11]

Im tarifpolitischen Ausschuss entzündete sich aber Kritik an dem bei Arcelor praktizierten Vorgehen. Bedenken wurden vor allem von Mitgliedern der nordischen Gewerkschaften geäußert und betrafen insbesondere die mangelnde Mandatierung des EMB durch die betroffenen nationalen Mitgliedsgewerkschaften.

Von finnischer Seite wurde kritisiert, dass die beiden bei Arcelor einbezogenen EMB-Vertreter kein ordentliches Wahl- oder Benennungsverfahren durchlau-

---

10 Zu Entstehung, Zusammensetzung und Funktion der Arcelor-Sozialdialoggruppe vgl. Schneider 2004 und Fallstudie ArcelorMittal (Kap. 4.6).

11 In einer entsprechenden Konstellation – unmittelbare Beteiligung des EMB-Generalsekretär in seiner Funktion als EMB-Koordinator an der EBR-seitigen Verhandlungsgruppe – wurde etwa parallel die europäische Gewinnbeteiligungsvereinbarung bei EADS verhandelt und abgeschlossen (vgl. Fallstudie EADS, Kap. 4.7).

fen hätten. Hintergrund dieses Einwands ist, dass in Finnland Gewerkschaftshauptamtliche, die nicht ordnungsgemäß als Verhandler gewählt wurden, nicht verhandeln dürfen. Die Verhandlungsrolle Gewerkschaftshauptamtlicher ist in den Verfahren und Statuten finnischer Gewerkschaftsorganisationen explizit festgelegt. Dagegen steht in den EMB-Statuten nicht, dass der Generalsekretär oder sein Stellvertreter Verhandlungen führen können. Sie sind vielmehr gewählte Vertreter einer Organisation, die ursprünglich nicht mit dem Ziel der Verhandlungsführung gegründet wurde. Deshalb war es aus Sicht der finnischen Gewerkschaften notwendig, dass die Verhandlungsführer des EMB entweder fallweise mandatiert werden oder dass eine Verhandlungsrolle des EMB in den EMB-Verfahrensregeln für europäische Unternehmensverhandlungen oder den EMB-Statuten selbst fixiert wird. Die Bedenken der finnischen Ausschussmitglieder stießen wiederum bei Mitgliedern mit nationalen Arbeitsbeziehungstraditionen auf Unverständnis, bei denen Gewerkschaftshauptamtliche von ihrer Gewerkschaft automatisch mandatiert sind, Verhandlungen zu führen, wie beispielsweise beim stellvertretenden EMB-Generalsekretär und dessen belgischem Gewerkschaftshintergrund.

Die Bedenken der Vertreter der schwedischen Gewerkschaften bezogen sich auf den unklaren Geltungsbereich einer vom EMB geschlossenen europäischen Unternehmensvereinbarung, da nicht geklärt sei, ob die Vereinbarung automatisch für die Beschäftigten eines Unternehmens gelten würde, das von Arcelor nach Abschluss der Vereinbarung übernommen worden wäre.

Diese Kritik einzelner nationaler Mitgliedsgewerkschaften am bisherigen Prozedere war der Startpunkt eines dann etwa zweijährigen Abstimmungsprozesses, bis ein von allen Mitgliedsbünden akzeptiertes Mandatierungs- und Beteiligungsverfahrens für europäische Unternehmensverhandlungen entwickelt war. Die Debatte stand anfangs noch unter der Prämisse, möglichst rasch eine Lösung für den konkreten Fall Arcelor zu finden, löste sich aber relativ schnell davon ab, weil das Arcelor-Management seinerseits den Beginn der Verhandlungen verschob. Ursache der managementseitigen Verschiebung waren Schwierigkeiten, angesichts der sehr unterschiedlichen nationalen Steuersysteme eine Lösung zu finden, die allen Beschäftigten in Europa im Rahmen des finanziellen Beteiligungsprogramms die gleiche Nettosumme garantiert hätte.

Die Debatte um die Entwicklung eines Verhandlungsverfahrens wurde zunächst im tarifpolitischen Ausschuss geführt, da – von wenigen Ausnahmen abgesehen – in Europa Verhandlungen auf Unternehmensebene von denjenigen geführt werden, die in ihren Gewerkschaften für Tarifverhandlungen generell zuständig sind.[12] Die Verortung im tarifpolitischen Ausschuss erschien zunächst folgerichtig, da im unternehmenspolitischen Ausschuss keine Verhandler sitzen,

12 Ausnahmen sind Deutschland, Österreich und die Niederlande, wo Betriebsräte unter bestimmten Bedingungen eigenständig verhandeln können.

sondern Gewerkschaftsvertreter, die im nationalen Rahmen für Europäische Betriebsräte zuständig sind.

Im Prozessverlauf wurden jedoch auch der unternehmenspolitische Ausschuss und die Exekutive einbezogen. Der unternehmenspolitische Ausschuss wollte sich an der Debatte beteiligt wissen, weil europäische Verhandlungen aus seiner Sicht an der Schnittstelle von Tarif- und Unternehmenspolitik angesiedelt sind und der Umgang mit europäischen Unternehmensrestrukturierungen einschließlich der bisherigen Verhandlungslösungen von ihm bearbeitet wurde. Die Exekutive wurde einbezogen, weil die Entwicklung eines Verhandlungsverfahrens die generelle Frage der Kompetenzübertragung der nationalen Mitgliedsverbände an den EMB einschloss.

Das konkrete Vorgehen bestand darin, dass ein vom stellvertretenden Generalsekretär geschriebener Erstentwurf im Lenkungsausschuss der Exekutive mit dem Ziel diskutiert wurde, eine für alle tragbare Lösung zu finden.[13] Nach mehreren Treffen verständigten sich die Mitglieder des Lenkungsausschusses auf ein Verfahren, das sich nicht wesentlich von dem 2006 verabschiedeten unterschied. In der Exekutive wurde der Entwurf zu diesem Zeitpunkt aber abgelehnt. Die Ablehnung war eher grundsätzlichen Erwägungen, einen solchen Schritt zu europäischen Verhandlungen noch nicht zu gehen, geschuldet, als Uneinigkeiten in Detailfragen.

Zur Fortführung und Intensivierung der Diskussion wurde daraufhin eine gemeinsame Arbeitsgruppe aus Mitgliedern des tarif- und unternehmenspolitischen Ausschusses gegründet, um die Expertise der „Tarifpolitiker“ und die Erfahrungen mit verhandelnden Europäischen Betriebsräten der „Unternehmenspolitiker“ zusammenzuführen. Diese Zusammensetzung machte eine Lösungsfindung notwendigerweise kompliziert, da die Vorschläge dieser Arbeitsgruppe sowohl vom tarifpolitischen als auch vom unternehmenspolitischen Ausschuss mitgetragen werden mussten, ehe sie der Exekutive zur Beschlussfassung vorgelegt werden konnten. Zudem hatten die nationalen EMB-Mitgliedsgewerkschaften in dieser Phase Gelegenheit, den von der Arbeitsgruppe erarbeiteten Verfahrensentwurf ihren zuständigen Experten und Fachabteilungen zur Prüfung vorzulegen. Die Ausweitung der an der Entwicklung des Verhandlungsverfahrens beteiligten Gruppen und nationalen Akteure verminderte die Verhandlungseffizienz, trug aber letztlich dazu bei, zu einem für alle tragbaren Verhandlungsergebnis zu gelangen. Dieser vielschichtige inner- und zwischengewerkschaftliche Aushandlungsprozess und die schließlich gefundenen Lösungen werden nachfolgend eingehend analysiert. Zwei Beobachtungen lassen sich vor dem bisher be-

13 Dieses Gremium ist mit hochrangigen nationalen Gewerkschaftsvertretern, nicht aber mit Tarifpolitikern mit dem entsprechenden Fachwissen über die verschiedenen Verhandlungssysteme und die sich daraus potentiell ergebenden Probleme besetzt.

schriebenen Entwicklungsverlauf bereits an dieser Stelle festhalten. Die Einbeziehung des unternehmenspolitischen Ausschusses führte dazu, dass die Rolle der Europäischen Betriebsräte im Verhandlungsverfahren gestärkt wurde. D.h., der unternehmenspolitische Ausschuss machte sich zum Advokaten des EBR gegen Stimmen im tarifpolitischen Ausschuss, die den EBR aus europäischen Unternehmensverhandlungen grundsätzlich heraushalten wollten. Noch stärker als diese unterschiedlichen fachspezifischen Sichtweisen des unternehmens- und tarifpolitischen Ausschusses kamen mit der Ausweitung der in die Beratungen einbezogenen Akteure und mit der voranschreitenden Konkretisierung der zu lösenden Verfahrensfragen die unterschiedlichen nationalen Interessenpositionen und Selbstverständnisse der EMB-Mitgliedsgewerkschaften zum Tragen.

3.5.2 Prozedurale und inhaltliche Ausgestaltung: Akteurspositionen und Ergebnisse

Das von der EMB-Exekutive unter dem Titel „EMB-interne Vorgehensweise bei Verhandlungen mit multinationalen Unternehmen" beschlossene Verfahren zur Steuerung europäischer Unternehmensverhandlungen (EMB 2006) ist, wie die eingangs skizzierten Entwicklungsvoraussetzungen und die Akteurskonfigurationen bereits nahe legen, das Ergebnis interessenpolitischer Auseinandersetzungen unter den EMB-Mitgliedsgewerkschaften und letztlich Ausdruck eines Interessenkompromisses.

Die Auseinandersetzungen um zentrale Fragen dieses Steuerungsmodells und die schließlich gefunden Lösungen lassen sich wie folgt beschreiben und interpretieren.

Gleich von Beginn an wird zusammen mit den Erwägungsgründen und Zielen des EMB-Verfahrens klargestellt, dass die Mandate für Tarifverhandlungen bei den nationalen Gewerkschaften verbleiben, die EBR kein solches Mandat haben und in Tariffragen nicht zu Gegenspielern der Unternehmensleitungen werden sollen. Zugleich wird eine davon abgegrenzte Sphäre „europäischer Betriebsvereinbarungen"[14] anerkannt, die Grenzlinie zwischen beiden Sphären aber nicht definiert, vielmehr als nicht eindeutig definierbar betrachtet. „Der Bereich der Tarifverhandlungen ist jedoch nicht eindeutig umrissen." Damit wird dem Umstand Rechnung getragen, dass die Sphärenzuschneidung entlang der verschiedenen nationalen Arbeitsbeziehungssysteme unterschiedlich ist.

Im Fortgang wird das Interesse des EMB und seiner Mitgliedsorganisationen betont, sicherzustellen, dass sie auch auf europäischer Ebene in jedem Verhandlungsprozess und jeder Prozessphase voll einbezogen sind. Es wird anerkannt, dass der EMB und seine Mitgliedsorganisationen zum gegenwärtigen

---

14 In der englischen Fassung heißt es „European company agreements".

Zeitpunkt keine rechtliche oder praktische Handhabe haben, ihre Beteiligung in unternehmensbezogenen Verhandlungsprozessen auf europäischer Ebene zu erzwingen, und deshalb nur voluntaristisch voranschreiten können. Dabei wird dem EMB die Aufgabe zugewiesen, darauf hinzuarbeiten und anzuregen, dass die Gewerkschaften in der Praxis eingebunden werden. Für eben diese – und nur für diese – Fälle einer erfolgreichen Sicherstellung der gewerkschaftlichen Beteiligung sollen die EMB-Leitlinien und -Verfahren zur Anwendung kommen. Die Verhandlungsinitiative kann dabei sowohl vom Management als auch vom EBR oder den Gewerkschaften ausgehen.

Das EMB-Verhandlungsverfahren zeichnet sich dadurch aus, dass es grundlegende Verfahrensregeln verbindlich festlegt, aber in Bezug auf Inhalte und Themen der Vereinbarungen keine Vorgaben macht. Einzige Ausnahme ist die Empfehlung, in jeder auf europäischer Unternehmensebene abgeschlossenen Vereinbarung eine Nichtregressionsklausel zu vereinbaren, um die Aushöhlung bestehender nationaler Standards zu verhindern. Die Verfahrensregeln gewähren zudem gewisse Flexibilitätsspielräume, die unterschiedliche Vorgehensweisen entlang unterschiedlicher nationaler Praktiken und der jeweiligen Unternehmensspezifika ermöglichen.

Das EMB-Verhandlungsverfahren definiert zunächst die Informations- und Konsultationserfordernisse und -prozesse innerhalb des Geflechts von EBR/ engerem Ausschuss, EMB (Sekretariat, Exekutivausschuss, politische Ausschüsse) und nationalen Gewerkschaften. Diese betreffen im Einzelnen:

- das Abhalten einer Unterrichtungs- und Anhörungsrunde mit den für das Unternehmen zuständigen Gewerkschaften, dem EMB-Koordinator, dem engeren Ausschuss und dem EBR (Prozessbeginn: Initiierungsphase);
- die Information des EMB-Sekretariats über den Beginn der Verhandlungen und den dabei vorgesehenen Themen durch den EMB-Koordinator (gleichzeitig mit der Beschlussfassung zur Verhandlungsaufnahme);
- die Übermittlung des Mandats an das EMB-Sekretariat zum Abgleich mit der bestehenden EMB-Politik (nach Beschlussfassung des Mandats);
- die Information des Exekutivausschusses und der relevanten politischen Ausschüsse des EMB durch das EMB-Sekretariat über den Verhandlungsstand (fortlaufend);
- die Information des Exekutivausschusses und der relevanten politischen Ausschüsse des EMB über die Inhalte der unterzeichneten Vereinbarungen (nach Abschluss der Vereinbarung).

Auffällig ist hier, dass der EBR und sein engerer Ausschuss nur zu Prozessbeginn in die gewerkschaftlichen Informations- und Konsultationsprozesse einbezogen sind.

Die Verfahrensregeln beziehen sich des Weiteren auf die Zustimmungs- und Mandatierungserfordernisse und -prozesse der beteiligten nationalen Gewerkschaften und des EMB. Den gewerkschaftlichen Steuerungs- und Kontrollanspruch europäischer Unternehmensverhandlungen widerspiegelnd definieren sie ein *Vertretungsmuster der gebundenen Delegation* (vgl. hierzu Kap. 2.3.4). Jede Prozessphase wird von der gewerkschaftlichen Zustimmung abhängig gemacht. Sowohl zur Aufnahme von Verhandlungen als auch zur Mandatserteilung für die Verhandlungen als auch zur Genehmigung des vom Verhandlungsteam mit dem Unternehmen ausgehandelten Vereinbarungstextes wird ein gewerkschaftlicher Beschluss verlangt. Zudem wird auf die Unterzeichnung der Vereinbarung durch den EMB in Person des Generalsekretärs, seines Stellvertreters oder einer dritten, von ihnen beauftragten Person bestanden.

Die Hürden einer Beschlussfassung sind hoch. Vorgesehen ist ein möglichst einstimmiger Beschluss aller betroffenen EMB-Mitgliedsgewerkschaften. Mindesterfordernis ist eine Zweidrittelmehrheit in jedem beteiligten Land.[15] Für die Beschlüsse zur Aufnahme von Verhandlungen und zur Mandatserteilung gilt zudem die Einschränkung, dass sie nicht durch ein Land blockiert werden können, das fünf Prozent oder weniger der gesamten europäischen Belegschaft repräsentiert. Der Beschluss zur Genehmigung des Vereinbarungstextes muss dagegen von allen beteiligten Ländern einstimmig gefasst werden. Aufgrund dieser Regelungen besitzen einzelne, auch kleinere Gewerkschaften vergleichsweise gute Möglichkeiten, die Verhandlungen und den Abschluss einer Vereinbarung zu blockieren.

Die hohen Hürden einer Beschlussfassung sind einerseits Ausdruck eines vergleichsweise großen Kontrollbedürfnisses der nationalen Gewerkschaften in einem für sie äußerst sensiblen Bereich, da Überschneidungen mit der nationalen Tarifsphäre zu erwarten sind. Insbesondere die schwedischen und spanischen Gewerkschaften widersetzten sich dem Vorschlag einer Beschlussfassung durch

---

15 Diese Regelung ist vor allem in Ländern mit Gewerkschaftspluralismus und richtungsgewerkschaftlichen Konkurrenzen, wie Frankreich, Belgien oder Italien, wichtig (Interview: EMB 01-2010). Die Ermittlung der Zweidrittelmehrheit folgt den jeweiligen nationalen Gepflogenheiten. Bei der Arcelor-Mittal-Vereinbarung von 2009 (Antizipation von Veränderungen) gab es erstmals in einem Land kein einstimmiges Ergebnis, da in Frankreich FO und CGC dem Verhandlungsergebnis keine Genehmigung erteilten. Deshalb musste der EMB die Anteile dieser Gewerkschaften bei den letzten Sozialwahlen prüfen. Im französischen Teil von ArcelorMittal sind mit CGT, CFDT, FO, CFTC und CGC fünf Gewerkschaften vertreten. Dabei kamen CGC und FO auf etwa 25% der Stimmen, so dass die Zweidrittelzustimmung der französischen Gewerkschaften gegeben war. Wenn die beiden Gewerkschaften mehr als ein Drittel der Belegschaft auf Grundlage der letzten Sozialwahlen repräsentiert hätten, hätte sich die – bislang ungeklärte – Frage gestellt, ob die Ablehnung der CGC für die Beschlussfassung des EMB-Verhandlungsverfahrens relevant ist, obwohl die CGC nicht Mitglied des EMB ist (ebd.).

Zweidrittelmehrheit der Anzahl der repräsentierten Beschäftigten, weil sie in diesem Fall die Minderheitspositionen von Gewerkschaften kleinerer Länder zu wenig geschützt sahen. Vor dem Hintergrund, dass in den meisten transnationalen Unternehmen Europas der Schwerpunkt der Beschäftigten in Frankreich und Deutschland liegt und in einigen Unternehmen (z.B. bei Volkswagen oder Renault) mehr als zwei Drittel der Beschäftigten auf eines dieser Länder entfallen, erscheint dieses Anliegen berechtigt und wurde entsprechend auch berücksichtigt.

Die hohen Hürden der Beschlussfassung entspringen andererseits einer Tariflogik, nach der Vereinbarungen eine möglichst umfassende Reichweite aufweisen müssen, um das Aushöhlen von Tarifstandards durch Konkurrenten mit niedrigeren Standards zu verhindern und nach der es für die Gewerkschaften zugleich wichtig ist, ihre Fähigkeit gegenüber der Arbeitgeberseite auszuweisen, die eigene Mitgliedschaft auf die jeweiligen Verhandlungsergebnisse zu verpflichten. Der EMB hat sich aus dem Grund gegen eine von schwedischer Seite vorgeschlagene opt-out-Klausel gewandt, weil diese aus seiner Sicht seine Verpflichtungsfähigkeit, die der entscheidende Faktor dafür ist, dass Unternehmen ihn als Verhandlungspartner akzeptieren, untergraben hätte.[16]

Die „Vorgehensweise bei Verhandlungen mit multinationalen Unternehmen" spezifiziert das von den betroffenen Gewerkschaften zu erteilende Mandat in Form von obligatorischen und möglichen Bestandteilen. Das Mandat kann bereits ein Positionspapier mit konkreten Themen, Sichtweisen und Strategien enthalten, den Ablauf der Verhandlungen spezifizieren und die Zusammensetzung der kompletten Verhandlungs- bzw. Beobachtungsgruppe bestimmen.[17] Das zu erteilende Mandat muss aber – dies ist der einzige obligatorsche Punkt – einen konkreten Vorschlag für die Zusammensetzung des so genannten Verhandlungsteams enthalten, also der Gruppe, die im Namen der kompletten Verhandlungsgruppe mit der Unternehmensleitung verhandeln wird. Verlangt wird, dass zumindest ein Vertreter des EMB und/oder der EMB-Koordinator und/oder ein Vertreter der jeweiligen Gewerkschaft vertreten sind und einer davon die Verhandlungen führt. Zugleich wird die Möglichkeit expliziert, aber keine Empfehlung ausgesprochen, dass auch gewerkschaftlich organisierte Mitglieder des EBR oder seines engeren Ausschusses im Verhandlungsteam vertreten sein können.

Die Verfahren zur gewerkschaftlichen Beschlussfassung, insbesondere die Fristen für den Ablauf der Zustimmungsverfahren, sind im verabschiedeten Text

---

16 „How can I as EMF go to a company and say I will negotiate for the whole company, but in the end I don't know which countries will opt-out because they don't like the result. If I am going to negotiate I need to be able to say in advance whether it is yes or no for the complete company." (Interview: EMB 01-2010)

17 Die Funktion der „kompletten Verhandlungsgruppe" besteht laut verabschiedetem Verfahrenstext darin, den ausgehandelten Vereinbarungsentwurf zu bewerten (Punkt 4). Die Zusammensetzung dieser Gruppe ist darin nicht näher erläutert.

nicht weiter spezifiziert, sondern werden der unternehmensspezifischen Aushandlung oder Praxis überlassen.

Der größte Konfliktpunkt hinsichtlich der Frage der Ausgestaltung des Verhandlungsmandats bestand in der Frage, welche Rolle dem EBR bzw. seinen Mitgliedern in den Verhandlungen zukommen sollte. Trotz anfänglich gegenteiliger Position einiger Vertreter des tarifpolitischen Ausschusses konnte rasch Einigkeit darüber erzielt werden, dass es nicht möglich ist, den EBR ganz außen vor zu lassen, weil EBR-Mitglieder zum Teil auf nationaler Ebene ein gewerkschaftliches Verhandlungsmandat haben und deshalb auf europäischer Ebene an den Verhandlungen beteiligt sein müssen. Eine längere Auseinandersetzung wurde aber darum geführt, ob – gewerkschaftlich organisierte – Mitglieder des EBR bzw. seines engeren Ausschusses im Verhandlungsteam über die bloße Möglichkeit hinaus obligatorisch vertreten sein sollten.

Auf der einen Seite vertraten die EMB-Mitgliedsgewerkschaften aus Deutschland, Österreich und den Niederlanden – und zwar vor dem Hintergrund einer eingespielten gewerkschaftlichen Betreuungspraxis verhandelnder Betriebsräte im nationalen Kontext – die Position, dass Europäische Betriebsräte, solange diese gewerkschaftlich organisiert und eingebunden sind, eine zentrale Rolle in europäischen Unternehmensverhandlungen zugestanden werden soll. Insbesondere die deutsche IG Metall setzte sich unter Anerkennung der politischen Realität verhandelnder EBR und der politischen Kräfteverhältnisse zwischen Betriebsräten und Gewerkschaften auf nationaler Ebene für eine weitergehende Verhandlungsrolle der EBR ein.

Im Gegensatz dazu lehnten die südeuropäischen, skandinavischen und angelsächsischen Gewerkschaften, in deren nationalen Kontexten Verhandlungen auf Unternehmensebene in den ausschließlichen Zuständigkeitsbereich der Gewerkschaften fallen, eine Verhandlungsrolle des EBR strikt ab. Vertreter dieser Gewerkschaften begründeten ihre Haltung mit Befürchtungen, dass, erstens, verhandelnde EBR aufgrund der mangelhaften gewerkschaftlichen Möglichkeiten zur Kontrolle eines rein betrieblichen Verhandlungsgremiums – sei es weil nicht alle EBR-Mitglieder gewerkschaftliche organisiert sind oder weil die Gewerkschaften auf Unternehmensebene nicht ausreichend präsent sind, um eine Kontrolle ausüben zu können – ihre nationale Verhandlungsrolle untergraben könnten, und dass, zweitens, unternehmensübergreifende gewerkschaftliche Positionen unterminiert werden könnten, weil die (potentielle) Nähe von Betriebsräten zu „ihrem" Unternehmen unternehmenskorporatistische Tendenzen verstärken könnten.

Strittig war zudem, wer im Namen des EMB zur Unterzeichnung der Vereinbarung berechtigt sein sollte. Einige nationale Metallgewerkschaften, wie z.B. die italienischen, können sich zwar durchaus vorstellen, Verhandlungskompetenzen an den EMB abzugeben, nicht aber an nationale Gewerkschaftshauptamtliche, die nicht (wie der EMB-Generalsekretär und sein Stellvertreter) als

EMB-Vertreter demokratisch legitimiert sind, sondern lediglich als EBR-Koordinatoren des EMB ernannt wurden und damit, so die Befürchtung, zu sehr vor ihrem nationalen Hintergrund handeln würden. Dagegen halten die deutschen Gewerkschaften die Möglichkeit, dass EBR-Koordinatoren des EMB europäische Unternehmensvereinbarungen unterschreiben können, für ein (unabdingbares) Flexibilitätserfordernis, um die europäische Vereinbarungspolitik weiter voranzutreiben, da ein weit verbreitetes Misstrauen der Unternehmen gegenüber „externen" Akteurseinflüssen auf die unternehmensinternen Verhandlungskulturen bestehe. Mit der verabschiedeten Option, wonach auch eine vom EMB-Generalsekretär oder seinem Stellvertreter mandatierte Person die Vereinbarung unterzeichnen kann, wurde eine Kompromisslösung gefunden, die eine Unterzeichnung durch den EBR-Koordinator ermöglicht, dies aber von einer Einzelfallabwägung der EMB-Spitzenvertreter abhängig macht. Letztere befürworteten diese Option schon aus pragmatischen Gründen, da absehbar ist, dass sie nicht alle Verhandlungen selbst begleiten können, wenn europäische Unternehmensverhandlungen weiter an Dynamik gewinnen sollten.

4 Die Unternehmensfallstudien

Die Fallstudien behandeln die transnationale Vereinbarungspolitik in den Unternehmen unseres Untersuchungssamples, dessen Zuschnitt in Kapitel 2.2 im Einzelnen begründet und erläutert wurde. Wie im Einleitungsteil dieser Studie herausgearbeitet, sind für die Entwicklung und Ausgestaltung europäischer Unternehmensvereinbarungen die Funktionsteilung und das Zusammenspiel zwischen Europäischem Betriebsrat und Gewerkschaften von besonderer Bedeutung. Dementsprechend wird dieser Dimension in den Falldarstellungen ein besonderes Augenmerk geschenkt.

Zur besseren Lesbarkeit und Vergleichbarkeit folgen die Fallanalysen einem einheitlichen Gliederungsschema, das sich an den unterschiedlichen Phasen der Initiierung, Verhandlung und Umsetzung von transnationalen Unternehmensvereinbarungen orientiert.

Jede Fallstudie gliedert sich in vier Abschnitte. Diesen ist ein kurzer Vorspann vorangestellt, in dem die Grundcharakteristika der jeweiligen Vereinbarungspraxen skizziert sind. Dazu zählen die Anzahl und Gegenstände der Vereinbarungen, die primären Verhandlungsparteien sowie der Zeitpunkt und die Form der Einbeziehung der nationalen Gewerkschaften und des zuständigen Europäischen Gewerkschaftsverbands.

Der erste Abschnitt befasst sich mit der Entstehung der Vereinbarungspraxis. Im Mittelpunkt steht hier die Frage, wer die Initiative zur Verhandlung einer Vereinbarung ergriffen hat und von welchen Interessen und Motiven die verschiedenen Akteursgruppen (EBR, Management und Gewerkschaften) geleitet wurden, neue Wege einer europäischen Vereinbarungspolitik zu beschreiten.

Im zweiten Abschnitt wird der Prozess europäischer Unternehmensverhandlungen analysiert. Neben den bilateralen Verhandlungen zwischen Management und Arbeitnehmervertretung werden die internen Interessenabstimmungsprozesse auf Arbeitnehmerseite eigens behandelt. Die bilateralen Verhandlungsprozesse, die den Kontext für die internen Interessenklärungsprozesse auf Arbeitnehmerseite bilden, werden in Bezug auf ihre Struktur (Zusammensetzung der Verhandlungsparteien, Zahl und Dauer der Verhandlungsrunden, Formalitätsgrad der Verhandlungen etc.) und ihre Interaktionsdynamik (Taktiken, Machtspiele, Kompromissfindungen und Konflikte) charakterisiert. Im Zentrum der Darstellung der arbeitnehmerseitig-internen Abstimmungsprozesse steht das Beziehungsgeflecht zwischen Europäischem Betriebsrat, Europäischem Gewerkschaftsverband und nationalen Gewerkschaften. Die Analyse beleuchtet die jeweiligen Kommunikationsprozesse, die Praxis der Verhandlungskoordination und die Steuerungswirkungen des EMB-Verfahrens.

Der dritte Abschnitt behandelt den Abschluss, die Umsetzung und die Wirkung der Vereinbarungen. Zentrale Fragestellungen sind hier: Wie bewerten die beteiligten Akteure das Verhandlungsergebnis? Wie werden die Vereinbarungen überwacht und umgesetzt? Und welche bislang erkennbaren praktischen Wirkungen und politischen Ausstrahlungseffekte sind mit den jeweiligen Vereinbarungen verbunden?

Die Fallstudien schließen schließlich im vierten Abschnitt mit einer Gesamteinschätzung ab, in der noch einmal die wesentlichen Ausgangsbedingungen und vorgefundenen Prozessmuster der europäischen Vereinbarungspolitik reflektiert und interpretiert werden.

Insgesamt kommen in der Rekonstruktion der Verhandlungsprozesse und der Darstellung der Fälle die folgenden methodologischen Überlegungen zum Tragen. Die Fallstudien handeln von Interessenkonflikten und Kompromissbildungsprozessen, von Machtkonstellationen und Akteursstrategien. Dabei spielen – neben strukturellen Konstellationen – personale, individuelle Faktoren im Prozessverlauf durchweg eine gewichtige Rolle. In den Fallbeschreibungen wird dieser personale Faktor allerdings bewusst zurückgenommen. Zum einen wird dadurch die erforderliche Vertraulichkeit gewährleistet, die wir unseren Gesprächspartnern in Anbetracht ihrer oftmals exponierten Stellung in diesem politisch sensiblen Handlungsfeld zugesichert haben. Zum anderen sprechen auch inhaltlich-methodische Gründe für diese Darstellungsweise, da es jeweils darum geht, das von individuellen Akteursrollen abstrahierbare Exemplarische eines Falles sichtbar zu machen und dadurch wiederum Anhaltspunkte für die Beantwortung der übergreifenden Untersuchungsfrage zu gewinnen, ob und inwieweit es zur Herausbildung einer *Ordnung* europäischer Unternehmensverhandlungen kommt.

4.1 Der EBR als Pionier einer europäischen Vereinbarungspolitik – Der Fall Ford

Ford repräsentiert einen Pionierfall einer europäischen Vereinbarungspolitik, bei der sich in einer nunmehr gut zehnjährigen Praxis fest etablierte und konsolidierte Verhandlungsstrukturen und -prozeduren herausgebildet haben. Der hohe Aktivitätsgrad europäischer Unternehmensverhandlungen spiegelt sich in einer Serie von mehreren, zwischen 2000 und 2009 abgeschlossenen Vereinbarungen wider. Die Mehrzahl dieser Vereinbarungen regeln Modalitäten von Umstrukturierungsmaßnahmen; im Einzelnen die Modalitäten

- der Abspaltung der Visteon-Standorte (Visteon-Vereinbarung 2000 plus Zusatzvereinbarung 2003),

- der Ausgliederung eines Aktivitätsbereichs in ein Joint Venture mit Getrag (GFT-Vereinbarung 2000 plus Zusatzvereinbarung 2002),
- der Ausgliederung der europäischen Zollaktivitäten zu Vastera Ltd. (Vastera-Vereinbarung 2002),
- der Einführung und Implementierung des International Operations Synergies Project, das darauf ausgerichtet war, im Zuge des Aufkaufs neuer Marken Synergien nutzbar zu machen (IOS-Vereinbarung 2004),
- der Neuaufteilung der Aufgabenbereiche der beiden europäischen Entwicklungszentren in Köln-Merkenich und Dunton (Dunton-Merkenich-Vereinbarung 2005), und schließlich
- der Aufteilung der Entwicklungsaufgaben im Verhältnis der Ford-Beschäftigten zu Agenturkräften und im Verhältnis der beiden europäischen Entwicklungsstandorte mit dem Entwicklungszentrum in Detroit (2008).

2003 wurde eine weitere europäische Vereinbarung abgeschlossen, in der die für den europäischen Konzernteil geltenden „soziale(n) Rechte und Prinzipien sozialer Verantwortung“ definiert sind. Zudem wurden ein Verhandlungsmandat des EBR im Rahmen eines 2000 verabschiedeten Memorandum of Understanding und die 2008 überarbeitete EBR-Gründungsvereinbarung schriftlich und vertraglich fixiert.

Die Vereinbarungen wurden jeweils zwischen dem Ford-EBR und dem europäischen Ford-Management verhandelt und abgeschlossen. Der EMB ist an den Verhandlungen nicht beteiligt. Auch dem von der IG Metall gestellten EBR-Koordinator des EMB werden keine besonderen Beteiligungsmöglichkeiten an den Verhandlungen eingeräumt. Das EMB-Verfahren kommt nicht zur Anwendung. Zugleich sind aber – stärker als in jedem anderen Fall unseres Samples – hauptamtliche Gewerkschaftsvertreter als ständige externe Sachverständige in den EBR und dessen engeren Ausschuss, der zugleich die offiziellen Verhandlungen führt, einbezogen.

4.1.1 Initiative und generelle Interessenkonstellation

Startpunkt der europäischen Vereinbarungspolitik bei Ford war die von der deutschen EBR-Spitze ergriffene Initiative zur Aufnahme von Verhandlungen zwischen EBR und europäischem HR-Management anlässlich der Ausgliederung von Visteon aus dem Ford-Konzern Ende der 1990er Jahre. Mit der Aufnahme dieser Verhandlungen wurde nicht nur bei Ford, sondern in der europäischen Metallindustrie insgesamt einem EBR vom zentralen Unternehmensmanagement erstmals die Rolle eines Verhandlungspartners zuerkannt und insofern ein Präzedenzfall geschaffen. Die erfolgreiche Initiative zur Verhandlungsaufnahme und der erfolgreiche Abschluss der Vereinbarung zur Visteon-Ausgliederung im Jahr 2000 haben den Weg für alle weiteren europäischen Verhandlungen und Vereinbarungen bei Ford geebnet.

Die deutschen Arbeitnehmervertreter stellen traditionell den Vorsitzenden, die britischen den stellvertretenden Vorsitzenden des am 16. September 1996 bei Ford gegründeten Europäischen Betriebsrats. Das Sekretariat ist beim EBR-Vorsitzenden in Köln/Deutschland angesiedelt, der zudem von einem EBR-Referenten unterstützt wird. Der Sitz des EBR und des engeren Ausschusses ist ebenfalls in Köln, wo sich seit 1998 auch die Europa-Zentrale von Ford befindet, so dass es der deutschen EBR-Spitze möglich ist, in einem kontinuierlichen, direkten und auch informellen Kontakt mit dem europäischen HR-Verantwortlichen zu stehen (Hauser-Ditz et al. 2010: 307/319). Die deutsche Betriebsratsspitze stellt angesichts dieser strukturellen Vorteile ein Aktivitäts- und Machtzentrum innerhalb des EBR dar.[1] Dagegen ist es der deutschen Delegation nicht möglich, aufgrund der Sitz- und Stimmenverteilung den EBR zu dominieren.[2]

Angesichts der weltweiten Auswirkungen der Visteon-Abspaltung von Ford hatte die deutsche EBR-Spitze ursprünglich angestrebt, gemeinsam mit der US-Automobilgewerkschaft UAW eine weltweit einheitliche Vereinbarung zu verhandeln, orientierte dann aber angesichts der ablehnenden Haltung des Konzerns

1 Das organisatorische und kommunikative Zentrum des Ford-EBR ist der Referent des EBR im Kölner EBR-Büro, der mit den EBR-Delegierten in einem ständigen Austausch ist. Diese können ihn jederzeit kontaktieren und in ihrer Sprache mit ihm kommunizieren, wobei er auch als Dolmetscher zwischen den EBR-Delegierten fungiert. Das Büro ist zugleich ein Informationsdienstleister bezüglich je nationaler oder lokaler Belange. Der EBR-Referent ist zugleich eng an den EBR-Vorsitzenden angebunden (Interview: Ford EBR 09-2009).

2 Aktuell setzt sich der Ford-EBR aus einer deutschen und britischen Delegation mit je fünf Vertretern, einer belgischen mit drei Vertretern, einer spanischen und rumänischen mit je zwei Vertretern sowie einer einköpfigen französischen Delegation zusammen. Hinzu kommt ein stimmrechtloser Sitz (Beobachterstatus) für einen Gewerkschaftsvertreter des Ford-Werks in St. Petersburg. Die französischen Arbeitnehmervertreter behielten zwar einen Sitz im EBR, obwohl ihnen ein solcher nach dem Verkauf des Automatikgetriebewerks in Bordeaux formal gesehen nicht mehr zustünde, sind aber aus diesem Grund nicht mehr vollwertig im EBR vertreten. So haben sie „weder das Recht auf Teilnahme an den Sitzungen des Select Committee (...) noch auf die Nominierung eines externen Experten“ (Verständnispapier vom 1.2.2010, Punkt 1). Die britischen Arbeitnehmervertreter haben trotz der drastischen Reduktion der Beschäftigtenzahlen in Großbritannien ihre fünf Sitze behalten. Bei Abstimmungen im Falle von Meinungsverschiedenheiten im EBR sind die Stimmen laut Geschäftsordnung nach den jeweiligen Beschäftigtenzahlen in den einzelnen Ländern gewichtet. Der deutschen Delegation würden somit bei einem Beschäftigtenanteil von 48% (Hauser-Ditz et al. 2010: 308) fast die Hälfte der Stimmen zufallen. Bislang wurde aber noch nie von dieser Regelung Gebrauch gemacht, vielmehr wurden alle Entscheidungen im Konsens entschieden (Interview: Ford EBR 09-2009).

auf eine europäische Vereinbarung (Interview: Ford EBR 09-2009). Sie verfolgte mit dieser transnationalen Verhandlungsinitiative das generelle Interesse, die Kompetenzen und Handlungsmöglichkeiten des EBR jenseits der rechtlichen Grenzen auszuweiten und den EBR als Verhandlungsgremium zu etablieren: Sie war zugleich davon überzeugt, in transnationalen Verhandlungen die Interessen der Beschäftigten, die von der weltweiten Restrukturierungsmaßnahme der Abspaltung von Visteon aus dem Konzernzusammenhang betroffen waren, am effektivsten ein- und zur Geltung bringen zu können (Roth/Kuckelkorn 2000; Mählmeier 2010: 100). Die Etablierung einer europäischen Verhandlungsebene transnationaler Restrukturierungsmaßnahmen ermöglicht den Arbeitnehmervertretern, den eigentlichen Entscheidungsträgern als Gesprächs- und Verhandlungspartnern gegenüberzusitzen und eine einheitliche Behandlung der Beschäftigten aller betroffenen europäischen Standorte sicherstellen zu können.

Die Initiative der deutschen EBR-Spitze, gegenüber dem Ford-Management Verhandlungen einer europäischen, anfänglich sogar weltweiten Vereinbarung zu unterbreiten, und damit den EBR zu einem Verhandlungsgremium weiter zu entwickeln und eine europäische Verhandlungsebene zu etablieren, stieß bei den EBR-Mitgliedern generell auf positive Resonanz (Interview: Ford EBR 09-2009).[3] Dies galt auch für die EBR-Delegierten aus England und Frankreich als den beiden Ländern, die neben Deutschland von der geplanten Abspaltung betroffen waren. Die Zuweisung einer Verhandlungsrolle an den EBR wurde von ihnen (ungeachtet ihrer national anders gelagerten, rein gewerkschaftlichen Verhandlungshoheit) mitgetragen, da sie davon ausgingen, ihre Interessen gemeinsam mit dem vergleichsweise starken deutschen Betriebsrat besser durchsetzen zu können.[4]

Dafür, dass das Ford-Management bereit war, sich auf europäische Verhandlungen zur Visteon-Abspaltung einzulassen und trotz Kritik des deutschen und

---

3 Der Ford-EBR repräsentiert die Beschäftigten der auf wenige Standorte konzentrierten Produktion und Entwicklung der Stammmarke Ford in Europa. Zum Zeitpunkt der ersten europäischen Verhandlungsinitiative waren dies Standorte in Deutschland, Großbritannien, Frankreich, Belgien, Portugal und Spanien. Mittlerweile ist das portugiesische Werk verkauft und ein neuer Standort in Rumänien hinzugekommen. Waren die deutschen und britischen Standorte hinsichtlich ihrer Belegschaftsstärke lange Zeit weitgehend gleichauf, ist angesichts des massiven Arbeitplatzabbaus von Ford in Großbritannien seit Ende der 1990er Jahre mittlerweile fast die Hälfte der Ford-Belegschaft in Deutschland beschäftigt (Hauser-Ditz et al. 2010: 308).

4 Diese Haltung dürfte nicht zuletzt darauf beruht haben, dass den englischen und französischen EBR-Delegierten die positiven Erfahrungen der bei Ford Deutschland 1994 und 1997 abgeschlossenen Investitionssicherungsvereinbarungen bekannt waren, durch die die deutschen Standorte letztendlich gestärkt wurden. Die Einigung in der Frage der Aufnahme europäischer Unternehmensverhandlungen markierte zugleich einen großen Entwicklungsschritt des EBR, der lange Zeit von internen Auseinandersetzungen zwischen der englischen und deutschen EBR-Fraktion geprägt war (Interview: Ford EBR 09-2009).

europäischen Metallarbeitgeberverbandes einen Präzedenzfall zu schaffen, scheinen insbesondere zwei Gründe ausschlaggebend gewesen zu sein. Zum einen ist es dem EBR gelungen, die in den USA angesiedelte Konzernspitze durch die Einbindung der US-amerikanischen Gewerkschaft United AutomobileWorkers (UAW) unter Handlungsdruck zu setzen, europäischen Verhandlungen zuzustimmen. Denn die Konzernspitze musste durch das gemeinsame Vorgehen der UAW, der europäischen Gewerkschaften und des EBR einen wachsenden Druck in Richtung einer globalen Vereinbarung befürchten, die sie unter allen Umständen vermeiden wollte. Zum anderen bestand auch beim europäischen HR-Management eine gewisse Bereitschaft zu Verhandlungen dieses Themenkomplexes auf europäischer Ebene, da ihr diese Vorgehensweise angesichts der Vielfältigkeit und Komplexität des Prozesses am geeignetsten erschien, parallele Verhandlungen in verschiedenen Ländern, vor allem in solchen mit erfahrungsgemäß langwierigen und konfliktreichen Verhandlungsprozessen, zu vermeiden. Diese Herangehensweise ist zugleich Ausdruck eines für Ford typischen pragmatisch-effizienzorientierten Managementstils (Interviews: Ford HRM 09-2009; Ford EBR 09-2009).

Die Visteon-Vereinbarung war der Durchbruch zu einer nachfolgenden umfänglichen und substantiellen Vereinbarungspolitik zwischen dem EBR und dem europäischem Ford-Management. So diente sie als Blaupause für die ebenfalls im Jahr 2000 abgeschlossene Vereinbarung zur Ausgliederung eines weiteren Produktionsbereichs in ein Joint Venture mit Getrag. Im selben Jahr legten der EBR und das europäische Ford-Management im Rahmen eines schriftlich fixierten „Memorandums of Understanding“ grundlegende Verfahrensprinzipien zur Aufnahme und zum Abschluss europäischer Unternehmensverhandlungen fest und bekräftigten dadurch den beiderseitigen Willen, die Verhandlungsrolle des EBR auf Dauer zu stellen. Diese Linie wurde mit den seitdem abgeschlossenen Vereinbarungen und der Festschreibung der Verhandlungsrolle des EBR in der 2008 überarbeiteten Fassung der EBR-Gründungsvereinbarung bestätigt.

Die Initiativen dieser nachfolgenden Vereinbarungen gingen nicht allein vom EBR, sondern in einigen Fällen auch vom Management aus. Auch dies macht deutlich, dass beide Seiten an der Aufrechterhaltung und Weiterentwicklung einer europäischen Verhandlungsebene im Ford-Konzern grundsätzlich interessiert sind. Die Visteon-Vereinbarung war in diesem Prozess insofern bedeutsam, als ihre Ergebnisse den beiderseitig erhofften Nutzen einer europäisch verhandelten Restrukturierungsmaßnahme bestätigten. Dieser Nutzen einer transnationalen Vereinbarungspolitik besteht aus Sicht des Managements vor allem darin, lokale Konfliktpotentiale und Transaktionskosten dezentraler Verhandlungen durch eine europäische Restrukturierungsvereinbarung unter zentraler Beteiligung der Arbeitnehmervertreter bei der Aushandlung sozialer Abfederungen zu minimieren. Aus Sicht des EBR liegt der wesentliche Vorteil eines transnationalen Ansatzes darin,

Einfluss auf europäische Restrukturierungsmaßnahmen auf der Ebene geltend machen zu können, auf der diese Entscheidungen getroffen werden.

4.1.2 Verhandlungen

Eigenschaften und Verlauf der bilateralen Verhandlungen

Die Verhandlungen zwischen dem EBR und dem europäischen Personalmanagement sind insbesondere durch die folgenden Merkmale geprägt:

(1) Mit den Verhandlungen und dem Abschluss der Vereinbarung zur Ausgliederung von Visteon betraten die Verhandlungsparteien, wie bereits erwähnt, in mehrfacher Hinsicht Neuland. Sie war die erste Vereinbarung, die im Metallsektor auf transnationaler Ebene abgeschlossen wurde und sie war die erste transnationale Vereinbarung überhaupt, die die Modalitäten einer transnationalen Unternehmensrestrukturierung zum Gegenstand hatte. Angesichts der Professionalität der Verhandlungspartner beförderte dieses Betreten von Neuland auf Seiten des EBR weniger einen Bedarf an externer Expertise als den Ehrgeiz, innovative Problemlösungen zu generieren (z.B. in Form einer inhaltlich-flexiblen Gestaltung der Vereinbarungen und der Sicherung der Rechtsverbindlichkeit der Vereinbarungsinhalte durch den Abschluss nationaler Umsetzungsvereinbarungen).

(2) Für beide Verhandlungsparteien bestand trotz dieser Neuartigkeit der Verhandlungsebene ein hinreichendes Maß an Verhaltenssicherheit und Vertrauen in die Verlässlichkeit der jeweils anderen Verhandlungspartei; und zwar dadurch, dass verlässliche Interaktionsbeziehungen zwischen europäischem HR-Management und EBR bereits etabliert waren. Dies gilt insbesondere für das Verhältnis zwischen der deutschen EBR-Spitze und dem europäischen HR-Verantwortlichen, die über die formalen Treffen hinaus auch informell regelmäßige Kontakte unterhalten. Dieses Beziehungsmuster sichert der deutschen EBR-Spitze nicht nur eine zentrale Rolle in den formalen Verhandlungen, sondern auch in Sondierungs- und Verhandlungsstadien, in denen informelle Klärungsprozesse wichtig sind.

(3) Die Professionalität und das Vertrauensverhältnis sind Folge einer bei Ford traditionell vorherrschenden Kultur kooperativer konzerninterner Arbeitsbeziehungen. Dabei versucht das Ford-Management prinzipiell, bei wichtigen Entscheidungen eine einvernehmliche Lösung mit Betriebsräten und Gewerkschaften zu erreichen. Im deutschen Konzernteil beruhen die Verhandlungen auf dem beidseitigen Bewusstsein eines Kräftegleichgewichts, das sich über die Jahre eingependelt hat. Dabei ist beiden Seiten bewusst, dass die Betriebsratsspitze, die – wie beschrieben – zugleich die EBR-Spitze stellt, so viel Rückhalt in der

Belegschaft hat und im Verbund mit den Gewerkschaften so viel Mobilisierungsfähigkeit besitzt, dass im Konfliktfall die Produktion lahm gelegt werden könnte (Interviews: Ford EBR 09-2009; Ford IG Metall 09-2009).

(4) Die Verhandlungen mit dem Management umfassen die formalen Verhandlungsrunden und informelle Vorklärungen im kleinen Kreis. Offizielle Verhandlungsgruppe auf Arbeitnehmerseite ist laut Geschäftsordnung des EBR und nach bisheriger Praxis der – eventuell um Arbeitnehmervertreter direkt betroffener Standorte erweiterte – engere Ausschuss des EBR, auf Arbeitgeberseite das in Köln ansässige europäische Personalmanagement. Die Verhandlungen werden managementseitig mit dem Management der betroffenen nationalen Standorte abgestimmt, das zum Teil auch direkt in die Verhandlungen einbezogen ist. In der Regel führen die deutsche EBR-Spitze und der europäische HR-Verantwortliche vor Beginn der offiziellen Verhandlungen informelle Sondierungsgespräche mit dem Ziel, grundsätzliche Fragen und mögliche Kompromisslinien vorab zu klären. Der EBR-Vorsitzende nutzt in der Regel die Zeit zwischen den offiziellen Sitzungen wiederum für informelle Gespräche und Verhandlungen mit hochrangigen Vertretern des Ford-Managements. Die Ergebnisse der Verhandlungsrunden werden zwischen dem EBR-Referenten und den für den EBR zuständigen Mitarbeitern des europäischen Personalmanagements in Feinverhandlung in Vereinbarungsentwürfe umgesetzt.

Arbeitnehmerseitige Interessenabstimmung und Koordinierung

Im Fall der Visteon-Vereinbarung wurden die Verhandlungen angesichts ihres Pilotcharakters zwischen dem Verhandlungskomitee, das im Prinzip mit dem engeren Ausschuss identisch war, und dem EBR engmaschig koordiniert. Das Verhandlungskomitee koppelte Verlauf und Ergebnisse der formalen Verhandlungen jeweils unmittelbar an den EBR zurück. Im Laufe des Verhandlungsprozesses gab es häufige Treffen insbesondere des engeren Ausschusses, aber auch des EBR. In entscheidenden Verhandlungsphasen waren die internen Abstimmungsprozesse so organisiert, dass der EBR, erweitert um Arbeitnehmervertreter aus allen Visteon-Standorten, teilweise bis zu drei Tage in Köln tagte und das Verhandlungskomitee parallel dazu und in engem Austausch mit diesem die Verhandlungen führte. Vor der Unterzeichnung des ausgehandelten Vereinbarungstextes wurde ein umfassender Zustimmungsprozess der nationalen Arbeitnehmervertretungen organisiert, der auch die nationalen Konzernteile umfasste, die keine Visteon-Standorte hatten und deshalb von der Auslagerung nicht betroffen waren. Die engen Rückkopplungsschleifen der Verhandlungen dienten dazu, bei den EBR-Mitgliedern und den betroffenen nationalen Arbeitnehmervertretungen Unsicherheiten zu reduzieren und Vertrauen zu schaffen (Interview: Ford EBR 09-2009).

Die Verhandlungen der Visteon-Vereinbarung nahmen prozedural bereits jene Grundsätze europäischer Verhandlungen vorweg, die wenige Monate später im Memorandum of Understanding festgehalten wurden. Indem diese Grundsätze eine enge Rückkopplung der Verhandlungen an den EBR verlangen (kontinuierliche Information über den Verhandlungsprozess und Letztentscheidung über das Verhandlungsergebnis), verankern sie die zentrale Rolle des EBR im Verhandlungsprozess. Eine Koordinierung mit der nationalen gewerkschaftlichen Verhandlungsebene sehen sie dagegen nicht vor.

In den nachfolgenden Vereinbarungen wurde der Aufwand der Koordination zwischen dem EBR und den nationalen Arbeitnehmervertretungen dadurch etwas reduziert, dass die kontinuierliche Rückkopplung der Verhandlungsstände stärker telekommunikativ organisiert und der Zustimmungsprozess auf die unmittelbar von einer Vereinbarung betroffenen Länder begrenzt wurde (ebd.).

Die deutsche EBR-Spitze treibt in der Regel den Verhandlungsprozess mittels informeller Gespräche und Verhandlungen mit relevanten Managementvertretern eigenständig voran. Die informellen Prozessphasen sind aber stets an die Zustimmung seitens des Verhandlungskomitees und des EBR im Rahmen des formalen Verhandlungsprozesses zurückgebunden. Gleichwohl sichert dies der deutschen EBR-Spitze einen gewichtigen Einfluss auf Verlauf und Ergebnisse der Verhandlungen und durch den gegebenen Informationsvorsprung auch eine besondere Stellung in den internen Koordinations- und Abstimmungsprozessen des EBR.

Alle EBR-Mitglieder sind gewerkschaftlich organisiert und verstehen sich als Gewerkschaftsvertreter im Unternehmen. Dies gilt auch für die im EBR vertretenen deutschen Betriebsratsmitglieder, die formal unabhängig von den Gewerkschaften agieren. Der deutsche EBR-Vorsitzende hat als ehrenamtliches Mitglied des IG-Metall-Vorstands eine einflussreiche Funktion in seiner Gewerkschaft inne. Dies weist ihn zugleich als „Vollblutgewerkschafter" (Interview: Ford IG Metall 09-2009) aus. Hauptamtliche Gewerkschaftsvertreter sind in den EBR und den engeren Ausschuss und damit in die formalen Verhandlungen in vergleichsweise starkem Maß eingebunden. Bereits die EBR-Gründungsvereinbarung vom 16.9.1996 eröffnete die Möglichkeit, bis zu drei hauptamtliche Gewerkschaftsvertreter als Experten in beratender Funktion zu den Sitzungen des EBR und bis zu zwei zu den Sitzungen des engeren Ausschusses hinzuziehen. Seit Dezember 2008 können bis zu vier Gewerkschaftsexperten an den Sitzungen des EBR teilnehmen (Art. 5 der revidierten Fassung der EBR-Gründungsvereinbarung). Im Rahmen eines Verständnispapiers zwischen dem Ford-Management und dem EBR vom 1.2.2010 wurde zudem die Zahl der hauptamtlichen Gewerkschaftsvertreter, die als Experten an den Sitzungen des engeren Ausschusses teilnehmen dürfen, auf bis zu fünf erhöht (Punkt 4). Dadurch ist die Beteiligung hauptamtlicher Gewerkschaftsvertreter im engeren Ausschuss, der im Fall der Verhandlung europäischer Unternehmensverhandlungen die Gespräche mit dem

Ford-Management führt (Art. 4 der revidierten Fassung der EBR-Gründungsvereinbarung), aus allen relevanten Vertretungsländern des EBR sichergestellt.[5]

Diese Zusammensetzung weist den Ford-EBR als eng gewerkschaftlich angebundenes Gremium aus. Zugleich beansprucht die deutsche Betriebsratsspitze, die die EBR-Spitze stellt, aus dem Selbstbewusstsein heraus, in der Lage zu sein, mit der betrieblichen Interessenvertretung zugleich auch gewerkschaftspolitische Anliegen zu verfolgen, ein hohes Maß an Autonomie gegenüber dem zentralen Apparat der IG Metall wie auch gegenüber dem EMB. D.h., sie sieht die Notwendigkeit einer kontinuierlichen Abstimmung zwischen unternehmenspartikularistischen Interessen der Belegschaft und unternehmensübergreifenden Interessen der Gewerkschaften. Da diese Anforderung durch die eigene gewerkschaftliche Einbindung und das eigene Gewerkschafts-Know-how als erfüllt betrachtet wird, sieht sie keine Notwendigkeit einer kontinuierlichen Einbindung des gewerkschaftlichen GBR-/EBR-Betreuers.

Aus diesem Selbstverständnis heraus gesteht sie dem GBR-Betreuer der IG Metall, der zugleich als EBR-Beauftragter des EMB fungiert, nur eine schwache Rolle zu. Dieser ist über die formale Beteiligung hinaus weder auf nationaler noch auf europäischer Ebene, wie in anderen Unternehmen durchaus üblich, in die informellen Informations-, Konsultations- und Verhandlungsprozesse mit dem Management eingebunden und wird über die Ergebnisse dieser Prozesse nur auf An- und Nachfrage hin informiert. So erfährt er in der Regel erst unmittelbar im Vorfeld oder im Rahmen der Sitzungen des engeren Ausschusses von den Überlegungen der deutschen EBR-Spitze, europäische Unternehmensverhandlungen aufzunehmen (Interview: Ford IG Metall 09-2009).

Die deutsche EBR-Spitze erhebt den Anspruch auf Führung und Kontrolle des Verhandlungsprozesses durch den EBR. Einen Einbezug des EMB-Sekretariats in die Verhandlungen und die Anwendung des EMB-Verhandlungsverfahrens lehnt sie strikt ab. Aus ihrer Sicht ist es ausreichend, wenn der EMB über seinen EBR-Beauftragten in den engeren Ausschuss, der die formellen Verhandlungen mit dem Management führt, einbezogen ist, dort die EMB-Position vorbringen und das EMB-Sekretariat über laufende Verhandlungen informieren kann (Interview: Ford EBR 09-2009).

Wirkung des EMB-Verfahrens

Auf das seit 2006 vorliegende EMB-Verhandlungsverfahren und auf die Kritik des EMB an der Nichteinhaltung dieses Verfahrens reagierte der EBR mit lediglich marginalen Veränderungen seiner bisherigen Vereinbarungspraxis. Die EBR-Spitze optimierte die Koordination mit dem EMB-Sekretariat dahinge-

5 Sonderregelungen der Mitgliedschaft im EBR bestehen im Falle Frankreichs und Russlands.

hend, dass sie den EBR-Koordinator des EMB explizit beauftragte, den europäischen Verband über den Stand der Verhandlungen zu unterrichten (ebd.). Die Vereinbarungstexte werden dem EMB aber weiterhin nicht vorab vorgelegt, sondern erst nach Abschluss der Vereinbarungen. Auch eine Überarbeitung des im Oktober 2000 unterzeichneten Memorandum of Understanding, in dem das Verhandlungsmandat und -verfahren des Ford-EBR fixiert ist, ist nicht in Erwägung gezogen worden.

Das 2000 eingeführte und bis dato praktizierte Ford-eigene Verfahren europäischer Unternehmensverhandlungen steht in folgenden Punkten nicht in Einklang mit dem 2006 verabschiedeten EMB-Verfahren:

(1) Das Ford-Verfahren ist ein reines EBR-Verfahren. Gewerkschaften kommen nur indirekt über die Besetzungsregeln des EBR ins Spiel.
(2) Das Ford-Verfahren verlangt zur Aufnahme der Verhandlungen ein Mandat der nationalen betrieblichen Arbeitnehmervertretungsgremien, nicht der nationalen Gewerkschaften.
(3) Ebenso verlangt es die Zustimmung des EBR, nicht der nationalen Gewerkschaften vor Abschluss der Vereinbarung.
(4) Es überträgt dem engeren Ausschuss des EBR, nicht einem gewerkschaftlichen Verhandlungsteam, ein zeitweiliges Mandat zur Verhandlungsführung.
(5) Der EMB ist schließlich weder an den Verhandlungen beteiligt noch als Unterzeichner einer europäischen Vereinbarung vorgesehen.

Das EMB-Verhandlungsverfahren könnte aber eine mittelbare Wirkung auf die Vereinbarung eines Verständnispapiers gehabt haben, das in Ergänzung der 2008 überarbeiteten EBR-Gründungsvereinbarung am 1.2.2010 zwischen Ford und Ford-EBR abgeschlossen wurde. Dieses Verständnispapier regelt die Besetzung des engeren Ausschusses des Ford-EBR so, dass für alle Länder, in denen Ford Produktionsstätten besitzt, ein hauptamtlicher Gewerkschaftsvertreter als Experte vertreten sein kann.[6] Damit wird ein zentrales Kriterium des EMB-Verhandlungsverfahrens, nämlich die nationalen Gewerkschaften an europäischen Unternehmensverhandlungen zu beteiligen, aufgegriffen und in die bestehende betriebliche Kultur und Praxis eingepasst.

Die insgesamt marginale Wirkung des EMB-Verfahrens ist nicht nur der Tatsache geschuldet, dass sich die Vereinbarungspraxis bei Ford bereits zu einem

---

6 Inwieweit das EMB-Verhandlungsverfahren für die Veränderung der Besetzungsregel des engeren Ausschusses tatsächlich ausschlaggebend war, konnte nicht ermittelt werden. Allerdings wird die Neubesetzung des engeren Ausschusses unmittelbar mit der Verhandlungsrolle des Ford-EBR begründet. Wörtlich heißt es: „Die Effektivität des europäischen sozialen Dialogs im EFB hängt nicht zuletzt von der Einbeziehung eines Maximums an Akteuren/Parteien ab, die im Geschäftsbereich von Ford-Europa eine wichtige Rolle spielen." (Verständnispapier zwischen Ford und Ford-EBR vom 1.2.2010)

Zeitpunkt entwickelte und konsolidierte, als es dieses Steuerungsmodell noch nicht gab, sondern Ausdruck einer geringen Akzeptanz des Verfahrens durch den EBR und insbesondere durch die deutsche EBR-Spitze. Diese distanzierte Haltung korrespondiert mit eher zaghaften gewerkschaftlichen Bemühungen, das EMB-Verhandlungsverfahren gegenüber dem Ford-EBR durchzusetzen. Der von der IG Metall gestellte EMB-Koordinator verfügt gegenüber der deutschen EBR-Spitze nicht über die dazu erforderliche Amts- und Sachautorität. Der EMB selbst steht nur in losem Kontakt mit dem Ford-EBR.[7]

Der Ford-EBR hat bezüglich der Einbeziehung des EMB in die Verhandlungen eine eindeutige Position. Gegenüber der aus Sicht des Ford-EBR funktionsfähigen und erfolgreichen Vereinbarungspraxis formuliere der EMB-Beschluss von außen einen Veränderungsbedarf, der insbesondere in der Umsetzung und Anwendung der Vereinbarungen auf nationaler Ebene nicht ersichtlich sei und auch nicht lokal artikuliert werde. Für die EBR-Spitze ist es ausreichend, wenn der EMB weiß, worum es in den laufenden Verhandlungen geht und über seinen Koordinator qua Mitgliedschaft im engeren Ausschuss Teil der Verhandlungsgruppe ist. Der Ford-EBR geht davon aus, dass der EMB dadurch eine faire Chance habe, eine europäische Gewerkschaftsperspektive einzubringen. Eine Beteiligung eines EMB-Sekretärs aus Brüssel an den Verhandlungen wird kategorisch ausgeschlossen (Interview: EBR-Ford 09-2009).

Insgesamt basiert die distanzierte und kritische Haltung der EBR-Spitze gegenüber dem EMB-Verhandlungsverfahren und dessen Legitimität und Praktikabilität auf zwei Faktoren der betrieblichen (Selbst-)Wahrnehmung. Zum einen sei der vom EMB formulierte Anspruch einer gewerkschaftlichen Verhandlungsführerschaft Ausdruck einer geringen Wertschätzung der von den betrieblichen Arbeitnehmervertretern bzw. ehrenamtlichen Gewerkschaftsfunktionären geleisteten Gewerkschaftsarbeit und erzielten Erfolge. Zum anderen habe sich der EBR in einem teilweise schwierigen und langwierigen Entwicklungsprozess zu einem selbstbewussten, europäischen unternehmenspolitischen Akteur entwickelt, der besser als die externen Gewerkschaften in der Lage sei, Verhandlungen auf europäischer Unternehmensebene zu führen (ebd.).

7 Mit Blick auf diese Konstellation versuchte der EMB bislang nicht, den EBR von der Notwendigkeit der Verfahrensanwendung zu überzeugen oder seine Mitgliedsgewerkschaften zu mobilisieren, auf die EBR-Mitglieder entsprechenden Druck auszuüben. Bislang gab es lediglich vereinzelte Versuche des EMB-Koordinators, dem EBR die Vorzüge des EMB-Verfahrens nahe zu bringen. Darin spiegeln sich die bestehenden Kräfteverhältnisse unter den Akteuren und die Autonomie des Ford-EBR ebenso wider wie die Anerkennung dieser Unternehemensgegebenheiten durch den EMB und die IG Metall.

4.1.3 Abschluss und Umsetzung

Die bisher bei Ford abgeschlossenen europäischen Unternehmensvereinbarungen wurden alle arbeitnehmerseitig ausschließlich vom Ford-EBR unterzeichnet. Die als gewerkschaftliche Experten beteiligten hauptamtlichen Gewerkschaftsvertreter meldeten in keinem Fall inhaltliche Bedenken an. Weil der Ford-EBR ausschließlich mit gewerkschaftlich organisierten Vertretern besetzt ist und die Vereinbarungsinhalte aus EMB-Sicht qualitativ sehr gut waren, war auch der EMB zu keinem Zeitpunkt über die bei Ford getätigten europäischen Abschlüsse beunruhigt (Interview: EMB 01-2010).

Die Reichweite und Qualität der Restrukturierungsvereinbarungen lassen sich an folgenden inhaltlichen Elementen festmachen: den umfassenden Bestandssicherungen der Beschäftigungs- und Arbeitsbedingungen im Falle des Übergangs in ausgegliederte Unternehmensteile; den Wiedereinstellungsgarantien im Fall des Scheiterns der Ausgliederung; den Umschulungsmaßnahmen und den weitreichenden Sourcing-Bestimmungen (welche Zulieferteile von Ford abgenommen werden müssen, welcher Standort für welche Produktentwicklungen verantwortlich ist etc.). Prozedural sichern und erweitern die Vereinbarungen die Kontroll- und Einflussmöglichkeiten der Arbeitnehmervertreter auf europäischer Ebene. So wurde in der Entwicklungszentren-Vereinbarung eine Art europäischer Wirtschaftsausschuss vereinbart, d.h. ein besonderes Anhörungsgremium geschaffen, das regelmäßig darüber informiert wird, wo welche Entwicklungskapazitäten angesiedelt werden. Zum Teil beinhalten die Vereinbarungen zudem Bestimmungen, die das Interesse einzelner Beschäftigtengruppen absichern, so beispielsweise das Interesse der französischen Belegschaft im Fall der eingangs dokumentierten GFT-Vereinbarung. Hingegen hat in der Einschätzung des EBR die europäische Sozialcharta bislang kaum Wirkung entfalten können (Interview: Ford EBR 09-2009).

Die rechtliche Gültigkeit der europäischen Vereinbarungen soll dadurch gesichert werden, dass sie in nationale bzw. lokale Vereinbarungen der betroffenen nationalen Tochterunternehmen und Standorte umgesetzt werden. Der Prozess der Umsetzung der europäischen Vereinbarung in nationale Vereinbarungen ist nicht standardisiert. Die Ausarbeitung der nationalen bzw. lokalen Vereinbarungen setzt in der Regel nach Abschluss, manchmal aber auch bereits parallel zu den Verhandlungen der europäischen Vereinbarung ein.

Im Fall der ersten beiden Vereinbarungen wurden auch tatsächlich in allen europäischen Ländern mit Ford-Standorten entsprechende nationale Vereinbarungen abgeschlossen. Dagegen wurden in den seit 2004 abgeschlossenen europäischen Vereinbarungen, die faktisch nur die deutschen und englischen Entwicklungsstandorte betrafen, die nationalen Umsetzungsverhandlungen auf die Länder mit betroffenen Standorten beschränkt.

In Deutschland erfolgt die Umsetzung in Form einer GBR-Vereinbarung, die von dem für Rechtsangelegenheiten zuständigen Referenten im GBR-Büro nach den Absprachen mit dem GBR-Vorsitzenden ausgearbeitet wird. Im Großen und Ganzen wird der Vereinbarungstext übernommen. Nur einzelne Passagen werden durch Präzisierungen oder Ergänzungen auf die deutsche Situation zugeschnitten. Die IG Metall ist wie bei GBR-Vereinbarungen üblich nur am Rande durch ihren GBR-Betreuer einbezogen. Für den deutschen Konzernteil gingen die europäischen Vereinbarungen immer mit dem Abschluss entsprechender Betriebsvereinbarungen einher.

In England werden in der Regel Vereinbarungen zwischen Geschäftsleitung und Shop Stewards auf lokaler Ebene abgeschlossen. In der Praxis wurden aber nach Angaben des EBR-Referenten im Falle der jüngeren europäischen Vereinbarungen keine Umsetzungsvereinbarungen abgeschlossen. Eine Abstimmung der Inhalte im Rahmen einer Vollversammlung und die Zustimmung der Shop Stewards wurde als ausreichend erachtet; dies auch deshalb; weil der die Gewerkschaft Unite im Ford-EBR vertretende gewerkschaftliche Experte die europäischen Vereinbarungen mit unterschrieben und damit Unite auf die Umsetzung und Einhaltung der Vereinbarungsbestimmungen verpflichtet hatte.

Die nationale bzw. lokale Umsetzung der Vereinbarung ist ein weitgehend unkomplizierter und konfliktfreier technischer Akt, da die Vereinbarungsinhalte sowohl EBR- als auch managementseitig im Verhandlungsprozess abgestimmt sind und die Vereinbarungsinhalte eins zu eins umgesetzt werden. Nationale bzw. lokale Nachverhandlungen, die darauf ausgerichtet sind, die Substanz der europäischen Vereinbarung zu verbessern, finden demnach nicht statt, zum Teil jedoch Detailverhandlungen aufgrund nationaler Spezifika.[8]

Die Ford-Visteon-Vereinbarung von 2000 zog einen komplexen Prozess des Monitoring nach sich, da diese Vereinbarung einen detaillierten Anhang enthält, in dem die zukünftigen Geschäfts- und Abnahmebeziehungen zwischen Ford und Visteon als einem zukünftig eigenständigen Unternehmen geregelt sind. Die Detaillierung der Sourcingliste hatte den Effekt, dass der EBR dem Management ständig Vorhaltungen machte, diese Liste missachtet zu haben, verbunden mit seitenlangen Berichten und ständigen Treffen. Weil diese Situation mit der Zeit für beide Seiten gleichermaßen unbefriedigend war, verständigte man sich darauf, die Vereinbarung nachzuverhandeln und die oben genannte Zusatzvereinba-

8 So musste beispielsweise im Falle der GFT-Vereinbarung in Köln eine Betriebsvereinbarung abgeschlossen werden, um sicherzustellen, dass der Ford-Betriebsrat weiterhin für die Vertretung der Ford-Beschäftigten, die in die GFT übergingen, zuständig ist. Dagegen war es in Frankreich rechtlich nicht möglich, dass die GFT-Beschäftigten im Ford-Betriebsausschuss mit vertreten wurden, so dass ein zweiter Betriebsausschuss eingerichtet werden musste.

rung abzuschließen, in der die problematischen Punkte neu geregelt werden (Interviews: Ford EBR 09-2009; Ford HRM 09-2009).

Auf den internen EBR-Sitzungen haben die EBR-Delegierten Gelegenheit, im Rahmen der Länderberichte über Auswirkungen der EBR-Vereinbarungen auf nationaler und lokaler Ebene zu berichten. Die Überwachung der Vereinbarungspraxis erfolgt zudem über eine jährliche Berichterstattung des Ford-Managements im Rahmen der EBR-Sitzungen. Wenn Missstände zutage treten, wird üblicherweise unverzüglich ein Treffen mit den Betroffenen organisiert, und falls notwendig, im zweiten Schritt die europäische Ebene einbezogen.[9]

Da die europäischen Vereinbarungen lediglich einen Mindestrahmen vorgeben und tarifpolitische Kernbereiche, wie Löhne und Gehälter, von EBR- und Managementseite gleichermaßen bewusst aus europäischen Verhandlungen ausgeklammert werden, hat die Umsetzung der Vereinbarungen nicht zu Konflikten mit nationalen tarifpolitischen Regelungen geführt. Schließlich trug die hohe Qualität der Vereinbarungsergebnisse zu einer hohen Akzeptanz und weitgehend reibungslosen Umsetzung der Vereinbarungen bei (Interview: Ford EBR 09-2009).

4.1.4 Gesamteinschätzung

Angesichts eines wiederkehrenden europäischen Regelungsbedarfs hat sich bei Ford mittlerweile eine europäische Vereinbarungspolitik fest etabliert. In diesem Prozess sind sowohl das Management als auch der EBR (und hier wiederum insbesondere die deutsche EBR-Spitze in Abstimmung mit der IG Metall) gleichermaßen pragmatisch und innovativ vorangegangen. Mit der Aufnahme der Visteon-Verhandlungen Ende der 1990er Jahre hat der EBR Neuland betreten und war gefordert, neue Praktiken zu erfinden und zu konsolidieren. Auf eine – den Weg weisende – gemeinsame Beschlusslage der europäischen Metallgewerkschaften konnte der EBR zu diesem Zeitpunkt nicht zurückgreifen.

Durch die Formalisierung der im Rahmen der Visteon-Verhandlungen entwickelten Praktiken verständigten sich EBR und Management bereits 2000 auf ein Ford-spezifisches Verhandlungsverfahren, bei dem der EBR bzw. dessen engerer Ausschuss arbeitnehmerseitig die zentrale Verhandlungsrolle übernimmt. Angesichts der extensiven Beteiligung gewerkschaftlicher Experten im engeren Ausschuss ist weitgehend sichergestellt, dass Vertreter der nationalen Gewerkschaften in die offiziellen Verhandlungen mit dem Management einbezogen sind. Diese fungieren als Fürsprecher gewerkschaftlicher Interessen. Der EBR sieht sich aber nicht an das gewerkschaftliche Votum gebunden. Aus Sicht der nationalen Gewerkschaften kann dieses Konzept zudem Probleme aufwerfen, weil

---

9 Dies ist auch Ausdruck einer Ford-typischen Arbeitsbeziehungskultur, getroffene Vereinbarungsbestimmungen nicht in Frage zu stellen und Probleme und Konflikte intern statt auf dem Gerichtsweg zu lösen (Interview: Ford EBR 09-2009).

die gewerkschaftliche Beteiligung – anders als beim EMB-Verfahren – lediglich als bottom-up-Prozess organisiert ist und deshalb nicht sichergestellt ist, dass die zentrale nationale Gewerkschaftsebene tatsächlich informiert und einbezogen ist. Ein weiteres Problem kann sich dadurch ergeben, dass im Falle eines nationalen Gewerkschaftspluralismus nicht alle Gewerkschaften gleichermaßen beteiligt sind, da pro Land nur eine Gewerkschaft einen Experten für den engeren Ausschuss stellen kann.

Für den Europäischen Metallgewerkschaftsbund ist es aus drei Gründen schwer, die in seinem Rahmen mittlerweile entwickelten und abgestimmten Vorstellungen einer europäischen unternehmensbezogenen Vereinbarungspolitik bei Ford zur Geltung zu bringen.

Erstens war die Entwicklung einer europäischen Vereinbarungspolitik bei Ford eine Pionierleistung des EBR. Die dadurch erzielten Erfolge, die in der Quantität der Abschlüsse und der Qualität der Vereinbarungsinhalte und -umsetzungen zum Ausdruck kommen, führten zu einer betrieblichen Eigendynamik und Verfestigung des eingeschlagenen Pfads.

Zweitens stellt das Ford-interne Verfahren ein funktionierendes Modell dar, das sowohl vom Management als auch von den betroffenen, im Unternehmen bzw. im EBR vertretenen nationalen Gewerkschaften akzeptiert ist.

Drittens schließlich spiegelt das Ford-interne Verfahren das spezifische gewerkschaftliche Selbstverständnis der deutschen EBR-Spitze wider. Diese Rollenwahrnehmung verbindet eine klare Sphärentrennung von betrieblich-betriebsrätlichen und außerbetrieblich-gewerkschaftlichen Angelegenheiten mit dem Selbstbewusstseins des „wir sind die Gewerkschaft im Unternehmen“. Die deutsche EBR-Spitze, die zugleich eng mit der IG Metall verzahnt ist, nimmt somit gegenüber den Gewerkschaften für sich in Anspruch, die unternehmensbezogenen Interessenvertretungsprozesse zu kontrollieren und zu steuern.

4.2 Die deutsche EBR-Spitze als treibende Kraft einer europäischen Vereinbarungspolitik – Der Fall Daimler

Im Rahmen der europäischen Vereinbarungspolitik bei Daimler wurden in einem zeitlich eng begrenzten Zeitraum – zwischen Mai 2006 und Juni 2007 – drei europäische Rahmenvereinbarungen abgeschlossen.[10] Im Einzelnen sind dies:

– Eine im Mai 2006 abgeschlossene Rahmenvereinbarung zu Information und Konsultation (I&K) auf lokaler Ebene, die einen Katalog von inhaltlichen und prozeduralen Mindestbestimmungen für Informations- und Konsulta-

10 Europäisch heißt in diesem Fall EU-weit. Der Geltungsbereich der Vereinbarungen erstreckt sich auf alle in der EU angesiedelten Konzernunternehmen.

tionsprozesse zwischen Management und Arbeitnehmerseite in den verschiedenen europäischen Standorten definiert.

- Eine im September 2006 abgeschlossene Rahmenvereinbarung zur Ausgestaltung personeller Anpassungsmaßnahmen in den europäischen Daimler-Chrysler-Standorten.[11] Anlass der Vereinbarung waren verschiedene, zum damaligen Zeitpunkt auf den Weg gebrachte grenzübergreifende Restrukturierungsprojekte, die mit einem europaweiten Arbeitsplatzabbau verbunden waren. Die Vereinbarung zielt darauf, diesen Arbeitsplatzabbau sozial abzufedern. Sie sieht die Einrichtung von Personal-Clearingstellen auf lokaler und nationaler Konzernebene vor, die die Aufgabe haben, die Weitervermittlung der von Umstrukturierungsmaßnahmen betroffenen Beschäftigten zu fördern, und sie legt fest, dass betriebsbedingte Kündigungen nur als ultima ratio zur Anwendung kommen dürfen.
- Eine im Juli 2007 unterzeichnete Rahmenvereinbarung zur Abspaltung der Chrysler-Vertriebsorganisation, die den Umgang mit den sozialen Konsequenzen für die von der Abspaltung betroffenen Arbeitnehmer regelt. Die Kernpunkte dieser Vereinbarung sind – entsprechend der EU-Richtlinie zum Betriebsübergang – der Ausschluss von Kündigungen infolge des Betriebsübergangs und eine Garantie der Arbeitsbedingungen und kollektiven Regelungen für mindestens zwei Jahre. Darüber hinaus sieht die Vereinbarung die Zahlung eines Willkommensbonus in Höhe von 7.500 € für Arbeitnehmer vor, die in die abgespalteten so genannten „New Sales Companies" überwechseln.[12]

Die beiden 2006 abgeschlossenen Vereinbarungen wurden von der deutschen EBR-Spitze stellvertretend für den EBR mit dem zentralen Management verhandelt. Bei der 2007 abgeschlossenen Vereinbarung wurde dagegen eine internationale Verhandlungsgruppe aus Spitzenvertretern des Vertriebsarbeitskreises des Daimler-EBR gebildet. In diesem Fall spielten im Verhandlungsverlauf die Mitte 2006 verabschiedeten Verfahrensleitlinien des EMB erstmals eine Rolle. Der EBR-Koordinator des EMB unternahm einen Anlauf, die nationalen Gewerkschaften gemäß den Leitlinien des EMB einzubeziehen. Dies scheiterte jedoch an praktischen Problemen, so dass die Vereinbarung am Ende vom EBR und dem EMB-Koordinator ohne das gewerkschaftliche Zustimmungsverfahren unterzeichnet wurde. Der Regelungsgegenstand dieser Vereinbarung war, verglichen mit den ersten beiden Vereinbarungen, insofern konfliktträchtiger, als es

11 Daimler fusionierte 1998 mit dem US-amerikanischen Automobilhersteller Chrysler zur DaimlerChrysler AG. Angesichts jahrelanger Verluste wurde die Chrysler-Gruppe 2007 wieder abgestoßen (Hauser-Ditz et al. 2010: 85).

12 Von diesem Betrag kann jedoch in Ländern mit einem Einkommensniveau, das deutlich unter dem in Deutschland liegt, nach unten abgewichen werden. So betrug der Willkommensbonus für Mitarbeiter in Tschechien und Polen 4.370 € (Daimler-GBR 2008: 19).

auch um monetäre Sachverhalte ging und damit nationale Regelungskompetenzen einiger nationaler Gewerkschaften tangiert waren.

4.2.1 Initiative und generelle Interessenkonstellation

Der Einstieg in eine europäische Vereinbarungspolitik bei Daimler erfolgte auf Initiative des EBR bzw. der deutschen EBR-Spitze, die bei den ersten beiden Vereinbarungen die Durchführung transnationaler Managementprogramme zum Anlass nahm, um gegenüber dem zentralen Management den Abschluss einer europäischen Rahmenvereinbarung anzuregen.

Anknüpfungspunkt der Vereinbarung zur Information und Konsultation in den lokalen Daimler-Standorten war ein Projekt des zentralen Managements zur Einführung europaweit einheitlicher Standards für die Ausgestaltung von Werkstätten. Da bei EBR-Sitzungen Vertreter verschiedener Vertriebsstandorte, insbesondere diejenigen aus Großbritannien, wiederholt über die mangelhafte Informations- und Konsultationspraxis in den Service-Werkstätten vor Ort klagten, nutzte der europäische Vertriebsarbeitskreis des EBR die Gelegenheit, um im Kontext dieses Managementprojekts Verhandlungen zu europaweiten (Mindest-)Standards zur lokalen Informations- und Konsultationspraxis einzufordern. Anlass der Vereinbarung zu Personalanpassungen in Europa waren mehrere globale Umstrukturierungs- bzw. Rationalisierungsprogramme und ein damit verbundener Personalabbau. Da der deutsche GBR ohnehin Verhandlungen mit dem Management über eine sozialverträgliche Umsetzung dieser Programme für den deutschen Konzernteil führte, drängte die deutsche EBR-Spitze darauf, über den Abschluss einer europäischen Rahmenvereinbarung auch eine Regelung für Europa insgesamt zu treffen. Angesichts der positiven Erfahrungen mit diesen Vereinbarungen ergriff das zentrale Management, das Verhandlungen mit dem EBR von Beginn an offen gegenüber stand, anlässlich der Abspaltung der Chrysler-Vertriebsorganisation selbst die Initiative zur Verhandlung einer europäischen Rahmenvereinbarung.

Für die Entwicklung einer europäischen Vereinbarungspolitik bei Daimler sind maßgeblich zwei Faktoren ausschlaggebend: erstens die organisationalen Veränderungen des Konzerns in den letzten zehn Jahren, die für die Arbeitnehmer- wie die Arbeitgeberseite einen Bedarf an transnationalen europäischen Regelungen mit sich brachten und zweitens der deutsche Arbeitsbeziehungshintergrund am Konzernsitz, der maßgeblich den Verlauf der Verhandlungen und die Binnendynamik des EBR prägte.

Mit den organisatorischen Veränderungen des Unternehmens in den 2000er Jahren, in deren Verlauf Daimler immer mehr von einem national zentrierten Führungsmodell zu einer europäisch ausgerichteten Unternehmensführung überging, entstanden auch im Bereich der Arbeitsbeziehungen und des Human Resource

Managements gewisse Transnationalisierungsanforderungen. Aus Sicht des Managements sind europäische Rahmenvereinbarungen daher ein potentielles Instrument, um Prozesse europäisch zu standardisieren und zentrale Vorgaben für die jeweiligen Landesgesellschaften einzuführen und diese damit auch stärker zu kontrollieren. Darüber hinaus versprach sich das Management von zentralen Verhandlungen mit dem EBR eine Reduktion von Transaktionskosten, da hierdurch verschiedene parallele Verhandlungen auf nationaler Ebene vermieden würden. Auf Arbeitnehmerseite führten die organisationalen Veränderungen dazu, dass insbesondere von den EBR-Delegierten der ausländischen Standorte eine stärkere Rolle des EBR eingefordert wurde. Da mit der Zentralisierung der Entscheidungsstrukturen die Autonomie der jeweiligen Landesgesellschaften beschnitten wurde, gewann für sie der EBR zunehmend an Bedeutung, um Zugang zu den wirklichen Entscheidungsträgern zu erhalten. Außerdem sahen die Arbeitnehmervertreter der (meist kleinen) Auslandstöchter Chancen, ihre Interessen in zentralen Verhandlungen auf europäischer Ebene im Verbund mit der starken deutschen EBR-Spitze besser durchsetzen zu können als in jeweils dezentralen Verhandlungen.

Die Forderung nach einer stärkeren Rolle des EBR als Konsultations- und Verhandlungsgremium ist auch vor dem Hintergrund zu sehen, dass der EBR im Mehrebenensystem von nationalen, europäischen und globalen Interessenvertretungsstrukturen bei Daimler traditionell eine eher untergeordnete Rolle spielte und die Lösung konkreter Probleme und Konflikte primär direkt über die ressourcenstarke deutsche EBR-Spitze erfolgte (Müller et al. 2004: 169). Der Einstieg in eine europäische Vereinbarungspolitik war daher aus Sicht der Arbeitnehmervertreter der Versuch, den EBR über konkrete Projekte zu stärken und weiterzuentwickeln. Dies war auch aus Sicht der deutschen EBR-Spitze von Bedeutung, weil sie von einer weiteren Zentralisierung der Entscheidungsstrukturen ausging und daher erwartete, dass sich vor allem im Bereich des Vertriebs noch weitere Themen für europäische Verhandlungen ergeben würden.

Die Aufnahme von Verhandlungen auf europäischer Unternehmensebene ist von Managementseite an bestimmte Voraussetzungen geknüpft. Dies betrifft zum einen den Regelungsgegenstand. Europäische Verhandlungen sind aus Managementsicht nur bei Themen sinnvoll, die Beschäftigte in unterschiedlichen Ländern in gleicher Weise betreffen. Des Weiteren sollen nur Themen behandelt werden, bei denen eine europäische Regelung nicht mit bestehenden nationalen Regelungen kollidiert, diese vielmehr reibungslos ineinandergreifen. Anknüpfungspunkte zur Aufnahme von europäischen Verhandlungen sieht das Management vor allem dort, wo bereits existierende europäische Rechtsbestimmungen Orientierungspunkte bieten.[13]

---

13 Dies können europäische Richtlinien, wie zum Beispiel die EU-Richtlinie zum Betriebsübergang von 2001 sein, die im Fall der Vereinbarung zur Abspaltung der Chrysler-Vertriebsorganisation als Bezugsrahmen eine Rolle spielte.

Eine weitere Voraussetzung war aus Sicht des Managements die Existenz eines verlässlichen Verhandlungspartners, der nicht nur im Verhandlungsprozess die unterschiedlichen Interessen auf Arbeitnehmerseite vereinheitlicht, sondern auch nach Abschluss der Vereinbarung die Umsetzung der Vereinbarungsinhalte sicherstellt. Wenngleich das Management eine pragmatische Haltung bezüglich des potentiellen Verhandlungspartners einnimmt und prinzipiell auch eine Verhandlungsrolle des EMB nicht ausschließt, bevorzugt es Verhandlungen mit dem EBR. Vor dem Hintergrund, dass der EBR von der deutschen Fraktion dominiert wird und das Management im nationalen Kontext auf eine über Jahre gewachsene verlässliche Beziehung zur deutschen Betriebsratsspitze zurückgreifen kann, sieht das Management die von ihm geforderte Verpflichtungsfähigkeit eher beim EBR als bei einem gewerkschaftlichen Verhandlungspartner gewährleistet.

Der seit 1996 formal existierende EBR bei Daimler[14] ist geprägt von einer starken *Dominanz* der deutschen Delegierten, die nicht nur etwas mehr als ein Drittel der 28 EBR-Sitze einnehmen, sondern auch traditionell den Vorsitzenden des Gremiums stellen. Die ausgeprägte Mutterdominanz beruht jedoch nicht nur auf dem numerischen Übergewicht der deutschen EBR-Delegation.[15] Hinzu kommt die im Vergleich zu den Vertretern der ausländischen Standorte weitaus bessere Ressourcenausstattung der deutschen EBR-Mitglieder, die bei ihrer Arbeit auf ein mit eigenem Mitarbeiterstab äußerst professionell arbeitendes GBR-Sekretariat zurückgreifen können. Das eigentliche Machtzentrum des EBR bildet jedoch der EBR-Vorsitzende, der aufgrund seiner verschiedenen Funktionen als Vorsitzender des Betriebsrats des größten Daimler-Standortes in Sindelfingen, des GBR und des KBR sowie als stellvertretender Vorsitzender des Aufsichtsrats über einen privilegierten Zugang zum zentralen Management verfügt. Angesichts dieser strukturellen Bedingungen kann der EBR bei Daimler bis heute als mutterdominiertes Gremium charakterisiert werden, in welchem die deutsche EBR-Spitze als Dienstleister und patrimonialer Fürsprecher für die ausländischen Standorte agiert (Müller et al. 2004: 169).

---

14 Eine informelle, vom Management aber anerkannte europäische Vertretungsstruktur existierte bereits seit 1992 in Form des Europäischen Vertriebsarbeitskreises, der nach der offiziellen Gründung des EBR im Juli 1996 in diesem als EBR-Ausschuss aufging.

15 Angesichts des hohen Anteils (86%) der deutschen Belegschaft an der Gesamtzahl der in Europa beschäftigten Arbeitnehmer ist Deutschland im Vergleich zu den anderen Ländern im EBR sogar deutlich unterrepräsentiert. Laut Hauser-Ditz et al. (2010: 94ff.) war dies eine bewusste Entscheidung der deutschen Delegierten, um die Vertreter der ausländischen Standorte stärker in die Arbeit des EBR einzubinden. Diese Strategie zeigt sich auch in der Zusammensetzung des vierköpfigen EBR-Präsidiums, das aus zwei deutschen Vertretern (dem GBR-Vorsitzenden und seinem Stellvertreter) und jeweils einem Vertreter aus Frankreich und Spanien besteht.

Der EBR ist ein Gremium gewerkschaftlich organisierter Mitglieder, in dem unorganisierte Mitglieder, obgleich vorhanden, keine tragende Rolle spielen.[16] Über die vereinbarte Möglichkeit des EBR, sich von Sachverständigen seiner Wahl unterstützen zu lassen (EBR-Gründungsvereinbarung vom 25.7.1996, Punkt 12), ist ein Vertreter des zentralen Apparats der IG Metall als ständiger Sachverständiger in den EBR einbezogen. Er ist zugleich für die gewerkschaftliche Betreuung des deutschen GBR zuständig und fungiert als EBR-Beauftragter des EMB. In dieser Doppelfunktion ist er in die strategischen Diskussionen des EBR und des deutschen GBR/KBR eng einbezogen. Aufgrund seiner arbeitsrechtlichen und gewerkschaftspolitischen Kompetenzen, seiner Kenntnis des Unternehmens und seiner Position als Aufsichtsratsmitglied ist er sowohl auf Arbeitnehmer- als auch auf Arbeitgeberseite als gewerkschaftlicher Experte anerkannt. Da die deutsche EBR-Spitze auf einen eigenen professionellen Apparat zurückgreifen kann, ist sie im fachlich-strategischen Bereich wenig auf gewerkschaftliche Unterstützung angewiesen. Vielmehr sieht sie sich selbst in der Lage, im Unternehmen auftretende arbeitspolitische Probleme und Konflikte professionell und lösungsorientiert zu bearbeiten. Dabei ist sie darauf bedacht, dass ihre betriebliche Interessenvertretungspolitik nicht mit gewerkschaftspolitischen Strategien und Beschlusslagen in Konflikt gerät. Vor diesem Hintergrund kommt dem gewerkschaftlichen EBR-/KBR-/GBR-Betreuer die Aufgabe zu, mögliche Konflikte zwischen der betrieblichen und überbetrieblich-gewerkschaftlichen Interessenvertretungsebene (IG Metall, EMB, andere betroffene nationale Gewerkschaften) frühzeitig zu erkennen und mit der EBR-Spitze abzustimmen.

4.2.2 Verhandlungen

Charakteristika der bilateralen Verhandlungen

Die bilateralen Verhandlungen der drei bisher bei Daimler abgeschlossenen Vereinbarungen unterscheiden sich zunächst hinsichtlich der Zusammensetzung des arbeitnehmerseitigen Verhandlungsgremiums. Die ersten beiden Verhandlungen

---

16 Die Frage der Gewerkschaftsmitgliedschaft der EBR-Delegierten führte im Fall der britischen Delegierten zu einem Konflikt im EBR. Dabei ging es darum, dass im Zuge der Einrichtung eines nationalen Arbeitnehmervertretungsgremiums („employee forum“) für die britische Vertriebsgesellschaft der Nominierungsmodus der britischen EBR-Delegierten geändert wurde. Infolgedessen waren die drei britischen EBR-Sitze nicht mehr von betrieblichen Gewerkschaftsvertretern (shop stewards), sondern von nicht gewerkschaftlich organisierten Mitgliedern des neu geschaffenen Arbeitnehmervertretungsgremiums besetzt. Der EBR-Referent und der gewerkschaftliche EBR-Betreuer drängten daraufhin mit Erfolg auf eine Änderung dieser Situation und auf einen Kompromiss, der zumindest die teilweise Besetzung der britischen Sitze durch betriebliche Gewerkschaftsvertreter ermöglicht (Interview: Daimler EBR 09-2010; Hauser-Ditz et al. 2010: 101, Fn. 54).

zur Information und Konsultation in den lokalen Daimler-Standorten und zur Personalanpassung in Europa liefen arbeitnehmerseitig nach dem Modell eines „dienstleistenden EBR“ (Platzer/Rüb 1999) ab. Das bedeutet, dass die deutsche Betriebsratsspitze den im EBR angemeldeten Bedarf an einer europäischen Regelung aufnahm und die Verhandlungen unter Nutzung der im nationalen Kontext eingespielten formellen und informellen Beziehungen zur zentralen Leitung dienstleistend und stellvertretend für den gesamten EBR führte.

Im Gegensatz dazu wurden die Verhandlungen zur Abspaltung der Chrysler-Vertriebsorganisation auf Arbeitnehmerseite von einem international besetzten Verhandlungsgremium geführt. Dieses bestand aus dem deutschen EBR-Referenten, dem deutschen Sprecher des Vertriebsarbeitskreises des EBR sowie jeweils einem Vertreter aus den Niederlanden und aus Belgien in ihrer Funktion als Teil der informellen Geschäftsführung des europäischen Vertriebsarbeitskreises. Die Initiative des Managements zur Verhandlung einer europäischen Rahmenvereinbarung zur Abspaltung der Chrysler-Vertriebsorganisation bot aus Sicht der deutschen EBR-Spitze ein ideales Experimentierfeld, um zum ersten Mal Verhandlungen mit einem international besetzten Verhandlungsgremium zu führen. Zum einen war von der Maßnahme nur ein sehr kleiner Personenkreis von etwa 400 Beschäftigten betroffen. Zum anderen betraf sie nur den Vertrieb, so dass der Anwendungsbereich klar abgegrenzt war, was wiederum den arbeitnehmerseitigen Koordinierungsaufwand begrenzte.

Ein zentrales Charakteristikum des bilateralen Verhandlungsprozesses ist bei allen drei Vereinbarungen der starke Einfluss der deutschen Arbeitsbeziehungs- und Verhandlungskultur. Dieser Einfluss manifestiert sich vor allem in der großen Bedeutung der auf Vertrauen und gegenseitigem Respekt beruhenden Beziehungen zwischen der deutschen EBR-Spitze und dem zentralen Personalmanagement, das bei allen drei Verhandlungen managementseitig federführend für die Durchführung der Verhandlungen verantwortlich war.[17] Dieses Vertrauensverhältnis ist eine Folge der über Jahre gewachsenen Arbeitsbeziehungskultur bei Daimler in Deutschland, in der die deutsche Betriebsratsspitze aufgrund ihrer ausgeprägten Professionalität und ihres auf der Mobilisierungsfähigkeit der Belegschaft beruhenden Machtpotentials zugleich als Ordnungs- und Gestaltungsmacht auftritt. Dies bedeutet, dass sie nicht nur eigene unternehmenspoli-

17 Auf Managementseite ergibt sich bei europäischen Verhandlungen generell ein dreifacher Koordinierungsbedarf: (1) mit der thematisch-fachlichen Führung, (2) mit dem Bereich Arbeitsrecht/Personalpolitik und (3) mit den betroffenen europäischen Gesellschaften. Bei der Vereinbarung zur Abspaltung der Chrysler-Vertriebsorganisation bestand zudem ein Abstimmungsbedarf mit den Chrysler-Verantwortlichen, da die Verhandlungen zwar bei Daimler angesiedelt waren, bestimmte sich aus der Vereinbarung ergebende Verpflichtungen aber auch Chrysler betrafen und die Vereinbarung auch von Chrysler unterschrieben werden musste.

tische Konzepte im Sinne der Interessen der Belegschaft in die Diskussionen mit dem Management einbringt, sondern dass sie die mit dem Management ausgehandelten Kompromisse auch wirkungsvoll gegenüber den Betriebsräten und den Beschäftigten verteidigt und durchsetzt (Müller et al. 2004: 177).

Dieses hierdurch aufgebaute Vertrauensverhältnis zur zentralen Leitung sichert der deutschen EBR-Spitze nicht nur eine herausgehobene Rolle bei Verhandlungen auf europäischer Unternehmensebene, sondern ermöglicht ihr auch, die im nationalen Kontext eingespielten Kanäle der Einflussnahme für die Verhandlungen europäischer Rahmenvereinbarungen zu nutzen. Ein besonderes Merkmal der Verhandlungen mit der zentralen Leitung ist daher die enge Verknüpfung von formellen Verhandlungsrunden, informellen Gesprächen und internen Abstimmungsprozessen auf beiden Seiten. In der Regel werden die zentralen Parameter der Verhandlungen schon vor der Aufnahme offizieller Verhandlungen im kleinen Kreis zwischen deutscher EBR-Spitze und den Vertretern des zentralen Managements vorgeklärt. Dies wiederum erklärt den (von beiden Seiten bestätigten) weitgehend reibungslosen und konfliktfreien Verlauf der Verhandlungen.

Eine weitere Erklärung hierfür liegt in dem insgesamt geringen *Einsatz,* um den es bei den Verhandlungen für die deutsche Betriebsratsspitze und die zentrale Unternehmensleitung vor allem bei den ersten beiden Vereinbarungen ging, wodurch weder die Arbeitnehmer- noch die Arbeitgeberseite der jeweils anderen Partei wesentliche Zugeständnisse abverlangen musste.[18] Dies wiederum erklärt, warum beide Seiten auf eine Kopplung der europäischen Verhandlungen mit nationalen Themen bewusst verzichteten. Bei den Verhandlungsgegenständen existierten in Deutschland in den beiden ersten Verhandlungsfällen bereits weiterreichende Regelungen, im Falle der dritten Vereinbarung konnten Verbesserungen erzielt werden.[19]

---

18 Letzteres gilt auch für die dritte Vereinbarung zur Abspaltung der Chrysler-Vertriebsorganisation, bei der zumindest für die Arbeitgeberseite mehr auf dem Spiel stand, da sie ein starkes Interesse an einem zügigen Abschluss hatte, um fristgerecht eine funktionierende Vertriebsorganisation an den neuen Eigentümer von Chrysler übergeben zu können. In diesem konkreten Fall half die Arbeitnehmerseite dem Unternehmen zu einem fristgerechten Abschluss der Vereinbarung, indem es diese trotz fehlender gewerkschaftlicher Zustimmung unterzeichnete.

19 Im Fall der I&K-Vereinbarung bleiben die Bestimmungen weit hinter den betriebsverfassungsrechtlich garantierten Rechten der deutschen Betriebsräte zurück. Bei der Vereinbarung zur Personalanpassung in Europa galt für die deutschen Standorte eine nationale Standortsicherungsvereinbarung, die anders als die ulima-ratio-Regelung betriebsbedingter Kündigungen der europäischen Vereinbarung einen Ausschluss betriebsbedingter Kündigungen vorsah. Bei der Vereinbarung zur Abspaltung der Chrysler-Vertriebsorganisation konnte die deutsche Arbeitnehmerseite bei der nationalen Umsetzung aufgrund gesonderter gesetzlicher Regelungen (Betriebsübergang §613a BGB) und vertraglicher Zusicherungen durch

Arbeitnehmerseitige Interessenabstimmung und Koordinierung

Wenngleich die deutsche EBR-Spitze bei den ersten beiden Vereinbarungen die Verhandlungen stellvertretend für den gesamten EBR und quasi im Alleingang führte, handelte diese nicht ohne ein Mandat des EBR. Die groben Linien der Verhandlungsstrategie wurden vorher im EBR festgelegt. Zudem wurde der EBR von der deutschen EBR-Spitze kontinuierlich über die Entwicklung und die Zwischenergebnisse der Verhandlungen informiert, um den EBR-Mitgliedern die Möglichkeit zu geben, ihre Position darzulegen. Die Rückkopplungsschleifen zwischen kleiner Verhandlungsgruppe und dem gesamten EBR beziehen sich nicht nur auf die offiziellen Verhandlungsrunden, sondern auch auf die informellen Verhandlungselemente. Im Sinne des Vertretungsmusters der gebundenen Delegation (vgl. Kap. 2.3.4) wurde keine Vereinbarung ohne die vorherige abschließende Beratung und Zustimmung des gesamten EBR unterzeichnet.

Die nationalen Gewerkschaften waren im Fall der ersten beiden Vereinbarungen nicht in die Verhandlungen einbezogen. Beide Vereinbarungen wurden aber vom EBR-Betreuer des EMB in dessen Namen unterschrieben. Weder die deutsche EBR-Spitze noch der EMB-Koordinator sahen die Notwendigkeit, eine Beteiligung der nationalen Gewerkschaften sicherzustellen, da sie davon ausgingen, dass die EBR-Mitglieder in einem kontinuierlichen Kontakt mit ihren Gewerkschaften stehen und diese bei Bedarf etwaige Vorbehalte gegen Vereinbarungsentwürfe vorbringen würden. Darüber hinaus war zum Zeitpunkt der ersten beiden Verhandlungen das EMB-Verhandlungsverfahren noch nicht verabschiedet, so dass dessen Regularien auch noch keine Rolle spielen konnten.

Dies änderte sich bei der Vereinbarung zur Abspaltung der Chrysler-Vertriebsorganisation, da der EMB-Koordinator unter dem Eindruck des EMB-Verhandlungsverfahrens hier den Versuch unternahm, eine gewerkschaftliche Koordinierung über den EMB zu organisieren, indem er einen Vereinbarungsentwurf an das EMB-Sekretariat mit der Bitte schickte, diesen an alle betroffenen nationalen Gewerkschaften zur Kommentierung weiterzuleiten. Der Versuch scheiterte jedoch daran, dass das EMB-Sekretariat den Vereinbarungsentwurf aufgrund organisatorischer Probleme nicht innerhalb der Frist, die der EMB-Koordinator aus der Kenntnis der Prozessdynamik der bilateralen Verhandlungen gesetzt hatte, an die nationalen Mitgliedsverbände weitergeleitet hatte. Infolge dessen wurde die Vereinbarung vom EBR letztendlich ohne die im EMB-Verfahren vorgesehene gewerkschaftliche Zustimmung abgeschlossen.

Die nach dem Abschluss der Vereinbarung insbesondere vom EMB und von Vertretern der französischen CGT geäußerte Kritik am Verhandlungsverfahren und der mangelhaften Information der nationalen Gewerkschaften verdeut-

---

die Zukunftssicherungsvereinbarung 2012 eine erweiterte Regelung in Form des doppelten Willkommensbonus für Überwechsler (15.000 €) aushandeln (Daimler-GBR 2008: 19).

licht, dass bei dieser Verhandlung beide Kanäle der gewerkschaftlichen Beteiligung und Koordinierung versagten. Die dezentral-nationale Koordinierung versagte aufgrund der mangelhaften Kommunikation zwischen EBR-Mitgliedern und ihren nationalen Gewerkschaften, was für die deutsche EBR-Spitze vor ihrem nationalen Hintergrund der engen Anbindung an die IG Metall sehr überraschend kam. Die zentrale Koordinierung über den EMB scheiterte aufgrund der unvollständigen Anwendung des EMB-Verfahrens, da weder im Vorfeld der Verhandlungen ein Verfahren zur Mandatierung der Verhandlungsgruppe durch die nationalen Gewerkschaften durchgeführt noch vor Unterzeichnung der Vereinbarung der Abschluss des vom EMB-Koordinator eingeleiteten gewerkschaftlichen Zustimmungsverfahrens abgewartet wurde.

Die rudimentäre und rein formale Berücksichtigung des EMB-Verfahrens – und damit letztlich das Scheitern einer gewerkschaftszentrierten Koordinierung – lässt sich auf personale und strukturelle Faktoren zurückführen. Dazu zählt eine distanziert-kritische Haltung des gewerkschaftlichen Koordinators gegenüber dem EMB-Verhandlungsverfahren, das als zu bürokratisch bewertet wird, da es durch seine prozeduralen Reglementierungen die Durchführung von Verhandlungen eher behindere als fördere.

Konzernstrukturell steht das EMB-Verfahren, das formal das Verhandlungsmonopol der Gewerkschaften festschreibt, im Widerspruch zu den politischen Realitäten und Kräfteverhältnissen zwischen betrieblicher und gewerkschaftlicher Vertretungsebene bei Daimler. Aufgrund der gewachsenen autonomen Rolle im nationalen Kontext ist es für die deutsche Betriebsratsspitze selbstverständlich, dass der EBR das Verhandlungsmonopol für sich reklamiert und den Gewerkschaften keine Verhandlungsrolle zugesteht. Vor diesem Hintergrund fällt es dem EMB-Koordinator schwer, selbst wenn er es wollte, die buchstabengetreue Anwendung des EMB-Verfahrens gegenüber der deutschen Betriebsratsspitze durchzusetzen. Dass es überhaupt zu dem Versuch kam, dem EMB-Verfahren Rechnung zu tragen, ist auf die stark ausgeprägte gewerkschaftliche Orientierung der deutschen Betriebsratsspitze zurückzuführen, die bereit ist, das EMB-Verfahren als offizielle gewerkschaftliche Beschlusslage zu akzeptieren.

Ein weiterer Faktor, der die unvollständige Anwendung des EMB-Verfahrens bei den Verhandlungen zur Abspaltung der Chrysler-Vertriebsorganisation bedingte, war der von den deutschen Akteuren wahrgenommene Zeitdruck, unter dem die Verhandlungen stattfanden. Aufgrund vertraglicher Verpflichtungen Daimlers mit dem neuen Chrysler-Eigentümer blieb ab Bekanntgabe der Abspaltung der Chrysler-Vertriebsorganisation auf der EBR-Sondersitzung bis zum Abschluss der Vereinbarung nur etwas mehr als ein Monat. Der EBR fügte sich diesem engen Zeitrahmen, da er, wohl aber insbesondere die deutsche EBR-Spitze, nicht gewillt war, angesichts der geringen Zahl von Beschäftigten, die von der

Abspaltung betroffen waren, durch Verzögerung der Übergabe der Chrysler-Vertriebsorganisation einen Konflikt mit der Unternehmensleitung einzugehen.

4.2.3 Abschluss und Umsetzung

Alle drei bislang bei Daimler abgeschlossenen Vereinbarungen wurden auf Arbeitnehmerseite vom EBR-Vorsitzenden und vom deutschen EBR-Betreuer im Namen des EMB unterschrieben. Letzteres stieß zunächst auf Vorbehalte des Managements, das einen unternehmensexternen Akteur als Vertragspartner nicht akzeptieren und dadurch aufwerten wollte, schließlich aber bereit war, die Unterschrift des EMB zu akzeptieren.

Die Umsetzung der Vereinbarungen erfolgt über die Managementhierarchie, indem das zentrale Personalmanagement das zuständige lokale Management über den Abschluss der Vereinbarung informiert und mit der Umsetzung der vertraglichen Bestimmungen beauftragt. Nationale Umsetzungsvereinbarungen sind nicht vorgesehen und wurden nach unseren Erkenntnissen auch nicht abgeschlossen. Die Einhaltung der Vereinbarung beruht somit in erster Linie auf der Verpflichtungsfähigkeit der beiden Vertragspartner. Daher erwachsen den Beschäftigten und lokalen Arbeitnehmervertretern aus den europäischen Rahmenvereinbarungen keine unmittelbaren Rechtsansprüche bezüglich der darin fixierten Inhalte. Unmittelbare Rechtswirksamkeit ergäbe sich erst aus der Umsetzung der europäischen Rahmenvereinbarung in rechtlich verbindliche nationale Kollektiv- bzw. Betriebsvereinbarungen. Gleichwohl enthalten die Vereinbarungen nationale bzw. lokale Verhandlungsspielräume und Abstimmungsnotwendigkeiten. Dies gilt im Falle der 2007 geschlossenen Vereinbarung hinsichtlich der jeweiligen Höhe des Willkommensbonus und im Falle der I&K-Vereinbarung hinsichtlich der Einzelheiten der Form der Unterrichtung und Anhörung auf lokaler Ebene.

Der EBR und die deutsche EBR-Spitze sind selbst nicht in die Umsetzung involviert und werden erst aktiv, wenn sie wegen auftretender Konflikte oder Probleme dazu aufgefordert werden. Etwaige Beschwerden werden dann von der deutschen EBR-Spitze oder dem EMB-Koordinator in seiner Funktion als Mitglied des Aufsichtsrats auf dem kurzen Dienstweg an das zentrale Management herangetragen. Diese dezentrale Umsetzungspraxis führte bisher lediglich bei der Vereinbarung zur Abspaltung der europäischen Vertriebsstandorte zu kleineren Problemen, die jedoch im Rahmen der gängigen Praxis auf lokaler Ebene gelöst werden konnten. Ein Problem ergab sich im Zusammenhang mit der Auszahlung des Willkommensbonus, da ein oder zwei Landesgesellschaften den Willkommensbonus auszahlten, obwohl dessen Auszahlung an das Wirksamwerden der Abspaltung gekoppelt waren und sich die Gespräche über die Abspaltung verzögert hatten.

Eine zweite Auseinandersetzung, die sowohl im EBR als auch in Frankreich (hier einschließlich eines Gerichtsverfahrens) geführt wurde, entzündete sich an der Frage, ob ein exponiertes französisches Gewerkschafts-/Betriebsratsmitglied der Chrysler- oder der Daimler-Seite zuzurechnen sei.[20] Das zentrale Management bezog in der Diskussion, die auf einer EBR-Sitzung sehr emotional und heftig geführt wurde, den Standpunkt, dass dies ein lokales Problem sei, das in Frankreich gelöst werden müsse.[21]

Wenngleich diese Probleme letztendlich einvernehmlich gelöst werden konnten, verweisen sie auf die generellen Schwierigkeiten einer dezentralen Umsetzungspraxis, die eine gleichwertige und gleichzeitige nationale bzw. lokale Umsetzung nicht immer sicherstellen kann. Zu Ungleichheiten der nationalen bzw. lokalen Regelungen kann es dadurch kommen, dass bestehende nationale Regelungen die in der europäischen Vereinbarung festgelegten Bestimmungen überformen (wie im Fall der Abspaltungsvereinbarung, bei der die deutschen Arbeitnehmervertreter durch die in Deutschland bestehenden Regelungen den doppelten Willkommensbonus aushandeln konnten). Umsetzungsprobleme können schließlich auch dadurch entstehen, dass eine europäische Rahmenvereinbarung Raum für dezentrale Eigendynamiken schafft, d.h. von nationalen bzw. lokalen Akteure gemäß deren Interessen und Kalkülen „interpretiert" wird.

4.2.4 Gesamteinschätzung

Die europäische Vereinbarungspolitik bei Daimler wurde im Sinne eines *EBR-Dominanzeffekts* (Kap. 2.3.4) maßgeblich von der Arbeitsbeziehungs- und Verhandlungskultur im Stammland des Konzerns beeinflusst und von der deutschen Betriebsratsspitze unter Nutzung ihres privilegierten Zugangs zur zentralen Unternehmensleitung vorangetrieben. Ein wesentliches handlungsleitendes Motiv war hierbei, den bis dahin im Gesamtkontext von nationalen und transnationalen Arbeitnehmervertretungsstrukturen eher unbedeutenden EBR aufzuwerten und die europäische Vertretungsebene auch mit Blick auf (erwartete bzw. reale) Veränderungen in der Unternehmensstruktur und Managementphilosophie angemessen zu positionieren. Dabei kam der deutschen Betriebsratsspitze entgegen, dass auch die Managementseite vor dem Hintergrund der unternehmens-

20 Dies ist vor dem Hintergrund zu sehen, dass im Zuge der Abspaltung ein Teil der Beschäftigten zu Chrysler überwechselte und der andere Teil bei Daimler blieb. Deshalb mussten in jeder nationalen Gesellschaft Personen benannt werden, die bei Daimler blieben und die zu Chrysler übergingen.

21 Das zentrale Management bezog diese Position auch deshalb, weil es nicht über das notwendige Detailwissen verfügte. Es hat sich aber dahingehend bemüht, zur Konfliktlösung beizutragen, dass es sich vor Ort nach der Situation und den Hintergründen erkundigte, um zumindest ein Verständnis für die Problematik zu bekommen.

strukturellen Veränderungen an einer Stärkung des EBR als einem verlässlichen Interaktionspartner und gegebenenfalls einem verpflichtungsfähigen Verhandlungspartner interessiert war.

Bei der Verfolgung dieses Ziels hatte für die deutsche Betriebsratsspitze die Verhandlungs- und Abschlusseffizienz Vorrang vor einer umfassenden gewerkschaftlichen Beteiligung am Verhandlungsprozess. Dies zeigt sich einerseits an der engen Verschränkung von formellen und informellen Elementen in den Verhandlungen, die arbeitnehmerseitig von einem sehr kleinen Kreis geführt wurden. Dies zeigt sich andererseits an der kritischen Haltung der deutschen Betriebsratsspitze und des gewerkschaftlichen EMB-Koordinators gegenüber dem EMB-Verfahren. Diese Einschätzung einer die Verhandlungs- und Abschlusseffizienz beeinträchtigenden Prozedur erklärt letzten Endes auch die unvollständige Anwendung des EMB-Verfahrens bei der dritten Vereinbarung zur Abspaltung der Chrysler-Vertriebsorganisation.

Diese kritische Haltung lässt sich mit dem Selbstverständnis der autonom und selbstbewusst agierenden Vertreter der deutschen Betriebsratsspitze erklären, die als überzeugte Gewerkschafter für sich in Anspruch nehmen, auch die gewerkschaftlichen Belange im Unternehmen zu vertreten. Darüber hinaus ging die deutsche EBR-Spitze davon aus, dass eine Einbindung der nationalen Gewerkschaften quasi naturwüchsig über den Kontakt der EBR-Mitglieder mit ihren jeweiligen nationalen Gewerkschaften gegeben sei und daher kein Bedarf an einem formalisierten Verfahren der gewerkschaftlichen Beteiligung bestehe.

Das Scheitern dieser dezentralen gewerkschaftlichen Koordinierung und die Kritik des EMB an der nicht regelkonformen Anwendung des EMB-Verfahrens sensibilisierten die deutsche Betriebsratsspitze hinsichtlich der Beteiligungsansprüche der nationalen Gewerkschaften als Verfahrensgaranten. Insoweit stellt die deutsche EBR-Spitze die Legitimität des EMB-Verfahrens nicht grundsätzlich in Frage, zumal dieses Verfahren eine offizielle unternehmenspolitische Beschlusslage der Gewerkschaften auf europäischer Ebene repräsentiert. Gleichwohl überwiegen bei den betrieblichen Akteuren die Bedenken hinsichtlich einer mangelnden Flexibilität und Praktikabilität dieses Steuerungsansatzes.

Somit bleiben beträchtliche Diskrepanzen im Umgang mit unterschiedlichen Handlungserfahrungen und -ansprüchen. Auf der einen Seite steht der vom Daimler-EBR eingeschlagene Weg, durch stufenweise pragmatische Verhandlungsschritte letztlich eine Daimler-spezifische Ordnung transnationaler Vereinbarungen zu schaffen, auf der anderen Seite die Prärogative eines gewerkschaftlichen Verhandlungsmonopols und die top-down-Logik des EMB-Verfahrens. Diese Konstellation mag eine Erklärung dafür sein, dass seit 2007 keine weiteren europäischen Verhandlungsinitiativen gestartet wurden. Ob der Fall Daimler damit zugleich ein Beispiel einer europäischen Vereinbarungspolitik repräsentiert, die durch das EMB-Verfahren perspektivisch eher blockiert als befördert wird, lässt sich gegenwärtig nicht abschließend beurteilen.

4.3 Anerkennung des gewerkschaftlich beanspruchten Vetos beim Abschluss einer europäischen Unternehmensvereinbarung durch den EBR – Der Fall John Deere

Erstmals in der Geschichte des Unternehmens wurde im Jahr 2008 der Weg einer transnationalen Vereinbarungspolitik beschritten. Die Aushandlung einer europäischen Unternehmensvereinbarung galt einheitlichen Modalitäten einer Gewinnbeteiligung. Die Vereinbarung sollte das bestehende Gewinnbeteiligungsmodell für Führungskräfte, nach dem eine Gewinnbeteiligung zwischen zwei und acht Prozent eines Jahresgehaltes gewährt wird, auf alle Beschäftigten des europäischen Konzernteils ausdehnen. Als Gegenleistung der Arbeitnehmerseite sollte die Vereinbarung Maßnahmen zur Flexibilisierung und Kostenoptimierung enthalten. Für den deutschen Konzernteil wurden die Gegenleistungen bereits parallel zu den Verhandlungen der europäischen Vereinbarung im Zuge eines Gesamtpakets mitverhandelt.

Die Verhandlungen zwischen dem EBR und dem europäischen Personalmanagement wurden im März 2008 aufgenommen. Ein Großteil der Verhandlungen fand zwar mit Beteiligung des von der IG Metall gestellten EMB-Koordinators des EBR, aber ohne Einbezug des EMB-Sekretariats und anderer nationaler Gewerkschaften statt. Der EMB und die nationalen Gewerkschaften wurden erst zu einem vergleichsweise späten Zeitpunkt von der Initiierung und Verhandlung einer europäischen Unternehmensvereinbarung bei John Deere in Kenntnis gesetzt. Die Anwendung des EMB-Verhandlungsverfahrens, das zu diesem Zeitpunkt bereits griff, bestand in diesem Fall im Wesentlichen in einer abschließenden Konsultation der nationalen Gewerkschaften hinsichtlich ihrer Zustimmung zu einem bereits weitgehend ausgehandelten Vereinbarungstext. Dieser Konsultationsprozess führte zu einem negativen gewerkschaftlichen Votum. Da der EBR die gewerkschaftliche Zustimmungsverweigerung als für ihn handlungsleitend anerkannte, kam eine europäische Gewinnbeteiligungsvereinbarung bei John Deere letztlich nicht zustande.

4.3.1 Initiative und generelle Interessenkonstellation

Die Initiative zum Abschluss einer europäischen Gewinnbeteiligungsvereinbarung hatte einen längeren Vorlauf im deutschen Konzernteil. Da bei John Deere schon seit langem ein System der Gewinnbeteiligung für höhere Angestellte existierte, kam die Frage einer Gewinnbeteiligung für alle Beschäftigten der deutschen Standorte seit Jahren regelmäßig auf die Tagesordnung der Gespräche zwischen deutscher Betriebsratsspitze und europäischem Personalmanagement, das einer allgemeinen Gewinnbeteiligungsregelung durchaus aufgeschlossen gegenüberstand und unabhängig von der Betriebsratsseite Überlegungen anstellte, eine europäische Gewinnbeteiligung auf den Weg zu bringen.[22] Die Einführung einer allgemeinen Gewinnbeteiligungsregelung in den deutschen Standorten war aber bislang daran gescheitert, dass das zentrale Konzernmanagement in den USA kein Interesse an der Ausdehnung einer Gewinnbeteiligung über den Kreis der höheren Angestellten hinaus hatte.

In informellen Gesprächen verständigten sich die deutsche Betriebsratsspitze und das europäische Personalmanagement auf eine gemeinsame Vorgehensweise für einen erneuten Anlauf.[23] Dabei waren sich beide Seiten einig, dass zwar in Deutschland verhandelt, aber letztendlich eine europäische Regelung erreicht werden sollte. Die Initiative zur Aushandlung einer europäischen Gewinnbeteiligungsvereinbarung war demnach Ergebnis eines gemeinsamen Kommunikationsprozesses von deutscher Betriebsratsspitze, die zugleich die EBR-Spitze stellt, und europäischem Personalmanagement (Interview: John Deere HRM 09-2009).

Die deutsche Betriebsratsspitze war an einer für alle europäischen Standorte einheitlichen Regelung zum einen deshalb interessiert, weil sie die damit verbundene Stärkung und Kompetenzausweitung des EBR vorantreiben wollte, zumal absehbar war, dass andernfalls in jedem Land eigene Gewinnbeteiligungsregelungen verhandelt worden wären. Angesichts der ablehnenden Haltung des US-ame-

---

22 Die erneute Initiative der deutschen Betriebsratsspitze, eine Gewinnbeteiligungsregelung anzustreben, wurde durch einen Vergleich der bestehenden Gewinnbeteiligungsregelungen in den europäischen Standorten motiviert. So stellte sich heraus, dass zu diesem Zeitpunkt für den finnischen Konzernteil eine tarifvertragliche Regelung zur Gewinnbeteiligung bestand, in Frankreich ein Gewinnbeteiligungsanspruch gesetzlich gesichert ist und im spanischen Konzernteil angesichts der günstigen wirtschaftlichen Entwicklung eine einmalige Gewinnbeteiligung über einen Streik erreicht worden war. Vor diesem Hintergrund reifte auch in Deutschland die Überlegung angesichts des guten Ergebnisses eine Gewinnbeteiligungsregelung anzustreben (Interview: John Deere IG Metall 11-2009).

23 So ließ sich die deutsche Betriebsratsspitze vom europäischen Personalmanagement davon überzeugen, dass der Erfolg versprechendste Weg darin bestand, in Europa das weltweite Programm für die höheren Angestellten zu übernehmen und auf alle Beschäftigtengruppen auszudehnen, weil ein eigenes Programm in der hier bestehenden Größenordnung von einigen Millionen aller Wahrscheinlichkeit nach nicht genehmigt worden wäre. Das europäische Personalmanagement konnte dabei zeigen, dass die damit verbundene Anwendung einer weltweiten Matrix zur Bewertung des Geschäftsergebnisses die Beschäftigten im Vergleich zu einer rein standortspezifischen Betrachtung unterm Strich nicht schlechter stellte (Interview: John Deere HRM 09-2009).

rikanischen Top-Managements an der Einführung eines Gewinnbeteiligungsmodells für alle Beschäftigtengruppen versprach sich die deutsche Betriebsratsspitze zum anderen eine größere Erfolgsaussicht, wenn das Thema auf europäischer Ebene behandelt würde, weil im Falle des Scheiterns der Verhandlungen mit Gegenwehr in verschiedenen europäischen Standorten zu rechnen war.[24]

Für das europäische Personalmanagement waren folgende Faktoren ausschlaggebend, die Verhandlungen zur Gewinnbeteiligung auf eine europäische Ebene zu heben. Zum einen versprach es sich vom Abschluss einer europäischen Rahmenvereinbarung eine Erleichterung für das Personalmanagement der verschiedenen Landesgesellschaften, Vereinbarungen in Anpassung des Rahmens an die nationalen Besonderheiten auszuhandeln, und damit eine Senkung von Transaktionskosten. Zum anderen lag es in seinem Interesse, einen einheitlichen europäischen Standard in Form einer möglichst gleich lautenden und gleichartigen Regelung für alle europäischen Länder vorzugeben, um die Gefahr zu minimieren, dass in irgendeinem Land eine Regelung getroffen wird, die von der zentral vorgegebenen Grundlinie abweicht (Interview: John Deere HRM 09-2009). Zudem bestand ein gewisses Eigeninteresse des europäischen Personalmanagements am Ausbau einer europäischen Arbeitsbeziehungsebene durch die Aufwertung des EBR, weil hierdurch zugleich die eigene Stellung gegenüber dem US-Management gestärkt würde. Schließlich musste die europäische Leitung angesichts des Unmuts der Beschäftigten, nichts von den hohen Gewinnen der letzten Jahre abzubekommen, und der Warnung der Betriebsratsspitze mit Verweis auf die „französische Lösung", dass etwas passieren müsse, eine Eskalation des latent vorhandenen Konflikts befürchten (Interview: John Deere EBR 09-2009).

Der Aufnahme der Verhandlungen gingen interne Interessenklärungs- und Aushandlungsprozesse sowohl auf EBR als auch auf Managementseite voraus.

Die deutsche EBR-Delegation ist die dominierende und treibende Kraft des im September 1996 gegründeten EBR. Mehr als die Hälfte der europäischen Beschäftigten des Unternehmens repräsentierend bildet sie mit sechs EBR-Mitgliedern die größte nationale Delegation. Im Einzelnen verteilen sich die Sitze des 15-köpfigen EBR von John Deere wie folgt: sechs Sitze für den deutschen Konzernteil mit etwa 5.300 Beschäftigten, je drei Sitze für die französischen und spanischen Konzernteile mit jeweils etwa 1.400 Beschäftigten, zwei Sitze für den finnischen Teil mit etwa 750 Beschäftigten und je ein Sitz für den schwedischen und niederländischen Konzernteil mit je etwa 130 Beschäftigten. Natio-

24 In der Wahrnehmung der deutschen Betriebsratsspitze wären zumindest „die spanischen Kollegen" bereit gewesen, im Falle eines Scheiterns der Verhandlungen andere Druckmittel anzuwenden, und hätten selbst „die Franzosen" vermutlich mitgezogen (Interview: John Deere IG Metall 11-2009).

nale Konzernteile mit weniger als 100 Beschäftigte sind nicht im EBR vertreten (Zahlen von 2008 nach IG Metall 2008).

Um eine rein numerisch zu dominante Rolle der deutschen EBR-Fraktion zu vermeiden, ist der deutsche Konzernteil im EBR unterproportional vertreten und das Präsidium mit je einem Vertreter der deutschen, spanischen, französischen und finnischen Delegation gleichberechtigt besetzt. Die deutsche EBR-Fraktion stellt aber traditionell den EBR-Vorsitzenden, bei dem auch das EBR-Büro (einschließlich eines EBR-Referenten) angesiedelt ist. Da auch der Sitz der europäischen Unternehmensleitung in Deutschland ist, wird die Position der deutschen EBR-Spitze angesichts kurzer Dienstwege und im nationalen Kontext eingespielter Beziehungen zu den für den EBR zuständigen Managementvertretern zusätzlich gestärkt (Interview: John Deere EBR 09-2009). Die IG Metall hat traditionell eine gewichtige Stellung innerhalb des deutschen Konzernteils und eine enge und vertrauensvolle Beziehung zur deutschen Betriebsratsspitze.[25] Zentrales Verbindungsglied zwischen IG Metall und Betriebsratsspitze ist der GBR-Betreuer der IG Metall, der zugleich vom EMB mit der Funktion des EBR-Koordinators beauftragt ist.

Die gewerkschaftliche Situation im EBR stellte sich zum Zeitpunkt der Verhandlungen wie folgt dar: Die der deutschen Delegation zustehenden sechs Sitze waren alle mit in der IG Metall organisierten Mitgliedern des Gesamtbetriebsrats besetzt. Dagegen waren in den Delegationen Finnlands, Frankreichs und Spaniens – bedingt durch den Gewerkschaftspluralismus dieser Länder – verschiedene nationale Gewerkschaften vertreten. So bestand die französische EBR-Delegation aus zwei CGT- und einem CGC-Vertreter, die spanische aus zwei Vertretern der CC.OO. und einem der UGT und schließlich die finnische aus je einem Vertreter der Gewerkschaften Metalli und Akava. Weitere Gewerkschaften dieser Länder, wie die französische CFDT oder die Unabhängigen in Spanien, waren im Unternehmen, nicht aber im EBR vertreten. Die vier Mitglieder des EBR-Präsidiums repräsentieren die folgenden Gewerkschaften: IG Metall, CC.OO, CGT und Akava.

Auf Seiten des EBR wurde die Idee einer europäischen Gewinnbeteiligungsregelung, die auch die Rolle des seit 1996 bestehenden EBR stärken sollte, vom deutschen EBR-Vorsitzenden, abgestimmt mit dem deutschen EBR-Referenten und dem gewerkschaftlichen Betreuer der IG Metall und des EMB, zunächst im engeren Ausschuss des EBR vorgetragen.[26] Im Rahmen der regulären

25 Konkret zeigt sich dies darin, dass die IG Metall bei allen Verhandlungen von Bedeutung mit am Tisch sitzt und die Betriebsratsspitze keine Entscheidungen gegen die IG Metall trifft (Interview: John Deere IG Metall 11-2009).

26 „Man stimmt sich da ab, so dass klar ist, dass da niemand einen Alleingang macht.“ (Interview: John Deere IG Metall 11-2009)

Jahressitzung des EBR im Herbst 2007 traf der EBR nach einer inhaltlichen Diskussion, die zeigte, dass die EBR-Mitglieder die Verhandlungsinitiative unterstützten, den formalen Beschluss, über sein Präsidium Verhandlungen mit dem Management aufzunehmen.

Die französischen EBR-Delegierten reagierten auf die von der deutschen EBR-Spitze eingebrachte Initiative eher verhalten, da in Frankreich eine Gewinnbeteiligung qua Gesetz garantiert ist. Auch die finnischen Delegierten hielten sich bedeckt, da sie auf nationaler Ebene bereits eine Gewinnbeteiligungsregelung abgeschlossen hatten. Dagegen begrüßten und unterstützten die spanischen Delegierten die Initiative, weil im spanischen Konzernteil keine dauerhafte Gewinnbeteiligungsregelung bestand und eine Gewinnbeteiligung deshalb Jahr für Jahr neu erstritten werden musste.

Für das europäische Personalmanagement war es erforderlich, die Initiative, die darauf zielte, alle Beschäftigtengruppen in Europa in das bestehende Bonusprogramm aufzunehmen und dazu eine europäische Rahmenvereinbarung abzuschließen, zuerst mit der US-amerikanischen Konzernmutter abzustimmen. Dem europäischen Personalmanagement gelang es, die Konzernmutter zu überzeugen, dass es angesichts des guten wirtschaftlichen Ergebnisses, zu dem die deutschen Standorte maßgeblich beigetragen hatten, und angesichts der bestehenden Gewinnbeteiligungsregelungen in anderen europäischen Konzernteilen sinnvoll sei, gleich eine europäische Lösung anzustreben, die sich an dem bereits existierenden weltweiten Programm für die höheren Angestellten orientiert und auf alle Beschäftigtengruppen ausgeweitet wird. Das Management der nationalen Landesgesellschaften stand dem Abschluss einer europäischen Rahmenvereinbarung von Beginn an aufgeschlossen gegenüber und formulierte lediglich Anforderungen an die Vereinbarungsinhalte.

4.3.2 Verhandlungen

Mit der Aufnahme von Verhandlungen einer europäischen Unternehmensvereinbarung betraten die Verhandlungsparteien Neuland. Damit verbundene Verfahrensunsicherheiten wurden dadurch minimiert, dass die Verhandlungen nach den im deutschen Konzernteil etablierten Verhandlungsbeziehungen und -routinen geführt wurden. Sie erstreckten sich von Mitte März bis Anfang Juni 2008.

Zentrale Charakteristika der bilateralen Verhandlungen

Der *Einsatz,* um den verhandelt wurde, war für beide Verhandlungsparteien sehr hoch. Bei den Verhandlungen ging es um die Regelung eines Gewinnbeteiligungssystems, das mit der Ausschüttung eines finanziellen Betrags in der Größenordnung von mehreren Millionen Euro jährlich verbunden war und alle Beschäftigte in Europa betraf.[27] Zudem verlangte das Management umgekehrt Gegenleistungen von der Arbeitnehmerseite, die ebenfalls Teil des Verhandlungspakets waren. Die Verhandlungen hatten aber nicht allein aufgrund der auszuhandelnden Geldsumme, des Grads der Auswirkungen auf die Beschäftigten im Rahmen der Kompensationsgeschäfte und der europäischen Reichweite der zu treffenden Regelung einen hohen Stellenwert, sondern sollten darüber hinaus zu einem Modus vivendi einer europäischen Gewinnausschüttung führen, der auf Jahre hinaus Bestand haben sollte (Interview: John Deere HRM 09-2009).

Die Verhandlungen der europäischen Gewinnbeteiligungsvereinbarung waren unmittelbar mit den Verhandlungen von Gegenleistungen im deutschen Konzernteil verbunden. Verhandelt wurde ein Paket, das sich aus der besagten europäischen Vereinbarung zur Gewinnbeteiligung und mehreren nationalen Vereinbarungen zu unterschiedlichen Themen für den deutschen Konzernteil zusammensetzte. Die Arbeitgeberseite forderte unter anderem für das European Office am Sitz der europäischen Leitung in Mannheim eine Erhöhung des Anteils der Beschäftigten, deren Arbeitszeit von 35 auf 40 Wochenstunden angehoben werden kann, über die tarifvertraglich festgelegten 18% hinaus. Gegenstand der nationalen Verhandlungen war zudem eine Lockerung der Unterrichtungs- und Mitbestimmungsansprüche des Betriebsrats für die höheren Angestellten, die so genannten „excempt-Mitarbeiter“, des European Office.

An den eigentlichen Verhandlungen war der EBR-Beauftragte des EMB, obgleich vornehmlich in seiner Funktion als GBR-Betreuer der IG Metall, direkt beteiligt. Seine Beteiligung an den Verhandlungen war deshalb unerlässlich und für den Erfolg der europäischen Vereinbarung maßgeblich, weil das im Verhandlungspaket enthaltene Kompensationsgeschäft für den deutschen Konzernteil tarifvertragliche Themen umfasste, so dass der Abschluss eines Haustarifvertrags notwendig war. Dies bedeutete, dass dem EMB-Beauftragten des EBR in seiner Funktion als Vertreter der IG Metall in den Verhandlungen des gesamten europäisch-deutschen Vereinbarungspakets eine wesentliche Rolle zukam.[28] Dabei war förderlich, dass die über eine längere Zeit hinweg sehr distanzierte Haltung des John-Deere-Managements gegenüber der IG Metall mittlerweile einer belastbaren Kooperationsbeziehung gewichen war.

Die Verhandlungen wurden mit Beschluss des EBR-Präsidiums im Februar 2008 arbeitnehmerseitig von einer ausschließlich mit deutschen Vertretern besetzten Verhandlungsgruppe geführt, die aus dem EBR-Vorsitzenden, dem EBR-

---

27 So wurde im (Rekord-)Jahr 2008 für die 9.000 Beschäftigten in Europa etwa 27 Millionen Euro ausgeschüttet.

28 Im Endeffekt wurde im Rahmen des Gesamtpakets ein Ergänzungstarifvertrag abgeschlossen, der die 18%-Regelung als Obergrenze über alle im deutschen Konzernteil Beschäftigten hinweg festschrieb, zugleich aber für die Beschäftigten des European Office eine Ausweitung auf 60% ermöglichte.

Referenten und dem EBR-Koordinator des EMB bestand. Die Zusammensetzung der Verhandlungsgruppe folgte einerseits pragmatischen Erwägungen einer einheitlichen Arbeitssprache und der örtlichen Nähe zum arbeitgeberseitigen Verhandlungspartner. Andererseits lag eine solche Zusammensetzung angesichts der Kopplung europäischer und nationaler Verhandlungsthemen auch im Interesse der deutschen EBR-Spitze und ihres gewerkschaftlichen Betreuers. Die Verhandlungsgruppe der Arbeitgeberseite bestand aus drei Vertretern des in Mannheim angesiedelten europäischen Personalmanagements. Mit dem europäischen Personalverantwortlichen auf der einen, dem EBR-Vorsitzenden auf der anderen Seite standen sich zwei erfahrene Verhandler gegenüber, die sich durch viele gemeinsam geführte Verhandlungen kannten und somit in ihren jeweiligen Verhandlungsstilen vertraut waren.

Die US-Konzernmutter spielte in den Verhandlungen als unsichtbare Dritte dahingehend eine Rolle, dass die Verhandlungsführer des Managements die eigenen Forderungen bzw. Erwartungen an die Arbeitnehmerseite mit der unabdingbaren Akzeptanz der Verhandlungsergebnisse durch die US-Konzernmutter verknüpfen konnten. Zu diesen auch verhandlungstaktisch ins Spiel gebrachten Elementen zählte, wie bereits beschrieben, die Verknüpfung der Gewinnbeteiligungsregelung mit weiteren betrieblichen Themen und der im Verlauf der Verhandlungen vorgebrachte Hinweis, dass nach Vorstellungen der US-Konzernmutter eine Gewinnbeteiligung für 2008 nicht mehr in voller Höhe, sondern allenfalls noch zur Hälfte möglich sei.

Beide Verhandlungsparteien verfügten über bestimmte Optionen, die sie zur Geltung bringen konnten, um die andere Seite zu Zugeständnissen zu bewegen. Angesichts des starken Interesses der Arbeitnehmerseite, eine Gewinnausschüttung für die Beschäftigten für das Rekordjahr 2008 zu erreichen, standen die Verhandlungen unter einem erheblichen Zeitdruck, der der Arbeitgeberseite in den Verhandlungen die Option verschaffte, einen schnellen Abschluss anzumahnen und glaubwürdig mit einem Abbruch der Verhandlungen zu drohen. Das Verhandlungsteam der Arbeitnehmerseite konnte umgekehrt eine glaubwürdige Drohkulisse dahingehend aufbauen, die Beschäftigten in den europäischen Standorten zu mobilisieren und im Falle eines Scheiterns der Verhandlung in Form von Protesten und Arbeitsniederlegungen „den französischen Weg zu gehen“ (Interview: John Deere EBR 09-2009). Dabei konnte das deutsche EBR-Verhandlungsteam vor allem auch von der Streikbereitschaft der spanischen Gewerkschaften ausgehen (Interview: John Deere IG Metall 11-2009).

Die Verhandlungen erstreckten sich über mehrere Wochen, in denen jeweils an ein oder zwei Tagen verhandelt wurde. Angesichts des hohen Stellenwerts des verhandelten Gegenstands waren die Verhandlungen trotz des prinzipiell gemeinsamen Interesses beider Verhandlungsparteien am Abschluss einer europäischen Gewinnbeteiligungsvereinbarung von harten inhaltlichen Auseinandersetzungen um die Höhe und den Verteilungsschlüssel des ausgeschütteten Betrags sowie die von der Arbeitnehmerseite zu erbringenden Gegenleistungen begleitet. Die Verhandlungen waren nach Einschätzung beider Seiten hart in der Sache, aber fair und konstruktiv.

Den Verhandlungsteams gelang es, noch innerhalb des Zeitfensters, das eine Gewinnausschüttung für 2008 ermöglichte, ein für beide Seiten tragfähiges Vereinbarungspaket auszuhandeln, das dann noch auf beiden Seiten intern weiter kommuniziert werden musste. Auf Seiten der Arbeitnehmer führte diese interne Beratung zu den Nachforderungen, die Frist für die Abstimmung zwischen den Standorten von ein auf zwei Wochen zu verlängern und eine förmliche Unterzeichnung der europäischen Vereinbarung durch den EMB zu ermöglichen.

Das europäische Personalmanagement akzeptierte beide Forderungen, um ein Scheitern der Verhandlungen in diesem Stadium zu verhindern. Die zentral ausgehandelte europäische Gewinnbeteiligungsvereinbarung fand, wie nachfolgend beschrieben, in den dezentralen Abstimmungsprozessen auf Arbeitnehmerbzw. Gewerkschaftsseite nicht die erforderliche einhellige Zustimmung. Nach dieser eingetretenen Situation war an die Aufnahme neuer Verhandlungen auf europäischer Ebene nicht mehr zu denken, so dass die erstmals erprobte transnationale Vereinbarungspolitik letztlich scheiterte.

Arbeitnehmerseitige Interessenabstimmung und Koordinierung

Die Koordination der Verhandlungen mit einem weiteren Kreis von EBR-Mitgliedern erfolgte im Rahmen einer Präsidiumssitzung Ende April 2008, auf der der EBR-Vorsitzende als mandatierter Verhandlungsführer über den Verhandlungsstand informierte, der bis dato ausgehandelte Vereinbarungstext diskutiert und die weitere Verhandlungsstrategie definiert wurde.

Das spanische Präsidiumsmitglied gab im Namen seiner Gewerkschaft CC.OO. wie auch der UGT – abgesehen von einzelnen Änderungswünschen im Detail – ein positives Votum zum bisherigen Verhandlungsstand ab und drängte auf einen schnellen Abschluss. Das Präsidiumsmitglied der französischen CGT äußerte keine prinzipiellen Vorbehalte gegen die angestrebte europäische Vereinbarung, sondern wiederholte lediglich die von französischer Seite von Beginn an formulierte Forderung, dass die Gewinnbeteiligungsregelung, die im französischen Konzernteil auf der Basis eines in Frankreich bestehenden Rechtsanspruchs erzielt wurde, dadurch nicht unterlaufen werden dürfe. Das Verhandlungsteam sah diese Forderung durch einen bereits im Vereinbarungstext enthaltenen Passus erfüllt. Danach bedarf die Umsetzung der europäischen Vereinbarungen nationaler bzw. lokaler Vereinbarungen zwischen Arbeitnehmervertretungen und Geschäftsleitung sowie der Zustimmung der jeweiligen Arbeitnehmervertretungen, wobei nationale Gesetze, Tarifverträge und Regelungen zu beachten sind (Punkt 7 des Textentwurfs vom 8.5.2008). Hingegen äußerte das finnische Präsidiumsmitglied erstmals Vorbehalte gegen den Abschluss einer europäischen Gewinnbeteiligungsvereinbarung.[29] Die deutschen Verhandlungsführer gingen allerdings davon aus, dass diese Bedenken durch den oben genannten Punkt 7 des Vereinbarungsentwurfs, der aus ihrer Sicht eine vollständige Kontrolle des Umsetzungsprozesses durch die nationalen Gewerkschaften sicherstellte, gegenstandslos seien. Nachdem sämtliche Positionen der Präsidiumsmitglieder aus Spanien, Frankreich und Finnland in den Entwurf eingearbeitet waren, schien der Weg frei, die europäische Vereinbarung zu einem erfolgreichen Abschluss zu bringen.[30]

Der EMB und die nationalen Gewerkschaften waren dagegen bis zum Ende der Verhandlungsphase über die Aufnahme und den Verlauf der Verhandlungen nicht informiert. Die deutsche EBR-Spitze ging ebenso wie der vom EMB beauftragte und von der IG Metall gestellte gewerkschaftliche EBR-Betreuer – irrtümlicherweise – davon aus, dass die Mitglieder des EBR-Präsidiums in einem kontinuierlichen Austausch mit ihren Gewerkschaften stünden und dadurch die gewerkschaftliche Koordination der Verhandlungen gewährleistet sei (Interviews: John Deere EBR 09-2009; John Deere IG Metall 11-2009). Die Kommunikationsprobleme zwischen unternehmensbezogen-lokaler und tarifpolitisch-zentraler Ebene der nationalen Gewerkschaften traten erst Anfang Mai, nach dem Abschluss der offiziellen Verhandlungen zu Tage, als es darum ging, die Zustimmung des gesamten EBR einzuholen.

Ein finnisches EBR-Mitglied gab die Rückmeldung, der Vereinbarungstext müsse vor seiner möglichen Zustimmung erst seiner Gewerkschaft zum Gegenlesen vorgelegt werden; d.h. die auf John Deere bezogenen Verhandlungsergebnisse müssten mit der gewerkschaftlichen Verhandlungsebene in Finnland koordiniert sein.[31] Erst dadurch wurde der deutschen EBR-Spitze und dem von der IG Metall gestellten EMB-Beauftragten die Notwendigkeit bewusst, die nationalen Gewerkschaften (jenseits der IG Metall) ebenfalls in den Prozess einzubeziehen. Sie wandten sich daraufhin an das EBR-Team der IG Metall und erfuh-

29 Da die angestrebte europäische Gewinnbeteiligungsregelung für den größeren Teil der finnischen John-Deere-Belegschaft allenfalls eine geringe Verbesserung bedeutet hätte, war das Interesse der finnischen EBR-Delegierten an einer europäischen Regelung von Beginn an weniger stark als das der deutschen oder spanischen Delegierten.

30 Inwieweit die restlichen EBR-Mitglieder in irgendeiner Form in die Koordination einbezogen waren, ist uns nicht bekannt; tendenziell waren sie aber eher nicht einbezogen. Geplant war, dass das – vom EBR mandatierte – Präsidium die Vereinbarung unterzeichnet. Die Einberufung einer EBR-Sitzung war dagegen nicht als notwendig erachtet worden, da der EBR das Präsidium offiziell beauftragt hatte, eine europäische Gewinnbeteiligungsregelung zu erreichen.

31 Das besagte finnische EBR-Mitglied gehört mit Metalli einer anderen Gewerkschaft an als das finnische Präsidiumsmitglied, das der Gewerkschaft Akava angehört.

ren, dass es erforderlich sei, dem EMB-Verfahren Rechnung zu tragen. Der EMB wiederum wurde beinahe zeitgleich von der finnischen Gewerkschaft Metalli und dem EBR-Team der IG Metall von den Vereinbarungsaktivitäten des John-Deere-EBR in Kenntnis gesetzt.

Die Einschaltung des EMB und des EBR-Teams der IG Metall führten zu einer flexiblen, sinngemäßen Anwendung des EMB-Verhandlungsverfahrens. Dabei zogen die deutsche EBR-Spitze und der EBR insgesamt die Legitimität des EMB-Verhandlungsverfahrens und den Anspruch der Gewerkschaften, als relevante Akteure in europäischeVereinbarungen einbezogen zu sein, zu keinem Zeitpunkt in Zweifel. Insbesondere war ihnen unmittelbar einsichtig, dass die nationale Umsetzung einer auf europäischer Unternehmensebene abgeschlossenen Vereinbarung nicht gesichert wäre, wenn diese von den betroffenen nationalen Gewerkschaften nicht mitgetragen würde. Eine flexible und sinngemäße Anwendung des EMB-Verfahrens bedeutete angesichts des bereits weit fortgeschrittenen Verhandlungsstandes und des bestehenden Zeitdrucks aus Sicht der beteiligten Akteure (EBR, EMB) die betroffenen nationalen Metallgewerkschaften nachholend einzubeziehen.

Zu diesem Zweck organisierte das EMB-Sekretariat Anfang Juni 2008 ein gewerkschaftliches Koordinierungs- und Evaluierungstreffen, zu dem neben dem deutschen EBR-Verhandlungsteam Vertreter aller betroffenen Gewerkschaften eingeladen waren. Im Einzelnen waren dies Vertreter der französischen Gewerkschaften CGT und – der nicht im EBR vertretenen – CFDT, der spanischen Gewerkschaften CC.OO und UGT, der finnischen Gewerkschaften Metalli und Akava sowie der deutschen IG Metall.

Auf diesem Treffen traten die grundsätzlichen Vorbehalte verschiedener Gewerkschaften offen zutage. Der hauptamtliche Vertreter der spanischen CC.OO. lehnte den Abschluss der Vereinbarung aus Prinzip ab, weil er diese als Einmischung in die lokalen Tarifverhandlungen betrachtete. Weil Gewinnbeteiligungsregelungen in Spanien zu ihrem Kerngeschäft gehörten, hätten die spanischen Gewerkschaften auch in die Verhandlungen einer europäischen Regelung einbezogen werden müssen. Die UGT äußerte dagegen keine Vorbehalte. Die finnischen Gewerkschaftsvertreter hätten die europäische Vereinbarung aus Solidarität mitgetragen, aber in Anbetracht der bereits bestehenden Regelung von der Möglichkeit eines opt-out Gebrauch gemacht. Die französischen Gewerkschaften blockierten den Vereinbarungsabschluss aus mehreren Gründen. Inhaltlich bemängelten sie, dass die Auszubildenden nicht in die Gewinnbeteiligungsregelung einbezogen waren. Zudem hatten sie eine Reihe grundsätzlicher Bedenken dahingehend, dass die Vereinbarung die bestehenden Regelungen unterlaufen könnte, sie die in der Vereinbarung vorgesehenen Zugeständnisse verantworten müssten und zugleich den Erfolg gegenüber der Belegschaft nicht für sich reklamieren könnten.[32] Schließlich befürchteten sie, dass das französische Management die europäische Vereinbarung nutzen könnte, um die Gewerkschaften unter Druck zu setzen und gegen die Beschäftigten auszuspielen; etwa dadurch, dass es den Beschäftigten die Gewinnbeteiligung nur in Aussicht stellte, wenn die die Gewerkschaften zu Konzessionen, z.B. einer Arbeitszeitverlängerung oder einem Verzicht auf Freischichten, bereit wären (Interviews: John Deere EBR 09-2009; John Deere IG Metall 05-2009).

Der Vertreter des EMB-Sekretariats fungierte auf der Sitzung als ein von allen Beteiligten anerkannter Prozessmanager des EMB-Verfahrens und als Moderator unterschiedlicher Positionen und Interessen der Prozessbeteiligten. Er war um eine Lösung bemüht, die europäische Vereinbarung zu einem erfolgreichen Abschluss zu bringen, beharrte freilich auf der EMB-Verfahrenslogik, wonach alle betroffenen Gewerkschaften die europäische Lösung mittragen müssten (Interview: John Deere IG Metall 05-2009).

Da auf der Sitzung keine Einigung erzielt werden konnte, wurde eine Erklärungsfrist von einer Woche verabredet, innerhalb derer die spanischen und französischen Gewerkschaftsvertreter alle Möglichkeiten bedenken sollten, dem Abschluss der Vereinbarung doch noch die Zustimmung zu erteilen. Dieser Aufschub führte aber nicht zu einer Veränderung der gewerkschaftlichen Positionen, so dass eine einstimmige Zustimmung zum Verhandlungsergebnis, wie es das EMB-Verfahren fordert, nicht gegeben war.

Die deutsche EBR-Spitze und der EBR insgesamt sahen sich an das Votum der Gewerkschaften gebunden und erklärten das Scheitern der Vereinbarung.

4.3.3 Nationale Ausstrahlungseffekte der transnationalen Verhandlungen

Auch wenn die europäische Rahmenvereinbarung zur Gewinnbeteiligung letztlich nicht abgeschlossen wurde, diente sie doch als Blaupause für den Abschluss entsprechender nationaler Vereinbarungen in den beschäftigungsstarken Ländern Deutschland, Frankreich und Spanien. Dagegen verzichteten die finnischen Gewerkschaften darauf, auf Basis des europäisch ausgehandelten Rahmens eine nationale Vereinbarung zu verhandeln.[33]

---

32 Aus dem vorliegenden Material wird nicht ersichtlich, welche französische Gewerkschaft welche Vorbehalte vorbrachte. Richtungsgewerkschaftliche Konkurrenzen dürften zu diesen Befürchtungen beigetragen haben. So kann sich die CFDT die Erfolge der europäischen Gewinnbeteiligungsvereinbarung nicht auf ihre Fahnen schreiben, zugleich aber CGT und CGC für die national zu erbringenden Gegenleistungen verantwortlich machen.

33 Ein wesentlicher Unterschied zwischen der im finnischen Konzernteil bestehenden Regelung und dem europäischen Modell besteht darin, dass die Gewinnbeteiligung im ersteren Fall auf Grundlage der Ergebnisse der finnischen Landesgesellschaft, im letzteren

Unter Bezugnahme auf das europäische Gewinnbeteiligungsmodell wurde unmittelbar nach dessen Scheitern für den deutschen Konzernteil eine Konzernbetriebsvereinbarung abgeschlossen. Entsprechende nationale Lösungen wurden für die französischen und spanischen Konzernteile gefunden, wobei die jeweils zu erbringenden Gegenleistungen der Arbeitnehmerseite, die in allen Ländern Voraussetzung einer Gewinnbeteiligung waren, an der konkreten Situation der jeweiligen Landesgesellschaften ansetzten.

Die in Frankreich vereinbarte Reglung entspricht vom Volumen und der zugrunde liegenden Matrix her dem europäisch ausgehandelten Vereinbarungstext, enthält aber die zusätzliche Option, die Gewinnbeteiligung in einen steuerlich begünstigten Pensionsfonds fließen zu lassen. Als Gegenleistung der Gewinnbeteiligung wurde auch für den französischen Konzernteil eine stärkere Flexibilisierung der Arbeitszeiten vereinbart. Im spanischen Konzernteil wurde zur Kompensation eine Regelung getroffen, die es ermöglicht, auch im Angestelltenbereich zeitlich befristete Beschäftigte einzusetzen (Interview: John Deere HRM 09-2009).

Der EBR war in die nationalen Verhandlungen nicht direkt involviert, verstand sich aber als Überwachungsorgan des Abschlusses und der Umsetzung der – am europäisch ausgehandelten Vereinbarungstext orientierten – nationalen Vereinbarungen. Zum einen prüfte der EBR-Vorsitzende als Verhandlungsführer des europäischen Vereinbarungsentwurfs gemeinsam mit dem europäischen Personalverantwortlichen als seinem Gegenpart auf Managementseite die nationalen Vereinbarungstexte auf die Einhaltung der im europäischen Vereinbarungstext ausgehandelten Eckpunkte. Zum anderen standen der EBR und insbesondere die deutsche EBR-Spitze bereit, bei nationalen Verhandlungsproblemen unterstützend einzugreifen.

4.3.4 Gesamteinschätzung

In dem hier vorgestellten Fall versuchten das europäische John-Deere-Management und der EBR erstmals, eine Unternehmensvereinbarung auf europäischer Ebene und mit europäischer Reichweite abzuschließen. Die Unwägbarkeiten dieses neuartigen Vorhabens wurden dadurch reduziert, dass auf bekannte und bewährte Verhandlungsverfahren und -routinen am Sitz der europäischen Leitung zurückgegriffen wurde.

Die Neuartigkeit dieses Vorhabens bei gleichzeitiger Anwendung eingespielter Verhandlungsroutinen führte zu Fehleinschätzungen der deutschen EBR-

Fall auf Grundlage der Konzernzahlen insgesamt berechnet wird (Interview: John Deere HRM 09-2009). Inwieweit auch in den beiden kleineren Landesgesellschaften Schweden und der Niederlande auf Basis des ausgehandelten europäischen Vereinbarungstexts entsprechende Verhandlungen stattfanden, liegen uns keine gesicherten Kenntnisse vor.

Spitze und des von der IG Metall gestellten EBR-Koordinators des EMB in zweifacher Hinsicht. Erstens unterschätzten sie die gewerkschaftlichen Sensibilitäten, die dann zu einem späten Prozesszeitpunkt bei einem Teil der betroffenen Gewerkschaften anderer Länder zum Vorschein kam und letztlich die Vereinbarung zum Scheitern brachten. In Verlängerung der Betriebsvereinbarungspraxis des deutschen Konzernteils, die Gewinnbeteiligungen einbezieht, waren sie sich nicht bewusst, dass sie mit der von ihnen ausgehandelten europäischen Gewinnbeteiligungsvereinbarung in das Kerngeschäft von Gewerkschaften anderer Länder vorstoßen würden (Interview: John Deere EBR 09-2009). Damit zusammenhängend unterschätzten sie die Koordinierungserfordernisse mit den von den unternehmensinternen Verhandlungen betroffenen Gewerkschaftsorganisationen. Vielmehr vertrauten sie und verließen sich darauf, dass die EBR- und insbesondere die Präsidiumsmitglieder die Koordinierung in die nationalen Gewerkschaftsorganisationen hinein von sich aus sicherstellten. Im Nachhinein zeigte sich aber, dass die national-dezentrale Koordinierung nicht in dem erhofften Maß zum Tragen gekommen war. Insbesondere wurde deutlich, dass sie nicht in der Lage war, die Koordinierung über mehrere nationale Gewerkschaften hinweg zu gewährleisten.

Die späte Einleitung des EMB-Verhandlungsverfahrens war im Fall John Deere kein Problem mangelnder Akzeptanz, sondern mangelnder Sichtbarkeit dieses Verfahrens für die in den europäischen Unternehmensverhandlungen involvierten Akteure. Denn für sie stand und steht der gewerkschaftliche Anspruch, ein Veto gegen den Abschluss der Vereinbarung einlegen zu können, wenn substantielle Interessenssphären der nationalen Gewerkschaften tangiert sind, außer Frage. Entsprechend unterstützten sie die Einleitung und Durchführung des EMB-Verhandlungsverfahrens durch Vertreter des EMB und der IG Metall, sobald sie von der Existenz der Verhandlungsleitlinien des EMB Kenntnis erhielten.

Für die hohe Resonanz und Akzeptanz des EMB-Verfahrens bei der deutschen EBR-Spitze dürften zwei Faktoren ausschlaggebend gewesen sein. Zum einen ist die deutsche EBR-Spitze, wie dargestellt, eng an die IG Metall angebunden. Sie handelt aus dem Bewusstsein heraus, dass Beschäftigteninteressen dann am besten vertreten werden können, wenn Betriebsrats- und Gewerkschaftsarbeit eng verschränkt sind und die betriebliche Interessenvertretungsarbeit hinreichend durch gewerkschaftliche Organisationsmacht unterfüttert ist. Zugleich besitzt der langjährige GBR-Betreuer der IG Metall und EBR-Koordinator des EMB, der bei der deutschen EBR-Spitze eine hohe fachliche Autorität genießt, als ehemaliger Leiter des EBR-Projekts der IG Metall ein Bewusstsein von der Notwendigkeit und den Schwierigkeiten der europäischen Koordinierung, zumal er in jener Zeit im unternehmenspolitischen Ausschuss Leitlinien des EMB zur EBR-Einrichtung und -Koordinierung mit erarbeitet hatte. Zum anderen waren die Verhandlungen einer europäischen Gewinnbeteiligungsvereinbarung bei John Deere unmittelbar an Verhandlungen und den Abschluss eines Ergänzungstarifvertrags für den deutschen Konzernteil gekoppelt. Da dieser ergänzende Haustarifvertrag integraler Teil des Verhandlungspakets zwischen der deutschen EBR-Spitze und dem europäischen Personalmanagement war, war die Betriebsvereinbarungslogik von Anfang an aufgebrochen.

Angesichts der Lernprozesse, die im Verhandlungsverlauf und dessen Reflexion beim EBR, insbesondere bei der deutschen EBR-Spitze, und beim EBR-Koordinator des EMB sichtbar geworden sind, ist davon auszugehen ist, dass im Falle einer zukünftigen europäischen Vereinbarungsinitiative bei John Deere die prozeduralen und inhaltlichen Interessen des EMB und der nationalen Gewerkschaften von Beginn an einbezogen würden.

Abschließend bleibt festzuhalten, dass die auf europäischer Ebene ausgehandelte Vereinbarung, trotz ihres Scheiterns, zu einer europäischen Koordinierung und inhaltlichen Strukturierung der nationalen Gewinnbeteiligungsverhandlungen und -regelungen bei John Deere beigetragen hat.

4.4 Nichtanerkennung des gewerkschaftlichen Vetos beim Abschluss einer europäischen Unternehmensvereinbarung durch den EBR – Der Fall ABB

Beim hier vorgestellten Fall handelt es sich um die erste und bislang einzige europäische Unternehmensvereinbarung, die bei ABB ausgehandelt wurde. Die Verhandlungen wurden in der zweiten Hälfte 2007 von der EBR-Spitze initiiert und endeten im Februar 2009. Mit dieser Vereinbarung, die zwischen EBR und der zentralen Leitung von ABB abgeschlossen wurde und offiziell als „europäischer Anhang zur ABB-Sozialpolitik“ firmiert, wurden soziale Mindeststandards bzw. Grundsätze in den Bereichen Personalentwicklung, Arbeitszeit und Urlaub, Familie und Karriere, Pensionen und Zusatzleistungen sowie Personalanpassung festgeschrieben.

Die Vereinbarung wurde vom EBR unter Einbezug des EBR-Koordinators des EMB verhandelt und abgeschlossen. Der EMB und die nationalen Gewerkschaften waren zu einem vergleichsweise frühen Zeitpunkt über die Aufnahme der europäischen Verhandlungen bei ABB unterrichtet. Dennoch fand ein Großteil der Verhandlungen zwar mit Beteiligung des von der IG Metall gestellten EMB-Koordinators, aber ohne Einbezug des EMB-Sekretariats und anderer nationaler Gewerkschaften statt. Die Anwendung des EMB-Verhandlungsverfahrens, das zu diesem Zeitpunkt bereits etabliert war, bestand im Fall ABB im Wesentlichen in einer abschließenden Konsultation der nationalen Gewerkschaften hinsichtlich ihrer Zustimmung zu einem bereits weitgehend ausgehandelten

Vereinbarungstext. Die erforderliche Zustimmung der nationalen Gewerkschaften kam – in Anwendung des EMB-Verfahrens – aufgrund eines Vetos der italienischen Gewerkschaften nicht zu Stande. Dies hinderte den EBR jedoch nicht daran, die EBR-Vereinbarung zum Abschluss zu bringen und zu implementieren.

4.4.1 Initiative und generelle Interessenkonstellation

Initiator der Aufnahme europäischer Unternehmensverhandlungen war der EBR und hier wiederum die deutsche EBR-Spitze. Sie war bei der Entwicklung des EBR die treibende Kraft, während die EBR-Mitglieder der Auslandsstandorte eine eher passive Rolle spielten (Interviews: ABB EBR 10-2009; ABB IG Metall 09-2009).[34]

Als beschäftigungsstärkstes Land stellen die deutschen Arbeitnehmervertreter traditionell den EBR-Präsidenten, die schwedischen Arbeitnehmervertreter dessen Stellvertreter (aktuell: die Stellvertreterin). Das Sekretariat des EBR ist beim EBR-Präsidenten in Deutschland angesiedelt, der zudem von einer EBR-Referentin unterstützt wird.

Der im September 1996 gegründete EBR setzt sich aus einer Vielzahl kleiner Länderdelegationen zusammen: Die deutschen Arbeitnehmervertreter haben als größte Delegation drei Sitze im EBR, die Arbeitnehmervertreter aus Schweden, Finnland, Italien und der Schweiz je zwei und die 15 restlichen vertretenen Länder jeweils einen Sitz.[35] Im engeren Ausschuss sind neben Deutschland die Länder Schweden, Finnland, Italien und Tschechien mit je einem Mitglied vertreten. Diese hochgradig heterogene Zusammensetzung des EBR aus einer Vielzahl nationaler Standorte führt dazu, dass die EBR-Mitglieder die Arbeit des gesamten Gremiums eher passiv begleiten und die EBR-Spitze „machen lassen".

---

34 Angesichts des hohen Zentralisierungsgrads der Entscheidungsprozesse bei der zentralen Leitung von ABB in Zürich verlieren die Mitbestimmungsmöglichkeiten des deutschen Betriebsrätesystems an Stellenwert und gewinnt zugleich der EBR für die deutschen Betriebsräte an Bedeutung. So ging der vormalige Spitzenvertreter des deutschen und europäischen Betriebsrätesystems, der KBR- und EBR-Vorsitzende, davon aus, dass seine Mitgliedschaft im EBR in Zukunft tendenziell wichtiger sein könnte als seine Mitgliedschaft im KBR und Aufsichtsrat des deutschen Konzernteils (Erne 2004: 194).

35 Die BeNeLux- und baltischen Staaten werden jeweils von einem EBR-Mitglied gemeinsam vertreten (Voss/Jagodzinski 2006: 5f.). Die Sitzverteilung spiegelt die in Europa breit gestreute Produktion und Beschäftigung des in der Schweiz ansässigen ABB-Konzerns wider. Die beschäftigungsstärksten Länder sind Deutschland mit 11.100 und Schweden mit 9.000 Beschäftigten. Dem folgen Finnland mit 6.800 und die Schweiz mit 6.400 Beschäftigten. In einer dritten Gruppe folgen Tschechien mit 2.700, Frankreich mit 2.300, Großbritannien mit 2.200 und Norwegen mit 2.000 Beschäftigten. In den baltischen Ländern hat ABB schließlich 1.350, in den BeNeLux-Ländern 750 und in Irland 400 Beschäftigte (Stand: 2009).

Die deutschen Arbeitnehmervertreter verfügen zwar über die meisten Sitze, aber über keine Mehrheiten, die sie in die Lage versetzen würden, ihre eigene Vorgehensweise im Alleingang durchzusetzen. Die erfolgreiche Verhandlungs- und Vereinbarungsinitiative des EBR war demnach nur dadurch möglich, dass alle EBR-Mitglieder die Vorgehensweise der deutschen EBR-Spitze akzeptierten und den Einstieg des EBR in eine Verhandlungsrolle mittrugen. Die Aneignung einer Verhandlungskompetenz wurde im EBR nicht problematisiert und infrage gestellt. Die EBR-Mitglieder befürworteten vielmehr von Anfang an, eine solche Vereinbarung zu schließen, und gaben dem engeren Ausschuss inhaltlich freie Hand bei der Verhandlungsführung.

Die Initiative der EBR-Spitze baute in zweifacher Hinsicht auf vorangegangene Aktivitäten und Diskussionen des EBR auf. Zum einen wurde die prinzipielle Frage einer Verhandlungsrolle des EBR innerhalb des Gremiums schon seit längerem zumindest implizit diskutiert, indem der bisherige Status des EBR als bloßes Informationsgremium kritisiert und eine proaktivere Rolle des EBR eingefordert wurde. Zum anderen knüpfte die Initiative thematisch an einer Bestandsaufnahme der in den europäischen ABB-Standorten bestehenden Sozialstandards (Sonderurlaub, besondere Zahlungen, Prämien u.ä.) an, die bereits 2002 durchgeführt worden war, danach aber aufgrund massiver Konzernumstrukturierungen in den Hintergrund gerückt war.

Die Idee, als EBR eine Verhandlungsinitiative mit dem Ziel zu starten, ausgewählte betriebliche Sozialstandards auf hohem Niveau europäisch anzugleichen, und ein von der deutschen EBR-Spitze ausgearbeiteter Erstentwurf wurden im engeren Ausschuss und im EBR selbst vorgestellt und ohne große Diskussion akzeptiert (Interview: ABB EBR 10-2009).

Die Verhandlungsinitiative der deutschen EBR-Spitze und letztlich auch des EBR insgesamt hatte demnach das doppelte Motiv einer generellen Ausweitung der Handlungsfähigkeit des EBR und einer Anhebung betrieblicher Sozialstandards.

Die Aufnahme von Verhandlungen war, obgleich dieser Schritt von Beginn an mit dem EBR-Betreuer der IG Metall, der zugleich vom EMB mit der Koordinierung des ABB-EBR beauftragt war, abgestimmt war, eine reine EBR-Initiative. Die Notwendigkeit einer Einbeziehung des EMB und der nationalen Gewerkschaften war zunächst nicht in den Blick der betrieblichen Akteure gerückt.

Ungeachtet der Neuartigkeit europäischer Verhandlungsprozesse orientierte sie ihr Vorgehen an den deutschen Erfahrungen der Verhandlung einer Betriebsvereinbarung. Die Übertragung der deutschen Verhandlungspraxis auf die europäische Ebene sah sie als unproblematisch an, weil die europäische Vereinbarung so angelegt werden sollte, dass bessere Regelungen auf nationaler oder lokaler Ebene nicht ausgehebelt werden (Interview: ABB EBR 10-2009).

Das zentrale HR-Management reagierte auf die Verhandlungsinitiative des EBR zwar prinzipiell offen, um seine generelle Kooperations- und Dialogbereitschaft mit dem EBR unter Beweis zu stellen, verfolgte aber mit einer europäischen Vereinbarungspolitik keine weitergehenden Interessen. Vielmehr waren für das Management die für europäische Vereinbarungen in Frage kommenden Themen bereits über die von ABB unilateral aufgestellten Bestimmungen der „Global Social Policy" und des „Employment Code of Conduct" zufrieden stellend abgedeckt und damit kein Mehrwert in bilateralen, zumal nur auf Europa bezogenen Vereinbarungen erkennbar (Interview: ABB HRM 12-2009).[36] Das Interesse und die Verhandlungslinie des Managements waren an diesen Standards einer unternehmerischen Selbstverpflichtung orientiert. Demzufolge sollte der Abschluss einer europäischen Vereinbarung Doppelungen mit den bestehenden unilateralen Regelungen vermeiden und insbesondere nicht zu einer signifikanten Ausweitung der Vertretungsrechte und Beschäftigungsstandards führen.

4.4.2 Verhandlungen

Mit der Aufnahme europäischer Unternehmensverhandlungen betraten die Verhandlungsparteien Neuland. Jenseits bereits etablierter Interaktionsbeziehungen zwischen dem zentralen HR-Verantwortlichen und dem EBR waren keine Praxen vorhanden, auf die eine transnationale Vereinbarungspolitik unmittelbar zurückgreifen konnte, zumal das europäische HR-Management nicht in die Verhandlungsprozesse einzelner Landesgesellschaften eingebunden ist.

Eigenschaften und Verlauf der bilateralen Verhandlungen

Zwei Charakteristika sind prägend für den bilateralen Verhandlungsprozess bei ABB. Zum einen wurden die Verhandlungen bei wechselnder Zusammensetzung der Verhandlungsgruppen durchgehend informell geführt und erst zum Abschlusszeitpunkt formalisiert. Der geringe Formalitätsgrad im kleinen Kreis geführter Verhandlungen entspricht dem vom europäischen HR-Verantwortlichen bevorzugten und bewusst etablierten Interaktionsstil mit dem EBR, bei dem der informellen Kommunikation mit der EBR-Spitze (deutscher EBR-Vorsitzender,

---

36 Die „Global Social Policy" von ABB basiert nach Angaben des zentralen Human Resource Managements auf Grundsätzen der allgemeinen Erklärung der Menschenrechte der UN, der ILO-Kernarbeitsnormen, der OECD-Guidelines sowie der Social Accountability 8000 Standards. Der „Employment Code of Conduct" umfasse die Bereiche Business Ethics, Arbeits- und Gesundheitsschutz sowie generelle Verhaltensleitlinien für ABB-Beschäftigte. Beide Dokumente gälten verpflichtend für alle Beschäftigte des Unternehmens weltweit. Zudem seien im Rahmen des „compliance managements" Mechanismen geschaffen worden, um die Kontrolle der Einhaltung der darin enthaltenen Bestimmungen sicherzustellen (Interview: ABB HRM 12-2009).

schwedische Stellvertreterin, deutsche EBR-Referentin), z.B. im Rahmen von so genannten „6-Augen-Gesprächen“, ein zentraler Stellenwert zukommt. Zum zweiten war das europäische HR-Management als „Taktgeber“ der Interaktionsbeziehung mit dem EBR in jeder Prozessphase in der Lage, den Verhandlungsprozess zu steuern und zu kontrollieren.[37] Das taktische Verhandlungsrepertoire des europäischen HR-Verantwortlichen bestand u.a. darin, einzelne Zusagen wieder ein Stück weit zurückzunehmen, die Verhandlungsführung zeitweilig zu delegieren, um sie dann wieder an sich zu ziehen, und zeitweilig erreichte Verhandlungsergebnisse nicht anzuerkennen.[38] Hierdurch wurde der EBR im Ungewissen über die wahren Verhandlungsabsichten gelassen und in eine eher reaktive Rolle gedrängt.

Bei den bilateralen Verhandlungen zwischen EBR und Management lassen sich vier Prozessphasen unterscheiden.

In Vorgesprächen der deutschen EBR-Spitze (EBR-Vorsitzender, EBR-Referentin) mit dem europäischen HR-Verantwortlichen signalisierte dieser in einer ersten Prozessphase die prinzipielle Bereitschaft des Managements, europäische Unternehmensverhandlungen aufzunehmen. Aus pragmatischen Gründen der Verhandlungseffizienz delegierte er die Aushandlung eines Vereinbarungsentwurfs an den deutschsprachigen HR-Verantwortlichen für die Region Mitteleuropa und forderte die deutsche EBR-Spitze auf, mit diesem in Verhandlungen einzutreten.

Die Verhandlungen zwischen dem für die Region Mitteleuropa zuständigen HR-Verantwortlichen und der deutschen EBR-Spitze einschließlich des gewerkschaftlichen EBR-Betreuers führten in einer zweiten Prozessphase zu einem beiderseits abgestimmten und akzeptierten Entwurf, dem dann aber der europäische HR-Verantwortliche die Anerkennung verweigerte, weil ihm einzelne im Entwurf enthaltene Bestimmungen (etwa der weltweite Geltungsbereich) zu weitgehend waren.

Vor diesem Erfahrungshintergrund ging die EBR-Verhandlungsgruppe mit nur geringen Erwartungen an einen erfolgreichen Abschluss in die dritte Verhandlungsphase. In dieser Phase wurde die EBR-Spitze von Seiten des europäischen HR-Managements ein Stück weit überrumpelt. Gemeinsam mit der schwe-

37 Das beschriebene Muster findet sich auch in den Analysen von Bosch et al. 1999, wonach die Fähigkeit, den Takt in der gegenseitigen Interaktion von Management und Betriebsrat vorzugeben, „Resultat unterschiedlich interpretierter und realisierter Handlungsspielräume und -ressourcen, der differenten Qualifikation, Kompetenz und Kapazität der jeweiligen Akteure (ist)“ und davon abhängig, „wer an diesen Kriterien gemessen, die größere Dynamik, Initiative, perspektivische Konzeptionalität und Macht entfalten kann“ (ebd.: 48).

38 Aus Sicht des zentralen HR-Verantwortlichen ging es dabei nur um ein „editing“, nicht um inhaltliche Änderungen.

dischen stellvertretenden EBR-Vorsitzenden wurde sie zu einem Gespräch in die Unternehmenszentrale eingeladen, bei dem ihr ein Angebot zur sofortigen Fortführung der Verhandlungen auf Grundlage zentraler Eckpunkte und eines vom europäischen HR-Management ausgearbeiteten Entwurfs unterbreitet wurde. Diese spontane „Neuaufnahme“ der Verhandlungen mündete in einen zwischen den Spitzenvertretern beider Seiten abgestimmten und akzeptierten Vereinbarungstext, der aber, wie nachstehend beschrieben, auf Arbeitnehmerseite intern umstritten blieb und letztlich von einzelnen nationalen Gewerkschaften und vom EMB nicht akzeptiert wurde. An dieser Situation änderten auch der in einer vierten Prozessphase unternommene Versuch nichts, einzelne Passagen und Formulierungen nachzuverhandeln. Durch Veränderungen des Vereinbarungstextes in einzelnen Details, konnte die prinzipielle Problematik der gewerkschaftlichen Zustimmungsverweigerung nicht gelöst werden.

Arbeitnehmerseitige Interessenabstimmung und Koordinierung

Die Koordination zwischen der EBR-Spitze und den übrigen Mitgliedern des EBR bestand darin, dass die deutsche EBR-Spitze erstens dem EBR den von ihr ausgearbeiteten Entwurf vor Verhandlungsbeginn zur Abstimmung vorlegte, dass sie zweitens die jeweils neuen Textfassungen an alle EBR-Mitglieder zur Stellungnahme weiterleitete und dass sie drittens von den EBR-Mitgliedern per Email die Zustimmung zu dem von den Spitzenvertretern beider Seiten akzeptierten Vereinbarungstext der dritten Prozessphase einholte. Die interne Interessenabstimmung zwischen EBR-Spitze und EBR-Mitgliedern verlief insgesamt unproblematisch. In allen Prozessphasen wurden die jeweiligen Textfassungen weitgehend kritiklos akzeptiert (Interview: ABB EBR 10-2009).[39]

Über den gewerkschaftlichen EBR-Betreuer wurde sowohl der EMB als auch der Internationale Metallgewerkschaftsbund (IMB) bereits in einer frühen Prozessphase über die Verhandlungsinitiative des EBR bei ABB informiert.

Die Information des IMB war aus Gewerkschaftssicht erforderlich, weil der Erstentwurf unter anderem die Vereinbarung sozialer Mindeststandards für alle Standorte der Unternehmensgruppe weltweit vorsah. Die deutsche EBR-Spitze und der gewerkschaftliche EBR-Betreuer reagierten aber ablehnend auf den vom IMB erhobenen Anspruch, an den Verhandlungen beteiligt zu sein und die Vereinbarung mitzuunterzeichnen. Schließlich nahmen sie den strittigen Teil aus dem Vereinbarungsentwurf heraus, um eine Beteiligung des IMB zu vermeiden, da diese aus ihrer Sicht die Verhandlungen überladen und den Vereinbarungsabschluss gefährdet hätte (Interview: ABB IG Metall 09-2009). Der IMB wurde

39 So wurden beispielsweise die im Erstentwurf erhobenen Ansprüche von den EBR-Mitgliedern durchgängig positiv aufgenommen, lediglich deren Durchsetzbarkeit wurde in einzelnen Diskussionsbeiträgen zum Teil in Zweifel gezogen.

infolgedessen im Fortgang der Verhandlungen lediglich noch über den Vereinbarungsabschluss selbst informiert.

Der EMB war auf Initiative des EMB-Koordinators in den Prozess einbezogen. Noch vor den Sondierungsgesprächen mit dem Management zur Aufnahme europäischer Verhandlungen (der ersten Prozessphase) fand ein erstes informelles Treffen statt, an dem die EBR-Referentin, der EBR-Koordinator des EMB, zwei Sekretäre des EMB und eine Vertreterin des EBR-Teams der IG Metall beteiligt waren, um das prinzipielle Vorgehen zwischen EBR, EMB und IG Metall abzustimmen. In dieser Prozessphase informierte der EMB die betroffenen EMB-Mitgliedsgewerkschaften auch über die europäische Verhandlungsinitiative bei ABB und stellte das EMB-Verfahren im Rahmen einer internen Sitzung des EBR ausführlich vor. Das EMB-Verhandlungsverfahren war dem EBR entsprechend frühzeitig bekannt, wurde aber von der EBR-Spitze teils nicht akzeptiert und teils auch in seiner Tragweite unterschätzt, da es im Prozessverlauf lange Zeit nicht sichtbar war.

Die Formalisierung der Verhandlungsprozeduren, die das EMB-Verfahren vorgibt, stand der bei ABB zwischen dem EBR und dem europäischen HR-Management entwickelten, stark auf informellen Spitzengesprächen beruhenden Interaktionskultur entgegen, die bis dahin stilbildend war.[40] Aufgrund dieser mangelnden Passfähigkeit stieß das von außen vorgegebene Verhandlungsverfahren nicht auf eine hinreichende Akzeptanz der EBR-Spitze. Dies galt insbesondere für die vom EMB eingeforderte Verhandlungsführerschaft des EMB und für das gewerkschaftliche Mandatierungserfordernis des Verhandlungsteams. Der EMB verfolgte angesichts dieser Situation eine Strategie der Konfliktvermeidung, indem er die prinzipielle Zustimmung der Mitgliedsgewerkschaften zur Verhandlungsaufnahme auf Basis des EBR-seitigen Erstentwurfs zwar einholte, die strittigen Fragen der Zusammensetzung des Verhandlungsteams und der Verhandlungsführerschaft zu diesem Zeitpunkt aber ausklammerte (Interview: ABB EBR 10-2009).

Infolge dessen führte die EBR-Spitze mit Duldung des EMB und unter Beteiligung des EMB-Beauftragten, jedoch ohne gewerkschaftliches Mandat[41] in-

40 Dieser Zusammenprall verschiedener Verhandlungskulturen kommt im Selbstverständnis der Akteure sehr deutlich zum Ausdruck. Für die deutsche EBR-Spitze von ABB wäre ein höherer Formalisierungsgrad der Verhandlungen auch im Rückblick nicht vorstellbar gewesen, da dies aus ihrer Sicht den Verhandlungserfolg mit an Sicherheit grenzender Wahrscheinlichkeit gefährdet hätte. Dagegen fordert das EMB-Verfahren einen höheren Formalisierungsgrad der Verhandlungen ein, um die Beteiligung der nationalen Gewerkschaften im Prozess sicherzustellen.

41 Gemäß Punkt 2.2 des EMB-Verhandlungsverfahrens muss das Mandat einen konkreten Vorschlag zum Verhandlungsteam enthalten, in dem zumindest ein Vertreter des EMB und/oder der EMB-Koordinator und/oder ein Vertreter der jeweiligen Gewerkschaft vertreten sein muss, wobei einer von ihnen die Verhandlungen führt (EMB 2006).

formelle Verhandlungsgespräche im kleinen Kreis, in denen der Vereinbarungstext mit den Verhandlungsführern des ABB-Managements weitgehend abgestimmt wurde. Dies führte wiederum dazu, dass die EMB-Mitgliedsgewerkschaften erst nach Abschluss der dritten Prozessphase einbezogen wurden. Zu diesem Zeitpunkt war der verbleibende Spielraum für Verhandlungen aber bereits zeitlich und sachlich stark eingeengt.

Die EMB-Mitgliedsgewerkschaften wurden schriftlich aufgefordert, dem vorgeschlagenen Verhandlungsteam, das aus den Mitgliedern des engeren Ausschusses des EBR und dem EMB-Beauftragten bestehen sollte, das Mandat zu erteilen und dem bereits weitgehend abgeschlossenen Vereinbarungstext die Zustimmung zu erteilen. Unter Anwendung des EMB-Verhandlungsverfahrens wurden demnach tatsächlich lediglich die Punkte nachverhandelt, die im Rahmen des gewerkschaftlichen Konsultationsverfahrens beanstandet wurden und deren Änderung insbesondere die italienischen Gewerkschaften als unabdingliche Voraussetzung dafür ansahen, den Abschluss der Vereinbarung mitzutragen.

Die überwiegende Mehrheit der angeschriebenen EMB-Mitgliedsgewerkschaften reagierte entweder gar nicht auf das EMB-Anschreiben oder erklärte sich mit dem vorgeschlagenen Vorgehen einverstanden. Einzig die italienischen Metallgewerkschaften FIM-CISL, FIOM-CGIL und UILM brachten in einem gemeinsamen Brief prinzipielle Bedenken und Einwände vor. Dies betraf zum einen Verfahrensfragen. So forderten sie sowohl die Übersetzung des Vereinbarungstextes in alle Sprachen der betroffenen Länder als auch eine Verlängerung der Frist, die vom EMB für das Zustimmungsverfahren gesetzt worden war. Beides war aus ihrer Sicht notwendig, um den vorgeschlagenen Vereinbarungstext den Beschäftigten zur Konsultation vorlegen zu können, wie es zumindest bei der FIOM-CGIL übliche Praxis ist. Gleichzeitig äußerten sie inhaltliche Bedenken am vorliegenden Vereinbarungstext. Zum einen stießen sie sich an dem in der Vereinbarung enthaltenen ultima-ratio-Prinzip für Entlassungen, das ihrer Auffassung nach zukünftige Entlassungen legitimieren würde. Dies widerspricht ihrer Gewerkschaftstradition, die betriebsbedingte Kündigungen prinzipiell, d.h. auch als letztes Mittel, ablehnt. Zum anderen wandten sie sich gegen den vorgesehenen internen Konfliktlösungsmechanismus, nach dem mögliche Konflikte bei der Umsetzung der Vereinbarung zwischen dem zentralem HR-Management und dem EBR-Vorsitzenden ohne Einbezug des EMB geklärt werden sollten. Ein solches Verfahren konnten die italienischen Gewerkschaften nicht akzeptieren, da sie strikt auf ein gewerkschaftliches Verhandlungsmonopol bestehen und zugleich davon ausgehen, dass Streitigkeiten bezüglich der Auslegung der Vereinbarung nur von den Vertragsparteien selbst geklärt werden können (Interview: FIOM-CGIL/FIM-CISL 03/04-2010).

Da angesichts der Vorbehalte und ablehnenden Haltung der italienischen Gewerkschaften das EMB-Verfahren zu scheitern drohte, berief der EMB ein gewerkschaftliches Koordinierungstreffen ein, zu dem Vertreter der betroffenen Mitgliedsgewerkschaften und die EBR-Mitglieder eingeladen waren. Ziel des Treffens war es, das weitere Vorgehen zu klären und eine gemeinsame inhaltliche Kompromisslinie zu finden. Auf dieser Sitzung drängten Vertreter einzelner Gewerkschaften (u.a. aus Tschechien, Schweden und Finnland) auf den schnellen Abschluss der Vereinbarung, weil sie sich davon eine Verbesserung ihrer Verhandlungspositionen in anstehenden Umstrukturierungsverhandlungen erwarteten. Demgegenüber bekräftigten die italienischen Gewerkschaften ihre bereits schriftlich vorgetragenen Einwände. Man kam überein, dass versucht werden sollte, die kritischen Punkte in Nachverhandlungen mit dem europäischen HR-Management auszuräumen.

Im Zuge der Nachverhandlungen konnten lediglich bei der Frage der Kündigungen einige Verbesserungen in den Formulierungen erreicht werden. Die geforderte Beteiligung des EMB am Konfliktlösungsmechanismus wurde vom ABB-Management nicht akzeptiert. Die Veränderungen am Vereinbarungstext reichten somit insgesamt nicht aus, die Bedenken der italienischen Gewerkschaften zu zerstreuen und diese zur Zustimmung zu bewegen. Dies bedeutete, dass das „nachholend“ angewandte EMB-Verfahren durch die Vetoposition der italienischen Gewerkschaften nicht die erforderliche Mehrheit fand und der EMB im Namen seiner Mitgliedsgewerkschaften den Abschluss der Vereinbarung ablehnte.[42]

Die deutsche EBR-Spitze, die den Verhandlungsprozess arbeitnehmerseitig steuerte, ließ sich auf die Anwendung des EMB-Verfahrens in einer Mischung aus gewerkschaftsloyalem Verhalten, strategischen Erwägungen und der Einsicht in die Notwendigkeit einer Einbeziehung der nationalen Gewerkschaften ein, ohne freilich bereit zu sein, das Heft des Handelns aus der Hand zu geben.[43] So war die deutsche EBR-Spitze und der EBR insgesamt weder bereit, die Verhandlungsführerschaft an den EMB abzutreten noch den Abschluss der Vereinbarung vom Zustimmungserfordernis der nationalen Gewerkschaften abhängig zu machen.

42 Der EMB hätte die Vereinbarung allein aus inhaltlichen Gründen auch von sich nicht unterschrieben. Denn eine Zustimmung zum internen Konfliktlösungsmechanismus hätte bedeutet, die Kontrolle der Vereinbarung nach der Unterschrift aus der Hand zu geben (Interview: EMB 01-2010).

43 Die deutsche EBR-Spitze war aus zwei Gründen daran interessiert, dass der EMB die Vereinbarung mitunterzeichnet; zum einen weil dies die Wichtigkeit der Vereinbarung nach außen hin herausgestrichen hätte, zum anderen, weil dies die EMB-Mitgliedsgewerkschaften zur Umsetzung der Vereinbarungsbestimmungen verpflichtet hätte (Interview: ABB EBR 10-2009).

4.4.3 Abschluss und Umsetzung

Das EMB-Verhandlungsverfahren wurde von der EBR-Spitze lediglich als eine formale Ergänzung der EBR-Verhandlungen wahrgenommen. Konsequenterweise sah der ABB-EBR das negative Votum, das aus dem EMB-Verfahren resultierte – anders als der EBR im Fall John Deere – als für ihn nicht bindend an und stimmte dem Abschluss der Vereinbarung mit Mehrheitsbeschluss zu. Die Zustimmung im EBR war mit lediglich vier Enthaltungen bzw. Ablehnungen (aus den Reihen der italienischen, französischen und spanischen EBR-Mitglieder) hoch.[44] Ein weiterer Faktor, der erklärt, warum der EBR der gewerkschaftlichen Vetoposition nicht folgte, war das Agieren des von der IG Metall gestellten EMB-Koordinators. Er war als Teil der Verhandlungsdelegation von der mit dem Management erzielten Kompromisslösung überzeugt und hielt die Bedenken der italienischen Gewerkschaften für nicht so gewichtig, dass ein Scheitern der Vereinbarung zu rechtfertigen gewesen wäre. Aus seiner Sicht wäre ein opt-out, d.h. ein Vereinbarungsabschluss unter Ausklammerung des italienischen Konzernteils, in diesem Fall die bessere Lösung gewesen (Interview: ABB IG Metall 09-2009).[45]

Das zentrale HR-Management, das seine Bereitschaft zu einer Vereinbarung allein an inhaltlichen Kriterien festmachte, hätte auch die Unterschrift des EMB unter der mit dem EBR abgeschlossenen Vereinbarung akzeptiert, solange sich daran nicht eine Anhebung des Verbindlichkeitsgrads der Vereinbarung geknüpft hätte.

Entgegen der Einschätzung des Managements, nach der die Vereinbarung einen vornehmlich symbolischen Charakter habe, da die vereinbarten Sozialstandards bereits konzernweit praktiziert würden, sehen der EBR und der gewerkschaftliche EBR-Betreuer einen Mehrwert im Abschluss der Vereinbarung. Sie schätzen nicht nur den Wert der Vereinbarung als solchen, also die Anerkennung einer Verhandlungsrolle des EBR, höher ein als das Management, sondern sehen in dem transnationalen Regelwerk auch eine substantielle Verbesserung der Handlungsmöglichkeiten der Arbeitnehmervertretungen aus Ländern mit schwachen nationalen Arbeitnehmerrechten. Aus Sicht des gewerkschaftlichen

---

44 Die Enthaltungen des spanischen und französischen EBR-Mitglieds beruhten darauf, dass beide relativ neu in den EBR delegiert waren und sich deshalb nicht in der Lage sahen, im Namen ihrer Gewerkschaften und nationalen Gremien zuzustimmen (Interview: ABB EBR 10-2009).

45 Die 2006 verabschiedeten Verfahrensleitlinien des EMB lassen ein solches opt-out nicht zu, weil dies die Fähigkeit des EMB, im Namen aller Mitgliedsorganisationen zu verhandeln und Vereinbarungen zu schließen, untergraben würde. Diese umfassende Verpflichtungsfähigkeit sieht der EMB aber als den wesentlichen Anreiz für die Unternehmen an, den EMB als Verhandlungsführer anzuerkennen (Interview: EMB 01-2010).

EBR-Betreuers hat der erfolgreiche Abschluss der europäischen Verhandlungen zudem in der Folgezeit bereits zu einem wesentlich selbstbewussteren Auftreten des EBR gegenüber dem Management geführt. Ein Indikator dafür sei beispielsweise, dass der EBR für eine EBR-Sitzung erstmals mit Erfolg die Hinzuziehung von Spartenverantwortlichen gefordert habe, um Informationen aus erster Hand zu erhalten. Dagegen rangieren in der Bewertung der Vereinbarung durch die italienischen Gewerkschaften die (möglichen) Gefährdungen ihrer nationalen Rolle und angestammten gewerkschaftlichen Prinzipien höher als die erwarteten Verbesserungen der Handlungsmöglichkeiten der Arbeitnehmervertretungen in einzelnen Ländern.

Erfahrungen mit der Umsetzung der Vereinbarungen liegen bislang (Stand Anfang 2011) nicht vor. Ein vom EBR systematisch vorangetriebener und zentral kontrollierter Umsetzungsprozess ist nicht vorgesehen. Der EBR setzt vielmehr auf die Umsetzung über die Managementhierarchie und vertraut zugleich darauf, dass die nationalen Arbeitnehmervertretungen die europäische Vereinbarung von sich aus zur Verbesserung ihrer nationalen Handlungsmöglichkeiten nutzen. Die italienischen Gewerkschaften, die für die Umsetzung in den italienischen ABB-Standorten zuständig sind, kündigten bereits an, die vom EBR abgeschlossene Vereinbarung nicht umzusetzen.

4.4.4 Gesamteinschätzung

Die europäische Vereinbarungspolitik bei ABB ist, betrachtet man die gesamte transnationale Vereinbarungspolitik im Metallsektor, der bislang einzige Fall, bei dem ein EBR trotz eines negativen gewerkschaftlichen Votums eine europäische Vereinbarung abgeschlossen und damit das im EMB-Verhandlungsverfahren verankerte Vertretungsmuster der gewerkschaftlich *gebundenen Delegation* nicht anerkannt hat. Vielmehr interpretierte der EBR die Anwendung der Verhandlungsleitlinien des EMB als gewerkschaftsinternes Verfahren zur Klärung der gewerkschaftlichen Position, die der EMB als *Fürsprecher* in den Prozess einbringt, an die der EBR aber nicht gebunden ist.

Wie die Falldarstellung gezeigt hat, hat das Zusammenwirken mehrerer Faktoren zu diesem Ergebnis geführt.

Ein erster Bedingungsfaktor ist das Selbstverständnis des EBR in seinem Verhältnis zu den Gewerkschaften. Angesichts der gewichtigen Rolle der deutschen EBR-Spitze im ABB-EBR kommen deren im nationalen Rahmen entwickelten Orientierungen und Praktiken auch auf europäische Ebene zum Tragen.[46] Dabei versteht die deutsche EBR-Spitze den EBR primär als Interessen-

46 Der deutsche EBR-Vorsitzende ist langjähriges Mitglied der IG Metall, identifiziert sich aber vornehmlich mit seiner Funktion als Betriebsrat, in der er sich dem Wohl des Un-

vertretungsgremium der Belegschaft.[47] In Analogie zur deutschen Betriebsratspraxis bei ABB sieht sie das interessenvertretungspolitische Alltagsgeschäft auf europäischer Unternehmensebene als Sphäre des EBR an, für die sie einen Autonomieanspruch des EBR gegenüber den Gewerkschaften geltend macht und den Gewerkschaften lediglich eine beratende und unterstützende Rolle zuschreibt. Dieses Selbstverständnis erklärt auch den Umgang mit dem EMB-Verhandlungsverfahren, wobei die EBR-Spitze eine gewerkschaftliche Verhandlungsführung auch deshalb ablehnte, weil dies die etablierte, stark auf persönlich-informelle Beziehungen beruhende Interaktionskultur mit dem europäischen HR-Management in Frage gestellt hätte. Einzig der EMB-Koordinator, wenngleich eher in seiner Funktion als EBR-Betreuer der IG Metall, wurde an den Verhandlungen in beratender Funktion unmittelbar beteiligt.

Weitere Erklärungsfaktoren liegen im Ablauf und den Konstellationen des Verhandlungsprozesses selbst: So hatte die nicht verfahrensgemäße Anwendung der EMB-Leitlinien zur Folge, dass der eigentliche Verhandlungsprozess des europäischen Vereinbarungstextes und der gewerkschaftliche Interessenabstimmungsprozess nicht miteinander verschränkt waren, sondern zeitlich versetzt stattfanden. Auch die Zwischenstände der Verhandlungen wurden weder vom EMB-Koordinator noch von den betrieblichen Gewerkschaftsvertretern des EBR oder des engeren Ausschusses kontinuierlich an den EMB und die nationalen Gewerkschaften rückgekoppelt. In diesem Zusammenhang erwies es sich am Ende als gravierend, dass insbesondere zwischen dem FIOM-CGIL-Vertreter im engeren Ausschuss des EBR und dem für das EMB-Verhandlungsverfahren zuständigen Hauptamtlichen der FIOM-CGIL keine Abstimmung erfolgte.

Ein weiterer Faktor sind schließlich die jeweiligen Güterabwägungen auf Seiten der Akteure. Aus Sicht des EBR und der deutschen EBR-Spitze wären – trotz eines gewissen Verständnisses für gewerkschaftliche Verfahrensansprüche – mit dem von außen kommenden gewerkschaftlichen Veto die Bemühungen vieler Monate zunichte gemacht worden. Mit dem erfolgreichen Abschluss der Vereinbarung knüpften der EBR, die deutsche EBR-Spitze und der an den Verhandlungen beteiligte EMB-Koordinator die Erwartung, dass dies die Praxis des EBR auf eine neue Stufe stellen und für die Arbeitnehmervertretungen und Belegschaften einiger Länder sichtbare Verbesserungen bringen würde. Auch sa-

---

ternehmens und der Belegschaft gleichermaßen verpflichtet sieht (Interview: ABB IG Metall 09-2009). Die EBR-Referentin durchlief zuvor als langjährige Jugendauszubildendenvertreterin bei ABB eine klassische betriebliche Interessenvertretungskarriere in Deutschland, was eine IG-Metall-Sozialisation einschließt (Interview: ABB EBR 10-2009).

47 Gewerkschaftszugehörigkeiten sind im Alltagshandeln des EBR sekundär. Zugleich spielen gewerkschaftlich nicht organisierte EBR-Mitglieder in der EBR-Praxis keine tragende Rolle.

hen sich der EBR und die verhandelnde Delegation unter Zeit- und Handlungsdruck gesetzt, da sich, so ihre Wahrnehmung, das Gelegenheitsfenster eines Verhandlungsabschlusses durch Verschlechterungen des wirtschaftlichen Unternehmensumfelds zu schließen begann.

Die inhaltlichen Bedenken, die die Vetoposition der nationalen Gewerkschaften begründeten, wurden von der deutschen EBR-Spitze, dem gewerkschaftlichen EBR-Koordinator und der überwiegenden Mehrheit der EBR-Mitglieder als nicht so schwerwiegend angesehen, dass sie angesichts der erwartbaren Vorteile die Nichtunterzeichnung der Vereinbarung durch den EBR gerechtfertigt hätten. Den Sensibilitäten der italienischen Gewerkschaften bezüglich des vereinbarten ultima-ratio-Prinzips betriebsbedingter Kündigungen hätte in deren Verständnis durch eine opt-out-Lösung Rechnung getragen werden können. Dies hätte bedeutet, dass die italienischen Gewerkschaften die Ablehnung der Vereinbarung gegenüber dem ABB-Management offen zum Ausdruck gebracht hätten, um die eigenen Prinzipien und Identität zu wahren, zugleich aber eine Mitunterzeichnung durch den EMB ermöglicht hätten. Im Hinblick auf die zweite, wesentliche inhaltliche Begründung der Vetoposition, der Besetzung der Schiedsstelle zur Lösung vereinbarungsbedingter Konflikte, war der EBR in seiner Mehrheit der Auffassung, dass er in der Lage und legitimiert wäre, europäische Verhandlungen zu dem vereinbarten Themenkomplex eigenständig zu führen und abzuschließen und damit auch Streitigkeiten im Zusammenhang mit der Vereinbarung eigenständig zu lösen.

4.5 Mustergültige Anwendung des EMB-Verhandlungsverfahrens – Der Fall Areva

Der Einstieg in eine europäische Vereinbarungspolitik bei Areva erfolgte mit der im November 2006 abgeschlossenen Vereinbarung zur Chancengleichheit im Areva-Konzern, mit der die Gleichstellung von Männern und Frauen gefördert und die Eingliederung behinderter Menschen verbessert werden soll.[48] Die Vereinbarung strebt nicht die Festlegung einheitlicher europäischer Mindeststandards an, sondern eine Harmonisierung nach oben, die durch die Förderung und Verbreitung von „best practices“ innerhalb des Konzerns erreicht werden soll.[49]

48 Der offizielle Titel der europäischen Rahmenvereinbarung ist „Protokollnotiz über die Chancengleichheit im Konzern Areva in Europa“.

49 Wörtlich heißt es unter Punkt 1.3 der Vereinbarung: „In diesem Rahmen besteht das Ziel der vorliegenden Vereinbarung darin, die besten Praktiken des Konzerns in Europa für die Umsetzung und/oder Anpassung unter Wahrung des nationalen oder lokalen Kontextes und der Spezifizitäten der Aktionspläne zu fördern.“

Zur Verwirklichung dieser von beiden Vertragsparteien geteilten Zielsetzung umfasst die mit 17 Seiten sehr umfangreich ausgearbeitete Vereinbarung sowohl vom Konzern eingegangene Verpflichtungen als auch von ihm zugestandene Rechte. So gewährt die Vereinbarung behinderten Arbeitnehmern einen Anspruch auf berufliche Weiterbildung und Umschulung sowie denjenigen, die aus Mutterschafts- oder Elternzeit zurückkehren, einen Anspruch auf ein Gespräch zur Gehaltsanpassung und Berufsentwicklung. Zugleich verpflichtet sich der Konzern nicht allein auf allgemeine Verhaltensgrundsätze, sondern insbesondere auch auf die Einleitung und Durchführung konkreter Maßnahmen, deren Umsetzung und Wirksamkeit anhand von Indikatoren überprüft werden können.

Die hohe Regelungstiefe der Vereinbarung korrespondiert mit detailliert geregelten Zeitvorgaben und Prozeduren der Umsetzung. Insbesondere wurden die europäischen Areva-Standorte zur Definition lokaler Aktionspläne verpflichtet. Diese werden einmal pro Jahr von einem eigens eingerichteten Monitoring-Ausschuss, der sich aus Vertretern des zentralen HR-Managements, des EBR-Vorstands sowie des EMB zusammensetzt, mit dem Ziel bilanziert, bei Bedarf korrigierende Maßnahmen einzuleiten.

Die Verhandlungen zwischen der Verhandlungsgruppe der Arbeitnehmerseite, bestehend aus dem EBR-Vorstand[50] und einem Vertreter des EMB, und dem zentralen Management verliefen reibungslos und wurden in drei offiziellen Verhandlungsrunden nach drei Monaten erfolgreich abgeschlossen. Der EMB war als Mitglied der arbeitnehmerseitigen Verhandlungsgruppe von Beginn an direkt am Verhandlungsprozess beteiligt. Mit der regelkonformen Anwendung des EMB-Verfahrens wurde zudem die Einbindung der nationalen Gewerkschaften sichergestellt.

Die aus Sicht aller beteiligten Akteure positiven Erfahrungen mit der Verhandlung und Umsetzung der Vereinbarung zur Chancengleichheit schufen die Grundlage für weitere europäische Verhandlungen. So wurde im April 2010 eine Zusatzvereinbarung zwischen der Areva-Konzernleitung und dem EMB abgeschlossen, durch die die Laufzeit der Vereinbarung aus dem Jahr 2006 bis zum November 2012 verlängert wurde. Zum anderen waren Vertreter des EBR-Vorstandes und des zentralen Personalmanagements von Areva an Verhandlungen anlässlich des Verkaufs der Areva-Sparte Transmission & Distribution an Alstom und Schneider Electric beteiligt. Diese Verhandlungen führten im Juli 2010 zum Abschluss einer Vereinbarung zur Beschäftigungssicherung für die vom Verkauf betroffenen Beschäftigten. Vertragspartner sind der EMB und die

50 Der im Dezember 2003 gegründete EBR bei Areva folgt dem französischen Modell, bei dem die Vorstandsvorsitzende des Unternehmens den Vorsitz im EBR führt. Die im EBR vertretenen Arbeitnehmervertreter bestimmen aus ihren Reihen einen Vorstand, der für die Koordination der EBR-Mitglieder zuständig ist und als erster Ansprechpartner des Managements fungiert.

Unternehmensleitung von Alstom und Schneider Electric. Darüber hinaus startete der EBR gemeinsam mit dem EMB Anfang 2010 Verhandlungen mit dem Areva-Management zum Thema vorausschauende Personalplanung. Dieser Verhandlungsprozess war bei Abschluss der empirischen Erhebung (Dezember 2010) noch nicht abgeschlossen.

4.5.1 Initiative und generelle Interessenkonstellation

Die Initiative zur Aufnahme europäischer Verhandlungen zur Chancengleichheit ging vom Areva-Management aus. Es griff den Vorschlag des EBR-Vorstands, den Bereich der Gleichstellungspolitik zum Thema einer EBR-Sitzung zu machen, auf und unterbreitete dem EBR ein Verhandlungsangebot. Die EBR-Mitglieder begrüßten die Initiative. Insbesondere französische EBR-Vertreter wiesen jedoch nachdrücklich darauf hin, dass der EBR als Informations- und Konsultationsorgan nicht legitimiert sei, europäische Unternehmensverhandlungen zu führen (Interview: Areva EBR 09-2010). Angesichts der Verfahrensunsicherheit seitens der EBR-Mitglieder beschloss der EBR-Vorstand, über die EBR-Sekretärin Kontakt mit dem EMB aufzunehmen, um gemeinsam eine für alle Beteiligten akzeptable und praktikable Lösung zu finden. Diese bestand letztendlich in der Anwendung des EMB-Verhandlungsverfahrens, das zu diesem Zeitpunkt kurz vor seiner Verabschiedung stand. Diesem Verfahren folgend wurde die Verhandlungsdelegation der Arbeitnehmerseite gewerkschaftlich mandatiert, zugleich wurde sie bewusst mit den gewerkschaftlich organisierten Mitgliedern des EBR-Vorstands besetzt, so dass eine enge Verzahnung zwischen dem EBR und den Gewerkschaften in den Verhandlungen gewährleistet war. Diese von allen Seiten getragene Lösung ermöglichte die Aufnahme von Verhandlungen mit der zentralen Unternehmensleitung.

Die inhaltliche Grundlage der Verhandlungen bildete ein vom EBR entwickelter Fragebogen zur Bestandsaufnahme der verschiedenen Gleichstellungsregelungen und -praktiken sowie der Situation behinderter Beschäftigter in den europäischen Unternehmensstandorten. Dieser Fragebogen wurde zwischen Juni und Dezember 2005 gemeinsam von den lokalen Vertretern des Personalmanagements und der Arbeitnehmervertretungen in 13 Ländern ausgefüllt.

Die Verhandlungsinitiative beruht im Wesentlichen auf dem gemeinsamen Interesse des EBR und des zentralen Managements an einer europäischen Regelung. Aus Sicht des zentralen Managements spielten hierbei folgende Faktoren eine Rolle. Angesichts der zahlreichen Restrukturierungsmaßnahmen innerhalb des Konzerns suchte das zentrale Management nach einem Thema mit positiver Mobilisierungswirkung. Dadurch sollte vermieden werden, dass sich der EBR vorwiegend mit konfliktären Restrukturierungsproblemen beschäftigt und damit mit Themen, die Frustrationen und Unzufriedenheiten bei den Arbeitnehmervertretern im EBR erwarten ließen (Interview: Areva HRM 09-2010). Das Thema Chancengleichheit bot sich daher aus Sicht des zentralen Managements an, um die positive Identifikation der Beschäftigten mit dem Unternehmen zu fördern. Eine innovative Politik im Bereich der Chancengleichheit bot dem Unternehmen zudem die Möglichkeit einer positiven Außendarstellung. Dieser Aspekt ist speziell für Areva, das als Unternehmen der Atomindustrie traditionell mit Imageproblemen konfrontiert ist, von Bedeutung.

Im Gegensatz zum proaktiven Ansatz des zentralen Managements stand das nationale HR-Management in einigen Landesgesellschaften der Verhandlungsinitiative auf europäischer Ebene skeptisch gegenüber. Gründe für diese Haltung waren u.a. fehlende Traditionen kooperativer Arbeitsbeziehungen in einigen Landesgesellschaften und ein mangelndes Problembewusstsein bezüglich eines Bedarfs an Gleichstellungsmaßnahmen. Entsprechend gering war die Kooperationsbereitschaft des HR-Managements einzelner Landesgesellschaften, was sich u.a. im schleppenden oder unvollständigen Rücklauf des Fragebogens zum Stand der Chancengleichheit zeigte. Einige nationale HR-Abteilungen bestritten zudem eine Berichtspflicht gegenüber dem europäischen HR-Management und verwiesen darauf, dass sie nur ihrer nationalen Leitungsebene verantwortlich seien (Interview: Areva EBR 09-2010). Da sich hinter dieser Haltung teilweise auch Befürchtungen verbargen, dass lokale Unzulänglichkeiten im Bereich der Chancengleichheit aufgedeckt werden könnten, bedurfte es der aktiven Intervention des zentralen Managements, um Teile des nationalen HR-Managements zu einer konstruktiven Mitarbeit an der Verhandlungsinitiative zu bewegen.

Ein übergreifendes Interesse des zentralen Managements an einer gemeinsam mit dem EBR vorangetriebenen europäischen Vereinbarungspolitik lag deshalb in der Erwartung positiver Ausstrahlungseffekte dieser europäischen „Kultur eines sozialen Dialogs“ auf Landesgesellschaften mit problematisch gelagerten Arbeitsbeziehungen. Von der Förderung kooperativer und vertrauensvoller Beziehungen zwischen Management und Arbeitnehmervertretern auf den dezentralen Ebenen versprach sich das Management wiederum eine effizientere Umsetzung der auf zentraler Ebene beschlossenen sozial- und personalpolitischen Maßnahmen (Interview: Areva EMB 01-2010).

Auf Arbeitnehmerseite stellten sich die Motive und Interessen bezüglich eines Einstiegs in eine europäische Vereinbarungspolitik wie folgt dar. Uneingeschränkt unterstützt wurde die Verhandlungsinitiative von den betrieblichen Vertretern im EBR. Insbesondere die Vertreter der nichtfranzösischen Standorte waren an einer Weiterentwicklung und Stärkung des EBR als Instrument der Einflussnahme auf zentrale strategische Unternehmensentscheidungen interessiert, da ihnen nur der EBR Zugang zu den wirklichen Entscheidungsträgern ermöglicht.

In dem im Dezember 2003 gegründeten EBR stellen die französischen Vertreter die stärkste EBR-Delegation.[51] Gleichwohl war man bei Areva von Beginn an darauf bedacht, eine zu dominante Rolle der französischen Delegation im EBR zu vermeiden. Dies zeigt sich an der im Vergleich zur europaweiten Verteilung der Beschäftigten unterproportionalen Vertretung des französischen Konzernteils im EBR. Darüber hinaus wurde in Artikel 7 der EBR-Gründungsvereinbarung festgelegt, dass die sieben Vertreter des EBR-Vorstands aus mindestens drei Ländern kommen müssen. Gegenwärtig verteilen sich die sieben Vorstandssitze wie folgt: drei Sitze für Frankreich, zwei Sitze für Deutschland und jeweils ein Sitz für Großbritannien und Belgien.

Der international besetzte Vorstand des EBR war dann auch die eigentliche Triebkraft einer europäischen Vereinbarungspolitik auf Arbeitnehmerseite. Er bereitete in enger Abstimmung mit dem gesamten EBR die Verhandlungen vor und bildete letztendlich zusammen mit einer Vertreterin des EMB auch das arbeitnehmerseitige Verhandlungsgremium. Innerhalb des Vorstands spielte wiederum die französische EBR-Sekretärin als Vorsitzende der Arbeitnehmerseite eine tragende Rolle. Sie verfügt über „kurze Wege“ und einen privilegierten Zugang zum zentralen Management in der Konzernzentrale in Paris, da dort auch das EBR-Sekretariat angesiedelt ist.

Der Verhandlungsgegenstand „Chancengleichheit“ hatte nicht für alle Arbeitnehmervertreter einen hohen politischen Stellenwert. So erklärte zum Beispiel ein Teil der (männlichen) französischen Gewerkschaftsvertreter, dass die bestehenden gesetzlichen Grundlagen in Frankreich zum Thema Chancengleichheit bereits ausreichend seien (Interview: Areva EBR 07-2010). Ein Indiz für eine nicht durchweg hohe Zustimmung zum gewählten Verhandlungsgegenstand kann auch in der schleppenden Rückmeldung der nationalen Gewerkschaften auf die Einleitung des EMB-Mandatierungsverfahrens gesehen werden.[52] Da die Themenwahl umgekehrt keine national sensiblen Kernbereiche der gewerkschaftlichen Politik und Kollektivvertragshoheit berührte, dürfte dies die Zustimmung durch die nationalen Gewerkschaften erleichtert und deren Bereitschaft, den EBR und EMB gewähren zu lassen, befördert haben.

51 Zum Zeitpunkt der Unterzeichnung der Vereinbarung zur Chancengleichheit im November 2006 bestand der EBR aus 30 Arbeitnehmervertretern mit folgender geographischer Verteilung: Frankreich 14 Sitze, Deutschland fünf Sitze, Großbritannien drei Sitze und jeweils einen Sitz für die Länder Österreich, Belgien, Spanien, Griechenland, Ungarn, Italien und Polen. Die Länder Schweiz und Türkei hatten jeweils einen Sitz mit Beobachterstatus.

52 Zum Teil dürfte die Ursache für die schleppende Rückmeldung auch in der unklaren Aufgabenverteilung für europäische Fragen innerhalb der nationalen Gewerkschaften liegen, die zum Teil bisher organisatorisch noch nicht hinreichend auf diese neue Steuerungsform eingerichtet sind (Interview: Areva Unite 06-2010).

4.5.2 Verhandlungen

Charakteristika der bilateralen Verhandlungen

Das hervorstechende Charakteristikum der bilateralen Verhandlungen war die von allen beteiligten Akteuren akzeptierte federführende Rolle des EMB im Verhandlungsprozess. Die Verhandlungsführerschaft des EMB lässt sich zunächst mit dem Durchschlagen der französischen Arbeitsbeziehungskultur erklären, der zu Folge die gewählten betrieblichen Vertretungsstrukturen (Comités d'entreprise) reine Informations- und Konsultationsgremien sind und die Gewerkschaften für Verhandlungen auf betrieblicher Ebene zuständig sind. Vor diesem Hintergrund bestand im EBR von Beginn an Konsens, dass der EBR über kein Verhandlungsmandat verfügt und der EMB mit den Verhandlungen beauftragt werden sollte. Auch die nationalen Gewerkschaften akzeptierten die Verhandlungsrolle des EMB, da dadurch das gewerkschaftliche Verhandlungsmonopol sichergestellt wurde. Dies war insbesondere für die französischen Gewerkschaften von großer Bedeutung (Interview: Areva EBR 09-2010).

Ein weiterer Faktor, der die weitreichende Verhandlungsrolle des EMB begünstigte, war die traditionell enge Einbindung des EMB in den EBR bei Areva. Dies ist wiederum darauf zurückzuführen, dass die Position des EMB-Koordinators bei Areva lange Zeit nicht besetzt war und die gewerkschaftliche Koordinierung des EBR direkt vom EMB-Sekretariat wahrgenommen wurde.[53] Aufgrund dieser Konstellation war der EMB von Beginn an eng in die Diskussionen im EBR eingebunden. Darüber hinaus bestand zwischen der EBR-Sekretärin und Vertretern des EMB eine im Zeitverlauf gewachsene enge und vertrauensvolle Arbeitsbeziehung, die eine wichtige Grundlage für die spätere Übertragung des Verhandlungsmandats an den EMB darstellte.

Auch das zentrale Management hatte aufgrund der französischen Verhandlungskultur keine Berührungsängste gegenüber einem gewerkschaftlichen Verhandlungspartner und trug von Beginn an die Verhandlungsrolle des EMB mit. So traf sich die Generaldirektorin von Areva bereits vor Beginn der eigentlichen Verhandlungen mit Vertretern des EMB, um die grundsätzlichen Eckpunkte der Verhandlung im informellen Rahmen zu klären. Die managementseitige Anerkennung der Verhandlungsführerschaft des EMB ist auch Ausdruck einer pragmatischen Strategie, die sich am Verhandlungs- und Umsetzungserfolg orien-

53 Ursprünglich wurde die Funktion des EMB-Koordinators von einem Vertreter der französischen CGT wahrgenommen, da die CGT zum Zeitpunkt der Gründung des EBR die Mehrheitsgewerkschaft im französischen Konzernteil war. Dieser wurde jedoch aufgrund seines mangelnden Engagements von den EBR-Mitgliedern für abgesetzt erklärt. Da sich die französischen Gewerkschaften in der Folgezeit nicht auf einen EMB-Koordinator aus ihren Reihen einigen konnten, kontaktierte die EBR-Sekretärin den EMB mit der Bitte, die gewerkschaftliche Koordinierung des EBR zu übernehmen.

tiert. Für das Management war das EMB-Verfahren ein Faktor, der zur Verfahrenssicherheit bei den Verhandlungen beitrug. Die Anerkennung des EMB wurde zudem durch positive Erfahrungen befördert, die aus einer früheren Zusammenarbeit im Rahmen des EBR des französischen Unternehmens Framatome resultierte, das in Areva aufgegangen war (Interview: Areva HRM 09-2010).

Die eigentlichen Verhandlungen verliefen sehr kooperativ und – bei drei Verhandlungsrunden in drei Monaten – sehr zügig. Verhandelt wurde auf beiden Seiten in kleinen Gruppen. Auf Arbeitnehmerseite bestand die Verhandlungsgruppe aus dem siebenköpfigen EBR-Vorstand und einer Vertreterin des EMB. Auf Arbeitgeberseite verhandelte eine dreiköpfige Delegation bestehend aus dem HR-Direktor, der Direktorin für den Bereich Sozialpolitik und deren Mitarbeiterin.

Ein wesentlicher Faktor, der zum reibungslosen Verlauf der Verhandlungen beitrug, war die kooperative Arbeitsbeziehungskultur am Sitz des Unternehmens und insbesondere der enge Kontakt der EBR-Sekretärin zum zentralen Management, der es ermöglichte, einige Fragen jenseits der formellen Verhandlungsrunden informell über den kurzen Dienstweg zu klären. Aufgrund des ausgeprägten Vertrauensverhältnisses der Verhandlungsparteien konnte auch bei den einzigen beiden strittigen Fragen, der Bezahlung des Mutterschaftsurlaubs und der Gleichstellung bei der Entlohnung, eine einvernehmliche Lösung gefunden werden.[54]

Ein weiterer förderlicher Faktor war die steuernde Rolle des EMB. Die Anwendung des EMB-Verfahrens trug zur Verfahrenssicherheit bei, da beide Seiten mit der Verhandlung einer europäischen Rahmenvereinbarung Neuland betraten. Zum reibungslosen Verhandlungsverlauf trug letztendlich auch das vergleichsweise geringe Konfliktpotential des Verhandlungsgegenstandes bei. Aufgrund der Regressionsklausel in Punkt 5.2 der Vereinbarung, nach der die Vereinbarung nicht an die Stelle nationaler Gesetzgebungen und/oder Unternehmensvereinbarungen treten kann, wenn diese vorteilhafter sind, hatte keine der beiden Verhandlungsparteien etwas zu verlieren.

Arbeitnehmerseitige Interessenabstimmung und Koordinierung

Die arbeitnehmerseitige Koordinierung der Verhandlungen erfolgte in enger Abstimmung zwischen dem EBR-Vorstand und dem EMB, der, wie dargestellt,

54 Das Management wollte nicht, dass die Entlohnungsgleichheit in die in der Vereinbarung aufgeführte Liste der Fortschrittsindikatoren aufgenommen wird, da aufgrund der unterschiedlichen nationalen Rahmenbedingungen keine Vergleichbarkeit gewährleistet ist. In beiden Fällen – der Bezahlung des Mutterschaftsurlaubs und der Entlohnungsgleichheit – rückte die Arbeitnehmerseite von ihren ursprünglichen Forderungen ab. Die von uns befragten Arbeitnehmervertreter betonen jedoch übereinstimmend die ansonsten hohe Kompromissbereitschaft des zentralen Managements, die es der Arbeitnehmerseite ermöglichte, bis auf die beiden angesprochenen Punkte ihre Forderungen im Verhandlungsprozess weitestgehend durchzusetzen.

von Beginn an in die Verhandlungsinitiative involviert war. Die Mitglieder des EBR-Vorstands standen während des Verhandlungsprozesses in einem ständigen Austausch. Hilfreich war hierbei, dass die Vorstandsmitglieder mit Englisch eine gemeinsame Arbeitssprache hatten, die ihnen eine schnelle Kommunikation auch über Telefon und Email ermöglichte. Die nicht direkt an den Verhandlungen beteiligten EBR-Mitglieder wurden kontinuierlich im Rahmen von EBR-Sondersitzungen oder direkt über den Emailverteiler der EBR-Sekretärin über den Stand der Verhandlungen informiert, so dass sie jederzeit die Gelegenheit hatten, ihre Interessen in den Verhandlungsprozess einzubringen. Zudem operierte der EBR-Vorstand bei der Kommunikation mit den übrigen EBR-Mitgliedern arbeitsteilig nach Sprachclustern. So war zum Beispiel das deutsche Mitglied des EBR-Vorstands für die Kommunikation mit dem deutschsprachigen Raum (Deutschland, Österreich, Schweiz und Ungarn) zuständig.

Die Rückkopplung mit den nationalen Arbeitnehmervertretungsstrukturen erfolgte über die EBR-Mitglieder nach den jeweiligen nationalen Gepflogenheiten. So lief die Rückkopplung in Deutschland über den Gesamtbetriebsrat, der wiederum die lokalen Vertretungsgremien informierte und um Rückmeldung bat. Diese kaskadenförmige Informationspolitik führte dazu, dass vor allem von der Schwerbehindertenvertretung inhaltliche Anregungen zu Vereinbarungsentwürfen gemacht wurden, die das deutsche Mitglied des EBR-Vorstands dann seinerseits auf europäischer Ebene in den Verhandlungsprozess einbrachte. In Italien, wo keine standortübergreifende Vertretungsstruktur existiert, erfolgte die Rückkopplung über den direkten Kontakt des italienischen EBR-Mitglieds mit den Vertretern der anderen Standorte entweder per Telefon oder Fax.[55] Die Rückkopplung mit den nationalen Vertretungsstrukturen wurde dadurch erleichtert, dass sämtliche Dokumente vom Unternehmen zumindest auf französisch, englisch und deutsch zur Verfügung gestellt wurden. Wichtige Dokumente über den Zwischenstand der Verhandlungen wurden zudem auch in andere Landessprachen übersetzt.

Die im Unternehmen vertretenen nationalen Gewerkschaften waren gemäß den Verfahrensleitlinien des EMB in den Verhandlungs- und Entscheidungsprozess einbezogen. Der Verlauf der Verhandlungen war, wie in den EMB-Leitlinien vorgesehen, in jeder Phase an das gewerkschaftliche Votum gebunden. Konkret hieß dies: Unmittelbar nachdem der EBR und das zentrale Management der Rolle des EMB als Verhandlungsführer zugestimmt hatten, kontaktierte der EMB alle im Unternehmen vertretenen nationalen Gewerkschaften schriftlich, um deren Zustimmung für die Aufnahme von Verhandlungen einzuholen. In einem zweiten

---

55 Um den gleichen Informationsstand aller lokaler Vertretungsstrukturen (RSU) zu garantieren, wurde im Zusammenhang mit den Verhandlungen zur Abspaltung der T&D-Sparte von den regionalen Gewerkschaftsstrukturen der FIOM und der FIM in der Lombardei standortübergreifende Koordinierungstreffen mit Arbeitnehmervertretern der vier italienischen Areva-Standorte organisiert.

Schreiben legte der EMB einen Monat später auf Grundlage der von den nationalen Gewerkschaften prinzipiell signalisierten Bereitschaft zur Verhandlungsaufnahme diesen wiederum schriftlich die Kernpunkte der Verhandlungen dar, unterbreitete ihnen den Vorschlag für die Zusammensetzung der gewerkschaftlichen Verhandlungsgruppe und des engeren Verhandlungsteams und bat sie um die offizielle Mandatierung der Verhandlungsführung. Nach anfänglichen Verzögerungen erhielt der EMB letztendlich von allen – einschließlich der französischen Gewerkschaft CFE-CGC, die zum damaligen Zeitpunkt noch nicht Vollmitglied im EMB war – das Mandat für den Start der Verhandlungen. Während der Verhandlungen unterrichtete der EMB den genannten Kreis in Form von Rundbriefen über alle wesentlichen Entwicklungen im Verhandlungsprozess, wobei er kaum Rückmeldungen erhielt. Mit Vorlage eines unterschriftsreifen Vertragsentwurfs versandte der EMB diesen wiederum mit der Bitte um Zustimmung an die im Unternehmen vertretenen Gewerkschaften. Nach deren Zustimmung zum Vereinbarungstext unterzeichnete schließlich der stellvertretende Generalsekretär des EMB die Vereinbarung im Namen der Arbeitnehmerseite.

4.5.3 Abschluss und Umsetzung

Zur Sicherstellung der rechtsverbindlichen Umsetzung der Vereinbarung sieht Punkt 4.1 der Vereinbarung vor, dass in jedem der im EBR vertretenen Länder nationale oder lokale Umsetzungsvereinbarungen abgeschlossen werden. Die Zuständigkeit für die Umsetzung der Vereinbarung in den europäischen Areva-Standorten liegt daher bei den nationalen und lokalen Geschäftsleitungen und Arbeitnehmervertretungen. So erfolgte die Umsetzung der europäischen Rahmenvereinbarung im deutschen Konzernteil zum Beispiel über eine vom GBR und der zentralen Leitung in Deutschland abgeschlossene zweite Zusatzvereinbarung zur Betriebsvereinbarung „Familie und Beruf“, die zumindest teilweise über die bestehenden rechtlichen Regelungen hinausgeht.[56] Jenseits der Verantwortung der nationalen bzw. lokalen Akteure für die Umsetzung der Vereinbarung hat der EBR-Vorstand die Möglichkeit, den Umsetzungsprozess beratend und unterstützend zu begleiten und dadurch zugleich zu überwachen. Zu diesem Zweck wurde gemäß Punkt 4.4 der Vereinbarung eigens ein Monitoring-Ausschuss gegründet, der sich einmal im Jahr trifft und sich aus Vertretern des zentralen HR-Managements, des EBR-Vorstands sowie des EMB zusammensetzt.

Der EMB ist an der Umsetzung der Vereinbarung nur am Rande beteiligt und überlässt die kontinuierliche Begleitung, Förderung und Überwachung des

56 Eine Umsetzungsvereinbarung im Bereich der Integration Schwerbehinderter wurde nicht verhandelt, weil die entsprechenden Bestimmungen in der europäischen Rahmenvereinbarung keine Verbesserung gegenüber den im deutschen Konzernteil bereits bestehenden Regelungen darstellen.

Umsetzungsprozesses dem Vorstand des EBR. Der EMB wird aber von der EBR-Spitze über die Umsetzungsaktivitäten auf dem Laufenden gehalten und ist als Mitglied des Monitoringausschusses auch offiziell weiterhin in den Prozess eingebunden. Der Rückzug aus dem Alltagsgeschäft der Umsetzung der Vereinbarung fällt dem EMB auch deshalb leicht, weil die EBR-Spitze eng an den EMB angebunden ist und beim EMB ein hohes Maß an Vertrauen genießt.

In den nationalen HR-Abteilungen stießen die europäische Vereinbarung und die darin enthaltenen Umsetzungserfordernisse zunächst auf geringe Akzeptanz (Interview: Areva EBR 07-2010). Diese distanzierte Haltung konnte erst durch die nachstehend beschriebenen Maßnahmen zur Förderung des Umsetzungsprozesses überwunden werden. Eine direkte Reaktion des zentralen Managements auf das anfänglich geringe Engagement der nationalen HR-Abteilungen zur Umsetzung der europäischen Vereinbarung bestand in der Auflage eines Schulungsprogramms für ihr nationales Management.

Unmittelbar nach dem Abschluss der Vereinbarung wurde die Umsetzung von den Verhandlungsparteien systematisch vorangetrieben. In einem ersten Schritt wurden 2007 das Management und die Arbeitnehmervertretungen aller 51 betroffenen europäischen Standorte vom EBR-Vorstand vor Ort über die Inhalte und die Implikationen der Vereinbarung informiert. Einen weiteren Schub erhielt der Umsetzungsprozess durch das 2008 von der Unternehmensleitung, dem EBR und dem EMB gemeinsam durchgeführte Projekt ODEO (Open Dialogue through Equal Opportunities), das zu 80% von der EU-Kommission finanziert wurde. Dieses Projekt begann mit einer Erhebung in den 51 europäischen Unternehmensstandorten, die den Stand der Chancengleichheit ermittelte. In einem im April 2008 durchgeführten zweitägigen Seminar, an dem 41 HR-Manager und 37 Arbeitnehmervertreter aus zwölf Ländern teilnahmen, wurde die weitere Umsetzung beraten und vorangetrieben. Schließlich wurden insgesamt dreizehn Workshops in kleinen multikulturellen Gruppen bzw. auf nationaler Ebene durchgeführt, auf denen sich insgesamt 140 Management- und Arbeitnehmervertreter über Beispiele guter Praxis mit dem Ziel austauschten, lokale, regionale und nationale Aktionspläne zu entwickeln. Insgesamt erreichte das aus der Vereinbarung resultierende Projekt etwa 9.000 Areva-Beschäftigte in ganz Europa.

Angesichts der positiven Erfahrungen aller Beteiligten wurde im Anschluss an eine Sitzung des Monitoringausschusses im November 2008 der Beschluss gefasst, das ODEO-Projekt mit Finanzmitteln des Unternehmens um zwei weitere Jahre zu verlängern. Im April 2010 unterzeichneten das Unternehmen und der EMB zudem eine Zusatzvereinbarung zur Verlängerung der Vereinbarung vom November 2006 bis November 2012 und zur weiteren Fortführung des ODEO-Projekts.

Die aktive Einbindung der nationalen Akteure in den Umsetzungsprozess durch das ODEO-Projekt trug wesentlich dazu bei, die anfänglich vor allem auf Seiten des nationalen HR-Managements bestehenden Vorbehalte abzubauen und damit eine effiziente Umsetzung der Vereinbarungsinhalte sicherzustellen. Dies gilt etwa auch für das anfänglich besonders reservierte britische HR-Management, das inzwischen jährliche Fortschrittsberichte erstellt und darüber hinaus – organisiert durch ein externes Unternehmen und mit öffentlichen Geldern unterstützt – eine Reihe von Kursen durchgeführt hat, die darauf zielten, Frauen bei ihrer Karriereentwicklung zu helfen.

In Deutschland führten die Projektmaßnahmen infolge der europäischen Rahmenvereinbarung u.a. dazu, dass einmal jährlich an allen Standorten ein ODEO-Tag durchgeführt wird und im Bereich der Schwerbehindertenpolitik zusätzliche Ausbildungsplätze für Schwerbehinderte geschaffen wurden. Die deutsche Betriebsratsspitze sieht dies als Beleg dafür, dass die Vereinbarung auf Managementseite ernst genommen und über die Managementhierarchie durchgesetzt wird (Interview: Areva EBR 09-2009).

4.5.4 Gesamteinschätzung

Der gemeinsam vom EBR und dem zentralen Management vorangetriebene Einstieg in eine europäische Vereinbarungspolitik mit dem Abschluss der Vereinbarung zur Chancengleichheit folgte der Logik eines politischen Tauschs zum Vorteil beider Seiten. Dem zentralen Management diente die Vereinbarung dazu, sich gegenüber der Belegschaft und der Öffentlichkeit als sozial verantwortliches Unternehmen zu präsentieren. Der EBR und der von Beginn an in den Verhandlungsprozess involvierte EMB konnten mit dem Abschluss einer europäischen Rahmenvereinbarung ein Vorzeigeprojekt einer transnationalen Vereinbarungspolitik durchsetzen, das zugleich zur Stärkung beider Akteure im Unternehmen beitrug. Die Vereinbarung zeichnet sich durch eine große Regelungstiefe und präzise Umsetzungsbestimmungen aus.

Die im Kontext des ODEO-Projekts durchgeführten Maßnahmen zur Chancengleichheit und zur Eingliederung behinderter Menschen trugen neben Fortschritten in der Sache in einigen Landesgesellschaften auch zur Verbesserung der Arbeitsbeziehungen im nationalen Kontext bei. Darüber führte die exponierte Rolle des EBR-Vorstands im Monitoringprozess und dessen Anerkennung durch das zentrale HR-Management dazu, mittelbar auch die Position der EBR-Mitglieder gegenüber ihrem je nationalen und lokalen Management zu stärken.

Zugleich repräsentiert die bei Areva abgeschlossene europäische Rahmenvereinbarung einen Präzedenzfall für die erfolgreiche Anwendung des EMB-Verfahrens zur gewerkschaftlichen Koordinierung europäischer Unternehmensverhandlungen. Der Fall Areva dient dem EMB als Beleg für die generelle Praktikabilität des EMB-Verfahrens und als Nachweis seiner eigenen Kompetenz als transnationaler Verhandlungspartner und Verfahrensgarant. Die Bindung der arbeitnehmerseitigen Verhandlungsführung an das Mandat der im Unternehmen vertretenen nationalen Gewerkschaften (im Sinne des Vertretungsmusters der *gebundenen Delegation*) ist aus Sicht des EMB nicht zuletzt im Kontext der Kommissionsinitiative zur Schaffung eines optionalen Rahmens für europäische Kollektivverhandlungen bedeutsam, da hier die Arbeitgeberverbände eine weitreichende Verhandlungsrolle der Gewerkschaften strikt ablehnen.

Ein wesentlicher Bedingungsfaktor der erfolgreichen Anwendung des EMB-Verfahrens war dessen Kompatibilität mit der französischen Arbeitsbeziehungs- und Verhandlungskultur, bei der Verhandlungen auf Unternehmensebene in den alleinigen Zuständigkeitsbereich der Gewerkschaften fallen. Dies führte dazu, dass weder die Arbeitnehmer- noch die Arbeitgeberseite den im EMB-Verfahren formulierten Anspruch auf eine gewerkschaftliche Verhandlungsführerschaft in Frage stellte. Die Sicherstellung der gewerkschaftlichen Steuerung und Kontrolle der europäischen Unternehmensverhandlungen trug auch maßgeblich dazu bei, die vor allem bei einem Teil der französischen Gewerkschaften skeptische Haltung gegenüber Verhandlungen auf europäischer Unternehmensebene zu überwinden. Die Akzeptanz des EMB-Verfahrens auf Seiten des Managements basierte wiederum auf einer gewachsenen Vertrauensgrundlage zum EMB aufgrund dessen engen Einbindung in den Areva-EBR.

Ein letzter Faktor, der die erfolgreiche Anwendung des EMB-Verfahrens erklärt, war das aus Gewerkschaftssicht geringe Konfliktpotential des Verhandlungsgegenstandes. Da das Thema Chancengleichheit nicht die tarifpolitischen Kernkompetenzen der Gewerkschaften tangiert, beförderte dies die Bereitschaft der betroffenen nationalen Gewerkschaften, der europäischen Verhandlungsdelegation das Mandat der Aufnahme und Durchführung europäischer Unternehmensverhandlungen zu erteilen und dem Abschluss einer europäischen Unternehmensvereinbarung zuzustimmen.

Der von Seiten des Managements wie der Gewerkschaften und betrieblichen Arbeitnehmervertreter positiv bewertete Verlauf dieses Einstiegs in eine transnationale Vereinbarungspolitik lässt erwarten, dass die Vereinbarung zur Chancengleichheit auch als prozedurale Blaupause für zukünftige Verhandlungen im Konzern – selbst im Falle von konfliktträchtigeren Regelungsgegenständen – dienen könnte.

4.6 Alleinige Verhandlungsführerschaft des EMB – Der Fall ArcelorMittal

Bei ArcelorMittal wurde im November 2009 nach fünf Verhandlungsrunden, die monatlich stattfanden, erstmals eine europäische Rahmenvereinbarung abgeschlossen. Die Vereinbarung, die mit „Verwalten und Antizipieren von Veränderung bei ArcelorMittal" überschrieben ist und Mindestbedingungen für die sozialverträgliche Gestaltung von Umstrukturierungsprozessen festlegt, enthält folgende Kernpunkte: eine Zusage der Wiederinbetriebnahme temporär stillgelegter Anlagen; die Festlegung betriebsbedingter Kündigungen als ultima ratio nach Nutzung sämtlicher Alternativlösungen (z.B. Kurzarbeit oder Weiterbildungsmaßnahmen); die Durchführung von Schulungsmaßnahmen zur Verbesserung der Beschäftigungschancen der Arbeitnehmer sowie die Einrichtung von paritätisch besetzten nationalen Kontrollausschüssen in allen von der Vereinbarung betroffenen Ländern mit dem Ziel, den sozialen Dialog auf nationaler und lokaler Ebene zu fördern und die Umsetzung der Vereinbarung sicherzustellen.

Die Verhandlungen wurden auf Arbeitnehmerseite von einem dreiköpfigen Verhandlungsteam bestehend aus zwei Vertretern des EMB-Sekretariats und dem EBR-Koordinator des EMB geführt. Der EMB übernahm damit die alleinige Verhandlungsführerschaft. Die nationalen Gewerkschaften waren unter Anwendung des EMB-Verfahrens über die bei ArcelorMittal existierende gewerkschaftliche Koordinierungsgruppe fortlaufend in den Verhandlungsprozess einbezogen. Der EBR war nicht in den Verhandlungsprozess eingebunden, einzelne EBR-Mitglieder waren aber als Gewerkschaftsdelegierte an der gewerkschaftlichen Koordinierungsgruppe beteiligt. Für die Information der nicht beteiligten EBR-Mitglieder war kein Verfahren verabredet; die Information erfolgte fallweise über die in der gewerkschaftlichen Koordinierungsgruppe vertretenen nationalen Gewerkschaftsmitglieder.

4.6.1 Initiative und generelle Interessenkonstellation

Die Verhandlungsinitiative der europäischen Rahmenvereinbarung ging von Arbeitnehmerseite aus. Sie reagierte damit auf einen Kostenreduzierungsplan, den das zentrale Management im November 2008 im Rahmen einer außerordentlichen EBR-Sitzung vorstellte. Demnach sollten angesichts der schlechten Marktlage in der Stahlindustrie in Europa 6.000 Arbeitsplätze im administrativen Bereich abgebaut und die Produktion durch die Stilllegung von Anlagen reduziert werden. Der Plan stieß auf den entschiedenen Widerstand des EBR und der bei ArcelorMittal vertretenen Gewerkschaften.

Der EMB lud daraufhin kurzfristig zu einem gewerkschaftlichen Koordinierungstreffen ein, auf dem im Dezember 2008 mehr als 60 hauptamtliche und betriebliche Vertreter der im Konzern vertretenen Gewerkschaften unter seiner Federführung über ein gemeinsames, europaweit abgestimmtes Vorgehen berieten. Ergebnis dieses Treffens war die Forderung, mit ArcelorMittal entlang eines erstellten Forderungskatalogs Verhandlungen einer europäischen Rahmenvereinbarung aufzunehmen, um ein standortübergreifendes „concession bargaining" zu vermeiden (EMB 2008a). Der EMB wurde von den versammelten Gewerkschaftsvertretern mandatiert, ihre Interessen gegenüber dem Konzernvorstand zu vertreten. Bei einem zweiten gewerkschaftlichen Koordinierungstreffen im Januar 2009 wurden weitere Aktionen, unter anderem die Durchführung eines europäischen Aktionstags, beschlossen, um den Forderungen Nachdruck zu verleihen. Das gewerkschaftliche Vorgehen war eng zwischen EBR, EMB und nationalen Gewerkschaften abgestimmt.

Die zentrale Leitung von ArcelorMittal stand der Forderung der Arbeitnehmerseite nach einer europäischen Rahmenvereinbarung offen gegenüber. Sie verband damit vor allem die Hoffnung, möglichst schnell eine einvernehmliche Lösung mit der Arbeitnehmerseite zu erreichen und damit zu einer Befriedung der Protestaktionen, die vor allem von den französischen und belgischen Gewerkschaften mit zunehmender Intensität durchgeführt wurden, beizutragen (Interview: ArcelorMittal EMB 01-2010).

Die Verhandlungsbereitschaft der zentralen Leitung ist aber auch im größeren Kontext der Bewältigung der Übernahme von Arcelor durch Mittal im Jahr 2007 zu sehen. Da sowohl der Arcelor-EBR als auch der EMB der Übernahme des Konzerns durch Mittal ablehnend gegenüber standen, hatte die neue Konzernspitze ein Interesse daran, Gewerkschaften und EBR durch den Aufbau kooperativer Arbeitsbeziehungen einzubinden. Vor diesem Hintergrund wollte das neue indisch-angelsächsisch geprägte Management mit der Verhandlungsaufnahme auch demonstrieren, dass es an einer Fortführung der Arcelor-Tradition kooperativer Beziehungen mit EBR und Gewerkschaften interessiert war.[57] Dafür spricht auch, dass in der europäischen Rahmenvereinbarung soziale Dialogstrukturen auf nationaler Ebene in Form paritätisch besetzter nationaler Kontrollausschüsse institutionell verankert wurden.

Das zentrale Motiv der Arbeitnehmerseite für Verhandlungen auf europäischer Ebene bestand darin, eine sozialverträgliche Gestaltung der angekündigten Stellenkürzungen sowie konkrete Zusagen des Managements zur Beschäftigungs- und Standortsicherung zu erreichen, um dadurch möglichen Versuchen des Managements, verschiedene Standorte gegeneinander auszuspielen, zu begegnen (Interview: ArcelorMittal EBR 09-2010). Konkret vorangetrieben wurde die Verhandlungsinitiative von der unter Federführung des EMB tagenden gewerkschaftlichen Koordinierungsgruppe und hier insbesondere vom spanischen EMB-Koordinator, der die Schnittstelle zwischen dem EBR auf der einen, dem EMB und den nationalen Gewerkschaften auf der anderen Seite bildete. Die bedeutende Rolle der gewerkschaftlichen Koordinierungsgruppe wurde dadurch begünstigt, dass sie entgegen ihrer ursprünglichen Konzeption eines Gremiums hauptamtlicher Gewerkschaftsvertreter auch EBR-Delegierte umfasste, wie zum

57 Dies dürfte auch die Verhandlungsaufnahme der globalen Rahmenvereinbarung zu Arbeitssicherheit und Gesundheitsschutz, die im Juni 2008 bei ArcelorMittal abgeschlossen wurde, motiviert haben.

Beispiel den langjährigen französischen EBR-Sekretär als Vorsitzenden der Arbeitnehmergruppe des EBR.[58] Durch die Integration betrieblicher EBR-Vertreter in die gewerkschaftliche Koordinierungsgruppe war der EBR von Anfang an in die Verhandlungsinitiative involviert. Darüber hinaus wurde dadurch sichergestellt, dass sämtliche Schritte in enger Abstimmung zwischen EBR, EMB und nationalen Gewerkschaften erfolgten.

4.6.2 Verhandlungen

Charakteristika der bilateralen Verhandlungen

Die im Mai 2009 aufgenommenen bilateralen Verhandlungen wurden auf beiden Seiten von einer kleinen dreiköpfigen Verhandlungsgruppe geführt. Auf Arbeitgeberseite umfasste die Verhandlungsgruppe den Vizepräsidenten des Unternehmens, der für die Sozialbeziehungen weltweit verantwortlich ist, den Direktor für Sozialbeziehungen Europa sowie den Internationalen Koordinator für Arbeitsrecht in der juristischen Abteilung des Unternehmens. Auf Arbeitnehmerseite bestand die Verhandlungsgruppe aus zwei Vertretern des EMB-Sekretariats und dem von der spanischen UGT gestellten EBR-Koordinator des EMB. Dass die alleinige Verhandlungsführerschaft durch EMB-Vertreter, die dem Unternehmen nicht angehörten, von Seiten des EBR und des Managements akzeptierte wurde, beruht auf dem Zusammenwirken einer Reihe unternehmensspezifischer Faktoren.

Erstens steht der ArcelorMittal-EBR in der Traditionslinie des Arcelor-EBR, der wiederum stark von der französisch-belgischen Arbeitsbeziehungs- und Ver-

58 Der EBR bei ArcelorMittal setzt sich der Tradition des EBR bei Arcelor folgend aus einer Arbeitgebergruppe, die in Person des Vorstandsvorsitzenden des Unternehmens auch den Vorsitz im EBR führt, sowie einer Arbeitnehmergruppe zusammen. Letztere umfasst 54 ordentliche Mitglieder aus neun verschiedenen Ländern. Das eigentliche Arbeitsgremium des EBR ist der nur aus Arbeitnehmervertretern bestehende engere Ausschuss, dessen 25 Sitze sich wie folgt auf die verschiedenen Länder verteilen: Frankreich, Belgien und Polen je vier Sitze, Spanien und Rumänien je drei Sitze, Deutschland, Luxemburg und die Tschechische Republik je zwei Sitze und schließlich Italien ein Sitz. Hinzu kommt ein stimmrechtloser Sitz für den EMB als ständigen Gast. Die Führungsstruktur der Arbeitnehmergruppe ist zweigeteilt. Zum einen wählt die Arbeitnehmergruppe einen alle zwei Jahre rotierenden Vorsitzenden, der gleichzeitig stellvertretender Vorsitzender des gesamten EBR ist und überwiegend repräsentative Aufgaben wahrnimmt. Zum anderen wählen die Arbeitnehmervertreter aus ihrer Mitte für vier Jahre einen EBR-Sekretär, der die laufenden Geschäfte des EBR führt und insbesondere als Schnittstelle zwischen zentralem Management und den restlichen arbeitnehmerseitigen EBR-Mitgliedern fungiert. In der Tradition des EBR bei Arcelor verfügt der EBR bei ArcelorMittal zudem über vier arbeitnehmerseitige Arbeitsgruppen für die Bereiche Kommunikation, Arbeitsschutz & Sicherheit, Beschäftigung & Umstrukturierungen sowie Berufliche Weiterbildung und Vermittelbarkeit. Jede dieser Arbeitsgruppen besteht aus einem Vertreter pro Land, der vom engeren Ausschuss ernannt wird.

handlungskultur geprägt ist, nach der Verhandlungen auf europäischer Ebene in den alleinigen Zuständigkeitsbereich der Gewerkschaften fallen (Interview: ArcelorMittal EBR 09-2009). Der EMB ist in dieser Traditionslinie seit langem in die Aktivitäten des EBR eng eingebunden.[59] So wurde bei Arcelor bereits 2002, parallel zur Gründung des EBR, die Idee der Einrichtung einer EMB-Sozialdialoggruppe entwickelt und nach und nach umgesetzt. Die Sozialdialoggruppe setzte sich aus je einem Vertreter der im Konzern vertretenen Gewerkschaften, dem EBR-Sekretär, dem EMB-Generalsekretär und dem EBR-Koordinator des EMB zusammen. Damit wurde bei Arcelor eine Doppelstruktur geschaffen, die einerseits aus dem EBR als Informations- und Konsultationsgremium bestand und andererseits aus der europäischen Gewerkschaftsvertretung, die mit der Durchführung des sozialen Dialogs auf Unternehmensebene beauftragt war (Schneider 2004). Diese besondere Struktur hat die Vertreter des EBR und der gewerkschaftlichen Koordinierungsgruppe gleichermaßen für Fragen der Funktions- und Arbeitsteilung bei transnationalen Unternehmensverhandlungen sensibilisiert. Zudem konnte sich dadurch eine Vertrauensbeziehung zwischen der EBR-Spitze und dem EMB entwickeln, die in den gesamten ArcelorMittal-EBR hineinwirkte.

Zweitens wandte sich der Arcelor-EBR bereits 2004 mangels eigener Expertise mit der Bitte um Unterstützung an den EMB, als das zentrale Management dem EBR das Angebot unterbreitete, eine europäische Vereinbarung zur finanziellen Arbeitnehmerbeteiligung zu verhandeln. Die dadurch ausgelöste Grundsatzdebatte in den EMB-Gremien über die gewerkschaftliche Beteiligung und Mandatierung solcher Verhandlungen durch die nationalen Gewerkschaften (vgl. Kap. 3.5.1) trug wiederum rückwirkend zur weiteren Sensibilisierung des Arcelor-EBR hinsichtlich der Rolle der Gewerkschaften bei transnationalen Verhandlungen bei.

Drittens kam das EMB-Verfahren bei ArcelorMittal bereits in den Verhandlungen einer globalen Rahmenvereinbarung zu Arbeitssicherheit und Gesundheitsschutz erfolgreich zur Anwendung. Diese Vereinbarung wurde 2008 vom zentralen Management und Vertretern des EMB, IMB und der amerikanischen Gewerkschaft United Steelworkers (USW) im Juni 2008 abgeschlossen.[60]

---

59 In gewissem Widerspruch dazu steht, dass, die Bestandsliste transnationaler Unternehmensvereinbarungen der Kommission eine 2004 bei Arcelor abgeschlossene europäische Rahmenvereinbarung zum Thema Arbeitssicherheit und Gesundheitsschutz ausweist, die allein die Unterschrift des EBR, nicht aber der Gewerkschaften trägt (European Commission 2008a: 27). Wie sich dieser Widerspruch erklärt, konnte im Rahmen unserer Untersuchung nicht ermittelt werden, da die Entstehungsgeschichte dieser Vereinbarung nicht Untersuchungsgegenstand war.

60 Das zentrale Element der globalen Vereinbarung besteht in der Vorgabe, dass in allen Standorten des Unternehmens weltweit paritätisch besetzte Ausschüsse für Arbeitssicherheit und Gesundheitsschutz einzurichten sind, um sicherzustellen, dass Management und Arbeitnehmervertreter gemeinsam zur Vermeidung von Sicherheitsrisiken und Unfällen

Hinzu kam viertens, dass die vom Unternehmen angekündigten Einsparpläne zu einer verschärften Konkurrenz unter den verschiedenen nationalen Standorten führten und der Gegenstand der angestrebten Verhandlungen daher auf der Arbeitnehmerseite ein hohes Konfliktpotential beinhaltete. Dadurch war das Verhältnis der Gewerkschaften untereinander von einem gewissen Misstrauen geprägt. Beispielsweise verhandelten die Gewerkschaften in Belgien und Frankreich an jeweils einem Standort parallel zu den Verhandlungen auf europäischer Ebene mit dem lokalen Management über konkrete Zusagen zur Wiederinbetriebnahme ihrer Anlagen (Interview: ArcelorMittal EBR 09-2009). Angesichts der Krisensituation bestand zudem auch unter den Richtungsgewerkschaften eines Landes ein gewisses Misstrauen, das die erforderliche Einigung auf nur einen nationalen Gewerkschaftsvertreter im Falle eines größeren Verhandlungsgremiums erschwert hätte (Interview: ArcelorMittal EMB 01-2010). In Belgien und Frankreich hätten sich jeweils fünf Gewerkschaften einen Sitz im Verhandlungsgremium teilen müssen. Vor diesem Hintergrund bot sich der EMB als übergreifende Klammer der Interessenvereinheitlichung an. Seine Mandatierung als Verhandlungsführer durch die nationalen Gewerkschaften folgte somit auch pragmatischen Erwägungen.

Fünftens bevorzugte auch das Management Verhandlungen mit einer kleinen arbeitnehmerseitigen Verhandlungsgruppe unter Federführung des EMB, da es sich hiervon einen schnelleren und effizienteren Verhandlungsverlauf versprach. Eine wesentliche Voraussetzung für die Akzeptanz des EMB als Verhandlungspartner war dessen Verpflichtungsfähigkeit gegenüber seinen nationalen Mitgliedsorganisationen, die aus Sicht des Managements durch den im EMB-Verfahren vorgesehenen EMB-internen Zustimmungsprozess der nationalen Gewerkschaften garantiert war (Interview: ArcelorMittal HRM 09-2010). Förderlich für die Akzeptanz des EMB als Verhandlungspartner waren zudem die im Vorfeld der Verhandlungen etablierten direkten Kontakte zwischen dem Vorstandsvorsitzenden des Unternehmens und dem EMB-Generalsekretär.

Nachdem die Frage der Verhandlungspartner geklärt war, wurden die eigentlichen Verhandlungen nach fünf monatlich stattfindenden Verhandlungsrunden im Sommer 2009 abgeschlossen. Angesichts der Krisensituation waren beide Seiten an einem schnellen Abschluss der Vereinbarung interessiert. Das Management wollte schnellstmöglich eine einvernehmliche Lösung der Krisensituation, um dadurch das Konfliktniveau möglichst gering zu halten. Die Arbeitnehmerseite strebte einen schnellen Abschluss an, um dadurch baldmöglichst verbindliche Zusagen des Managements zur Beschäftigungs- und Standortsicherung in

---

sowie zur Verbesserung der Arbeitsbedingungen der Beschäftigen insgesamt beitragen. Zur Unterstützung der lokalen Gremien sieht die Vereinbarung zusätzlich die Einrichtung eines globalen Ausschusses für Arbeitssicherheit und Gesundheitsschutz vor, der sich aus neun Gewerkschafts- und drei Managementvertretern zusammensetzt. Dabei entsendet der EMB vier und der IMB fünf Vertreter.

Europa zu erhalten. Der Zeitdruck in den Verhandlungen spiegelt sich in der Vereinbarung dahingehend wider, dass z.B. die darin enthaltenen Richtlinien zu Weiterbildungsmaßnahmen nicht detailliert ausgearbeitet wurden. Stattdessen enthält die Vereinbarung lediglich den Verweis, dass die Richtlinien bis Ende 2010 weiter konkretisiert werden sollen.

Der EMB formulierte den ersten Vereinbarungsentwurf auf der Grundlage des auf dem gewerkschaftlichen Koordinierungstreffen im Dezember 2008 verabschiedeten Forderungskatalogs. Insbesondere die Wiederinbetriebnahme der Anlagen und der Ausschluss betriebsbedingter Kündigungen erwiesen sich als strittige Punkte in den bilateralen Verhandlungen. Dabei konnte sich die Arbeitnehmerseite mit der Forderung durchsetzen, das Herunterfahren der Hochöfen als temporäre Maßnahme zu betrachten und bei einer Erholung der Konjunktur alle Hochöfen wieder anzufahren. Nicht durchsetzen konnte sie sich dagegen mit der Forderung, konkrete Termine für die Wiederinbetriebnahme der Anlagen festzuschreiben. Das Management begründete die Ablehnung dieser Forderung damit, dass über das Wiederanfahren der Anlagen je nach Marktlage entschieden werden müsse. Einen generellen Ausschluss betriebsbedingter Kündigungen konnte die Arbeitnehmerseite ebenfalls nicht durchsetzen. Das Management akzeptierte aber die Festschreibung betriebsbedingter Kündigungen als ultima ratio nach Ausschöpfung sämtlicher Alternativlösungen und verpflichtete sich, im Fall von unvermeidlichen Kündigungen mit den Gewerkschaften nach einer sozialverträglichen Lösung zu suchen.

Arbeitnehmerseitige Interessenabstimmung und Koordinierung

Die arbeitnehmerseitige Koordinierung der Verhandlungen erfolgte zentral über den EMB und der unter seiner Federführung tagenden gewerkschaftlichen Koordinierungsgruppe unter Anwendung des EMB-Verfahrens. Auf dem Treffen der gewerkschaftlichen Koordinierungsgruppe im Dezember 2008 erteilten die anwesenden Vertreter der nationalen Gewerkschaften zwei Vertretern des EMB-Sekretariats und dem EMB-Beauftragten des ArcelorMittal-EBR das Mandat zur Verhandlungsführung, das inhaltlich an die im Forderungskatalog festgehaltenen Kernpunkte gebunden war. Diese Lösung entsprach zwar formal dem EMB-Verfahren, weicht aber von der in anderen Fällen angewandten Praxis ab, betriebliche Gewerkschaftsvertreter in die Verhandlungsdelegation zu integrieren, um deren unternehmensspezifisches Know-how in den Verhandlungen nutzbar zu machen.[61] Angesichts des hohen Konfliktpotentials des Verhandlungsgegenstandes, der kontroversen zwischengewerkschaftlichen Diskussionen und des großen

61 Das EMB-Verfahren legt diesbezüglich fest, dass „im Verhandlungsteam (...) zumindest ein Vertreter des EMB und/oder der EMB-Koordinator und/oder ein Vertreter der jeweiligen Gewerkschaft vertreten sein (muss).“ (EMB 2006: 2)

Zeitdrucks verständigten sich die Mitglieder der gewerkschaftliche Koordinierungsgruppe auf die kleine Lösung der dreiköpfigen Verhandlungsdelegation, da diese am besten geeignet schien, zügig und erfolgreich zu verhandeln und einen Vereinbarungsabschluss herbeizuführen.

Umgekehrt legte die Verhandlungsdelegation aufgrund ihrer äußerst selektiven Zusammensetzung großen Wert darauf, die Mitglieder der gewerkschaftlichen Koordinierungsgruppe durch eine systematische Kommunikationsstrategie am Verhandlungsprozess zu beteiligen (Interview: ArcelorMittal EMB 01-2010). Um den nationalen Gewerkschaften die Möglichkeit zur Stellungnahme zu geben, informierte sie nach jeder der fünf Verhandlungsrunden die gewerkschaftliche Koordinierungsgruppe schriftlich oder im Rahmen eines Treffens über den aktuellen Verhandlungsstand und dessen Verlauf.

Der ausgehandelte Vereinbarungstext wurde dem EMB-Verfahren entsprechend den nationalen Gewerkschaften zur Zustimmung vorgelegt. Mit Ausnahme der französischen Gewerkschaften FO und CGC stimmten alle im Unternehmen vertretenen Gewerkschaften der Unterzeichnung der Vereinbarung zu (ebd.). Dadurch lag erstmals die Situation vor, dass Gewerkschaften eines Landes im Rahmen des Zustimmungsverfahrens gemäß der EMB-Verhandlungsleitlinien unterschiedliche Voten abgaben und der EMB ermitteln musste, ob die CGT, CFDT und CFTC als die drei Gewerkschaften, die dem Abschluss der Vereinbarung zugestimmt hatten, die erforderliche Zweidrittelmehrheit der französischen ArcelorMittal-Belegschaft repräsentierten.[62] Unter Zugrundelegung der letzten Sozialwahlen in Frankreich[63] repräsentierten die genannten drei Gewerkschaften ca. drei Viertel der Belegschaft, so dass sich für Frankreich ein zustimmendes Votum ergab. Dies wurde auch vonseiten der FO und CGC, die den Abschluss abgelehnt hatten, akzeptiert.[64] Dadurch stand der Unterzeichnung der Vereinbarung durch den EMB nichts mehr im Weg.

Der EBR war in die Verhandlungen nicht formal einbezogen, aber praktisch dadurch beteiligt, dass der in der CGT organisierte EBR-Sekretär und weitere EBR-Mitglieder über das Gewerkschaftsticket in der gewerkschaftlichen Koor-

62 Das EMB-Verfahren sieht vor, dass der Vereinbarungsentwurf vor seiner Unterzeichnung durch den EMB von den betroffenen Gewerkschaften genehmigt werden muss und dabei eine Zweidrittelmehrheit in allen beteiligten Ländern erforderlich ist (vgl. Kap. 3.5.2).

63 Bei den alle vier Jahre stattfindenden Sozialwahlen stehen der Belegschaft von den Gewerkschaften aufgestellten Kandidatenlisten zur Wahl.

64 Der ausschlaggebende Grund für die Ablehnung durch die FO und CGC dürfte darin bestanden haben, dass die Vereinbarung die bei Arcelor parallel zum EBR bestehenden Sozialdialoggruppe wieder belebte. Dazu wurden die Kompetenzen der Sozialdialoggruppe angehoben und die Besetzung neu geregelt. Da den fünf französischen Gewerkschaften nur ein Sitz zusteht, befürchteten FO und CGC als nicht in der Sozialdialoggruppe vertretene Gewerkschaften marginalisiert zu werden.

dinierungsgruppe vertreten waren. Ein Verfahren zur fortlaufenden Information der nicht vertretenen EBR-Mitglieder bestand dagegen nicht.

4.6.3 Abschluss und Umsetzung

Die Umsetzung der Vereinbarung fällt primär in den Verantwortungsbereich der nationalen und lokalen Ebene. Für den Themenkomplex Beschäftigungssicherung verlangt die Vereinbarung, dass nationale bzw. lokale Umsetzungsvereinbarungen gemäß den Gesetzen, Traditionen und Kulturen des jeweiligen Landes verhandelt und abgeschlossen werden. Die Zuständigkeit für die Umsetzung des zweiten Themenkomplexes, der Weiterbildung, liegt beim nationalen und lokalen Management, das aufgefordert ist, in Konsultation mit den betrieblichen bzw. gewerkschaftlichen Arbeitnehmervertretungen jährliche Weiterbildungsprogramme zu erstellen. Zugleich sind die ständigen Arbeitsgruppen des EBR zu Beschäftigung & Umstrukturierung sowie zur Beruflichen Weiterbildung & Vermittelbarkeit in den Umsetzungsprozess dahingehend einbezogen, dass sie zu den beiden Themenkomplexen der Vereinbarung Forderungskataloge als Orientierungslinie der nationalen Umsetzungsverhandlungen ausarbeiten sollen.

Die Vereinbarung sieht ein engmaschiges Kontrollnetz der Umsetzung und Einhaltung der Vereinbarungsbestimmungen vor, das aus folgenden Elementen besteht:

(1) die Einrichtung paritätisch besetzter Kontrollausschüsse auf nationaler Konzernebene, deren Aufgabe darin besteht, in einem halbjährlichen Bericht den Stand der Umsetzung darzulegen, bestehende Umsetzungsprobleme aufzuzeigen und mögliche Lösungsvorschläge zu unterbreiten;
(2) die Einsetzung der ebenfalls paritätisch besetzten europäischen Sozialdialoggruppe als Kontrollausschuss auf europäischer Ebene, dem die Aufgabe zukommt, den Umsetzungsstand halbjährlich auf der Basis der nationalen Umsetzungsberichte zu bilanzieren;
(3) die Einrichtung einer aus den Verhandlungsdelegationen beider Seiten bestehenden Schlichtungsinstanz für den Fall von Streitigkeiten, die sich aus der Auslegung oder der Umsetzung der Vereinbarung ergeben und die nicht im Rahmen des nationalen Kontrollausschusses geklärt werden können.

Der EMB ist nicht an der Umsetzung, aber über seine Mitgliedschaft im europäischen Kontrollausschuss an der Überwachung der Vereinbarung unmittelbar beteiligt. Ihm kommt zudem eine tragende Rolle im Schlichtungsfall zu.

Für eine abschließende Bewertung des Umsetzungsprozesses und der praktischen Bedeutung der Vereinbarung im betrieblichen Alltag ist es noch zu früh, da beispielsweise bei Abschluss unserer empirischen Erhebung (Ende 2010) die Verhandlungen zur Umsetzung und Präzisierung des Weiterbildungsteils der Vereinbarung noch nicht abgeschlossen waren. Immerhin – so die Einschätzung des zentralen Managements – hat die Vereinbarung bereits zur Intensivierung und Verbesserung des lokalen sozialen Dialogs vor allem in den neuen EU-Mitgliedsländern geführt (Interview: ArcelorMittal HRM 09-2010).

4.6.4 Gesamteinschätzung

Im Fall der Verhandlung einer europäischen Rahmenvereinbarung bei ArcelorMittal erkannten sowohl der EBR und die nationalen Gewerkschaften als auch das zentrale Management die alleinige Verhandlungsführerschaft des EMB an. Ausschlaggebend hierfür war das Interesse beider Seiten an einer schnellen und einvernehmlichen Lösung der Ende 2008 bestehenden Konfliktsituation. Angesichts des Konfliktpotentials des Verhandlungsgegenstandes und des damit verbundenen Einsatzes auf beiden Seiten wussten sowohl die nationalen Gewerkschaften als auch das zentrale Management die länder- und gewerkschaftsübergreifende interessenaggregierende Funktion des EMB zu schätzen. Weitere Faktoren, die die alleinige Verhandlungsführerschaft des EMB begünstigten, waren das Durchschlagen der französisch-belgischen Arbeitsbeziehungs- und Verhandlungskultur im EBR, die traditionell enge Einbindung des EMB in die EBR-Aktivitäten von ArcelorMittal und des Vorläuferunternehmens Arcelor und das grundsätzliche Interesse des Vorstandsvorsitzenden an kooperativen Arbeitsbeziehungen mit den Gewerkschaften.

Die Akzeptanz der Verhandlungsführerschaft des EMB bei den Verhandlungen bei ArcelorMittal ist für den EMB ein wichtiger Präzedenzfall, da er hiermit seine Verhandlungskompetenz auf europäischer Unternehmensebene bei einem Thema mit hohem Konfliktpotential unter Beweis stellen konnte. Insbesondere die Anerkennung der EMB-Verhandlungsführerschaft durch das zentrale Management hilft dem EMB in seiner Argumentation für die Durchsetzung des gewerkschaftlichen Verhandlungsmonopols in zukünftigen europäischen Verhandlungen in anderen Unternehmen.

In Bezug auf die Anwendung des EMB-Verfahrens stellen die Verhandlungen bei ArcelorMittal ebenfalls in zweierlei Hinsicht einen aus EMB-Sicht bedeutenden Präzedenzfall dar. Zum einen zeigte sich, dass das EMB-Verfahren auch bei konfliktären Verhandlungen unter Zeitdruck ein von beiden Seiten geschätztes Instrument zur Herstellung von Verfahrenssicherheit darstellen kann. Dies dürfte dem EMB dabei helfen, organisationsinterne Vorbehalte weiter abzubauen, die gegenüber dem als zu bürokratisch und zu zeitaufwändig wahrgenommenen Verfahren in Teilen der Mitgliedschaft und bei betrieblichen Akteuren noch immer bestehen. Zum anderen kam erstmals die im EMB-Verfahren für die Zustimmung der nationalen Gewerkschaften vorgesehene Zweidrittelregelung (erfolgreich) zur Anwendung. Dies war aus Sicht des EMB deshalb von besonderer politischer Bedeutung, weil alle französischen Gewerkschaften (einschließlich der CGC, die damals noch nicht Mitglied des EMB war) das EMB-Verfahren in einer komplizierten und von gegenseitigem Misstrauen geprägten Situation akzeptierten. Dass die FO und die CGC die Vereinbarung letztlich mittrugen, obwohl sie gegen den Abschluss der Vereinbarung stimmten, unterstreicht nicht zuletzt auch gegenüber Dritten (dem Arbeitgeberlager und der Europäischen Kommission) die Tragfähigkeit des EMB-Verfahrens hinsichtlich der Verpflichtung der Mitgliedsorganisationen auf die Umsetzung und Einhaltung getroffener Vereinbarungen.

Vor diesem Hintergrund reicht der erfolgreiche Abschluss der europäischen Rahmenvereinbarung bei ArcelorMittal in seiner politischen Bedeutung über die in der Vereinbarung erzielte Regelung des konkreten Konfliktfalls hinaus.

4.7 Zunehmende formale Anerkennung der Gewerkschaften im Verhandlungsprozess – Der Fall EADS

Der hier vorgestellte Fall behandelt die Auseinandersetzungen um die Festschreibung eines europäischen Verhandlungsverfahrens bei EADS im Rahmen einer langjährigen Vereinbarungspolitik des EBR.

Die Verhandlungsaktivitäten des EADS-EBR führten zu mehreren europäischen Vereinbarungen zum Thema Erfolgsbeteiligung (2004, 2008, 2009) und zu einer Internationalen Rahmenvereinbarung (2005). Zudem wurde die im Jahr 2000 abgeschlossene EBR-Gründungsvereinbarung im April und Juni 2007 im Rahmen von Nachverhandlungen zwischen dem EBR und der zentralen Leitung von EADS um zwei Anlagen erweitert und im Oktober 2008 in überarbeiteter Form neu abgeschlossen. Die vereinbarten Anlagen betrafen eine Absichtserklärung zur Einrichtung eines Weltbetriebsrats und ein Verfahren zur Information und Konsultation der Arbeitnehmervertreter im Rahmen der Globalisierung.[65]

Ein Verfahren europäischer Unternehmensverhandlungen wurde erstmals 2008 als Bestandteil der neu gefassten EBR-Gründungsvereinbarung vertraglich fixiert. Die von den Gewerkschaften angestoßenen Auseinandersetzungen um die Gestaltung des Verfahrens führten in der Folge zu Nachjustierungen der ursprünglichen Fassung und resultierten schließlich im September 2010 in einer eigenständigen europäischen Vereinbarung, in der das Verfahren zukünftiger

65 Letztere schreibt vor, dass der EBR über die Internationalisierungsstrategie des Unternehmens einschließlich der Abschätzung möglicher Auswirkungen im Vorfeld zu unterrichten und anzuhören ist. Die Verhandlung und Umsetzung der Anlagen zur EBR-Gründungsvereinbarung und deren Neufassung werden im Rahmen dieser Fallstudie ebenso wenig im Detail weiter verfolgt wie die Verhandlung und Umsetzung der Internationalen Rahmenvereinbarung.

europäischer Unternehmensverhandlungen geregelt wurde. Der Verhandlungsprozess eines EADS-spezifischen Verfahrens europäischer Unternehmensverhandlungen, der im Fokus der nachfolgenden Fallanalyse steht, umfasst somit einen Zeitraum von Mitte 2008 bis September 2010.

Die Rolle der Gewerkschaften nahm im Prozessverlauf kontinuierlich zu. Die Gestaltung eines unternehmensinternen europäischen Verhandlungsverfahrens wurde zu Anfang als alleinige Angelegenheit des EBR (bzw. des BVG) und der zentralen Unternehmensleitung betrachtet. Im Verlauf des Verhandlungsprozesses gelang es den Gewerkschaften, ihren Interessen in den unternehmensinternen Verhandlungen eine größere Geltung zu verschaffen und als Akteur europäischer Unternehmensverhandlungen bei EADS anerkannt zu werden. Deshalb war es nur folgerichtig, dass die zentrale Leitung von EADS auch mit den Gewerkschaften eine Vereinbarung abschloss, um die Verpflichtung beider Verhandlungsparteien auf das Verfahren und seine Konsequenzen formal abzusichern.

Die Bedeutungszunahme der Gewerkschaften im Verhandlungsverlauf spiegelt sich entsprechend in den inhaltlichen Bestimmungen wider. Sah das Verhandlungsverfahren, auf das sich EBR und Management im Rahmen der Verhandlungen zur Neufassung der EBR-Gründungsvereinbarung ursprünglich verständigt hatten, eine gewerkschaftliche Beteiligung nicht explizit vor, so ist in der schließlich verabschiedeten Fassung die gewerkschaftliche Kontrolle des Verhandlungsprozesses für den britischen, französischen und spanischen Konzernteil formal sichergestellt. Für den deutschen Konzernteil stimmte die IG Metall zu, dass der Konzernbetriebsrat analog zur gewerkschaftlich-betriebsrätlichen Funktionsteilung auf nationaler Ebene die Nominierung der deutschen Mitglieder der Verhandlungsgruppe übernimmt.

4.7.1 Initiative und generelle Interessenkonstellation

Der EADS-EBR wurde im Jahr 2000 nach niederländischem Recht gegründet. Mitglieder können nur Arbeitnehmer sein, die bei EADS beschäftigt sind. Ihre Wahl oder Benennung erfolgen nach Maßgabe des Gesetzes des Mitgliedsstaates, in dem sie arbeiten. Der EBR ist aber um einen stimmrechtlosen Sitz erweitert, der vom EMB frei besetzt werden kann (EBR-Gründungsvereinbarung vom 23.10.2000, Punkt 2 und vom 30.10.2008, Punkt 3). Dieser Sitz wird üblicherweise vom EMB-Generalsekretär wahrgenommen, der zugleich als EBR-Beauftragter des EMB fungiert. Zudem kann der EBR von zwei frei wählbaren Sachverständigen mit ausgewiesener Erfahrung auf dem Gebiet der Luftfahrt-, Verteidigungs- und Raumfahrtindustrie unterstützt werden, die das Recht haben, an den Sitzungen des EBR und des europäischen Wirtschaftsausschusses beratend teilzunehmen (EBR-Gründungsvereinbarung vom 23.10.2000, Punkt 10 und vom

30.10.2008, Punkt 14.1). Üblicherweise fungieren ein politischer Sekretär des zentralen gewerkschaftlichen Apparats der IG Metall und der FO als diese ständigen Sachverständigen. Die EBR-Mitglieder waren und sind ausnahmslos gewerkschaftlich organisiert.

Aufgrund des Stellenwerts insbesondere der französischen Delegation im EBR und der richtungsgewerkschaftlichen Fraktionsauseinandersetzungen innerhalb dieser Delegation[66] ist der EBR insgesamt weniger von einem Denken in Länder- als in Gewerkschaftsfraktionen geprägt. In der Praxis des EBR macht sich dies unter anderem dadurch bemerkbar, dass sich zuerst „die IG Metall“ und „die FO“ als die beiden größten Gewerkschaftsfraktionen im EBR abstimmen und diese dann versuchen, die anderen Fraktionen für ihre Position zu gewinnen (Interview: EADS EBR 10-2009). Die beiden ständigen Sachverständigen der IG Metall und der FO begreifen sich selbst als Teil der jeweiligen Fraktionen und werden auch von den EBR-Mitgliedern so wahrgenommen.

Die beteiligten hauptamtlichen Gewerkschaftsvertreter sind als Teil des engeren Ausschusses und des EBR in die internen Interessenabstimmungen und Positionsfindungen des EBR eingebunden und in der Lage, ihre eigenen Positionen und Interessen einzubringen. Dies gilt auch für den EMB-Generalsekretär, der als beratendes, nicht stimmberechtigtes Mitglied bei den Verhandlungen dabei sein kann und in alle vorbereitenden Aktivitäten eingebunden ist (ebd.). Die deutsche Delegation stimmt zudem die Verhandlungsinhalte bereits im Vorfeld informell mit dem einbezogenen Gewerkschaftsexperten der IG Metall ab. Der deutsche EBR-Vorsitzende ist Gewerkschaftsmitglied aus Überzeugung und begreift die Zusammenarbeit zwischen (Europäischem) Betriebsrat und Gewerkschaften zugleich als ein Zweckbündnis, um Beschäftigteninteressen durchzusetzen (ebd.). Da der Betriebsrat auf die vertrauensvolle Zusammenarbeit verpflichtet ist, sind die Gewerkschaften im Falle blockierter Verhandlungen unverzichtbar, um Druck zu organisieren und die Belegschaften zu mobilisieren.

Die Option, im Rahmen der Überarbeitung der EBR-Gründungsvereinbarung zugleich die Ausgestaltung eines EBR-Verhandlungsmandats zu verhandeln, war – angesichts bereits vorliegender europäischer Verhandlungserfahrungen – auf Seiten des Managements und des EBR gleichermaßen Gegenstand interner Vorklärungen. Der Entscheidung, auf die Festschreibung eines solchen Mandats hin-

---

66 Diese richtungsgewerkschaftlichen Fraktionsauseinandersetzungen führen dazu, dass sich die EBR-Mitglieder zumindest gleichermaßen als Vertreter ihrer Gewerkschaft wie ihres Landes oder des EBR insgesamt verstehen. Inwieweit man so weit gehen und ein „südliches Modell“, in dem die EBR-Delegierten sich hauptsächlich als Vertreter ihrer Gewerkschaft verstehen, von einem „nordischen Modell“, in dem die EBR-Mitglieder, obwohl in der Regel gewerkschaftlich organisiert, sich selbst primär als Vertreter ihrer lokalen, nationalen oder europäischen Belegschaft verstehen, unterscheiden kann, wie Knudsen (2003: 157) dies tut, müsste im Einzelnen untersucht werden.

zuarbeiten, lagen auf Seiten des EBR vornehmlich politische, auf Seiten des Managements dagegen vornehmlich praktische Erwägungen zu Grunde.

Zentrales Motiv des EBR war es, seine in der Praxis bereits anerkannte europäische Verhandlungskompetenz formal festzuschreiben, um so seine Beteiligungsansprüche und -möglichkeiten gegenüber der EADS-Leitung über die Information und Konsultation hinaus in Richtung eines Verhandlungsgremiums auf europäischer Unternehmensebene weiterzuentwickeln (ebd.). Das Zusammenspiel dreier Faktoren erklärt, warum die EBR-Mitglieder zu diesem Zeitpunkt bereit und willens waren, die europäische Verhandlungsrolle des EBR auszubauen und zu formalisieren: erstens die mehrheitlich positiv bewerteten Erfahrungen der bisherigen europäischen Verhandlungspraxis, zweitens ein über Jahre gewachsenes Vertrauen in das Gremium und dessen Führung und schließlich drittens eine sich sukzessiv verstärkende Einsicht, dass die nationale Regelungsebene angesichts des Grads organisationaler Europäisierung des Unternehmens mehr und mehr an Wirkungskraft verliert.

Im Einzelnen zeigt die Entwicklung, dass der EBR in seiner Mehrheit einer europäischen Vereinbarungspolitik von Beginn an offen gegenüberstand.[67] Allenfalls einzelne EBR-Delegierte äußerten Vorbehalte gegenüber einer Verhandlungsrolle des EBR. Dies galt insbesondere für den EBR-Vertreter der CGT, der damit der generellen Linie seiner Gewerkschaft folgte.[68] Dagegen befürwortete die Delegation der FO, die bei EADS bis heute die französische Mehrheitsgewerkschaft stellt, die praktischen Schritte wie auch die Formalisierungsbestrebungen, den EBR zu einem europäischen Verhandlungsgremium auszubauen.[69]

67 Die europäische Struktur des Unternehmens widerspiegelnd setzt sich der EADS-EBR aus vier Länderdelegationen zusammen. Jeweils sechs Vertreter gehören den deutschen und französischen Delegationen an, drei Vertreter der britischen und zwei Vertreter der spanischen Delegation. Dies entspricht folgenden Verteilungsrelationen der Beschäftigtenzahlen: etwa 44.000 Beschäftigte im französischen, etwa 43.000 Beschäftigte im deutschen, knapp 14.000 Beschäftigte im britischen und etwas mehr als 10.000 Beschäftigte im spanischen Konzernteil (Stand: 31.12.2008).

68 Der CGT-Vertreter im EBR hat bei den bisher zwischen der EADS-Leitung und dem EBR abgeschlossenen Vereinbarungen stets die prinzipiellen Vorbehalte seiner Gewerkschaft gegenüber diesen Vereinbarungen vorgetragen. Bei diesbezüglichen Abstimmungen hat er sich der Stimme mit der Begründung enthalten, dass er kein Mandat von seiner Gewerkschaft habe, diesen Vereinbarungen zuzustimmen. Zugleich hat die CGT den EMB stets dazu aufgefordert, gegen die Selbstermächtigung des EBR, europäische Unternehmensverhandlungen zu führen, zu intervenieren (Interview: EADS EBR 10-2009).

69 Ein wesentlicher Erklärungsfaktor für die Haltung der FO-Delegierten bei EADS dürfte in der langjährig gewachsenen vertrauensvollen Zusammenarbeit zwischen FO-Delegation und Unternehmensleitung bestehen. Dabei wurde von Managementseite bereits in den 1980er Jahren im damaligen Vorgängerunternehmen der EADS eine privilegierte Beziehung zur FO-Delegation im Unternehmen gezielt aufgebaut und kontinuierlich

Die Verhandlungsrolle des EBR wurde auch von den beiden Gewerkschaftshauptamtlichen, die für die IG Metall und die FO als Sachverständige des EBR fungieren, nicht in Frage gestellt. Einzig der EMB-Generalsekretär meldete von Beginn an prinzipielle Bedenken bezüglich einer Verhandlungsrolle des EBR an.

Das zuständige zentrale Management sah in einer Festschreibung eines EBR-Verhandlungsmandats insbesondere den Vorteil, in der Praxis festgestellte Verfahrensmängel zu beseitigen und auf diesem Weg die Verhandlungs-, Abschluss- und Umsetzungseffizienz der europäischen Vereinbarungspolitik zu steigern. Diese pragmatische Haltung ist eingebettet in ein prinzipielles Interesse des zentralen Managements an starken europäischen Unternehmensarbeitsbeziehungen und der Entwicklung einer europäischen Regelungsebene in dafür geeigneten Regelungsbereichen. Das EADS-Management wies dem EBR von Beginn an eine positive Rolle als Integrationsfaktor der vier europäischen Unternehmensteile zu und gewährte ihm Strukturen und Handlungsmöglichkeiten, die weit über das rechtlich Vorgeschriebene hinausgehen. Dies kommt bereits in der EBR-Gründungsvereinbarung von 2000 und deren im Jahr 2007 erweiterter Fassung zum Ausdruck.[70]

Im Verständnis des EADS-Managements schreiben die förmliche Etablierung und der Ausbau einer europäischen Verhandlungsebene die bisherige Entwicklung eines handlungsstarken EBR als eines integrierenden und identitätsstiftenden Faktors im Unternehmen fort. Demnach können europaweite Vereinbarungen dazu beitragen, eine europäische Unternehmensidentität der Beschäftigten zu befördern. Das EADS-Management steht deshalb einer europäischen Vereinbarungspolitik prinzipiell offen gegenüber und versucht diese, aktiv voranzutreiben, wobei es freilich nur bestimmte Themen für eine transnationale Standardisierung mittels europäischer Vereinbarungen für geeignet hält.

Die Vereinbarung einer Erfolgsbeteiligung entsprach diesen Kriterien, da mit ihr eine transnational identitätsstifte Wirkung verbunden war. Dagegen rich-

---

gepflegt; und dadurch die CGC „aus dem Geschäft gedrängt“ (Interview: EADS HRM 10-2009). Als ein weiterer Faktor kommen die Lernerfahrungen des FO-Spitzenvertreters im Zuge der langjährigen deutsch-französischen Zusammenarbeit hinzu, die durch gemeinsame Schulungsmaßnahmen gezielt gefördert wurde (Interview: EADS EBR 10-2009).

70 Der EADS-EBR verfügt über eine komplexe Struktur unterschiedlicher Ausschüsse und Komitees; im Einzelnen sind dies ein geschäftsführender Ausschuss, ein Europäischer Wirtschaftsausschuss, vier europäische Komitees für die Divisionen Airbus, Eurocopter, Space sowie Defence and Security Systems und nationale Komitees für Frankreich, Deutschland, Großbritannien und Spanien. Der Tagungsrhythmus ist mit je vier jährlichen Treffen des EBR, des geschäftsführenden Ausschusses und des Europäischen Wirtschaftsausschusses außergewöhnlich hoch (vgl. hierzu European Foundation for the Improvement of Living and Working Conditions 2005; EADS-EBR 2009).

tet sich die Personal- und Sozialpolitik der EADS in der Regel an den nationalen und lokalen Bedingungen aus. Angesichts national unterschiedlicher rechtlicher Gegebenheiten bei Sozialplan- und Interessenausgleichsverhandlungen betrachtet das Management transnationale Unternehmensumstrukturierungen als für europäische Verhandlungen ungeeignet und möchte diese Thematik auf der Ebene intensiver Beratungen belassen (Interview: EADS HRM 10-2009).

4.7.2 Verhandlungen

Der Verhandlungsprozess lässt sich in drei Phasen untergliedern.

Die *erste* Phase umfasste die Verhandlungen eines Verhandlungsmandats des EBR im Rahmen der Neufassung der EBR-Gründungsvereinbarung, die mit der Unterzeichnung dieser Vereinbarung Ende Oktober 2008 zum Abschluss kamen. Die Verhandlungen führte arbeitnehmerseitig das Besondere Verhandlungsgremium (BVG), das als Verhandlungspartei der EBR-Gründungsvereinbarung gemäß Punkt 14 dieser Vereinbarung dafür zuständig war. Das BVG setzte sich aus jeweils fünf deutschen und französischen und jeweils zwei spanischen und britischen Delegierten zusammen, die wiederum alle dem EBR als Mitglied oder stellvertretendes Mitglied angehörten. Die Verhandlungsgruppe des Managements bestand aus dem europäischen sowie den vier nationalen IR-Verantwortlichen.[71] Gewerkschaftshauptamtliche des EMB, der FO und der IG Metall waren in beratender Funktion unmittelbar in die Verhandlungen einbezogen. Das Verhandlungsergebnis schreibt fest, dass der EBR, gemeinsam mit der zentralen Unternehmensleitung eine Verhandlungsinitiative anstoßen kann. Als Verhandlungspartei der Arbeitnehmerseite wurde ein nicht weiter definiertes besonderes Verhandlungsgremium bestimmt.[72]

Die *zweite* Verhandlungsphase umfasst den Zeitraum vom November 2008 bis Mitte 2009, in der das vereinbarte EBR-zentrierte Verfahren europäischer Unternehmensverhandlungen auf gewerkschaftliche Intervention und auf Initiative der beiden EBR-Vorsitzenden hin nachjustiert wurde. Im Ergebnis wurde die

---

71 IR steht für *industrial relations* und bezeichnet die Fachabteilung im Unternehmen, die für die Beziehungen zu den Gremien und Strukturen der kollektiven Interessenvertretung der Beschäftigten einschließlich der Gewerkschaften zuständig ist.

72 Wörtlich heißt es: „... können der Europäische Betriebsrat und die zentrale Unternehmensleitung der EADS gemeinsam beschließen, Vorgespräche einzuleiten, mit dem Ziel, Verhandlungen über länderübergreifende, die gesamte Gruppe betreffende Themen vorzubereiten, bevor diese Verhandlungen offiziell mit einem besonderen Verhandlungsgremium aufgenommen werden. Die Vorschläge des Europäischen Betriebsrats und der zentralen Unternehmensleitung der EADS werden dem besonderen Verhandlungsgremium vor Aufnahme der Verhandlungen übergeben." (Punkt 6.3 der neugefassten EBR-Gründungsvereinbarung vom 30.10.2008)

ursprünglich vereinbarte Bestimmung dahingehend verändert, dass die Besetzung der Verhandlungsgruppe mit Vertretern der nationalen Gewerkschaften festgeschrieben wurde.[73] Im weiteren Verlauf wurde zudem das Verfahren europäischer Unternehmensverhandlungen bei EADS in Form einer Anlage zur EBR-Vereinbarung weiter spezifiziert und zwar hinsichtlich der Zusammensetzung der Verhandlungsgruppe, der Steuerung des Verhandlungsablaufs, der Beschlussfassung und Geltung. In der Regel verfügen nun die nationalen Gewerkschaften über das uneingeschränkte Entsendungsrecht der Mitglieder der Europäischen Verhandlungsgruppe. Davon ausgenommen ist der deutsche Konzernteil, in dem dieses Recht dem Konzernbetriebsrat (KBR) zukommt. Die beiden EBR-Vorsitzenden gehören der Verhandlungsgruppe als gleichberechtigte Mitglieder an. Ein Vertreter des EMB kann an den Verhandlungen beratend teilnehmen. Der EBR – und insbesondere der EBR-Vorsitzende – hat weiterhin eine wichtige Koordinations- und Steuerungsfunktion. Für die Annahme der Vereinbarung bedarf es zwei Drittel der Stimmen der Verhandlungsgruppe. Aus der Unterzeichnung der Vereinbarung erwächst die Verpflichtung, diese in den einzelnen nationalen Konzernteilen in rechtswirksame Vereinbarungen umzusetzen.

In einer *dritten* Phase wurde schließlich das Verfahren selbst in einer noch einmal nachjustierten und erweiterten Fassung von den nationalen Gewerkschaften autorisiert, indem diese als Vertragspartner auftraten. Diese Vereinbarung eines EADS-spezifischen Verfahrens europäischer Unternehmensverhandlungen vom 28. September 2010 stellt somit zugleich die erste erfolgreiche Anwendung des aus der zweiten Phase hervorgegangenen Verfahrens dar. Eine zentrale inhaltliche Erweiterung in dieser dritten Phase bestand darin, dass nun auch die Ebene der Divisionen in die Vereinbarung einbezogen wurde.

Eigenschaften und Verlauf der bilateralen Verhandlungen

Kennzeichnend für den formalen Teil des Verhandlungsprozesses ist ein grundlegender Wandel der arbeitnehmerseitigen Verhandlungsgruppe bei einer weitgehenden Konstanz auf Arbeitgeberseite. Folgte die Besetzung des Besonderen Verhandlungsgremiums zu Anfang einer EBR-Logik, so orientierte sie sich in der dritten Prozessphase an einem Verständnis, wonach europäische Unternehmensverhandlungen primär der gewerkschaftlichen und nicht der EBR-Sphäre zuzurechnen sind. Zugleich wurde der Verhandlungsprozess zu einem wichtigen Teil durch informelle Gespräche und Verhandlungen zwischen den Spitzenvertretern

73 Konkret wurde der Punkt 6.3 der Vereinbarung um folgenden Satz ergänzt: „Die Europäische Verhandlungsgruppe setzt sich zusammen aus Vertretern der nationalen Gewerkschaften gemäß den geltenden Vorschriften, Regelungen und Praktiken in den jeweiligen Ländern." Zudem wurde der Begriff des besonderen Verhandlungsgremiums durch den Begriff der Europäischen Verhandlungsgruppe ersetzt (Nachtrag zur EBR-Vereinbarung vom 30. Oktober 2008, Veränderung des Artikel 6.3, vom 30.4.2009).

beider Seiten vorangetrieben. Auf Arbeitgeberseite kam hier dem Europaverantwortlichen für den Bereich Industrielle Beziehungen die entscheidende Rolle zu. Zentrale Protagonisten der informellen Verhandlungen auf Arbeitnehmerseite waren der deutsche EBR-Vorsitzende und sein französischer Stellvertreter.

Die Akteurskonstellation in den Verhandlungen spiegelt die europäische Unternehmensstruktur der EADS mit den vier nationalen Unternehmensteilen Deutschland, Frankreich, Großbritannien und Spanien wider. Dabei bilden der deutsche und der französische Konzernteil mit jeweils etwa 45.000 Beschäftigten zwei annähernd gleich starke und gleichrangige Machtblöcke, aber auch der britische und spanische Konzernteil verfügen mit über 10.000 Beschäftigten über eine nicht vernachlässigbare Einflussgröße. Aufgrund dieser Konstellation konnte sich im EBR kein eindeutiger Stammlandeffekt herausbilden. Die nationale Prägung des EADS-EBR war stets umkämpft. Dies zeigte sich in den EBR-Gründungsverhandlungen, in denen sich die Entscheidung, ob der EBR eine Struktur nach dem deutschem Betriebsrats- oder dem französischen Betriebsausschussmodell erhalten sollte, als „Kardinalsfrage“ erwies. Dies zeigte sich auch an der Frage des EBR-Vorsitzes, den sowohl die deutsche als auch die französische Delegation für sich reklamierte.[74]

Die Verhandlungen eines europäischen Verhandlungsmandats konnten auf vorangegangenen Erfahrungen einer transnationalen Vereinbarungspraxis bei EADS aufbauen. Im Bereich der Weiterentwicklung der EBR-Gründungsvereinbarung lagen dahingehend Erfahrungen vor, dass bereits 2007, also ein Jahr vor ihrer grundlegenden Überarbeitung, Erweiterungsverhandlungen der ursprünglichen, 2000 unterzeichneten Vereinbarung geführt und erfolgreich abgeschlossen wurden. Zugleich hatten sich erste Praktiken einer transnationalen Vereinbarungspolitik zweiter Ordnung bereits entwickelt, die als Erfahrungskontext in die Entwicklung und Verhandlung eines generellen Verfahrens europäischer Unternehmensverhandlungen eingingen.

Dabei hatte sich eine Praxis EBR-zentrierter Verhandlungen transnationaler Vereinbarungen herausgebildet. Sowohl im Fall der Vereinbarungen eines europäischen Verfahrens der Gewinnbeteiligung (2004, 2008 und 2009) als auch der Vereinbarung weltweiter sozialer Mindeststandards (2005) waren der EADS-EBR, insbesondere dessen beide Vorsitzende, der zentrale Verhandlungspartner des EADS-Managements. Ein Vertreter des EMB (in der Funktion des EBR-Koordinators), der deutschen IG Metall und der französischen FO (jeweils in der Funktion als externe gewerkschaftliche Experten) waren an den Verhandlungen beratend beteiligt. Anders als im Fall der Gewinnbeteiligungsvereinbarungen, bei denen nur die beiden EBR-Vorsitzenden, nicht aber die Gewerkschaften

74 Letztendlich einigte man sich darauf, dass die deutsche Delegation den Vorsitzenden des EBR, die französische den Vorsitzenden des Europäischen Wirtschaftsausschusses stellte.

Vertragspartner des Unternehmens waren, traten im Falle der globalen Vereinbarung zur Sicherung sozialer Mindeststandards sowohl der IMB als auch der EMB als Vertragspartner auf, um den aus Gewerkschaftssicht wichtigen Status der Vereinbarung als „Internationale Rahmenvereinbarung“ sicherzustellen.

Bei den Verhandlungen der Internationalen Rahmenvereinbarung war der *Einsatz* für beide Seiten vergleichsweise gering, weil die darin festgeschriebenen Bestimmungen von vornherein einen in ihren Grundzügen akzeptierten sozialen Mindeststandard für EADS darstellten und deshalb insgesamt gesehen unterhalb einer für die Arbeitsbeziehungen bei EADS kritischen und umkämpften Schwelle angesiedelt waren. Im Vergleich dazu stand bei der Durchsetzung der europäischen Regelungen zur Erfolgsbeteiligung für die Beschäftigten der EADS, wenngleich nicht für die Beschäftigten in allen europäischen Konzernteilen gleichermaßen, mehr auf dem Spiel. Von relativ geringer Bedeutung war eine europäische Gewinnbeteiligungsregelung für den französischen Konzernteil, in dem eine entsprechende gesetzliche Regelung griff. Dagegen wäre es fraglich gewesen, ob eine Gewinnbeteiligungsregelung im spanischen, britischen und deutschen Konzernteil national durchsetzbar gewesen wäre.[75] Die europäischen Vereinbarungen wirkten deshalb angesichts der unterschiedlichen rechtlichen und faktischen Durchsetzungsmöglichkeiten entsprechender Regelungen auf nationaler Ebene als ein integratives und die Beschäftigtenstandards nach oben hin vereinheitlichendes Element.[76] Die europäisch verhandelte und vereinbarte Erfolgsbeteiligung stellte eine vom Unternehmen gewährte Zusatzleistung dar, für die auch bezüglich der Bemessungsgröße und der Verteilungskriterien vergleichsweise schnell Einigkeit erzielt werden konnte.[77] Wirklich strittige Fragen

75 Verhandlungen auf deutscher KBR-Ebene wären zudem auf die praktische Schwierigkeit gestoßen, dass eine Bilanzierung des deutschen Konzernteils angesichts seiner rechtlichen Organisation in GmbHs keinen Aussagewert hat (Interview: EADS EBR 09-2010).

76 Für die britische Gewerkschaft Unite haben die europäische Gewinnbeteiligungsvereinbarungen bei EADS eine geringe Relevanz, weil sie keinen Bestandteil des Grundlohns bilden und deshalb die Tarifverhandlungen, die Unite im britischen Konzernteil führt, nicht tangieren (Interview: EADS Unite 02-2010).

77 Die europäischen Rahmenvereinbarungen zur Erfolgsbeteiligung beinhalten einen prinzipiellen Anspruch aller EADS-Beschäftigten der europäischen Standorte, am Unternehmensgewinn der EADS beteiligt zu werden. Zugleich sind darin einheitliche Modalitäten festgelegt, nach denen die Höhe der Gewinnbeteiligung bestimmt wird. Die Ausfüllung des europäisch vorgegebenen Rahmens zieht nationale dezentrale Umsetzungsverhandlungen und den Abschluss dezentraler Umsetzungsvereinbarungen auf nationaler oder lokaler Ebene nach sich. Hieraus erwächst den Beschäftigten ein rechtswirksamer Anspruch auf einen eindeutig bestimmbaren Gewinnbeteiligungsbetrag. Die jüngste 2009 abgeschlossene Vereinbarung hat insofern eine neue Qualität, dass sie eine einheitliche, für alle europäischen Standorte gültige Formel zur Berechnung der Gewinnbeteiligung enthält. Sie lässt jedoch weiterhin gewisse Spielräume für Variationen und Spezifizierun-

mit entsprechenden Einsätzen auf beiden Seiten wie der Verkauf von Werken oder Personalabbau wurden dagegen bislang nicht auf die europäische Verhandlungsebene gehoben (Interview: EADS EBR 10-2009).

Hinsichtlich des Verfahrens für europäische Verhandlungen haben sich weniger die bilateralen Verhandlungen als die arbeitnehmerseitig internen Aushandlungsprozesse als aufwändig und strittig erwiesen. Dabei war vor allem für den EMB der *Einsatz* hoch, da der Fortbestand eines EBR-Verhandlungsverfahrens, das eine gewerkschaftliche Beteiligung nach dem EMB-Verhandlungsverfahren nicht vorsieht, in einem politisch exponierten und zugleich hochgradig europäisierten Unternehmen wie EADS (in dessen EBR der EMB darüber hinaus unmittelbar beratend mitwirkt) einen negativen Präzedenzfall geschaffen hätte, der nicht ohne Folgen für die allgemeine politisch-öffentliche Wahrnehmung der Gestaltung europäischer Unternehmensverhandlungen geblieben wäre.

Das EADS-Management zeigte sich dagegen in dieser Frage vergleichsweise flexibel, solange und weil die vorgeschlagenen Verfahrensänderungen im Sinne einer stärkeren Beteiligung der nationalen Gewerkschaften eine Verbesserung der Umsetzungseffizienz versprachen. D.h. die Offenheit gegenüber einer gewerkschaftlichen Beteiligung erklärt sich aus dem Interesse an einem effektiven Verhandlungsverfahren, welches gewährleistet, dass die erzielten Verhandlungsergebnisse auf nationaler Ebene akzeptiert und nicht in Frage gestellt werden. Dementsprechend nimmt das EADS-Management auch auf die besonderen internen Verfahrensanforderungen auf Arbeitnehmerseite Rücksicht.[78]

Der Umgang des zentralen EADS-Managements mit einer transnationalen Vereinbarungspolitk war nicht zuletzt Erfahrungen geschuldet, die das jeweils nationale Management bei der rechtswirksamen Umsetzung der bislang abgeschlossenen europäischen Unternehmensvereinbarungen in den nationalen Konzernteilen gesammelt hatte. Dabei stellte sich die Umsetzung in Deutschland, die hier in Form des Abschlusses einer Konzernbetriebsvereinbarung durch den KBR erfolgt, insofern vergleichsweise unproblematisch dar, als die europäischen Vereinbarungen die Unterschrift des EBR-Vorsitzenden tragen, der zugleich der Vorsitzende des deutschen Konzernbetriebsrats ist. Die Erfahrungen in Frankreich sind hingegen, dass die Vereinbarungsinhalte nicht automatisch von allen Gewerkschaften anerkannt werden, sondern dass einzelne Gewerkschaften im Nachhinein ausscheren und die Legitimität der europäischen Vereinbarungen in Frage stellen. Folgt man der Einschätzung des IR-Managements,

---

gen im Zuge der nationalen Umsetzungsverhandlungen (Interview: EADS EBR 10-2009). Die Vereinbarungen von 2004 und 2008 schreiben dagegen lediglich einige allgemeine Prinzipien einheitlich fest, überlassen aber die genaue Festlegung der Berechnungsformel der Gewinnausschüttung den Umsetzungsverhandlungen auf nationaler Ebene.

78 Beispielsweise lässt es der arbeitnehmerseitigen Verhandlungsgruppe die erforderliche Zeit, um die Interessen untereinander und mit den nationalen Gewerkschaften abzustimmen.

sind die Umsetzungsverhandlungen für den spanischen Konzernteil angesichts der Rivalitäten zwischen CC.OO und UGT ebenfalls nicht einfach. In Großbritannien finden schließlich keine zentralen Umsetzungsverhandlungen statt. Die Umsetzung der europäischen Gewinnbeteiligungsvereinbarungen wurde vielmehr durch die „senior lay representatives of the unions" (Interview: EADS Unite 02-2010) für die einzelnen Standorte dezentral verhandelt. Der für die Luftfahrtindustrie und dadurch auch für die EADS zuständige nationale Unite-Hauptamtliche war dagegen an den Verhandlungen nicht beteiligt. Das IR-Management beklagt denn auch das Fehlen eines stabilen Gesprächspartners für den britischen Konzernteil (Interview: EADS HRM 10-2009).

Interessenabstimmung und Koordinierung auf Arbeitnehmerseite

In der ersten Verhandlungsphase, in der das europäische Verhandlungsverfahren einen Teil der Nachverhandlungen der EBR-Gründungsvereinbarung darstellte, lag das Verhandlungsmandat gemäß der Ursprungsvereinbarung beim Besonderen Verhandlungsgremium (BVG), dessen Besetzung wiederum nach den gesetzlichen Vorgaben der EBR-Richtlinie geregelt war. Obgleich EBR und BVG formal zwei unterschiedliche Gremien sind, war das BVG tatsächlich weitgehend mit EBR-Mitgliedern oder deren Stellvertretern besetzt. Die europäischen Gewerkschaften waren über den EMB-Generalsekretär unmittelbar in die Verhandlungen einbezogen, wenngleich dieser aus Zeitgründen nicht bei jeder Verhandlungsrunde anwesend sein konnte. Zugleich standen die beiden EBR-Vorsitzenden während der Verhandlungen mit „ihren" Gewerkschaftsexperten der FO und IG Metall in engem Kontakt, so dass die deutsch-französische EBR-Spitze davon ausging, dass das Verhandlungsergebnis nicht zu Verwerfungen mit den Gewerkschaften und der 2006 unter dem Dach des EMB verabschiedeten Verfahrensleitlinien für europäische Unternehmensverhandlungen führen würde.

Als Anfang Oktober 2008, wenige Wochen vor Abschluss der neu gefassten EBR-Gründungsvereinbarung, der Vorschlag eingebracht wurde, einige Bestimmungen zur Rolle des EBR bei Verhandlungen in den Vereinbarungstext aufzunehmen, intervenierte jedoch der internationale Sekretär der EADS-Minderheitsgewerkschaft CGT mit einem Schreiben an den EMB und seine Gewerkschaftskollegen in den betroffenen Ländern, um diesen aus Sicht der CGT nicht akzeptablen Vorschlag abzuwehren, der dem EADS-EBR entgegen den Verfahrensleitlinien des EMB erlaubt hätte, ein Besonderes Verhandlungsgremium für länderübergreifende Themen einzuberufen (Interview: EADS IG Metall 09-2009). Der EMB empfahl seinerseits seinen betroffenen Mitgliedsorganisationen, die Vereinbarung nur zu unterschreiben, wenn der Passus zur Rolle des EBR bei Verhandlungen wieder aus dem Vereinbarungsentwurf herausgenommen würde (EMB 2008b). Zeitgleich mobilisierte er die Vertreter seines Unternehmenspolitischen Ausschusses der betroffenen Länder Frankreich, Deutschland, Spanien und England, „ihre“ BVG-Mitglieder davon zu überzeugen, die Vereinbarung mit diesem Passus nicht zu unterschreiben.

Diese gewerkschaftliche Intervention führte dazu, dass neben dem Vertreter der CGT auch die betrieblichen Gewerkschaftsvertreter der britischen Gewerkschaft Unite dem Abschluss der neu gefassten EBR-Gründungsvereinbarung nicht zustimmten. Deren Abschluss durch einen Mehrheitsentscheid des BVG konnte dies nicht verhindern. Der zuständige zentrale Gewerkschaftssekretär von Unite begründet die Ablehnung seiner Gewerkschaft damit, dass der EMB in den Verhandlungen umgangen worden sei und dass der beanstandete Passus des Vereinbarungsentwurfs den nationalen Gewerkschaften keine Kontrolle des Verhandlungsergebnisses gewährt hätte (Interview: EADS Unite 02-2010). Die Vertreterin der IG Metall im Unternehmenspolitischen Ausschuss des EMB versuchte gleichfalls die IG-Metall-Fraktion des EADS-EBR davon zu überzeugen, den Vereinbarungstext im Sinne der Verhandlungsleitlinien des EMB nachzubessern. Diese sah aber die gewerkschaftliche Kontrolle des Verhandlungsprozesses in der gegebenen Form, bei der der EMB-Generalsekretär am Verhandlungsprozess unmittelbar in beratender Funktion teilnehmen konnte, zunächst als ausreichend an (Interview: EADS IG Metall 09-2009).

Die neu gefasste EBR-Gründungsvereinbarung wurde Ende Oktober 2008 per Mehrheitsentscheid verabschiedet. Dieses nicht einstimmige Abstimmungsergebnis setzte die deutsche EBR-Spitze insofern unter Handlungsdruck, als ihr bewusst war, dass das europäische Verhandlungsmandat nur dann praktische Wirksamkeit entfalten würde, wenn es von allen mitgetragen würde. Denn das Abstimmungsergebnis verdeutlichte, dass Unite ihre betrieblichen Vertreter zukünftig davon abhalten würde, EBR-Verhandlungen zu unterstützen. Hinzu kam, dass der EBR die Verbindlichkeit der nationalen Umsetzung von Vereinbarungen, die auf europäischer Ebene getroffen wurden, nur im Verbund mit den nationalen Gewerkschaften, die (abgesehen vom deutschen Konzernteil) für die nationale Umsetzung verantwortlich sind, sicherstellen konnten.

So unter Handlungsdruck gesetzt, ergriffen die beiden EBR-Vorsitzenden die Initiative, das EADS-spezifische europäische Verhandlungsverfahren so nachzubessern, dass es den gewerkschaftlichen und betrieblichen Interessen gleichermaßen Rechnung trug.

4.7.3 Abschluss und Umsetzung

Die am 28.9.2010 zwischen EADS und den in der Unternehmensgruppe vertretenen nationalen Gewerkschaften abgeschlossene Vereinbarung stellt den (vorläufigen) Schlusspunkt der Verhandlungen eines EADS-spezifischen Verfahrens europäischer Unternehmensverhandlungen dar. Den Gewerkschaften ist es im Laufe dieses Prozesses gelungen, ihre Anerkennung und eine Verhandlungsrolle in der europäischen Vereinbarungspolitik bei EADS förmlich sicherzustellen. Die Gewerkschaften besitzen jedoch nicht das – in den Verfahrensleitlinien des EMB beanspruchte – Verhandlungsmonopol und auch nicht die Möglichkeit, die Mitglieder der Europäischen Verhandlungsgruppe frei zu bestimmen. Vielmehr können nur Beschäftigte der EADS oder die ständigen Gewerkschaftsexperten des EBR nominiert werden (Punkt 4.1.4).

Das gewerkschaftliche Verhandlungsmonopol ist zum einen hinsichtlich der Besetzung der Verhandlungsgruppe aufgebrochen. So haben die Gewerkschaften zwar für den britischen, französischen und spanischen, jedoch nicht für den deutschen Konzernteil das Recht, die Sitze in der Europäischen Verhandlungsgruppe wahrzunehmen (Punkt 3) und deren Mitglieder zu mandatieren (Punkt 6.3). Als Ausnahmeregelung für den deutschen Konzernteil wurden dem KBR in Verlängerung der deutschen Betriebsvereinbarungslogik die Sitze für die deutschen Mitglieder und das Mandatierungsrecht zugestanden (Punkt 3 und 6.3). Dies ist aus Sicht der IG Metall unproblematisch, weil die KBR-Mitglieder eng an die IG Metall angebunden sind und faktisch als IG-Metall-Vertreter im Unternehmen agieren. Formal ist die Nominierung durch den KBR insofern gerechtfertigt, als die Gegenstände europäischer Unternehmensvereinbarungen in der Regel solche Themen betreffen, die in Deutschland üblicherweise in Betriebsvereinbarungen geregelt werden. Entsprechend fällt die nationale bzw. lokale Umsetzung europäischer Vereinbarungen zu diesen Themen in Deutschland in die Zuständigkeit der Betriebsräte und nicht der Gewerkschaften.[79]

Zudem gehören der Europäischen Verhandlungsgruppe obligatorisch die beiden EBR-Vorsitzenden an, die das Mandat des EBR wahrnehmen (Punkt 4.2). Das gewerkschaftliche Verhandlungsmonopol ist zum anderen beim Vereinbarungsabschluss aufgebrochen, da hierzu nicht allein die Unterschrift der nationalen Gewerkschaften, sondern auch der Vertreter des EBR erforderlich ist (Punkt 7.2). Die Besetzung der Europäischen Verhandlungsgruppe spiegelt die Einsicht der Verhandlungsparteien in die Notwendigkeit wider, diejenigen am Verhandlungsprozess zu beteiligen (Mandatierungs- und Zustimmungserfordernis), die auf nationaler Ebene die Verhandlungskompetenz besitzen und für die Sicherstellung der nationalen Umsetzung der Vereinbarung zuständig sind.

Im Vergleich zu den Verfahrensleitlinien des EMB wurde das Zustimmungserfordernis mit geringeren Hürden versehen. So bedarf es für die Geltung der Vereinbarung lediglich der Zustimmung von zwei Dritteln der Mitglieder der Europäischen Verhandlungsgruppe (Punkt 7.1). Ist die Zustimmung erfolgt,

---

79 Dies gilt allerdings dann nicht, wenn aus deutscher Sicht tarifrelevante Themen zum Gegenstand europäischer Unternehmensverhandlungen werden, weil in diesem Fall nicht mehr der KBR, sondern die IG Metall die Verhandlungs- und Umsetzungskompetenz auf nationaler Ebene zukommt bzw. zukommen würde.

muss die Vereinbarung von den betroffenen nationalen Gewerkschaften und den EBR-Mitgliedern formal unterzeichnet werden (Punkt 7.2).

Festgeschrieben ist schließlich, dass die getroffene europäische Vereinbarung in allen beteiligten europäischen Ländern ohne Modifikation der Bestimmungen anzuwenden ist (Punkt 7.3).

4.7.4 Gesamteinschätzung

Der Fall EADS zeichnet sich insbesondere dadurch aus, dass sich im Prozessverlauf das Verständnis über die Frage, wer arbeitnehmerseitig legitimiert ist, als Verhandlungs- und Vertragspartei europäischer Unternehmensverhandlungen aufzutreten, weitreichend gewandelt hat. Dabei trugen die 2006 verabschiedeten EMB-Verfahrensleitlinien entscheidend zu diesem Wandel bei, der von einem ursprünglich EBR-zentrierten Verhandlungsmuster zu einer Struktur führte, die die Gewerkschaften und den EBR gleichermaßen einbezieht.

Dem Wandel des Verhandlungsmusters ging ein Konflikt des EMB um die Anerkennung und Anwendung der EMB-Verfahrensleitlinien durch den EBR voraus. Dabei gelang es dem EMB, unterstützt von Vertretern der betroffenen Mitgliedsgewerkschaften (wie dem EBR-Team der IG Metall und dem zuständigen nationalen Unite-Hauptamtlichen), die Mitglieder und insbesondere die Spitzenvertreter des EBR davon zu überzeugen, dass diejenigen, die national zur Verhandlungsführung legitimiert sind und üblicherweise verhandeln und Vereinbarungen schließen, in die europäische Vereinbarungspolitik einzubeziehen sind. Der EMB konnte dadurch zentrale Prinzipien seines Verhandlungsverfahrens durchsetzen.

Die Vereinbarungspraxis bei EADS lässt sich unter diesem Blickwinkel in drei Phasen unterteilen.

Die *erste* Phase umfasst die Vereinbarungspraxis bis zur Verabschiedung des EMB-Verhandlungsverfahrens im Juni 2006. Obgleich der EMB auch in dieser Phase auf Drängen der französischen CGT bereits Bedenken bezüglich einer EBR-Verhandlungsrolle äußerte, stieß dies bei den betrieblichen Akteuren keine Verhaltensänderungen an, da sie diese Vorbehalte als verbandliche Pflichtübung wahrnahmen.

Diese Konstellation eines erfolglosen Einflussnahmeversuchs von EMB und CGT[80] setzte sich in der *zweiten* Phase, bei der Verhandlung eines Verhandlungsmandats des EBR 2008, zunächst fort. Der Hinweis des EMB auf die EMB-Beschlusslage eines definierten Verhandlungsverfahrens blieb in den Verhandlungen unberücksichtigt. Der EMB gab sich aber nunmehr nicht länger da-

80 Die CFDT unterstützte die CGT dabei, auf die Einhaltung der EMB-Verfahrensleitlinien zu drängen (Interview: EADS EMB 09-2009).

mit zufrieden, sondern übte über seine nationalen Mitgliedsorganisationen Druck aus.[81] So nahmen die britischen Gewerkschaften Einfluss auf die britischen BVG-Mitglieder und überzeugten sie, die Vereinbarung nicht zu unterzeichnen. Erst diese Eskalationsstufe führte dazu, dass der EBR die EMB-Verfahrensleitlinien aufgriff und kompromisshaft umsetzte. Der Intervention des EMB und der Einflussnahme der britischen Gewerkschaften (gepaart mit Einflussnahmeversuchen des EBR-Teams der IG Metall) folgten Verständigungsprozesse zwischen EBR-Spitze und Gewerkschaften, die letztlich in der *dritten* Phase einer starken gewerkschaftlichen Verhandlungspräsenz mündeten.

Der Einfluss des EMB, der zu einer Verhaltensänderung des EADS-EBR führte, beruhte darauf, dass die EBR-Spitze einen dauerhaften Konflikt mit dem EMB ebenso vermeiden wollte wie eine Spaltungslinie im EBR, die sich mit der Verweigerung der Unterzeichnung der Vereinbarung durch die britischen EBR-Delegierten andeutete. Die EBR-Spitze deeskalierte den Konflikt auch aus dem wachsenden Bewusstsein heraus, dass der EBR im Falle einer Interessendurchsetzung mittels Arbeitskämpfen (vor allem im Hinblick auf europäische Restrukturierungsvereinbarungen) auf die Gewerkschaften angewiesen sein würde.[82]

Gleichwohl sieht sich der EADS-EBR, der bislang noch nicht auf die arbeitskampfgestützte Durchsetzungsfähigkeit der Gewerkschaften angewiesen war, gegenüber den Gewerkschaften in einer vergleichsweise starken Position, zumal sich das Management im bisherigen Entwicklungsprozess einer transnationalen Vereinbarungspolitik als ausreichend verhandlungs- und kompromissbereit gezeigt hat (bis dahin, dass das Management dem EBR Verhandlungsangebote unterbreitete und ihm damit Verhandlungsmacht verlieh).

Die letztlich gefundenen Beteiligungs- und Verfahrenslösungen sind schließlich auch darauf zurückzuführen, dass das EADS-Management durchaus offen für ein Verfahren ist, das die Beteiligung der nationalen Gewerkschaften im Verhandlungsprozess sichert, wenn dies die Umsetzungseffizienz, die aus Managementsicht eindeutige Priorität hat, erhöht; auch um den Preis einer dadurch möglicherweise beeinträchtigten Verhandlungseffizienz.

---

81 Das EMB-Verfahren hat die Handlungskonstellation der Vereinbarungspolitik bei EADS demnach insofern verändert, als die CGT angesichts der nun bestehenden EMB-Beschlusslage eine verbesserte Handhabe hatte, den EMB zur Intervention zu veranlassen, und zugleich der EMB eine Handhabe hatte, seine Mitgliedsgewerkschaften wegen Verstoßes gegen die EMB-Beschlusslage zu mobilisieren.

82 Dies gilt insbesondere aus einem Verständnis der gewerkschaftlich-betriebsrätlichen Arbeitsteilung im deutschen dualen System, bei der die Betriebsräte auf die Arbeitskampffähigkeit der Gewerkschaften angewiesen sind, weil sie diese selbst nicht besitzen.

4.8 Erfolgreiche Intervention des IMB bei der Verhandlung einer Internationalen Rahmenvereinbarung – Der Fall Mahle

Der Fall Mahle handelt von einer europäischen konzernbezogenen Vereinbarungspolitik, bei der – bedingt durch den Verhandlungsgegenstand einer globalen Vereinbarung zur Sicherung sozialer Mindeststandards – der Internationale Metallgewerkschaftsbund (IMB) ins Spiel kommt. Die Vereinbarung wurde vom EBR unter Einbezug des EBR-Betreuers der IG Metall, der zugleich als EMB-Beauftragter fungierte, verhandelt. Der IMB war frühzeitig über die Vereinbarungsaktivität des EBR unterrichtet, aber in die Verhandlungen der Vereinbarungsinhalte nicht direkt einbezogen. Der ausgehandelte Vereinbarungstext entsprach den vom IMB aufgestellten „Empfehlungen" (International Metalworkers' Federation 2006). Der Abschluss der Vereinbarung scheiterte jedoch nach einer etwa zweijährigen Verhandlungsphase daran, dass das Mahle-Management die Unterzeichnung der Vereinbarung durch den IMB, wie in den IMB-Empfehlungen festgelegt und vom EBR eingefordert, nicht akzeptierte.

4.8.1 Initiative und generelle Interessenkonstellation

Der Abschluss einer „Internationalen Rahmenvereinbarung" war ein Projekt der deutschen EBR-Spitze im Verbund mit dem als GBR-/EBR-Betreuer einbezogenen IG-Metall-Vertreter, der in der Initiierungs- und Verhandlungspraxis der internationalen Rahmenvereinbarung eine zentrale Rolle im Strategiebildungs- und Positionsfindungsprozess des EBR einnahm. Die EBR-Mitglieder der Auslandsstandorte agierten im deutsch dominierten EBR eher zurückhaltend (Interviews: Mahle EBR 11-2009; Mahle IG Metall 11-2009). Die deutsche EBR-Fraktion dominierte zum Zeitpunkt der Verhandlungen den EBR allein schon über den Mechanismus der Repräsentation der Mehrheit der Beschäftigten.[83]

Unmittelbarer Anlass und Anknüpfungspunkt der vom EBR 2004 ergriffenen Verhandlungsinitiative war die geplante Aufstellung einer weltweit geltenden – in Deutschland mitbestimmungspflichtigen – Verhaltensrichtlinie durch das Mahle-Management. Die Betriebsratsseite koppelte die Zustimmung zu dieser Verhaltensrichtlinie an den Abschluss einer Internationalen Rahmenvereinbarung.

Der Verhandlungsinitiative des EBR gingen internationale Aktivitäten und Kontakte einzelner EBR-Mitglieder und Diskussionen über die Notwendigkeit und Möglichkeiten einer stärkeren internationalen Zusammenarbeit im EBR und bei der deutschen Betriebsratsspitze voraus. So hatte der deutsche EBR-Vorsit-

83 Zu diesem Zeitpunkt repräsentierten die Delegierten des deutschen Konzernteils mehr als 8.000 Beschäftigte, die Delegierten der europäischen Auslandsstandorte etwa 6.000 Beschäftigte, die wiederum auf sechs Länder aufgeteilt waren (Interview: Mahle IG Metall 11-2009).

zende an Besuchsprogrammen von Automobil- und Automobilzulieferstandorten in China und Brasilien teilgenommen, die von der IG Metall und der Friedrich-Ebert-Stiftung organisiert waren und bei denen die Möglichkeit diskutiert wurde, zur Verbesserung der Arbeitssituation und der gewerkschaftlichen Interessenvertretungsmöglichkeiten der Beschäftigten in diesen Standorten durch die Vereinbarung weltweiter sozialer Mindeststandards beizutragen.

Die Initiative des EBR war weniger einem unmittelbaren Handlungsdruck geschuldet, da die Vereinbarung keinen unmittelbaren Nutzen für die vom EBR vertretenen Belegschaften der europäischen Standorte versprach, sondern zielte darauf, eine sich ergebende Möglichkeit zu nutzen, um den Handlungs- und Kontrollraum des EBR zu erweitern und die Politik der Verbreitung Internationaler Rahmenvereinbarungen der IG Metall zu unterstützen (vgl. hierzu Rüb 2009: 208ff.). Für den EBR stand deshalb vergleichsweise wenig auf dem Spiel.

Die Aufnahme von Verhandlungen war von Beginn an mit dem Funktionsbereich Internationales/Europa der IG Metall abgestimmt. Auch der IMB wurde frühzeitig davon in Kenntnis gesetzt.

Das Management reagierte auf die Verhandlungsinitiative des EBR zwar zunächst etwas überrascht (Interview: Mahle EBR 11-2009), war aber von Beginn an prinzipiell offen für die Aufnahme von Verhandlungen einer „Sozialcharta“ (Interview: Mahle HRM 08-2010). Nach Einschätzung der deutschen EBR-Spitze war die Kopplung mit der Zustimmung zur unilateralen Verhaltensrichtlinie das zentrale Motiv des Managements, sich auf die Verhandlungsinitiative einzulassen. Für das Management bestand ein gewisser Handlungsdruck zur Aufstellung einer Verhaltensrichtlinie, weil das Unternehmen, mittlerweile hochgradig internationalisiert, einige Probleme in asiatischen Standorten hatte, und es zudem als Automobilzulieferer gegenüber ihren Abnehmerunternehmen die Einhaltung sozialer Mindeststandards garantieren musste (Interview: Mahle EBR 11-2009).

4.8.2 Verhandlungen

Die informellen Gespräche zwischen den offiziellen Verhandlungsrunden bildeten einen wichtigen Teil der bilateralen Verhandlungen. Verhandlungsführer auf Managementseite war der weltweite Personalverantwortliche unter Beteiligung des europäischen Personalleiters. Diese standen in Abstimmung mit dem Konzernchef, der die Verhandlungen in der Abschlussphase zur Chefsache erklärte. Offizieller Verhandlungsführer des EBR war der engere Ausschuss. Die informellen Verhandlungsgespräche wurden jedoch aus pragmatischen Gründen der Verhandlungseffizienz arbeitnehmerseitig von der deutschen EBR-Spitze geführt. Der EBR-Betreuer der IG Metall war in den Verhandlungsprozess mit dem zentralen Management unmittelbar in beratender Funktion einbezogen (Interview: Mahle IG Metall 11-2009).

Die Verhandlungen werden als „relativ kontrolliert und vernünftig", wenngleich in einigen Fragen als „zäh" beschrieben (Interviews: Mahle HRM 08-2010; Mahle EBR 11-2009). Abgesehen von Auseinandersetzungen um die Frage des Verbindlichkeitsgrads einzelner Formulierungen bestand der strittigste inhaltliche Punkt in der Regelung der Koalitionsfreiheit. Das Management wollte in dieser Frage anfänglich lediglich allgemein erklären, die geltenden Gesetze zu respektieren. Der EBR konnte sich aber letztlich mit der weitergehenden Forderung durchsetzen, dass Mahle die Koalitionsfreiheit unabhängig von der gesetzlichen Regelung sicherstellt und sich das Management im Falle gewerkschaftlicher Organisierungsbemühungen nicht einmischen wird (Interview: Mahle EBR 11-2009).[84]

Der Abschluss der „Grundsätze sozialer Verantwortung im Mahle-Konzern", so der Titel des Vereinbarungstextes, scheiterte nicht an einer fehlenden Kompromissbereitschaft in inhaltlicher Hinsicht, sondern an der Frage der Mitunterzeichnung der Vereinbarung durch den IMB. Der EBR und die deutsche EBR-Spitze ließen die Vereinbarung an dieser Frage nicht zuletzt deshalb scheitern, weil sie das Verhalten des IMB nicht als bloßen Machtanspruch interpretierten, sondern ihnen die inhaltliche und prozessuale Relevanz dieser Frage einleuchtete, zumal die Verhandlungsführer des Unternehmens diesen Nexus selbst herstellten. Demnach hätte die Unterschrift des IMB insbesondere die Handlungsmöglichkeiten der US-amerikanischen IMB-Mitgliedsgewerkschaften gestärkt, die gewerkschaftliche Organisierung der bislang nicht gewerkschaftlich organisierten Mahle-Standorte von außen anzustoßen.[85] Die Überlegung des Managements war demnach, dass sich die US-Gewerkschaften bei einer alleinigen Unterschrift des EBR nicht auf die Sozialcharta hätten berufen können und diese nur dann gegriffen hätte, wenn von innen heraus seitens der Beschäftigten selbst Organisierungsaktivitäten ausgegangen wären. Umgekehrt machten sich der EBR und die deutsche EBR-Spitze das Argument zu Eigen, dass die Vereinbarung ohne Unterschrift des IMB lediglich ein unverbindliches und damit wertloses Papier dargestellt hätte, und akzeptierten vorbehaltlos die Forderung des IMB, die Vereinbarung an dessen Unterschrift zu koppeln (ebd.).[86] Die nationa-

84 Wörtlich heißt es: „Mahle beachtet das Grundrecht von Menschen, sich gewerkschaftlich zu organisieren und behindert die Wahrnehmung dieses Rechts und die persönliche Entscheidungsfreiheit nicht." (Punkt 3 des Vereinbarungstextes vom Juni 2005)

85 Mahle hat sowohl gewerkschaftlich organisierte als auch nicht organisierte Werke in den USA. Konkret ging es insbesondere um ein US-Werk, das laut EBR-Vorsitzenden traditionell „eine gewerkschaftsfreie Zone" unter Führung eines Managements ist, das die Gewerkschaften gezielt aus dem Werk fernhalten will (Interview: Mahle EBR 11-2009).

86 Die Bereitschaft des EBR und der deutschen EBR-Spitze, die Verhandlungen scheitern zu lassen, könnte aber eventuell auch lediglich deren geringes Eigeninteresse an einem Vereinbarungsabschluss widerspiegeln. Zum prinzipiellen EBR-Gewerkschafts-Verhältnis liegen uns keine Aussagen vor.

len Gewerkschaften waren nicht systematisch in die Verhandlungs- und Abstimmungsprozesse auf Arbeitnehmerseite eingebunden. Die IMB-Verhaltensrichtlinien zum Abschluss Internationaler Rahmenvereinbarungen sehen einen unmittelbaren Einbezug der nationalen Gewerkschaften zur Koordinierung der Vorgehensweise und Inhalte der Verhandlungen auch nicht vor. Der IMB und seine Mitgliedsgewerkschaften verfolgen vielmehr ein Konzept der virtuellen gewerkschaftlichen Koordination, nach dem die Vereinbarungstexte dem IMB-Sekretariat vor Vereinbarungsabschluss zur inhaltlichen Kontrolle der Vereinbarungsbestimmungen vorgelegt werden müssen und obligatorisch vorgesehen ist, dass der IMB die Vereinbarung mit unterzeichnet.[87]

Tatsächlich war einzig die IG Metall unmittelbar und kontinuierlich beratend einbezogen, da sie den ständigen gewerkschaftlichen Sachverständigen des Mahle-EBR stellt. Diese Funktion wird von einem Spitzenfunktionär der organisationsintern gewichtigen IG-Metall-Verwaltungsstelle Stuttgart wahrgenommen. Die deutsche EBR-Spitze hielt zugleich während des gesamten Prozesses Kontakt mit dem Funktionsbereich Internationales/Europa, um Vorgehen und Vereinbarungsinhalte abzustimmen.

Neben den interessenpolitischen Erwägungen spielten für die Ablehnung der IMB-Unterschrift durch das Management auch stilistische Fragen eine Rolle. Ohne Rücksprache mit dem Management erweiterte die EBR-Seite in einem Stadium, als die Verhandlungen schon weitgehend unterschriftsreif abgeschlossen waren, ihre Verhandlungsgruppe um zwei Delegierte des IMB. Das Management fühlte sich überrumpelt und war entsprechend misstrauisch, zumal der eher konfliktorisch ausgerichtete Verhandlungsstil der IMB-Vertreter einen gewissen Bruch zur bis dato eher konstruktiv kompromisshaften Verhandlungsführung darstellte (Interview: Mahle HRM 11-2009).

Sowohl für das Management als auch für den EBR entsprach das Scheitern des Vereinbarungsabschlusses nicht dem angestrebten Ziel. Gleichwohl konnten sie mit dieser Situation leben, da die verhandelten Prinzipien auch ohne formale Vereinbarung praktisch wirksam wurden. So bekräftigte das europäische Personalmanagement, dass sowohl die Vereinbarungsinhalte als auch die unilateral aufgestellte Verhaltensrichtlinie unabhängig von ihrem formalen Status managementseitig als interner Konzernstandard behandelt würden (ebd.). Dies hieß umgekehrt für den EBR, dass er sich trotz fehlender Verabschiedung auf die verhandelten Texte berufen konnte (Interview: Mahle EBR 11-2009).[88]

---

87 Vgl. hierzu die 2006/2007 von der IMB-Exekutive verabschiedeten Empfehlungen der IMB-Konferenz über Internationale Rahmenvereinbarungen vom September 2006 in Franfurt/Main (IMB 2006).

88 Dies ist in einem Fall von Betriebsratsseite bereits praktiziert worden. Hierbei ging es darum, dass in einer Email an den bei Mahle zuständigen Personalchef die „Hungerlöhne“

Die Arbeitnehmervertreter der brasilianischen Mahle-Standorte, die ein großes Interesse am Abschluss der Internationalen Rahmenvereinbarung hatten, weil sie sich davon eine Erweiterung ihrer Handlungsmöglichkeiten erhofften, waren vom Scheitern der Verhandlungen entsprechend enttäuscht, ohne dass sie deswegen den Anspruch des IMB auf Mitunterzeichnung in Frage gestellt hätten (ebd.).

Dagegen nimmt der gewerkschaftliche GBR-/EBR-Betreuer in der rückblickenden Gesamtbewertung eine andere Position zu dieser Frage ein: Weil der Abschluss der Vereinbarung die gewerkschaftlichen Handlungsmöglichkeiten in Ländern wie Brasilien oder China ausgeweitet hätte, hätte man aus seiner Sicht durchaus in Kauf nehmen können, dass ein Vereinbarungsabschluss ohne IMB-Unterschrift an den Mahle-Standorten in den USA nicht die gewünschte Wirkung der Unterstützung der Organisierungsbemühungen durch die US-Gewerkschaften entfaltet hätte. Diese Position, die auf einer Abwägung der Vor- und Nachteile eines kompromisshaften Abschlusses einerseits, Loyalitätsanforderungen gegenüber der IG-Metall-Zentrale und dem IMB andererseits beruht, verweist im Fall Mahle auf eine Konstellation, die weniger von einem Konflikt zwischen EBR und Gewerkschaften als vielmehr von einem innergewerkschaftlichen Konflikt zwischen örtlicher und überörtlicher bzw. internationaler Gewerkschaftsebene geprägt war. D.h. der GBR-/EBR-Betreuer der IG Metall bewertet die konkreten unternehmensbezogenen Belange höher als die Verfahrensgrundsätze und Interessen des IMB und er sieht zugleich seine gewerkschaftliche Kompetenz und Handlungsautonomie vor Ort durch die Intervention des Internationalen Metallgewerkschaftsbundes (und des Funktionsbereichs Internationales/Europa beim IG-Metall-Vorstand) infrage gestellt.

4.8.3 Gesamteinschätzung

Dem IMB ist es gelungen, die von ihm aufgestellten Kriterien der Verabschiedung einer globalen Vereinbarung zur Sicherung sozialer Mindeststandards gegenüber dem EBR zur Geltung zu bringen. Weil der EBR sich hinter die IMB-Forderung nach Mitunterzeichnung stellte, kam ein Vereinbarungsabschluss nicht zustande. Insbesondere drei Faktoren spielten hierfür eine Rolle.

Zuallererst sind die Initiierung, der Verlauf und die Ergebnisse der Verhandlungen Ausdruck und Resultat einer engen gewerkschaftlichen Anbindung

---

bei einem Mahle-Dienstleister kritisiert wurden, woraufhin der Personalchef mit einem „frechen, bösen Brief" antwortete. Dies monierte ein Betriebsrat auf einer Betriebsräteversammlung mit Verweis auf die verhandelte „Sozialcharta" gegenüber dem Arbeitsdirektor, der daraufhin klar stellte, dass die Mahle-Betriebsräte zwar weiterhin nicht für Beschäftigte der Zulieferer zuständig wären, dass aber das Verhalten des Personalchefs tatsächlich den Mahle-Standards widerspräche (Interview: Mahle EBR 11-2009).

der deutschen EBR-Spitze wie auch einer „Gewerkschaftsidentität" (Müller/Rüb 2007) des EBR insgesamt. Denn Internationale Rahmenvereinbarungen zur Verankerung der IAO-Kernarbeitsnormen auf Unternehmensebene – und dies verweist auf den Verhandlungsgegenstand als zweiten relevanten Einflussfaktor – sind weitaus stärker als europäische Unternehmensvereinbarungen ein gewerkschaftliches Projekt. Dies gilt in besonderer Weise in der deutschen Metallindustrie, da die IG Metall 2002/2003 durch ihren damaligen Ersten Vorsitzenden Klaus Zwickel und durch Beschluss des 20. ordentlichen Gewerkschaftstags als strategisches Ziel formulierte, bis 2010 möglichst in 25 Unternehmen den Abschluss einer Internationalen Rahmenvereinbarung zu erreichen (Rüb 2009: 209f.). Bei der Suche nach geeigneten Unternehmen für solche Verhandlungsinitiativen war für die IG Metall ebendiese enge gewerkschaftliche Anbindung der betriebsrätlichen Spitzenvertreter ein zentrales Auswahlkriterium. Die deutsche EBR-Spitze nahm mit tatkräftiger Hilfe des EBR-Betreuers der IG Metall dieses gewerkschaftliche Projekt auf und versuchte es im Unternehmen umzusetzen, weil auch in ihrer Problemwahrnehmung angesichts der rasch fortschreitenden Internationalisierung des Unternehmens Regelungsbedarfe sichtbar wurden und ein Einstieg in eine transnationale Vereinbarungspolitik auch eine in die Zukunft gerichtete strategische Option darstellte. Dagegen hatte der Abschluss einer Internationalen Rahmenvereinbarung für die Belegschaften in Europa keine unmittelbare Relevanz. Nicht zuletzt deshalb dürfte es dem EBR nicht allzu schwer gefallen sein, den Empfehlungen des IMB auch auf Kosten des Vereinbarungsabschlusses nachzukommen. Das Verständnis der Verhandlungen einer Internationalen Rahmenvereinbarung als Umsetzung eines gewerkschaftlichen Projekts erklärt auch das hohe Maß an (Sach-)Autorität, die den Gewerkschaften in dieser Frage zugesprochen wird. Der EBR erkennt die Empfehlungen des IMB zum Abschluss einer Internationalen Rahmenvereinbarung an und richtet sein Handeln danach aus.

Dies verweist auf den dritten wesentlichen Einflussfaktor. Der IMB hat seit Ende der 1990er Jahre eine abgestimmte Politik seiner Mitgliedsgewerkschaften entwickelt, die orientierende Leitlinien inhaltlicher und prozeduraler Art für die unternehmensbezogenen Verhandlungsprozesse vorgibt. Da der IMB gegenüber der IG Metall die Einhaltung der IMB-Leitlinien bereits in Bezug auf andere Fälle angemahnt hatte,[89] zeigte er beim Abschluss der Internationalen Rahmen-

89 Insbesondere in den Jahren 2002/2003 kam die IG Metall der von der IMB-Exekutive beschlossenen politischen Leitlinien der Initiierung und Verhandlung Internationaler Rahmenvereinbarungen nicht nach, was in der Folge Konflikte mit dem IMB mit sich brachte. Diese Konflikte kulminierten im April 2003 in einem Beschwerdeschreiben des IMB-Generalsekretärs an den Ersten Vorsitzenden der IG Metall, in dem jener zum einen die Qualität der dem IMB zugeleiteten Vereinbarungsentwürfe aus dem Zu-

vereinbarung bei Mahle besondere Präsenz und forderte seine Verfahrens- und Beteiligungsansprüche bei der Unterzeichnung und Implementierung um so nachdrücklicher ein. Dass dieser Anspruch vom EBR letztlich geteilt wurde, hatte auch mit der Verhandlungsführung des Managements zu tun. Indem das Management das Motiv seiner Ablehnung der IMB-Unterzeichnung, nämlich die Befürchtung, dass hierdurch gewerkschaftliche Organisierungsbemühungen an US-Standorten eingefordert würden, offenlegte, bestätigte dies dem EBR die Bedeutung der IMB-Unterschrift für die Umsetzungseffizienz der Vereinbarung.

4.9 Europäische Vereinbarungspolitik in einem deutschen Chemieunternehmen – Der Fall Bayer

Im Fall Bayer kann von einer bereits etablierten und konsolidierten europäischen Vereinbarungspolitik insofern gesprochen werden, als seit 2002 regelmäßig Vereinbarungen zwischen Europäischem Betriebsrat[90] und zentraler Leitung getroffen wurden. In der Mehrzahl sind dies jedoch Absprachen, die – obgleich schriftlich fixiert – unterhalb des Niveaus formaler Vereinbarungen gehalten wurden. Die getroffenen Absprachen stellen zum einen den jeweiligen Endpunkt eines Konsultationsprozesses des Bayer-EBR anlässlich von Umstrukturierungsprojekten dar, die von der Konzernleitung auf den Weg gebracht wurden und Auswirkungen auf Bayer-Standorte in mehreren europäischen Ländern hatten. Neben diesen Absprachen zu Modalitäten konkreter Umstrukturierungsmaßnahmen wurden zum anderen 2002 eine Sozialcharta- und 2006 eine Diversity-Vereinbarung zwischen dem EBR und dem zentralen HR-Management verhandelt und abgeschlossen.[91]

---

ständigkeitsbereich der IG Metall kritisierte, zum anderen den Zeitpunkt, zu dem der IMB in den Prozess eingeschaltet wurde (vgl. hierzu ausführlich Rüb 2009: 219ff.).

90 Als Bayer-EBR wird hier und im Folgenden die Arbeitnehmerseite des mit Arbeitgeber- und Arbeitnehmervertretern gemischt besetzten Bayer Europa-Forums (BEF) bezeichnet.

91 Da uns die „Vereinbarungen“ in der Mehrzahl nicht vorliegen, ist eine Beurteilung des genauen Status schwierig. Der von uns interviewte ehemalige EBR-Vorsitzende, in dessen Amtszeit die „Vereinbarungen“ fallen, spricht im Zusammenhang mit den Restrukturierungsabsprachen von Vereinbarungen, erwähnt aber die Sozialcharta und die Diversity-Vereinbarung nicht (Interview: Bayer EBR 03-2010). Der gewerkschaftliche EBR-Betreuer bewertet dagegen nur die Diversity-Erklärung als Vereinbarung. Über den Status der Sozialcharta ist er sich unsicher, ordnet dieser aber eher den Status einer Absichtserklärung als einer Vereinbarung zu. Die Restrukturierungsvereinbarungen erwähnt er gar nicht (Interview: Bayer IG BCE 06-2009/07-2010). Der Nachhaltigkeitsbericht des Bayer-Konzerns von 2006 bewertet dagegen sowohl die Sozialcharta von 2002 als auch die Diversity-Erklärung von 2006 als Vereinbarung. Wörtlich heißt es: „2002 verabschiedete das Bayer Europa-Forum eine Sozialcharta, die weltweit soziale

Der europäische Gewerkschaftsverband EMCEF war durch seinen – von der IG BCE gestellten – EBR-Koordinator über die Verhandlungsverläufe informiert und teilweise unmittelbar an den Verhandlungen beteiligt. Die nationalen Gewerkschaften waren aber in die Verhandlungsprozesse nicht systematisch einbezogen.

4.9.1 Initiative und generelle Interessenkonstellation

Treibende Kraft der Entwicklung einer europäischen Verhandlungsebene im Bayer-Konzern war der EBR, d.h. die Arbeitnehmerseite des aus Arbeitnehmer- und Arbeitgebervertretern gemischt zusammengesetzten Bayer Europa-Forums, und hier wiederum insbesondere die deutsche EBR-Fraktion, die die Spitzenpositionen des Bayer-EBR besetzt und diesen eindeutig dominiert (Müller et al. 2004: 119).[92]

Entstehungsgeschichte und formale Verfasstheit des Bayer Europa-Forums spiegeln den Anspruch der deutschen EBR-Fraktion wider, Entwicklung und Praxis des europäischen Gremiums kontrollieren zu können. So war die Aushandlung der EBR-Gründungsvereinbarung eine rein deutsche Angelegenheit, in die Arbeitnehmervertreter ausländischer Produktionsgesellschaften nicht einbezogen waren. Die zentrale, von beiden Verhandlungsparteien anvisierte Funktion des Gremiums bestand darin, das im deutschen Konzernteil etablierte Modell sozialpartnerschaftlich-kooperativer Arbeitsbeziehungen auf die europäischen Konzernstandorte zu übertragen (Kädtler 2006: 290). Formal wird der Kontrollanspruch der deutschen Delegation insbesondere durch das vereinbarte proportionale Abstimmungsverfahren entsprechend den Beschäftigtenzahlen abgesichert, nach dem die deutsche Fraktion etwa 70% der Stimmen auf sich vereint und daher mit einer Zweidrittelmehrheit alle anderen überstimmen kann (Interview: Bayer EBR 03-2010).

Das Bayer-Management sperrte sich lange Zeit gegen eine europäische Verhandlungsebene und gegen die Ausweitung der Kompetenzen des EBR in Richtung Verhandlungen. Vielmehr wollte es das Europa-Forum in erster Linie dazu nutzen, die Akzeptanz transnationaler Managemententscheidungen sicherzustellen, indem es die im Europa-Forum vertretenen Belegschaftsdelegierten

Mindeststandards für Bayer-Mitarbeiter definiert.“ (Bayer 2006: 50) Und: „Im Oktober 2006 nahm die Geschäftsführung des Bayer-Europa-Forums in Warschau (Polen) die ‚Erklärung zu Diversity bei Bayer‘ an, in der sich alle Beteiligten erneut zur Gleichbehandlung und deren aktiver Förderung bekennen.“ (Ebd.: 53)

92 Arbeitnehmerseitig gingen die Vereinbarungsinitiativen nicht nur von der deutschen EBR-Spitze aus. So wurde die Sozialcharta, die im Wesentlichen die ILO-Kernarbeitsnormen beinhaltet, von den spanischen Delegierten eingebracht (Interview: Bayer EBR 01-2003).

offen über die Hinter- und Beweggründe dieser Entscheidungen informierte (Müller et al. 2004: 119). So lehnte das Management noch 2002 ab, eine Verhandlungskompetenz des EBR formal anzuerkennen, und akzeptierte lediglich, eine Vereinbarung zur unternehmensseitigen Finanzierung des EBR-Intranet-Auftritts in Form einer Konzernbetriebsvereinbarung abzuschließen, obgleich der Vereinbarungstext im EBR zuvor zwischen beiden Seiten abgestimmt worden war (Interview: Bayer EBR 01-2003). Trotz dieser grundsätzlich ablehnenden Haltung des Bayer-Managements gegenüber einer formalen Verhandlungsrolle des EBR wurden im gleichen Jahr im Zuge der Information und Konsultation des EBR durch das Bayer-Management anlässlich der Umstrukturierung des Rechnungswesens Absprachen hinsichtlich der Modalitäten dieser Umstrukturierungsmaßnahme getroffen, die in den Sitzungsprotokollen und in den schriftlich erhaltenen Antworten auf einen von der Arbeitnehmerseite eingereichten Fragenkatalog festgehalten waren. Mittlerweile hat das Bayer-Management aber die Wirklichkeit einer europäischen Verhandlungsebene pragmatisch akzeptiert und durch den Abschluss formaler europäischer Vereinbarungen mit dem EBR besiegelt.[93]

Entsprechend den eben skizzierten Interessenlagen und Haltungen treiben die deutsche EBR-Fraktion und das zentrale Konzernmanagement die Entwicklung einer europäischen Verhandlungsebene sehr vorsichtig voran. Die europäische Vereinbarungspolitik folgt dabei dem Muster der Ausweitung der im deutschen Konzernteil etablierten arbeits- und personalpolitischen Grundsätze auf die europäischen Auslandsstandorte und ist nicht darauf gerichtet, die bestehende „Exklusivität der Informations- und Absprachebeziehung zwischen deutscher Betriebsrats- und Konzernspitze“ (Kädtler 2006: 293) zugunsten der Stärkung der europäischen Ebene aufzugeben. Zugleich wurden der Charakter und die Substanz der Vereinbarungen und Absprachen allmählich gesteigert.

4.9.2 Verhandlungen

Die Verhandlungen der getroffenen und schriftlich fixierten Absprachen anlässlich der Abspaltung und des Börsengangs von Agfa sowie der Zentralisierung des Rechnungswesens in Barcelona fanden im Rahmen der Information und Konsultation der – um Arbeitnehmervertreter der betroffenen europäischen Standorte erweiterten – Paritätischen Kommission des Bayer Europa-Forums statt.[94]

---

93 Unterzeichnet vom EBR-Vorsitzenden und dem zentralen HR-Verantwortlichen hat die „Erklärung zu Diversity bei Bayer“ eindeutig den formalen Charakter einer EBR-Vereinbarung.

94 Die Paritätische Kommission ist ein mit Arbeitgeber- und Arbeitnehmervertretern paritätisch besetzter Ausschuss des Bayer Europa-Forums. Die Arbeitnehmergruppe der Pa-

Dagegen wurden anlässlich der Ausgliederung der Chemie- und eines Teils der Polymer-Sparte in das neu gegründete Unternehmen Lanxess offizielle Verhandlungen geführt.

Mittlerweile hat sich folgende Praxis der Organisation und Koordination der Verhandlungsprozesse herausgebildet: Die verschiedenen Textentwürfe der Vereinbarung werden zwischen Arbeitnehmer- und Arbeitgeberseite hin und her gespielt, wobei die Arbeitnehmerseite darauf bedacht ist, niemals ohne eigenen Entwurf in die Verhandlungen zu gehen. Verhandlungsführer auf Arbeitnehmerseite sind der EBR-Vorsitzende und seine beiden Stellvertreter, die dazu von den Arbeitnehmervertretern der Paritätischen Kommission mandatiert werden. Diese werden zugleich von jenen mit allen Unterlagen versorgt und nach jedem verhandelten Teilpaket informiert. Auf dieser Basis wird der Sachverhalt gemeinsam besprochen und den Verhandlungsführern ein neues Mandat erteilt. Nach den bisher vorliegenden Erfahrungen nehmen aber die Arbeitnehmervertreter der Paritätischen Kommission, die nicht direkt in die Verhandlungen involviert sind, trotz dieser engen Rückkopplungsschleifen faktisch kaum Einfluss auf die Verhandlungen (Interview: Bayer EBR 03-2010).

Wenn ein Vereinbarungstext vorliegt, der von allen Mitgliedern der Paritätischen Kommission mitgetragen wird, erfolgt die Einleitung eines Zustimmungsverfahrens der nationalen Arbeitnehmervertretungen in der Form, dass der ausgehandelte Vereinbarungstext in alle relevanten Sprachen übersetzt und den nationalen Ansprechpartnern[95] im EBR mit der Bitte übergeben wird, diesen Text mit den zuständigen nationalen und lokalen Arbeitnehmervertretungsstrukturen zu diskutieren und sich im Falle von Bedenken rechtzeitig zu melden. Diese nationalen Klärungsprozesse folgen den in den jeweiligen Ländern üblichen Verfahren und Gewohnheiten. Bislang ist es im Zusammenhang mit dem Zustimmungsprozess nicht zu Konflikten oder Blockaden mit nationalen Arbeitnehmervertretungen und Gewerkschaften gekommen. Der EBR-Vorsitzende führt dies insbesondere darauf zurück, dass die europäischen Vereinbarungen lediglich einen Rahmen vorgeben und generelle Zusagen des Managements sichern, bei der Nutzung und Umsetzung den jeweiligen nationalen Parteien aber größtmögliche Autonomie gewähren.

---

ritätischen Kommission, die sich aus dem deutschen EBR-Vorsitzenden, seinen beiden Stellvertretern aus Deutschland und Belgien sowie je einem Arbeitnehmervertreter von fünf weiteren nationalen EBR-Delegationen zusammensetzt, ist das eigentliche Arbeitsgremium des EBR, in dem die Positionsfindungen stattfinden und Stellungnahmen formuliert werden (Interview: Bayer IG BCE 07-2010).

95 Für die Länder mit mehreren Delegierten im BEF wurden nationale Ansprechpartner bestimmt, die für die Weitergabe von Dokumenten und Texten und die generelle Koordinierung der Länderdelegation zuständig sind.

Die Gewerkschaften sind nicht systematisch in die Verhandlungs- und Abstimmungsprozesse auf Arbeitnehmerseite eingebunden. Der von der IG BCE gestellte EBR-Koordinator der EMCEF hat aber Gelegenheit, unmittelbar an den Verhandlungen teilzunehmen, oder wird von den Arbeitnehmervertretern der Paritätischen Kommission fortlaufend über den Verhandlungsstand informiert (Interview: Bayer EBR 03-2010).[96] Seine Funktion beschränkt sich aber auf die eines externen gewerkschaftlichen Beraters und *Fürsprechers* gewerkschaftlicher Interessen, der allein mittels fachlich überzeugender Argumente Einfluss auf den Verhandlungsverlauf nehmen kann (Interview: Bayer IG BCE 07-2010).

Der Einbezug der nationalen Gewerkschaften in die Informations-, Konsultations- und Verhandlungsprozesse auf europäischer Unternehmensebene liegt in der Verantwortung der EBR-Mitglieder und hängt davon ab, inwieweit die Gewerkschaften in den Betrieben verankert sind. Der EBR-Koordinator der EMCEF informiert lediglich über grundsätzliche Prozesse in den entsprechenden EMCEF-Ausschüssen, wobei dies nach seiner Einschätzung bei den anwesenden nationalen Gewerkschaftsvertretern auf kein besonders großes Interesse stößt (ebd.).

Auch gegenüber dem EBR wurde von den nationalen Gewerkschaften nie die Forderung erhoben, an den Verhandlungen beteiligt zu werden (Interview: Bayer EBR 03-2010).

Die deutsche EBR-Spitze stellt die Verhandlungsführerschaft des EBR bei europäischen Unternehmensverhandlungen nicht infrage und hält einen informatorischen Einbezug und eine politische Einbindung der nationalen Gewerkschaften für ausreichend. Die Verhandlungsführerschaft des EBR wurde auch von der EMCEF und der IG BCE zu keinem Zeitpunkt in Zweifel gezogen (ebd.).

4.9.3 Abschluss und Umsetzung

Die bisherigen Absprachen und Vereinbarungen wurden alle zwischen EBR und zentralem Bayer-Management getroffen. Der von der IG BCE gestellte EBR-Koordinator der EMCEF unterstützte den von der EBR-Spitze verfolgten Ansatz, eine europäische Verhandlungsebene evolutorisch zu entwickeln und Substanz und Verbindlichkeit der Vereinbarungen langsam und schrittweise zu erhöhen.

Eine sehr allgemein gehaltene, schriftlich fixierte Verabredung anlässlich der Abspaltung und des Börsengangs von Agfa, die das Ziel hatte, die betroffenen Beschäftigten vor Kündigungen zu schützen, bedeutete den Einstieg in eine europäische Vereinbarungspolitik bei Bayer. Dem folgte die schriftliche Zusicherung des Bayer-Managements, die Verlagerung von insgesamt 245 Arbeits-

96 Dabei war die Position des EBR-Koordinators der EMCEF über einen mehrjährigen Zeitraum, in dem eine Reihe von Verhandlungen stattfand, nicht besetzt.

plätzen in ein zentrales Rechenzentrum in Barcelona nach Modalitäten durchzuführen, die mit dem EBR im Zuge des Konsultationsverfahrens abgesprochen waren.[97] Obgleich angesichts der geringen Zahl betroffener Arbeitsplätze die Reichweite dieser Vereinbarung gering war, kommt ihr angesichts der im Vergleich zur Agfa-Vereinbarung höheren Regelungstiefe dennoch ein gewisser Stellenwert in der Entwicklung einer europäischen Vereinbarungspolitik bei Bayer zu. Anlässlich der Ausgründung der Chemie- und eines Teils der Polymersparte in Lanxess wurden im Bayer Europa-Forum Grundsätze der sozialverträglichen Umsetzung der Umstrukturierung mit dem Ziel verabredet, Kündigungen möglichst zu vermeiden (ultima-ratio-Prinzip betriebsbedingter Kündigungen) und die Beschäftigungsfähigkeit der Arbeitnehmer durch gezielte Maßnahmen zu erhalten. Die Vereinbarung zur Lanxess-Ausgründung, von der insgesamt 23.000 Beschäftigte betroffen waren, hatte die bis dahin größte Reichweite einer europäischen Vereinbarung im Bayer-Konzern, zumal erstmals auch die Frage der Um- und Durchsetzung der getroffenen Absprachen Regelungsgegenstand war. Dabei wurde verabredet, eine aus der EBR-Spitze und zwei Vertretern des zentralen Personalmanagements zusammengesetzte Clearingstelle einzurichten, an die sich die lokalen Arbeitnehmervertreter wenden können, falls es zu Problemen kommen sollte. In den nachfolgend getroffenen Vereinbarungen zur Regelung der Modalitäten der Übernahme der CropScience-Aktivitäten von Aventis und der Übernahme und Eingliederung von Schering wurden die Regelungen der Lanxess-Vereinbarung zum ultima-ratio-Prinzip betriebsbedingter Kündigungen und zur Clearingstelle übernommen und um die Regelung spezifischer Probleme ergänzt (z.B. im Falle der Aventis-CropScience-Vereinbarung um die Verpflichtung zur sozialverträglichen Verteilung der neuen Standortzuständigkeiten mit dem Ziel, Wohnortswechsel der Beschäftigten möglichst zu vermeiden).

Die Sozialen Grundsätze und die Diversity-Erklärung bewegen sich schließlich bezüglich ihrer Regelungstiefe auf dem Niveau von Absichtserklärungen.

Die europäischen Vereinbarungen geben mithin einen Rahmen vor und sichern generelle Zusagen des Managements ab, gewähren aber gleichzeitig den jeweiligen nationalen Parteien für die Nutzung und Umsetzung größtmögliche Autonomie. Ebenso verhält sich der EBR in der Anwendungspraxis, indem er sich nicht als Instanz begreift, die die Umsetzung und Einhaltung der Vereinbarungsbestimmungen aktiv überwacht, sondern sich darauf verlässt, dass sich die lokalen Arbeitnehmervertreter im Problemfall an die Clearingstelle wenden (Interview: Bayer EBR 03-2010).

In der bisherigen Umsetzungspraxis wurde die Clearing-Stelle noch nicht angerufen. Dies deutet darauf hin, dass bislang keine größeren Konflikte um die

97 Die Absprachen dieser Modalitäten erfolgten vor dem Hintergrund eines gemeinsamen Interesses an attraktiven Bedingungen eines solchen Ortswechsels.

Einhaltung der Vereinbarungsbestimmungen aufgetreten sind, die nicht mit den jeweils üblichen Verfahren vor Ort gelöst werden konnten.[98]

4.9.4 Gesamteinschätzung

Die Vereinbarungspolitik im Rahmen des Bayer Europa-Forums hat sich evolutorisch entwickelt. Vermittelt über die Dominanz der deutschen Fraktion im EBR folgt sie dem Muster deutscher Betriebsvereinbarungen, nach dem der (Europäische) Betriebsrat die arbeitnehmerseitige Verhandlungsführerschaft beansprucht. Zudem kommt den externen Gewerkschaftshauptamtlichen entsprechend der Tradition einer gegenüber den Gewerkschaften selbstbewusst agierenden Betriebsratsspitze, die sich als „Gewerkschaft im Betrieb" versteht, im deutschen Konzernteil eine eher schwache, beratende Rolle im Verhandlungsprozess zu.

Die Beteiligung der nationalen Gewerkschaften am Verhandlungsprozess ist nicht seitens der EMCEF oder der EBR-Spitze zentral organisiert. Deshalb liegt es allein an der gewerkschaftlichen Anbindung und Sensibilität der EBR-Mitglieder der verschiedenen nationalen Delegationen, ob und inwieweit die nationalen Gewerkschaften in die europäische Vereinbarungspolitik einbezogen sind.

Die Verfahrensvorgaben der EMCEF im Umgang mit europäischen Unternehmensverhandlungen, die sich an das EMB-Verfahren anlehnen, wurden 2009 verabschiedet. Sie spielten deshalb für die bisherige europäische Vereinbarungspolitik bei Bayer keine Rolle. Die europäische Vereinbarungspolitik folgte deshalb weitgehend einem Verhandlungsmuster, wie es auch in den untersuchten Metallunternehmen, dessen Konzern- bzw. EBR-Sitz sich in Deutschland befand, vor Verabschiedung des EMB-Verhandlungsverfahrens zu beobachten war.

4.10 Europäische Vereinbarungspolitik in einer italienischen Bank – Der Fall UniCredit

Bei UniCredit wurden in einem vergleichsweise kurzen Zeitraum zwischen Dezember 2008 und Mai 2009 zwei europäische Rahmenvereinbarungen zu den Themen „Schulung, Weiterbildung und berufliche Entwicklung" und „Chancen-

98 Die Clearing-Stelle wirkt vor allem „erzieherisch" auf das nationale Management, das im Falle einer Einberufung der Clearingstelle gegenüber der Zentrale in Leverkusen eingestehen müsste, dass es nicht in der Lage ist, mit den jeweiligen Arbeitnehmervertretern klar zu kommen, um einen Konflikt auf nationaler Ebene zu lösen. Bevor daher ein lokaler oder nationaler Konflikt über die Clearing Stelle auf die zentrale Ebene gehoben wird, bemühen sich die nationalen Manager um eine einvernehmliche Lösung vor Ort (Interview: Bayer EBR 03-2010).

gleichheit und Nichtdiskriminierung" abgeschlossen.[99] Die Vereinbarungen definieren für den jeweiligen Themenbereich grundsätzliche Prinzipien und Leitlinien, an denen sich sämtliche Aktivitäten der Unternehmensgruppe auszurichten haben. Sie orientieren sich an den Werten und Normen der vom Unternehmen unilateral erstellten „Integrity Charter" sowie an den Standards der gemeinsamen Erklärungen der EU-Sozialpartner.[100]

Die Vereinbarungen wurden von paritätisch besetzten Kommissionen erarbeitet, die im Rahmen einer ordentlichen EBR-Sitzung im April 2008 gegründet worden waren. Die Vereinbarung zu Schulung und Weiterbildung wurde im Dezember 2008, die Vereinbarung zu Chancengleichheit und Nichtdiskriminierung im Mai 2009 zwischen dem EBR und der Unternehmensleitung abgeschlossen. Die Gewerkschaften waren in den Verhandlungsprozess nicht systematisch einbezogen.

Auf den Erfahrungen der beiden europäischen Vereinbarungen aufbauend forderte die Arbeitnehmerseite Ende 2009 das Management zu Verhandlungen über eine internationale Rahmenvereinbarung zu grundlegenden Arbeitnehmerrechten auf. Bis heute wurden jedoch noch keine Verhandlungen aufgenommen (Stand Oktober 2010).

4.10.1 Initiative und generelle Interessenkonstellation

Schon bei den Verhandlungen zu der im Januar 2007 unterzeichneten EBR-Gründungsvereinbarung verfolgte die Arbeitnehmerseite das Ziel einer europäischen Vereinbarungspolitik. Die entsprechende Forderung nach einem allgemeinen Verhandlungsrecht des EBR wurde jedoch vom Management abgelehnt. Stattdessen einigte man sich auf einen Kompromiss. Auf Initiative der Arbeitnehmerseite wurde die Möglichkeit in die Gründungsvereinbarung aufgenommen, gemeinsame Erklärungen zu Themen von beidseitigem Interesse zu verabschieden (Artikel 8.2.). Prozedural wurde festgelegt, dass diese Erklärungen von Arbeitsgruppen, die paritätisch mit Vertretern des EBR und des Managements besetzt sind, erarbeitet werden.[101] Insofern war die Entwicklung einer europäi-

99 Offiziell firmieren die beiden Vereinbarungen unter dem Namen „Gemeinsame Erklärung Schulung, Weiterbildung und berufliche Entwicklung" bzw. „Gemeinsame Erklärung hinsichtlich Chancengleichheit und Nichtdiskriminierung".

100 Konkret sind dies die „Gemeinsame Erklärung der europäischen Sozialpartner des Banksektors über lebenslanges Lernen im Banksektor" (Europäische Kommission 2003) und die gemeinsame Erklärung der EU-Sozialpartner zum Thema „Beschäftigung und soziale Angelegenheiten im europäischen Bankensektor: einige Aspekte in Bezug auf CSR" (European Commission 2005b).

101 Konkret heißt es in Artikel 7 der EBR-Gründungsvereinbarung: „Der Ausschuss und die Zentrale Leitung können die Gründung gemeinsamer Arbeitsgruppen vereinbaren, die sich während eines vorab festgelegten Zeitraums mit spezifischen Sachverhalten befassen."

schen Vereinbarungspolitik bei UniCredit bereits in der Gründungsvereinbarung des EBR angelegt.

Um die Vereinbarung mit Leben zu füllen, einigten sich der EBR und die zentrale Leitung im Rahmen einer regulären EBR-Sitzung am 8. April 2008 auf die Einrichtung zweier paritätisch besetzter Kommissionen mit dem Ziel, zu den Themen „Schulung, Weiterbildung und berufliche Entwicklung" und „Chancengleichheit und Nicht-Diskriminierung" gemeinsame Erklärungen zu erarbeiten. Die Initiative zur Aufnahme von europäischen Verhandlungen lässt sich keiner Seite eindeutig zuordnen. Sie war vielmehr Ergebnis eines beidseitigen Diskussionsprozesses.

Der engere Ausschuss und der EBR-Vorsitzende, die die Politik des EBR maßgeblich bestimmen, unterstützten vorbehaltlos die Aufnahme europäischer Unternehmensverhandlungen.[102] Die Mitglieder dieses Führungskreises des EBR sind gewerkschaftlich organisiert und verstehen den EBR als Gremium gewerkschaftlich organisierter Mitglieder. Gewerkschaftlich nicht organisierte EBR-Mitglieder sind zwar im EBR vorhanden, spielen aber keine die Politik bestimmende Rolle.[103] Die drei italienischen Vertreter im engeren EBR-Ausschuss wurden zugleich auch von ihrer jeweiligen Gewerkschaft (fabi, FISAC-CGIL und FIBA-CISL) für die gewerkschaftliche Betreuung von UniCredit beauftragt.

Zudem waren ein Vertreter der italienischen UILCA-UIL (als von UNI Finanz ernannter Gewerkschaftsexperte) sowie ein Vertreter der deutschen Gewerkschaft ver.di (als von den EBR-Mitgliedern gewählter Gewerkschaftsexperte) über die Sachverständigenregelung an der EBR-Sitzung und damit an

102 Der EBR bei UniCredit ist mit 44 Mitgliedern aus 27 Ländern ein hochgradig internationalisiertes und heterogen zusammengesetztes Gremium. Die größte Delegation stellt Italien mit sechs Vertretern gefolgt von Deutschland und Polen mit jeweils vier Vertretern und Österreich, Bulgarien, Kroatien, Tschechien, Rumänien und die Türkei mit jeweils zwei Delegierten. Die restlichen Länder sind mit jeweils einem Delegierten im EBR vertreten. Die Sitze des engeren Ausschusses verteilen sich folgendermaßen auf die vier Länder mit dem – neben der Türkei – größten Anteil an der Gesamtzahl der Beschäftigten: Italien (3), Deutschland (2) sowie Polen und Österreich mit jeweils einem Sitz. Innerhalb des engeren Ausschusses spielt der italienische EBR-Vorsitzende aufgrund seiner eingespielten Kontakte zum zentralen Management und aufgrund seiner Funktion als Repräsentant einer der beiden mitgliedsstärksten Gewerkschaften im italienischen Konzernteil eine hervorgehobene Rolle.

103 Von den 44 EBR-Mitgliedern, die 27 Länder vertreten, gehören etwa zehn bis 15 keiner Gewerkschaft an. Dieses betrifft vor allem die Länder Estland, Litauen, Lettland, Irland, Großbritannien, Ukraine, Griechenland, Schweiz, Rumänien, Bulgarien, Türkei und Tschechien. Diese Länder sind allerdings hinsichtlich ihres Beschäftigungsniveaus nicht sonderlich relevant, mit Ausnahme der Ukraine, wo es ca. 10.000 Beschäftigte gibt (Interview: UniCredit EBR 02-2010).

der Entscheidung der Kommissionsgründungen beratend beteiligt.[104] Eine explizite Mandatierung durch die nationalen Gewerkschaften, wie sie zum Beispiel im Metallsektor im Rahmen des EMB-Verfahrens vorgesehen ist, erfolgte nicht.

Die Bereitschaft des Managements zur Ausarbeitung gemeinsamer Dokumente mit dem EBR hat verschiedene Beweggründe. Zum einen steht sie im Einklang mit der prinzipiell positiven Grundeinstellung des Managements gegenüber dem EBR. Aus Sicht des Managements ist der EBR ein Instrument der corporate governance, das angesichts des hohen Internationalisierungsgrads des Unternehmens einen wichtigen Beitrag zur Entwicklung einer gemeinsamen Unternehmenskultur und zur Verbesserung des Sozialdialogs im Unternehmen leistet (Interview: UniCredit HRM 04-2010). Dementsprechend förderte das Management von Beginn an die Entwicklung des EBR zu einem handlungsfähigen Akteur. Konkret zeigt sich dies darin, dass die EBR-Gründungsvereinbarung in zentralen Punkten über die Bestimmungen der EBR-Richtlinie hinausgeht,[105] sowie in der Durchführung von Maßnahmen zur Verbesserung der Zusammenarbeit im und mit dem EBR (zum Beispiel das ein Jahr nach der EBR-Gründung durchgeführte Projekt „UniCredit European Work Council: Improving Cooperation to strengthen Social Dialogue“).[106] Vor diesem Hintergrund erhoffte sich das Management von der Unterzeichnung einer gemeinsamen Erklärung mit dem EBR einen weiteren Beitrag zur Entwicklung einer (grenz-)übergreifenden Unternehmenskultur, die auf gemeinsam geteilten Prinzipien und Leitlinien gründet. Darüber hinaus wollte sich das Management durch die Unterzeichnung einer gemeinsamen Erklärung zu den Themen Weiterbildung und Antidiskriminierung gegenüber der Öffentlichkeit als sozial verantwortliches Unternehmen präsentieren und sich dadurch positiv von den anderen Banken (vor allem im italienischen Markt) abheben.

104 Art. 12.2 der EBR-Gründungsvereinbarung legt fest, dass das Unternehmen die Kosten für die Teilnahme von zwei Sachverständigen übernimmt.

105 Beispiele hierfür sind: zwei jährliche Sitzungen des EBR und des engeren Ausschusses, wobei letzterer die Möglichkeit hat, sich bei Bedarf auch häufiger zu treffen; die Bereitstellung eines eigenen Budgets für den EBR; der Einbezug von Vertretern aus Nicht-EU-Länder wie zum Beispiel der Türkei, der Ukraine und Russland; eine weitergehende Definition der Begriffe Information und Konsultation, die bereits der in der Neufassung der EBR-Richtlinie vom Mai 2009 entspricht; sowie ein umfassenderer Themenkatalog, zu dem Konsultationsprozesse stattfinden sollen.

106 Im Rahmen dieses aus EU-Mitteln finanzierten Projektes fanden zwei dreitägige Workshops statt, an denen Vertreter des EBR und des Personalmanagements aus 27 Ländern teilnahmen. Das Ziel des Projekts bestand darin, den Delegierten des neu gegründeten EBR die Gelegenheit zu geben, sich in einem informellen Rahmen besser kennenzulernen und Erfahrungen auszutauschen. Darüber hinaus diente das Projekt dazu, die Rolle des EBR als Brücke zwischen Management und EBR zu stärken, um eine gemeinsame europäische Unternehmenskultur zu entwickeln (UniCredit 2008).

Die Motivation der Arbeitnehmerseite zum Abschluss gemeinsamer Erklärungen mit dem Management bestand im Wesentlichen darin, durch die Verfolgung eines gemeinsamen Projektes die Zusammenarbeit im EBR zu fördern und damit die Handlungsfähigkeit des EBR insgesamt zu stärken. Dies war insofern von Bedeutung, als bei UniCredit bisher kein EBR existierte und in dem neu gegründeten Gremium nach der Fusion der UniCredito Italiano mit der Hypo Vereinsbank Delegierte von beiden Teilunternehmen mit unterschiedlichen Unternehmenskulturen vertreten waren (Interview: UniCredit ver.di 11-2009). Zudem sah die Arbeitnehmerseite die Verabschiedung der gemeinsamen Erklärungen zu den beiden wenig konfliktären Themen als einen ersten Einstieg in eine weitergehende transnationale Vereinbarungspolitik mit dem Management.[107]

4.10.2 Verhandlungen

Die Verhandlungskommissionen waren jeweils mit sechs EBR- und sechs Managementvertretern paritätisch besetzt. Die Kommissionsmitglieder der Arbeitgeberseite wurden vom zentralen Management auf der Grundlage ihrer Funktion im Unternehmen und ihrer spezifischen Kompetenzen ausgewählt. Seiner Zielsetzung folgend, die gemeinsame Unternehmenskultur zu stärken, legte das zentrale Management besonderen Wert darauf, Managementvertreter unterschiedlicher Länder zu involvieren. So waren an der Arbeit in den Kommissionen (Personal-)Managementvertreter aus Italien, Deutschland, Polen, Österreich und Russland beteiligt.[108] Zudem wurden während der Verhandlungen weitere Managementvertreter aus Ländern außerhalb der EU zu den Treffen der Kommission eingeladen. Die Kommissionsmitglieder der Arbeitnehmerseite wurden vom engeren Ausschuss in Abstimmung mit den gewerkschaftlichen EBR-Betreuern ausgewählt. Die Auswahlliste wurde dem EBR zur Zustimmung vorgelegt. Der Auswahl der Kommissionsmitglieder lagen folgende Kriterien zugrunde. Zum einen wurden Vertreter aus solchen Ländern ausgewählt, in denen die zukünftige Anwendung der gemeinsamen Erklärung Verbesserungen der Situation der Beschäftigten vor Ort versprach. Zum anderen wurde darauf geachtet, dass die Kommissionsmitglieder gewerkschaftlich organisiert waren und über eine gewisse Verhandlungserfahrung verfügten. Schließlich sollte ein Mitglied des engeren Ausschusses in den Kommissionen vertreten sein.

Die Arbeitnehmerseite war in den Kommissionen ausschließlich durch EBR-Mitglieder vertreten. Die gewerkschaftlichen EBR-Betreuer waren an der

---

107 Dies zeigt sich auch daran, dass der engere Ausschuss des EBR in Zusammenarbeit mit den Gewerkschaften Ende 2009 die Initiative zur Verhandlung einer internationalen Rahmenvereinbarung zu grundlegenden Arbeitnehmerrechten ergriff.

108 Italien, Deutschland, Polen und Österreich sind die vier beschäftigungsstärksten Länder von UniCredit in Europa.

Arbeit der Kommissionen nicht direkt beteiligt. Sie sahen dies auch nicht als notwendig an, da aus ihrer Sicht sowohl eine angemessene Vertretung gewerkschaftlicher Interessen als auch der Einfluss des eng mit ihnen kooperierenden engeren Ausschusses auf den Verhandlungsprozess sichergestellt war (Interview: UniCredit ver.di 11-2009).

Die Ausarbeitung der beiden Vereinbarungen verlief nach Aussage beider Seiten ohne größere Konflikte, so dass zum Beispiel im Fall der ersten gemeinsamen Erklärung zu Schulung, Weiterbildung und berufliche Entwicklung nach vier Treffen der Kommission zwischen April und Dezember 2008 eine unterschriftsreife Version vorlag. Etwas komplizierter und auch zeitaufwändiger verliefen die Verhandlungen bei der zweiten gemeinsamen Erklärung zur Chancengleichheit und Nichtdiskriminierung. Dies lag vor allem an den unterschiedlichen Vorstellungen beider Seiten zur Behandlung der Frage der Gleichstellung von Frauen. Mit dem Argument, dass in einigen Landesgesellschaften das diesbezügliche Bewusstsein gering ausgeprägt sei, drängte die Arbeitnehmerseite darauf, explizit die Forderung nach einer Gleichstellung von Frauen zu verankern. Das Management lehnte dies jedoch ab, da sich die gemeinsame Erklärung aus seiner Sicht generell mit dem Thema Diskriminierung beschäftigen sollte und daher die spezifische Form der Diskriminierung aufgrund des Geschlechts keine hervorgehobene Stellung gegenüber anderen, zum Beispiel religiös oder rassistisch begründeten Formen der Diskriminierung einnehmen sollte. In zahlreichen informellen Gesprächen zwischen dem EBR-Vorsitzenden und den im zentralen Management für den Bereich industrielle Beziehungen verantwortlichen Mitarbeitern wurde letztendlich eine für beide Seiten akzeptable Kompromisslösung erzielt. Demnach steht zwar das generelle Problem der Diskriminierung im Mittelpunkt der gemeinsamen Erklärung, zugleich wird aber an verschiedenen Stellen ein konkreter Bezug zur Frauenförderung hergestellt.

Die Arbeit der EBR-Mitglieder in den Kommissionen war eng mit dem EBR abgestimmt. Dabei spielten der Vorsitzende und der engere Ausschuss des EBR eine zentrale Rolle. Schon im Vorfeld der Verhandlungen erarbeitete der engere Ausschuss auf Initiative des EBR-Vorsitzenden einen ersten Vereinbarungsentwurf, so dass die EBR-Mitglieder in den Kommissionen mit präzisen inhaltlichen Vorgaben in die Verhandlungen gingen. Während der Verhandlungen wurden die jeweiligen Zwischenstände an den engeren Ausschuss und die EBR-Mitglieder rückgekoppelt und auch der endgültige Vereinbarungsentwurf wurde dem engeren Ausschuss zur Kommentierung vorgelegt. Falls erforderlich, griff der EBR-Vorsitzende, wie dargestellt, direkt in die Verhandlungen ein, um auf informellem Weg Kompromisslösungen mit dem zentralen Management zu erreichen. Schließlich bedurfte der Abschluss der Vereinbarungen der Zustimmung des engeren Ausschusses und des EBR. Nachdem der engere Ausschuss dem Vereinbarungsentwurf mit marginalen Änderungen zugestimmt hatte, erhielt die endgültige Textfassung, die in die verschiedenen im EBR vertretenen Landessprachen übersetzt den EBR-Mitgliedern zur Abstimmung vorgelegt wurde, die Zustimmung des EBR.

4.10.3 Abschluss und Umsetzung

Mit der Unterzeichnung der beiden gemeinsamen Erklärungen verpflichtete sich das Management unternehmensweit zur Einhaltung der in den Vereinbarungen festgelegten Mindeststandards in den Bereichen Aus- und Weiterbildung sowie Chancengleichheit und Antidiskriminierung. Die Umsetzung der beiden Vereinbarungen erfolgt über die Managementhierarchie, so dass die in den Vereinbarungstexten festgelegten Verpflichtungen direkt auf die nationale und lokale Ebene durchschlagen. Nachverhandlungen auf nationaler und lokaler Ebene sind nicht vorgesehen.

Zur Sicherstellung der Umsetzung der Vereinbarungen ergriff das zentrale Management verschiedene Maßnahmen, um das nationale bzw. lokale Management mit den jeweiligen Vereinbarungsinhalten vertraut zu machen. Diese Maßnahmen umfassten die Publikation der Vereinbarungen im Intranet, das direkte Verschicken der in die jeweiligen Landessprachen übersetzten Vereinbarung an das örtliche Management sowie die Organisation von Treffen mit Beschäftigten in verschiedenen Ländern. Darüber hinaus führte das zentrale Management eine Fragebogenaktion durch, um die Kenntnisse der Texte seitens der Beschäftigten auf allen Ebenen zu ermitteln.

Ein Verfahren der systematischen Überwachung der Einhaltung der Vereinbarungen ist in den jeweiligen Vereinbarungstexten nicht vorgesehen. Bislang wendet sich der EBR mit der Aufforderung an das zentrale Management, das nationale oder lokale Management zur Einhaltung der Vertragsbestimmungen zu bewegen, sobald er von einer nationalen Gewerkschaft oder Arbeitnehmervertretung über einen Verstoß gegen die Vereinbarungsbestimmungen informiert wird. Die Arbeitnehmerseite beabsichtigt jedoch im Rahmen der angestrebten Verhandlung einer internationalen Rahmenvereinbarung ein systematisches Überwachungsverfahren mit Schlichtungsstelle einzuführen (Interview: UniCredit ver.di 11-2009).

Bislang haben die Vereinbarungen vor allem in den MOE-Ländern eine gewisse Wirkung entfaltet. Hier mussten der EBR und das zentrale Management in einigen Fällen vermittelnd intervenieren, weil die Vereinbarungsbestimmungen nicht eingehalten wurden. In den westeuropäischen Ländern werden die praktischen Auswirkungen wohl auch perspektivisch eher gering sein, da die Vereinbarungsinhalte nicht oder nur unwesentlich über die national bereits existierenden rechtlichen Vorgaben hinausgehen.

4.10.4 Gesamteinschätzung

Der UniCredit-EBR wurde von Beginn an als Verhandlungsgremium im Sinne der Erarbeitung gemeinsamer Erklärungen konzipiert. Auch in der Praxis haben beide Seiten ein hohes Tempo vorgelegt, um die konstruktive Zusammenarbeit zwischen EBR und zentralem Management unter Beweis zu stellen, und bereits zweieinhalb Jahre nach EBR-Gründung zwei Vereinbarungen verabschiedet. Bei den Themen wurde auf möglichst große Interessenschnittmengen zwischen den Verhandlungsparteien geachtet, so dass konfliktbeladene Verhandlungsverläufe weitgehend ausgeschlossen waren. Das Interesse des zentralen Managements ist auf die Erarbeitung von Gemeinsamkeiten zur Stärkung einer europäischen Unternehmensidentität gerichtet, wobei die Vereinbarungsaktivitäten auf europäischer Ebene diesen Willen sowohl gegenüber der Mitarbeiterschaft und den Belegschaftsvertretern im EBR als auch gegenüber dem nationalen Management unterstreichen sollen.

Unternehmensexterne Gewerkschaftsvertreter waren am Rande beratend einbezogen, spielten aber im Verhandlungsprozess keine entscheidende Rolle. De facto übernehmen jedoch die italienischen EBR-Spitzenvertreter zugleich zentrale Funktionen für ihre Gewerkschaften in Bezug auf UniCredit, so dass hier eine Unterscheidung zwischen Gewerkschaftsvertretern im Unternehmen und externen Gewerkschaftshauptamtlichen kaum möglich ist.[109] Wie die deutschen Gewerkschaften im Falle gewerkschaftlich eng angebundener Betriebsratsspitzen sehen die italienischen Gewerkschaften aufgrund der Doppelfunktion der italienischen Vertreter hinreichende Kontrollmöglichkeiten einer EBR-Vereinbarungspolitik bei UniCredit.

---

109 Eine solche Konstellation, dass ein betrieblicher Gewerkschaftsvertreter für die standortübergreifende gewerkschaftliche Koordinierung zuständig ist, findet sich dagegen im italienischen Metallsektor in der Regel nicht. Vielmehr wird diese Funktion bei den Metallgewerkschaften üblicherweise von einem Gewerkschaftssekretär des Gewerkschaftshauptvorstandes wahrgenommen.

5 Ergebnisse und Perspektiven

5.1 Europäische Unternehmensverhandlungen: Gesamtauswertung

5.1.1 Akteurskonstellationen und Repräsentationsverhältnisse der Verhandlungsparteien

Entlang der untersuchten Fälle lassen sich folgende EBR-/Gewerkschaftskonstellationen bei den Verhandlungen und beim Abschluss europäischer Unternehmensvereinbarungen unterscheiden.

Tab. 5: EBR-/Gewerkschaftskonstellationen bei den Verhandlungen und beim Abschluss europäischer Unternehmensvereinbarungen

Verhandlungs-hoheit	Beteiligung der jeweils anderen Repräsentationssäule			Fälle
	wer	wo	wie	
EBR	EBR-Koordinator des EGV	interne Interessenabstimmungen und bilaterale Verhandlungen	beratend	Daimler, Bayer, Unicredit, John Deere (erste Phase)
EBR	transnationaler Gewerkschaftsverband und/oder nationale Gewerkschaften	interne Interessenabstimmungen	beratend bis hin zu Vetomöglichkeit	ABB, John Deere (zweite. Phase), Mahle
EBR	nationale Gewerkschaften	interne Interessenabstimmungen und bilaterale Verhandlungen	beratend	Ford
Gewerkschaften	einzelne EBR-Mitglieder oder ausgewählte EBR-Repräsentanten	interne Interessenabstimmungen und bilaterale Verhandlungen	informell/stimmberechtigt	ArcelorMittal, Areva
EBR und Gewerkschaften	EBR-Vorsitzende und nationale Gewerkschaften	interne Interessenabstimmungen und bilaterale Verhandlungen	stimmberechtigt	EADS

EBR-Verhandlungsführerschaft und beratender Einbezug des EBR-Koordinators des Europäischen Gewerkschaftsverbands in die bilateralen Verhandlungen

Der EBR übernimmt die Führerschaft europäischer Unternehmensverhandlungen. Die Gewerkschaften sind mit einem Hauptamtlichen sowohl in die internen Interessenabstimmungsprozesse des EBR als auch in die bilateralen Verhandlungen mit dem Unternehmensmanagement in beratender Funktion einbezogen. Sie haben dadurch die Möglichkeit, in den Verhandlungen als *Fürsprecher* gewerkschaftlicher Interessen aufzutreten. Sie verfügen jedoch über kein Stimmrecht und keine formale Mitsprache. Vielmehr kann der EBR formal unabhängig von den Gewerkschaften über den Abschluss europäischer Unternehmensvereinbarungen entscheiden. Der EBR sieht sich an kein gewerkschaftliches Mandat gebunden.

Abb. 3: EBR-Verhandlungsführerschaft und beratender Einbezug des EBR-Koordinators des EGV

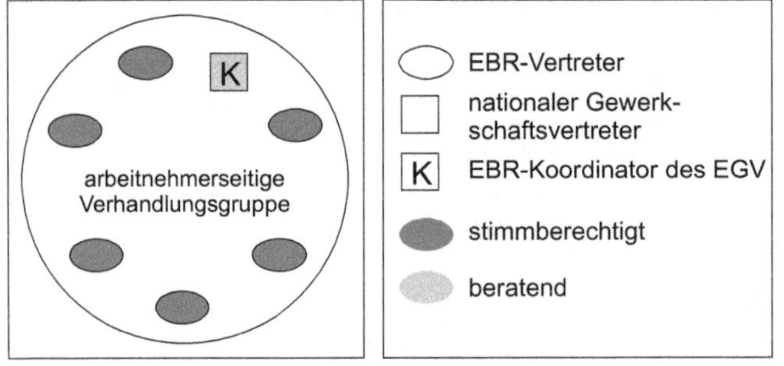

Diese Konstellation ist insofern weit verbreitet, als es den Gewerkschaften in vielen Unternehmen gelingt, über die Sachverständigenregelung mit einem – aber auch nur mit einem – Vertreter am EBR beteiligt zu sein.[1] Der gewerkschaftliche EBR-Sachverständige fungiert dann zugleich als EBR-Koordinator des zuständigen Europäischen Gewerkschaftsverbandes (im Falle unserer Untersuchung also EMB, EMCEF und UNI-Europa). In der Regel nimmt ein nationaler Gewerkschaftshauptamtlicher diese Funktion wahr. In diesem Fall kommt dem Gewerkschaftshauptamtlichen im EBR eine doppelte Betreuungsfunktion zu, da

1 Die subsidiären Vorschriften der EBR-Richtlinie (94/45/EG bzw. 2009/38/EG), die in der Regel als Orientierungslinie in den Verhandlungen der EBR-Gründungsvereinbarung dienen (Lecher et al. 2001), sehen für den EBR die Möglichkeit vor, sich von Sachverständigen seiner Wahl unterstützen zu lassen (Punkt 5), wobei die Kostenübernahme auf die Kosten eines Sachverständigen begrenzt werden kann (Punkt 6).

er zugleich seine nationale Herkunftsgewerkschaft und den Europäischen Gewerkschaftsverband repräsentiert.

In dieser Konfiguration treten die folgenden (in den Fallstudien real vorfindbaren bzw. potentiell möglichen) Probleme auf. Der gewerkschaftliche EBR-Koordinator sieht seine Aufgabe nicht (primär) darin, den Europäischen Gewerkschaftsverband über die Verhandlungsaufnahme zu informieren und die Beteiligung der betroffenen nationalen Gewerkschaften sicherzustellen. Er ist zwar tendenziell in der Lage, eine mögliche Kollision mit „seiner" nationalen Tarif- bzw. gewerkschaftlichen Verhandlungssphäre zu kontrollieren. Dagegen fehlt ihm in seiner Funktion als EBR-Beauftragter eines Europäischen Gewerkschaftsverbandes das Problembewusstsein, auch den anderen betroffenen Gewerkschaften diese Kollisionskontrolle für ihre je anders gelagerten nationalen Zuschnitte zu ermöglichen. Sei es, dass er in Verlängerung der nationalen Arbeitsbeziehungspraktiken fälschlicherweise davon ausgeht, dass er in der Lage ist, die Folgen eines europäischen Vereinbarungsabschlusses für die betroffenen Gewerkschaften anderer Länder abzuschätzen. Sei es, dass er seine europäische Rolle noch zu wenig verinnerlicht hat, um die Interessen der anderen nationalen Gewerkschaften mit im Blick zu haben.

Auch durch die in der Metallindustrie 2006 verabschiedeten Verfahrensleitlinien des EMB, die die EBR-Koordinatoren des EMB im Falle europäischer Unternehmensverhandlungen verpflichten, den EMB über die Verhandlungsaufnahme zu informieren und gemeinsam mit dem EMB auf die Anwendung der Verfahrensleitlinien zu drängen, ist der Einbezug des EMB und seiner von den Verhandlungen betroffenen Mitgliedsgewerkschaften im Verhandlungsprozess nicht durchweg sichergestellt. Denn die untersuchten Fälle europäischer Unternehmensverhandlungen zeigen, dass

(1) das EMB-Verhandlungsverfahren bei den EBR-Koordinatoren des EMB nicht flächendeckend bekannt ist,
(2) die Verfahrensleitlinien mit dem Selbstverständnis des EBR-Koordinators kollidieren können und in der Anwendung boykottiert oder uminterpretiert werden können und
(3) der EBR-Koordinator gegenüber dem EBR aus einer Position der Schwäche heraus agiert, d.h. nicht in der Lage ist, die Anwendung der Verfahrensleitlinien durchzusetzen, auch wenn er von deren Unverzichtbarkeit überzeugt ist.

Die Kommunikations- und Interessenabstimmungsprozesse mit den Gewerkschaften sind in dieser Konfiguration ebenso wenig im EBR-Gremium diskutiert und organisiert wie auf dieser Ebene kontrolliert wird, inwieweit sie tatsächlich erfolgt. Vielmehr beruht sie auf dem Vertrauen darauf, dass die EBR-Mitglieder selbst die Kompetenz zur nationalen Umsetzung der europäischen Unternehmensvereinbarung besitzen oder sich mit denjenigen abstimmen, die diese besitzen. Infolge dieses Vertrauens, das insbesondere bei Europäischen Betriebsräten mit deutscher *EBR-Dominanz* anzutreffen ist, wird keine Notwendigkeit gesehen, die europäischen Unternehmensverhandlungen mit den jeweiligen gewerkschaftlichen Verhandlungsebenen in den anderen Länder systematisch zu koordinieren und deren formale Einbeziehung ex ante sicherzustellen. Die Ersetzung von (formaler) Organisation und Kontrolle durch Vertrauen wirkt zugleich komplexitäts- und aufwandsreduzierend, da sich der EBR nicht aktiv um die Kommunikations- und Abstimmungsprozesse kümmern muss.

Die Kommunikation und Interessenabstimmung zwischen EBR und Gewerkschaften liegen somit allein im Verantwortungsbereich einzelner EBR-Mitglieder bzw. einzelner nationaler oder richtungsgewerkschaftlicher EBR-Fraktionen. Den EBR-Mitgliedern kommt damit im Rahmen europäischer Unternehmensverhandlungen eine doppelte Koordinationsaufgabe zu: zum einen die Kommunikation und Interessenabstimmung mit den Arbeitnehmervertretungen auf nationaler Unternehmensebene, zum anderen in die nationalen Gewerkschaftsorganisationen hinein.

Die empirischen Erhebungen legen den Schluss nahe, dass eine solche Konfiguration gerade in deutsch geprägten EBR verbreitet ist. So treiben auf der einen Seite – zumindest in der bisherigen (Pionier-)Phase einer transnationalen Vereinbarungspolitik– insbesondere deutsche EBR-Spitzen die Entwicklung einer europäischen unternehmensbezogenen Vereinbarungspolitik voran, indem sie die deutsche Betriebsvereinbarungspraxis auf die europäische Ebene zu übertragen versuchen. Aus diesem Verständnis heraus ist kein Konflikt mit der nationalen gewerkschaftlichen Verhandlungsebene zu befürchten, solange tarifrelevante Themen ausgespart bleiben. Deshalb sehen sowohl die deutschen EBR-Spitzen als auch die von deutschen Branchengewerkschaften gestellten EBR-Betreuer in der Regel nicht die Notwendigkeit, die europäischen Unternehmensverhandlungen mit den betroffenen Gewerkschaften anderer Länder abzustimmen. Zugleich zeigt sich auf der anderen Seite, dass die EBR-Mitglieder aus anderen Ländern zumeist nicht in der Lage sind, als Korrektiv in dem Sinne zu wirken, dass sie die Interessen ihrer nationalen Gewerkschaften im EBR-internen Interessenabstimmungs- und Positionsfindungsprozess artikulieren und geltend machen.[2] Hinzu kommt, dass die EBR-Mitglieder in vielen Fällen nicht hinreichend in die Gewerkschaftsorganisationen hinein vernetzt sind, um die Kommunikation und Interessenabstimmung mit der nationalen gewerkschaftlichen Handlungsebene und deren Trägern zu gewährleisten.

---

2 Die Anlage des Projekts war nicht dazu geeignet, die Gründe hierfür systematisch zu ermitteln. Neben einem fehlenden Bewusstsein für die Problematik dürfte aber das Vertrauen in die Kompetenz der EBR-Spitzenvertreter eine wichtige Rolle spielen.

Die den EBR-Mitgliedern überlassene Koordination mit den nationalen gewerkschaftlichen Verhandlungsebenen ist mit erheblichen Problemen und Konflikten verbunden, für die sich in den Untersuchungsfällen eine Vielzahl von Belegen findet. Dabei zeigt sich, dass erst das Vorhandensein des EMB-Verhandlungsverfahrens das Problembewusstsein der Akteure geschärft und dessen Anwendung die mangelnde Kommunikation mit der gewerkschaftlichen Tarifebene sichtbar gemacht hat.

EBR-Verhandlungsführerschaft und Verfahren der gewerkschaftlichen Beteiligung im internen Interessenabstimmungsprozess

Bei dieser Konfiguration kommt im Vergleich zur eben beschriebenen ein zusätzliches Element zum Tragen. Die Verhandlungsführerschaft liegt auch hier beim EBR und der EBR-Koordinator des Europäischen Gewerkschaftsverbandes ist in den Prozess europäischer Unternehmensverhandlungen unmittelbar in beratender Funktion eingebunden. Wesentlich ist aber, dass es den Gewerkschaften und dem EMB gelingt, vom EBR am internen Interessenabstimmungsprozess beteiligt zu werden, die Verfahrensleitlinien des EMB ins Spiel zu bringen und dadurch den Verlauf und eventuell auch das Ergebnis der Verhandlungen zu beeinflussen.[3] Dabei ist es in der Regel der gewerkschaftliche EBR-Koordinator, der den EMB über die Aufnahme europäischer Unternehmensverhandlungen informiert und dadurch bewirkt, dass das EMB-Verhandlungsverfahren partiell und ergänzend zur Anwendung kommt.

Abb. 4: EBR-Verhandlungsführerschaft und ergänzend organisierter Gewerkschaftseinbezug

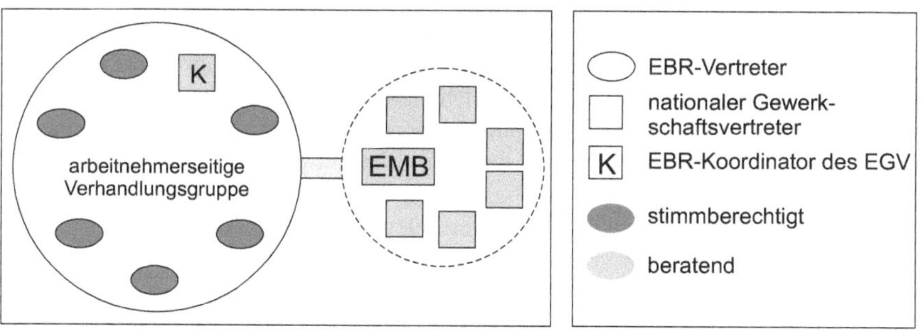

3 Die Verfahrensleitlinien von EMCEF und UNI-Europa Finanz spielten in unseren Untersuchungsfällen keine Rolle, da die untersuchten Verhandlungsprozesse vor bzw. unmittelbar nach ihrer Verabschiedung (2008/2009) stattfanden. Im Fall Mahle intervenierte der IMB mit Erfolg entlang seiner Empfehlungen im Falle der Verhandlung und des Abschlusses einer Internationalen Rahmenvereinbarung.

Die Anwendung des gewerkschaftlichen Verfahrens signalisiert die prinzipielle Bereitschaft des EBR, die Gewerkschaften zu beteiligen, sagt aber noch nichts darüber aus, welchen Grad an Beteiligung der EBR den Gewerkschaften zugesteht. Denn letztlich liegt die Entscheidungshoheit des Abschlusses einer europäischen Unternehmensvereinbarung weiterhin beim EBR als vom Unternehmen anerkanntem Verhandlungspartner. Die Gewerkschaften haben keine Handhabe, ihren Steuerungs- und Kontrollanspruch transnationaler Unternehmensverhandlungen, den sie in den Verfahrensleitlinien zum Ausdruck bringen, gegenüber dem EBR durchzusetzen.

Die Existenz des Verhandlungsverfahrens sichert den betroffenen nationalen Gewerkschaften und dem EMB selbst zunächst den beratenden Einbezug in den arbeitnehmerseitig internen Interessenabstimmungsprozess, indem ihnen Gelegenheit gegeben wird, zu den ausgehandelten Vereinbarungsbestimmungen Stellung zu beziehen. Die Gewerkschaften sind dadurch an den Verhandlungsprozess angedockt, aber nicht unmittelbar beteiligt.

Der EMB organisiert diese gewerkschaftliche Konsultation als Zustimmungsverfahren im Sinne seiner Verfahrensleitlinien, indem er seine betroffenen Mitgliedsgewerkschaften auffordert, in einer schriftlichen Stellungnahme zu erklären, ob sie mit dem Abschluss der Vereinbarung einverstanden sind, ob sie Überarbeitungsvorschläge haben und welche Überarbeitungen sie als notwendig ansehen, um prinzipielle Bedenken zu beseitigen und ihre Zustimmung zu gewährleisten. Ist die gewerkschaftliche Zustimmung gemäß den Verfahrensleitlinien nicht sichergestellt, wird versucht, im Rahmen eines gewerkschaftlichen Koordinierungstreffens unter Beteiligung des EBR, zumindest aber seiner Spitzenvertreter, sich auf ein gemeinsames Vorgehen zu verständigen. Dabei wird zwischen EBR und Gewerkschaften ausgehandelt, bezüglich welcher Punkte Nachverhandlungen des Vereinbarungstextes mit dem Management aufgenommen werden sollen und inwieweit das Scheitern der Verhandlungen im Falle des Fortbestehens prinzipieller gewerkschaftlicher Bedenken erklärt wird. Die kurzfristig einberufenen gewerkschaftlichen Koordinierungstreffen sind die organisatorische Plattform, um den EBR von der Berechtigung der gewerkschaftlich vorgetragenen Bedenken und der Notwendigkeit, sich den Verfahrensleitlinien des EMB zu unterwerfen, zu überzeugen. Der EMB agiert dabei als Moderator der verschiedenen Interessen entlang unterschiedlicher nationaler Gruppen einerseits, entlang EBR- und Gewerkschaftsvertretern andererseits.

Inwieweit ein negatives Gewerkschaftsvotum vom EBR akzeptiert und zum Anlass genommen wird, den Abschluss einer europäischen Unternehmensvereinbarung als gescheitert zu erklären, ist von einer Reihe von Faktoren abhängig, insbesondere von

(1) dem Grad der faktischen Gewerkschaftsanbindung des EBR, vor allem seiner Spitzenvertreter,
(2) der Relevanz des Verhandlungsgegenstands für beide Seiten und der wahrgenommenen Zuordnung zur Betriebs- oder Tarifsphäre (einschließlich der Notwendigkeit der gewerkschaftlichen Beteiligung im nationalen/lokalen Umsetzungsprozess) und
(3) von der Plausibilität der gewerkschaftlichen Einwände und dem Grad, zu dem sie als Ausdruck partikularer Interessen einer oder weniger einzelner Gewerkschaften oder eines generellen Gewerkschaftsinteresses wahrgenommen werden.

Die unternehmensspezifische Anwendung des gewerkschaftlichen Verhandlungsverfahrens ist demnach selbst eine Aushandlung zwischen EBR und Gewerkschaften um die Frage, ob der EBR den Gewerkschaften lediglich eine konsultierende Rolle im Sinne des Vertretungsmusters des *Fürsprechers* zugesteht oder das gewerkschaftliche Votum im Sinne des Vertretungsmusters der *gebundenen Delegation* verbindlich anerkennt.

EBR-Verhandlungsführerschaft und beratender Einbezug nationaler Gewerkschaftshauptamtlicher in die bilateralen Verhandlungen

Der EBR übernimmt auch in dieser Konfiguration die Führerschaft europäischer Unternehmensverhandlungen und besitzt die Entscheidungshoheit eines Vereinbarungsabschlusses. Gewerkschaftshauptamtliche werden nun aber in die internen Interessenabstimmungsprozesse des EBR und in die bilateralen Verhandlungen mit dem Unternehmensmanagement als gewerkschaftliche Sachverständige der nationalen EBR-Fraktionen bewusst und systematisch einbezogen, um den betroffenen nationalen Gewerkschaften die Möglichkeit zu geben, ihre Interessen, Forderungen und Bedenken zu einem Zeitpunkt zu artikulieren, zu dem sie in die Verhandlungen eingehen und Verhandlungsverlauf und -ergebnisse beeinflussen können. Die gewerkschaftliche Beteiligung über eine ausgeweitete Sachverständigenregelung wird vom EBR als unternehmensspezifische Alternative zum EMB-Verhandlungsverfahren verstanden, das eine Verhandlungsführerschaft im Namen des EMB beansprucht.

Die Gewerkschaftshauptamtlichen verfügen zwar über kein Stimmrecht und keine formale Mitsprache, sondern sind lediglich *Fürsprecher* gewerkschaftlicher Interessen. Ihre Stimme hat aber faktisch ein erhebliches Gewicht, weil dem EBR daran gelegen ist, einen Konflikt mit den Gewerkschaften zu vermeiden, und weil in vielen Ländern (so beispielsweise in Frankreich, Großbritannien oder Italien) die Gewerkschaften dafür zuständig sind, die getroffenen europäischen Vereinbarungen durch die Verhandlung und den Abschluss entsprechender nationaler (Umsetzungs-)Vereinbarungen verbindlich zu machen. EBR und Management sind somit auf die Akzeptanz der getroffenen Vereinbarungen durch die nationalen Gewerkschaften angewiesen.

Der von einer nationalen Gewerkschaft gestellte EBR-Koordinator des EMB ordnet sich in diesem Modell einerseits in die Riege der nationalen Gewerkschaftssachverständigen ein und hebt sich andererseits als europäischer Gewerkschaftskoordinator aus dieser heraus. Seine Funktion besteht hier im Wesentlichen in der Kommunikation mit dem EMB, dem in dieser Konfiguration vom EBR allenfalls eine schwache gewerkschaftliche Kontrollfunktion des Vereinbarungsabschlusses zugesprochen wird.

Abb. 5: EBR-Verhandlungsführerschaft und beratender Einbezug nationaler Gewerkschaftshauptamtlicher

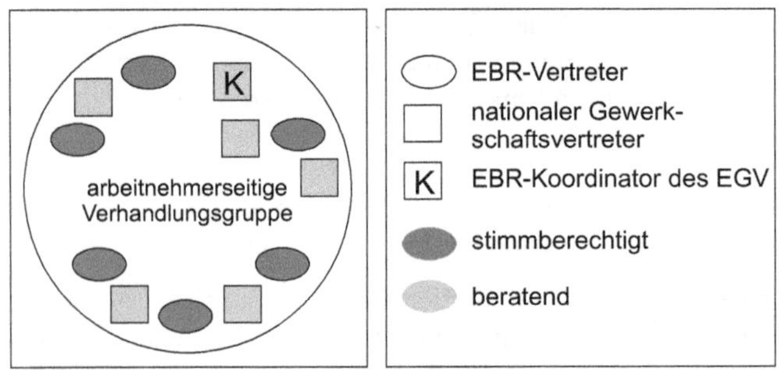

In unserem Untersuchungssample sieht das Verfahren europäischer Verhandlungen bei Ford eine solche Konfiguration vor. Nach diesem Verfahren delegiert der EBR die Führung europäischer Unternehmensverhandlungen an seinen engeren Ausschuss, dessen Besetzung seit 2010 wiederum so geregelt ist, dass für alle Länder, in denen Ford Produktionsstätten besitzt, ein Gewerkschaftshauptamtlicher als Sachverständiger vertreten sein kann. Die Nichtbeteiligung einzelner nationaler Gewerkschaften im Falle eines nationalen Gewerkschaftspluralismus wird hierdurch in Kauf genommen. Die Auswahl ihres Sachverständigen wird der jeweiligen Gewerkschaft selbst überlassen. Die Kommunikation und Interessenabstimmung mit den nationalen Gewerkschaften sind dann optimal gewährleistet, wenn wie im Fall Ford England der für die nationalen Tarifverhandlungen zuständige Gewerkschaftssekretär einbezogen ist.[4]

4 Die Koordination ist dann schwieriger, wenn europäische Unternehmensvereinbarungen nicht mit nationalen Unternehmensvereinbarungen, sondern mit nationalen Branchentarifverträgen kollidieren oder kollidieren könnten.

Verhandlungsführerschaft der Gewerkschaft und informelle Beteiligung von EBR-Vertretern

Die Gewerkschaften beanspruchen die alleinige Führerschaft europäischer Unternehmensverhandlungen. Dem EBR wird keine formale Rolle in den Verhandlungen zugestanden. Das Verhandlungsmandat liegt allein bei den Gewerkschaften. Die Verhandlungsdelegation ist an das gewerkschaftliche Mandat gebunden (Vertretungsmuster der *gebundenen Delegation*). EBR-Mitglieder (wie bei ArcelorMittal) oder gezielt ausgewählte Repräsentanten des EBR (beispielsweise die Mitglieder seines engeren Ausschusses wie bei Areva) können in die Verhandlungen und Beschlussfassung über Aufnahme und Abschluss europäischer Unternehmensverhandlungen unmittelbar einbezogen sein, aber nicht in ihrer Funktion als Repräsentanten des EBR. Vielmehr können sie von den Gewerkschaften, denen sie jeweils angehören und in denen sie oftmals zugleich gewerkschaftliche Funktionen bekleiden, als ihre Vertreter mit allen Beratungs- und Mitsprachemöglichkeiten beteiligt werden.

Abb. 6: Verhandlungsführerschaft der Gewerkschaften und informeller Einbezug von EBR-Vertretern

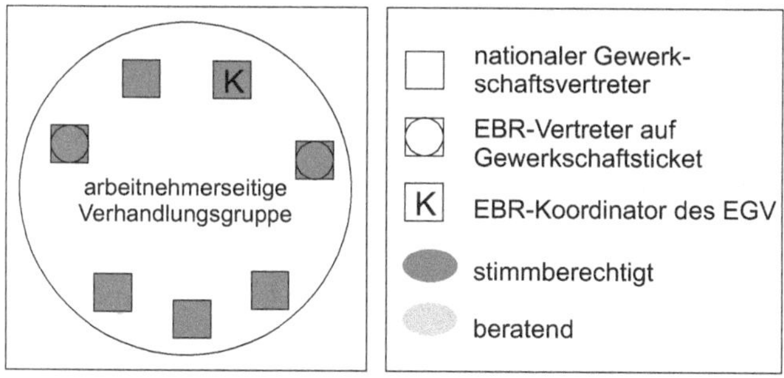

Die Vertretung des EBR in den Verhandlungen und gewerkschaftsinternen Interessenabstimmungsprozessen ist davon abhängig, ob die nationalen Gewerkschaften EBR-Mitglieder für die gewerkschaftliche Verhandlungsgruppe nominieren. Dabei kann diese Entscheidung entweder, wie bei ArcelorMittal, den einzelnen nationalen Gewerkschaften überlassen oder, wie bei Areva, in gegenseitiger Absprache getroffen werden. Im letzteren Fall verabreden die Gewerkschaften, EBR-Spitzenvertreter (z.B. die Mitglieder des engeren Ausschusses) bewusst und systematisch in den Verhandlungsprozess einzubeziehen, um eine Verschränkung der formal gewerkschaftsseitig geführten Verhandlungen mit dem EBR zu gewährleisten. Dabei wird davon ausgegangen, dass sich die in die Verhandlungen einbezogenen EBR-Delegierten gleichermaßen als Vertreter ihres

EBR und ihrer jeweiligen Gewerkschaft verstehen und entsprechende Rückkopplungsprozesse zum gesamten EBR-Gremium organisieren.

Anders sieht es aus, wenn EBR-Mitglieder nicht systematisch in die europäischen Verhandlungen einbezogen sind und sich in der Verhandlungsgruppe entsprechend nicht als Vertreter des EBR, sondern ihrer jeweiligen Gewerkschaft verstehen. Aus einem solchen Verständnis heraus besteht zunächst keine Verpflichtung, den EBR kommunikativ einzubinden und die Interessen mit ihm abzustimmen.

Gemeinsame Verhandlungsführerschaft von EBR und Gewerkschaften

In dieser Konfiguration erheben weder der EBR noch die Gewerkschaften den Anspruch auf alleinige Verhandlungsführerschaft. Vielmehr setzt sich die arbeitnehmerseitige Verhandlungsgruppe aus Vertretern beider Akteursgruppen zusammen und der EBR und die nationalen Gewerkschaften treten als gleichberechtigte Vertragspartner auf. Dem Europäischen Gewerkschaftsverband kommt dagegen keine besondere Rolle im Verhandlungsprozess zu.

Abb. 7: Gemeinsame Verhandlungsführerschaft von EBR und Gewerkschaften

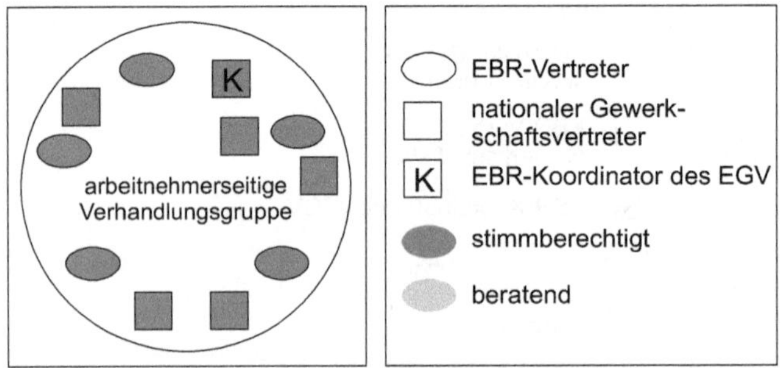

Eine gemeinsame Verhandlungsführerschaft kann wiederum unterschiedlich organisiert sein. Abgesehen davon, wie die Verhandlungsdelegation zusammengesetzt ist, die die Verhandlungen unmittelbar führt, stellt sich die Frage, wie die beiden Akteursgruppen in die Beschlussfassung zur Aufnahme und zum Abschluss der Verhandlungen einbezogen sind.

Die umfassendste Lösung besteht darin, als Abschlussvoraussetzung einer europäischen Unternehmensvereinbarung sowohl die Unterschrift der EBR-Mitglieder als auch von Vertretern aller beteiligten nationalen Gewerkschaften zu verlangen (Vertretungsmuster einer an das Mandat des EBR und der Gewerkschaften *gebundenen Delegation*). Denkbar ist auch, dass wie bei EADS eine Verhandlungsgruppe aus Vertretern des EBR und der nationalen Gewerkschaften gebildet wird, der die Entscheidungshoheit über die Aufnahme und den Abschluss der Verhandlungen zukommt.[5] Die nationalen Gewerkschaftsvertreter sind dabei jeweils für die Kommunikation und Interessenabstimmung in die nationalen Gewerkschaftsorganisationen hinein verantwortlich, die beteiligten EBR-Vertreter für die Kommunikation und Interessenabstimmung mit dem EBR bzw. den nicht unmittelbar vertretenen EBR-Mitgliedern. Die Zusammensetzung und der Abstimmungsmodus sind wiederum frei verhandelbar.[6]

5.1.2 Das Mehrebenenverhandeln europäischer Unternehmensvereinbarungen

Europäische Unternehmensverhandlungen sind eine neue und neuartige Verhandlungsebene und zugleich Fortsetzung und Teil einer Serie nationaler Verhandlungen. Sie folgen nationalen Verhandlungsmustern ebenso wie nationalen Macht- und Interessenkalkülen. Im Extremfall werden, wie im Fall Daimler, bewährte nationale Verhandlungskanäle genutzt, um europäische Unternehmensvereinbarungen im Namen des EBR und des europäischen Managements abzuschließen. Dabei gehen beide Seiten davon aus, dass die Verhandlungsführer die Abstimmung der Verhandlungen in den europäischen Raum hinein jeweils management- bzw. arbeitnehmerseitig intern „hinter den Kulissen" sicherstellen. Zum Teil sind die Verhandlungsführer nationaler und europäischer Vereinbarungen auf Arbeitnehmer- wie Arbeitgeberseite faktisch identisch.[7]

Aber auch in den Fällen, in denen die Verhandlungsdelegationen international besetzt sind, ist zu beobachten, dass die Verhandlungskulturen der Herkunfts-

---

5 Bei EADS hat die IG Metall zudem der deutschen Betriebsvereinbarungslogik folgend dem KBR des deutschen Konzernteils das Nominierungsrecht überlassen, wobei es übliche Praxis der deutschen Betriebsratsspitze ist, den EBR-Experten der IG Metall in die europäischen Unternehmensverhandlungen einzubeziehen.

6 Im Fall EADS wird der EBR von seinen beiden Vorsitzenden in der insgesamt 16-köpfigen Verhandlungsgruppe vertreten, eine Stimmengewichtung ist nicht vorgesehen und der Abschluss einer europäischen Unternehmensvereinbarung bedarf einer Zweidrittelmehrheit der stimmberechtigten Mitglieder. (Es ist aber davon auszugehen, dass eine Reihe von EBR-Mitgliedern auf dem Ticket ihrer Gewerkschaft oder des KBR für die Verhandlungsgruppe nominiert werden, sodass die Zahl der einbezogenen EBR-Mitglieder faktisch höher sein wird.) Die Auswahl der von den nationalen Gewerkschaften entsandten Vertreter ist auf Beschäftigte des Unternehmens beschränkt. Den nationalen Gewerkschaften kommt in dieser Konfiguration einer gemeinsamen Verhandlungsführerschaft eine vergleichsweise starke, dem EMB und dem EMB-Koordinator dagegen keine besondere Rolle zu.

7 Eine solche Personenidentität kann inhaltlich begründet sein, wenn wie im Fall John Deere der Erfolg der Verhandlungen der europäischen (Gewinnbeteiligungs-)Vereinbarung unmittelbar mit nationalen Verhandlungen (von Gegenleistungen) im beschäftigungsstärksten Konzernteil verknüpft wird.

länder der dominierenden oder auch nur stärksten EBR-Fraktionen, die die EBR-Spitzenvertreter stellen, auf die europäische Verhandlungsebene durchschlagen.[8] Damit korrespondiert die Beobachtung, dass der Einfluss nationaler Arbeitsbeziehungstraditionen bei denjenigen EBR-Mitgliedern weniger stark in den Verhandlungsprozessen aufscheint, die keiner dominanten EBR-Fraktion angehören und die an der Entwicklung einer europäischen Vereinbarungspolitik nur am Rande konzeptionell und praktisch beteiligt sind. Sie akzeptieren in vielen Fällen die im Unternehmen eingeschlagene Vorgehensweise, auch wenn sie von den nationalen Gepflogenheiten abweicht.[9]

Empirisch findet sich auf der einen Seite ein (französisches) *Muster gewerkschaftszentrierter Verhandlungen.* In diesem Muster reicht der EBR die Zuständigkeit für europäische Unternehmensverhandlungen an die Gewerkschaften und den Europäischen Gewerkschaftsverband weiter. Dieses Verhalten korrespondiert mit dem Strukturmuster französischer Unternehmensarbeitsbeziehungen, nach dem die Gewerkschaften, genau genommen die betrieblichen Gewerkschaftsvertreter, für Unternehmensverhandlungen zuständig sind und der Betriebsausschuss (auf Ebene des Betriebs, des Unternehmens und der Unternehmensgruppe) als Wahlgremium Informations- und Konsultationsrechte, aber keine Verhandlungsrechte besitzt.[10]

---

8 Die Stärke oder gar Dominanz einzelner EBR-Fraktionen erklärt sich aus folgenden Faktoren: Die Beschäftigungsverteilung spiegelt sich in der Sitz- und Stimmverteilung im EBR wider, wenngleich nicht unbedingt proportional. So stellt die EBR-Fraktion des Landes mit den meisten Beschäftigten in der Regel den Vorsitzenden. Am Sitz des EBR-Vorsitzenden befindet sich wiederum in aller Regel auch das EBR-Büro. Das Machtgefälle wird dann weiter verstärkt, wenn auch der Sitz der (europäischen) Unternehmenszentrale im gleichen Land angesiedelt ist. Hinzu kommt schließlich, dass der gewerkschaftliche EBR-Betreuer in der Regel ebenfalls von einer Gewerkschaft des Landes kommt, in dem das Unternehmen seinen Sitz bzw. die meisten Beschäftigten hat.

9 Insbesondere zeigt sich, dass sich auch EBR-Mitglieder aus monistischen Systemen oftmals relativ gelassen gegenüber EBR-Verhandlungsinitiativen verhalten. Abgesehen von einem fehlenden Problembewusstsein, das auch auf Unwissenheit beruhen kann, dürfte dies daran liegen, dass sie unmittelbar in den Prozess involviert sind und davon ausgehen, notfalls eingreifen zu können. Sie sind von daher als Instanz, die die prinzipielle Vereinbarkeit der Unternehmensverhandlungen mit Gewerkschaftsinteressen kontrolliert, nur bedingt geeignet, zumal fraglich ist, ob ihre Beteiligung letztendlich tatsächlich gesichert wäre und sie bei Meinungsverschiedenheiten im Abstimmungsfall ihre Interessen geltend machen könnten. Vor diesem Hintergrund ist davon auszugehen, dass der Schutz nationaler Minderheiten bei Anwendung des EMB-Verfahrens, das genau darauf großen Wert legt, besser gewährleistet ist.

10 Französische Betriebsausschüsse sind aber unter bestimmten Umständen dann zur Verhandlung von Unternehmensvereinbarungen berechtigt, wenn die Gewerkschaften nicht mit betrieblichen Gewerkschaftsvertretern im Unternehmen präsent sind (Fulton 2009). Eine weitere Ausnahme des Prinzips des gewerkschaftlichen Verhandlungsmonopols be-

In unserem Sample findet sich ein solches Verhaltensmuster des EBR sowohl bei ArcelorMittal als auch bei Areva. Im Fall ArcelorMittal ging die Verhandlungsinitiative der europäischen Rahmenvereinbarung 2009 von Arbeitnehmerseite aus und war von Beginn an eng zwischen EBR, EMB und nationalen Gewerkschaften abgestimmt. Sie schließt dabei an eine Tradition bei Arcelor an, wo bereits 2002/2003 dem EBR eine gewerkschaftliche Sozialdialoggruppe auf europäischer Unternehmensebene zur Seite gestellt und damit eine den französischen Unternehmensarbeitsbeziehungen entsprechende Doppelstruktur geschaffen wurde. Sie steht auch insofern in der Kontinuität des Arcelor-EBR, als dieser bereits 2004 anlässlich einer managementseitigen europäischen Verhandlungsinitiative zur finanziellen Arbeitnehmerbeteiligung von sich aus den EMB einschaltete. Auch im Fall Areva bestand im EBR von Beginn an Konsens, dass der EBR über kein eigenständiges Verhandlungsmandat verfügt und der EMB eingeschaltet werden sollte, um eine gangbare Verfahrenslösung für die Durchführung europäischer Unternehmensverhandlungen zu finden.

Dieser Befund eines (französischen) Musters gewerkschaftszentrierter Verhandlungen wird dadurch gestärkt, dass europäische Unternehmensverhandlungen in französischen Metallunternehmen bislang ausnahmslos diesem Muster folgten. Im Einzelnen waren dies Unternehmensverhandlungen in den Unternehmen Alstom, Thales und SchneiderElectric. Das französische Management steht einer zentralen Rolle des EMB in europäischen Verhandlungen generell ebenfalls sehr offen gegenüber. Eine Ausnahme war die erste europäische Verhandlungsinitiative bei SchneiderElectric, bei der sich die Unternehmensleitung zunächst weigerte, mit dem EMB zu verhandeln, und stattdessen nur mit den im Unternehmen vertretenen Gewerkschaften verhandeln wollte.[11] In den jüngsten Verhandlungsinitiativen bei Alstom, Areva und Thales ging das zentrale Management dieser Unternehmen direkt auf den EMB zu.

Neben diesem eben beschriebenen Muster gewerkschaftszentrierter Verhandlungen findet sich ein (deutsches) *Muster EBR-zentrierter Verhandlungen.* Bei diesem Muster beansprucht der EBR die Verhandlungsführerschaft und hegt keinen Zweifel an der Legitimität einer über die rechtlich abgesicherten Informations- und Konsultationsmöglichkeiten hinausgehenden Verhandlungsrolle des EBR gegenüber der europäischen Managementebene. Dies korrespondiert

---

steht im Bereich der finanziellen Arbeitnehmerbeteiligung. Hier ist die Funktionsteilung zwischen Betriebsausschüssen und betrieblichen Gewerkschaftsvertretern gesetzlich nicht eindeutig definiert. Beide sind gleichermaßen berechtigt, Gewinnbeteiligungsvereinbarungen abzuschließen (Tchobanian 1995: 133f.).

11 Hintergrund war, dass die Unternehmensleitung angesichts des Widerstands von Businesseurope und CEEMET gegen einen rechtlichen Rahmen für Verhandlungen auf europäischer Ebene keinen positiven Präzedenzfall schaffen wollte.

wiederum mit dem Strukturmuster deutscher Unternehmensarbeitsbeziehungen, nach dem ein Betriebsrat (bzw. Gesamt- oder Konzernbetriebsrat) über Mitbestimmungsrechte verfügt, die es ihm ermöglichen, innerhalb des im Betriebsverfassungsgesetz definierten Rahmens eigenständig und unabhängig von den Gewerkschaften Verhandlungen zu führen und Vereinbarungen abzuschließen.[12]

Das Verhandlungskonzept deutsch dominierter EBR beruht auf der Verlängerung dieses Strukturmusters auf die europäische Ebene. Entsprechend setzt es auf der im nationalen Rahmen üblichen Funktionsteilung zwischen Betriebsräten und Gewerkschaften beim Abschluss von Betriebsvereinbarungen auf, nach der Gewerkschaften eine beratende Funktion, aber keine formale Rolle in den unternehmensbezogenen Verhandlungen im Rahmen der betrieblichen Mitbestimmung haben. Dagegen würde ein Verständnis europäischer Vereinbarungen als Unternehmenstarifverträge, die das deutsche Arbeitsbeziehungssystem ebenfalls kennt, die Bildung einer unternehmensbezogenen gewerkschaftlichen Tarifkommission nach sich ziehen.

In unserem Sample findet sich ein solches Verhaltensmuster EBR-zentrierter Verhandlungen in den von deutschen EBR-Spitzen maßgeblich geprägten Fällen ABB, Daimler, Ford, John Deere, Mahle, Bayer und – mit Abstrichen – EADS. In allen diesen Fällen hatte die deutsche EBR-Spitze keinen Zweifel an der Legitimität EBR-geführter Verhandlungen und sah von sich aus keine Notwendigkeit, ein gewerkschaftliches Mandat einzuholen und den nationalen Gewerkschaften oder dem Europäischen Gewerkschaftsverband eine tragende Rolle im Verhandlungsprozess zu übertragen. Die EBR-Betreuer der IG Metall (bzw. im Fall Bayer der IG BCE), die im Namen des EMB (bzw. der EMCEF) die EBR koordinierten, sahen transnationale Unternehmensvereinbarungen und die gewerkschaftliche Rolle bei deren Verhandlungen ebenfalls in Analogie zu Betriebsvereinbarungen und stellten deshalb ihre beratende Rolle und somit ihren fehlenden formalen Einfluss auf den Verhandlungsprozess nicht infrage. Vielmehr bedurften sowohl die deutschen EBR-Spitzen als auch die gewerkschaftlichen EBR-Betreuer eines äußeren Anstoßes, um den Gewerkschaften eine stärkere Rolle bei den Verhandlungen und beim Abschluss europäischer Unternehmensvereinbarungen zuzugestehen. Das EMB-Verhandlungsverfahren spielte hierbei als Auslöser einer Verhaltensänderung eine zentrale Rolle.

Die deutschen Gewerkschaftshauptamtlichen, die im Namen eines Europäischen Gewerkschaftsverbandes einen EBR betreuen, fungieren in der Regel zu-

12 Die Verhandlungskompetenzen des Betriebsrats sind aber auf die Bereiche begrenzt, in denen die Tarifsphäre unberührt bleibt. In § 77.3 Betriebsverfassungsgesetz heißt es wörtlich: „Arbeitsentgelte und sonstige Arbeitsbedingungen, die durch Tarifvertrag geregelt sind oder üblicherweise geregelt werden, können nicht Gegenstand einer Betriebsvereinbarung werden.“

gleich als gewerkschaftliche Konzernbetreuer für den deutschen Konzernteil. In dieser Funktion betreuen sie den GBR und KBR und sind in der Regel auch als Gewerkschaftsvertreter Teil der Arbeitnehmerbank des Aufsichtsrats (vorausgesetzt, ein solcher besteht). Dies sichert ihnen einen vergleichsweise engmaschigen Kontakt zur Betriebsratsspitze und einen guten Einblick in die Unternehmensarbeitsbeziehungen und die Unternehmenspolitik selbst. In vielen Fällen sind dadurch enge persönliche Vertrauensbeziehungen entstanden, auf die die EBR-Arbeit aufsetzen kann. Vor diesem Hintergrund wissen die von deutschen Gewerkschaften gestellten EBR-Betreuer gleichermaßen, dass die professionell und kompetent arbeitenden Betriebsratsspitzen Autonomie beanspruchen und sich vom gewerkschaftlichen Apparat keine Vorschriften machen lassen, wie sie darauf vertrauen, dass jene nicht gegen gewerkschaftliche Interessen handeln werden. Aus ihrer Erfahrung ist deshalb gewerkschaftliche Einflussnahme eher durch Überzeugungsarbeit als durch gewerkschaftliche Verhaltensvorgaben möglich.

Die Vereinbarungspolitik in der italienischen Bank UniCredit folgt ebenfalls dem Verhaltensmuster EBR-zentrierter Verhandlungen; und zwar dahingehend, dass die italienische EBR-Spitze und der EBR insgesamt eine Verhandlungsrolle für sich beanspruchten und diese Rolle von den einbezogenen Gewerkschaften nicht infrage gestellt wurde. Dies ist darauf zurückzuführen, dass die italienischen EBR-Spitzenvertreter zugleich zentrale gewerkschaftliche Funktionen wahrnahmen, wodurch die italienischen Gewerkschaften bei UniCredit hinreichende Möglichkeiten sahen, die EBR-zentrierten Verhandlungen zu kontrollieren.

Insgesamt wird in den Untersuchungsfällen das von den EBR-Spitzen im EBR vorangetriebene Muster EBR-zentrierter Verhandlungen von den EBR-Mitgliedern in ihrer überwiegenden Mehrheit mitgetragen. Eine der wenigen Ausnahmen war das EBR-Mitglied der CGT im Fall EADS, das mit Berufung auf die Beschlusslage seiner Gewerkschaft prinzipielle Vorbehalte gegenüber EBR-zentrierten Verhandlungen artikulierte. Nicht nur die französische CGT, sondern auch die italienischen Metallgewerkschaften und die britische Unite lehnen dieses Muster europäischer Unternehmensverhandlungen prinzipiell ab. Dies zeigt sich in den Auseinandersetzungen um die Entwicklung des EMB-Verfahrens ebenso wie in den Auseinandersetzungen um die Vereinbarungspolitik bei ABB und EADS.

In den genannten Ländern resultiert die Ablehnung einer Verhandlungsrolle Europäischer Betriebsräte aus Vorbehalten gegenüber betrieblichen Interessenvertretungsgremien, die gegenüber den Gewerkschaften formal unabhängig und deshalb von den Gewerkschaften nicht hinreichend kontrollierbar sind. Hierzu zählen die Betriebsräte in Deutschland ebenso wie die EBR. Diese Vorbehalte erklären sich daraus, dass die Gewerkschaften dieser Länder in der Tradition und Kultur monistisch strukturierter Arbeitsbeziehungen verwurzelt sind. Sie beziehen sich zum einen auf die Frage der Repräsentativität des EBR angesichts immer wieder auftretender Unklarheiten, ob EBR-Mitglieder gewerkschaftlich organisiert sind und nach welchen Verfahren und Kriterien sie benannt sind. Die Beteiligung von gewerkschaftlich Unorganisierten an der arbeitnehmerseitigen Verhandlungsgruppe wird aber von Unite und den italienischen Gewerkschaften strikt abgelehnt. Die Vorbehalte beziehen sich zum anderen darauf, dass betrieblichen Interessenvertretungsgremien unternehmenspartikularistische Orientierungen unterstellt werden, durch die unternehmensübergreifende gewerkschaftliche Interessen unterminiert werden können (Interviews: FIOM-CGIL/FIM-CISL 03/04-2010; Unite 07-2010).

In Italien ist es insbesondere die FIOM-CGIL, die eine Verhandlungsrolle Europäischer Betriebsräte im Allgemeinen und deutsch dominierter EBR im Besonderen strikt ablehnt Diese Haltung speist sich nicht zuletzt aus traditionell starken Vorbehalten dieser Gewerkschaft gegenüber dem deutschen Mitbestimmungsmodell, weil dieses für unternehmenskorporatistische Pakte und Korrumpierungen von Arbeitnehmervertretern durch die Arbeitgeberseite (z.B. aufgrund ihrer gut honorierten Aufsichtsratstätigkeit) äußerst anfällig sei. Dies verweist zugleich auf eine grundlegende Skepsis der FIOM-CGIL gegenüber einem Vertretungsmuster der freien Repräsentation (vgl. Kap. 2.3.4), das keine unmittelbare Rückbindung an die Belegschaften verlangt. Dagegen sieht diese Gewerkschaft die Notwendigkeit, die Beschäftigten selbst in Urabstimmungen am Abschluss von (europäischen) Vereinbarungen zu beteiligen.[13] Hinzu kommen schließlich Befürchtungen der FIOM-CGIL, deutsche EBR-Spitzen könnten im Zusammenspiel mit der mächtigen IG Metall ihre Interessen zu Lasten der Interessen anderer nationaler EBR-Delegationen und Gewerkschaften durchsetzen (Interview: FIOM-CGIL/FIM-CISL 03/04-2010).

5.1.3 Verhandlungsmacht und Machtbalance der Akteure

Da europäische Unternehmensverhandlungen aufgrund der voluntaristischen Verhandlungsbedingungen nicht einseitig erzwingbar sind, sieht sich die Arbeit-

13 Im Falle bestehender Richtungsgewerkschaften zeigt sich, dass nicht allein die nationale Arbeitsbeziehungskultur, sondern die jeweilige, im Rahmen dieser Kultur entwickelte spezifische Gewerkschaftsidentität verhaltensprägend ist. So versteht sich die CGIL anders als die CISL als Klassengewerkschaft, die nicht allein die Interessen ihrer Mitglieder, sondern die aller Arbeitnehmer gleichermaßen vertritt. Urabstimmungen dienen dazu, die Übereinstimmung der gewerkschaftlichen Verhandlungsergebnisse mit den Interessen der Beschäftigten sicherzustellen. Dagegen sieht sich die CISL mandatiert, für ihre Mitglieder Tarifverträge zu unterschreiben (Interview: FIOM-CGIL/FIM-CISL 03/04-2010).

nehmerseite prinzipiell in einer schwachen Verhandlungsposition. Das Management kann diktieren, unter welchen Bedingungen und mit wem es verhandelt. Es ist in der Lage, einem Akteur Macht zu verleihen und einem anderen diese Macht zu verweigern.

Das Interessenkalkül des Managements bildet somit den entscheidenden Faktor der Machtbalance in den Verhandlungen. Besteht ein eigenständiges Regelungsinteresse des Managements, eröffnet dies der Arbeitnehmerseite nicht nur inhaltlich, sondern auch hinsichtlich Verfahrens- und Strukturfragen europäischer Unternehmensverhandlungen Verhandlungsspielräume.

Im Untersuchungssample hatte die zentrale oder europäische Leitung der Unternehmen ganz überwiegend ein Eigeninteresse an einer europäischen Regelungsebene, das die Verhandlungsaufnahme und -durchführung motivierte. In einem Teil dieser Unternehmen gingen die Verhandlungsinitiativen vom Management selbst aus, im anderen Teil reagierte das Management entsprechend offen auf die von Arbeitnehmerseite angestoßenen Initiativen. Nur im Fall ABB sieht das zuständige Management keinen Bedarf an einer europäischen Regelungsebene. Dass es die Initiative des EBR zur Aufnahme europäischer Unternehmensverhandlungen nicht abwies, war lediglich ein Zugeständnis, um seine Kooperationsbereitschaft gegenüber dem EBR und dessen Spitzenvertretern zu demonstrieren.

Das Management ist an einer europäischen Regelungsebene aus unterschiedlichen Beweggründen interessiert. Es möchte Verhandlungsprozesse vereinfachen und dadurch Transaktionskosten reduzieren. Es möchte bisher national unterschiedliche Regelungen europaweit stärker vereinheitlichen und dadurch die Personalpolitik und die Arbeitsbeziehungen der einzelnen nationalen Unternehmensteile stärker zentralen Vorgaben und einer zentralen Kontrolle unterwerfen (z.B. in Richtung der Verallgemeinerung kooperativer Arbeitsbeziehungen). Es möchte die europäische Unternehmensidentität der Beschäftigten und Belegschaftsvertreter stärken. Es möchte im Restrukturierungsfall für grenzübergreifende Problemstellungen und Konfliktkonstellationen grenzübergreifende (Kompromiss-)Lösungen finden und vereinbaren. Und es möchte schließlich den EBR und/oder die Gewerkschaften in die Restrukturierungsprozesse des Unternehmens kooperativ einbinden, um mögliche Konflikte zu reduzieren (Befriedungsinteresse).

Der letzte Punkt verweist darauf, dass EBR und Gewerkschaften das Interessenkalkül des Managements beeinflussen und den Verhandlungskontext verändern können, indem sie Protest mobilisieren und dadurch das Befriedungsinteresse des europäischen Managements steigern. Das Management sieht sich dann dem größten Handlungsdruck ausgesetzt, wenn die Proteste europäisch organisiert und koordiniert sind, wie dies beispielsweise bei GM Europe der Fall war (vgl. hierzu u.a. Weinert 2007). Die Aufnahme und der Abschluss europäischer Unternehmensverhandlungen können demnach durch europäisch koordinierte Kooperationsverweigerungen oder durch die glaubhafte Androhung von (grenzübergreifenden) Arbeitskonflikten befördert werden. Das europäische Regelungsinteresse ist in diesem Fall die arbeitgeberseitige Antwort auf gewerkschaftliche Organisierung und Mobilisierung.

Erster Ansprechpartner des Managements für europäische Unternehmensverhandlungen war in allen untersuchten Fällen – mit Ausnahme von ArcelorMittal – der EBR. Bei ArcelorMittal gingen die Verhandlungen von einer EMB-koordinierten Gewerkschaftsinitiative aus, die von der zentralen Leitung des Unternehmens offen aufgenommen wurde.

Der EMB könnte aber gerade in französischen Metallunternehmen zum ersten Ansprechpartner des Managements bei europäischen Unternehmensverhandlungen werden. Darauf deutet die Entwicklung der Vereinbarungspolitik in Unternehmen wie Thales, SchneiderElectric oder Alstom hin, wo das zentrale Management schon jetzt dem EMB diese Rolle zuerkannt hat. Darüber hinaus werden die vorliegenden Erfahrungen mit EMB-geführten europäischen Unternehmensverhandlungen auch im französischen Metallarbeitgeberverband positiv rezipiert, innerverbandlich kommuniziert und dadurch nach aller Voraussicht weiter verbreitet.[14]

Das Management verhält sich bei der Frage des Verhandlungspartners in allen Fällen, in denen es ein Eigeninteresse an europäischen Unternehmensverhandlungen hat, pragmatisch und effizienzorientiert. Nur im Fall ABB ist das Verhalten des Managements von prinzipiellen Erwägungen bestimmt, die Gewerkschaften aus den europäischen Unternehmensverhandlungen und -arbeitsbeziehungen generell möglichst fernzuhalten. Pragmatisches und effizienzorientiertes Verhalten heißt, dass das Management einerseits versucht, auf bewährte Partner und eingespielte Beziehungen zurückzugreifen, und andererseits flexibel auf Forderungen der Arbeitnehmerseite reagiert, um den Verhandlungs- und Umsetzungserfolg der angestrebten Vereinbarung sicherzustellen. Das Managementverhalten unterscheidet sich danach, welche Arbeitsbeziehungskultur im den Beziehungen zwischen EBR und europäischem Unternehmensmanagement jeweils prägend ist.

Sind diese Beziehungen von der deutschen Arbeitsbeziehungskultur geprägt, in der die Betriebsratsspitze den zentralen Gegenpart des Unternehmensmanagements darstellt und die Gewerkschaften in den Unternehmensarbeitsbeziehungen eine vergleichsweise schwache Rolle spielen, erkennt das Management den EBR

---

14 Der derzeitige Vorsitzende des französischen Metallarbeitgeberverbands befürwortet europäische Unternehmensverhandlungen mit dem EMB und macht sich auch innerhalb des europäischen Metallarbeitgeberverbands CEEMET für die Förderung des sektoralen Sozialen Dialogs mit dem EMB stark (Interview: EMB 01-2010).

als arbeitnehmerseitigen Verhandlungspartner an und gibt ihm dadurch die Möglichkeit, arbeitnehmerseitig die Verhandlungsrolle zu übernehmen. Es hat Vertrauen in den EBR als verpflichtungsfähigen Akteur, d.h. es traut ihm zu, die verbindliche Umsetzung der Vereinbarungsbestimmungen arbeitnehmerseitig zu gewährleisten. Zugleich lehnt es den Einbezug der Gewerkschaften nicht prinzipiell ab, wenn dies die Umsetzungseffizienz der getroffenen Vereinbarung zu verbessern verspricht. Der EMB wird aber oftmals als Fremdkörper unternehmensbezogener Arbeitsbeziehungen wahrgenommen.

Offene Machtkämpfe spielen in europäischen Unternehmensverhandlungen im Metallsektor – mit Ausnahme der Vereinbarungspraxis bei GME, bei der die europäischen Verhandlungen von heftigen Auseinandersetzungen und Protestaktionen begleitet waren – bislang eine vergleichsweise geringe Rolle. Vor allem zwei Gründe sind dafür verantwortlich. Zum einen steht bei den Verhandlungen – hinsichtlich der prozeduralen Fragen und/oder der materiellen Regelungsgegenstände – in vielen Fällen nicht so viel auf dem Spiel, dass dafür tief greifende Konflikte mit der anderen Verhandlungspartei in Kauf genommen werden. Zum anderen sind beide Seiten oftmals bestrebt, die Interessenauseinandersetzungen im Rahmen der gewachsenen und eingespielten Arbeitsbeziehungen zu lösen. Die Machtrelationen beider Verhandlungsparteien kommen in diesem Fall implizit zum Tragen, wobei insbesondere die beidseitig akzeptierten, „geronnenen" Machtverhältnisse im Stammland des EBR eine wichtige Rolle spielen. Dadurch sind insbesondere deutsche Betriebsratsspitzen in der Lage, ihre eingespielten Aushandlungsbeziehungen mit dem zentralen bzw. europäischen Unternehmensmanagement zu nutzen, um Verhandlungen anzustoßen und zu einem erfolgreichen Abschluss zu bringen. Dies heißt aber nicht, dass die Geltendmachung transnational gebündelter Macht keine Option darstellt. Den deutschen EBR-Spitzen ist in aller Regel durchaus bewusst, dass in den Fällen, in denen der Einsatz für beide Seiten hoch ist und die Interessen beider Seiten konträr aufeinander stoßen (vor allem im Falle weitreichender europäischer Restrukturierungen mit Betriebsschließungen und Massenentlassungen), der Einsatz von Druckmitteln ein unerlässlicher Teil der Verhandlungen sind und hierbei den Gewerkschaften eine zentrale Rolle als Mobilisierer und Organisierer von Unzufriedenheit und Protest zukommt. Von daher ist eine Abkopplung der EBR und der deutschen EBR-Spitzen von den Gewerkschaften – dies gilt nach den hier untersuchten Fällen vor allem für Leitunternehmen der Metallindustrie – weder beobachtbar noch zukünftig zu erwarten.[15]

15 Inwieweit Abkopplungsrisiken in kleineren und weniger stark gewerkschaftlich organisierten Unternehmen bestehen, lässt sich mit der vorliegenden Empirie nicht beantworten.

Tab. 6: Rolle des Managements und Machtbalance

Fall	Motiv für Verhandlungen	Initiative	erster Ansprechpartner	Haltung zur Frage des Verhandlungspartners
Areva	eigenständiges Regelungsinteresse: – Erzeugung eines sozial verantwortlichen und sozial innovativen Unternehmensimage – Instrument zur Verallgemeinerung kooperativer Arbeitsbeziehungen im Unternehmen	Management	EBR	pragmatisch effizienzorientiert: – orientiert am Verhandlungs-/Umsetzungserfolg – EBR-Verhandlungsführerschaft nicht prinzipiell ausgeschlossen – keine Berührungsängste mit EMB aufgrund positiver Vorerfahrungen – aufgeschlossen für gewerkschaftliche Verhandlungsführung, weil Teil der französischen Kultur
ArcelorMittal	eigenständiges Regelungsinteresse: – Kooperationsinteresse mit EBR und Gewerkschaften – Befriedungsinteresse vor Drohkulisse zunehmender gewerkschaftlicher Mobilisierung von Unzufriedenheit und Protest	Gewerkschaften/EMB (vom Management bereitwillig aufgenommen)	Gewerkschaften/EMB (als Folge vorangegangener Vereinbarungspraxis)	pragmatisch effizienzorientiert: – orientiert am schnellen Verhandlungserfolg – Interesse an Verpflichtungsfähigkeit der nationalen Gewerkschaften (als zentrale Akteure der nationalen Proteste) – keine Berührungsängste mit EMB, da positive Vorerfahrungen der z.L. mit Gewerkschaftsverhandlungen
Daimler	eigenständiges Regelungsinteresse: – Instrument zur Europäisierung der Personalpolitik (Einführung und Kontrolle zentraler Vorgaben für die nationalen Unternehmensteile) – Vereinfachung der Verhandlungen (Reduktion von Transaktionskosten)	z.T. EBR (vom Management bereitwillig aufgenommen), z.T. Management	EBR (aufgrund gewachsener Vertrauensbeziehung zur deutschen EBR-Spitze)	pragmatisch effizienzorientiert: – Vertrauen in EBR als verpflichtungsfähigen Akteur infolge des Vertrauens in deutsche EBR-Spitze – Verhandlungsrolle von Gewerkschaften/EMB nicht prinzipiell ausgeschlossen

Tab. 6: (Fortsetzung)

Fall	Motiv für Verhandlungen	Initiative	erster Ansprechpartner	Haltung zur Frage des Verhandlungspartners
Ford	eigenständiges Regelungsinteresse: – Vereinfachung der Problemlösung und Verhandlungsprozesse (Reduktion von Transaktionskosten) – Befriedungsinteresse vor Drohkulisse eines gemeinsamen Vorgehens von UAW und EBR; generell Strategie der Konfliktvermeidung durch Beteiligung und soziale Abfederung	z.T. EBR (vom Management bereitwillig aufgenommen), z.T. Management	EBR (aufgrund gewachsener Vertrauensbeziehung zur deutschen EBR-Spitze)	pragmatisch effizienzorientiert: – EBR als vertrauenswürdiger und kompetenter Verhandlungspartner mit Fähigkeit der Interessenvereinheitlichung und Vertrautheit mit Unternehmensspezifika – Verhandlungsrolle von Gewerkschaften/EMB nicht prinzipiell ausgeschlossen, aber nur EBR erfüllt Kriterien einer effizienten Verhandlungsführung – Akzeptanz von Gewerkschaftshauptamtlichen in arbeitnehmerseitiger Verhandlungsdelegation (in beratender Funktion)
EADS	eigenständiges Regelungsinteresse: – Instrument zur Beförderung der europäischen Unternehmensidentität	Management	EBR (aufgrund gewachsener Vertrauensbeziehung zum EBR, der von Beginn an gezielt gestärkt wurde)	pragmatisch effizienzorientiert: – Interesse an größtmöglicher Umsetzungseffizienz der Vereinbarungen – prinzipielle Offenheit für Zusammensetzung des Verhandlungspartners, solange das Verhandlungs- und Umsetzungseffizienz sichert – keine Berührungsängste mit Gewerkschaften/EMB – aber: Begrenzung der Gewerkschaftshauptamtlichen in arbeitnehmerseitigen Verhandlungsdelegation

Tab. 6: (Fortsetzung)

Fall	Motiv für Verhandlungen	Initiative	erster Ansprechpartner	Haltung zur Frage des Verhandlungspartners
John Deere	eigenständiges Regelungsinteresse: – Vereinfachung der Problemlösung und Verhandlungsprozesse (Reduktion von Transaktionskosten) – Vereinheitlichung der Regelungen	Management und dt. Betriebsrats-/EBR-Spitze gemeinsam	EBR (aufgrund gewachsener Vertrauensbeziehung zur deutschen EBR-Spitze)	pragmatisch effizienzorientiert: – orientiert am Verhandlungserfolg (auch im Verhältnis zur US-Zentrale) – deutsche EBR-Spitze als Garant für Verlässlichkeit – keine Probleme mit interner gewerkschaftlicher Beteiligung und EMB-Mitunterzeichnung – aber: Ablehnung einer Verhandlungsführung durch Gewerkschaften/EMB (EMB als Fremdkörper)
ABB	kein eigenständiges Regelungsinteresse, sondern Zugeständnis an EBR: – negatives Interesse, zu verbindliche Regelungen zu verhindern	EBR (vom Management nicht abgewiesen)	EBR	prinzipiell gewerkschaftskritisch: – Gewerkschaften als Fremdkörper und Störfaktor auf informeller und unverbindlicher Arrangements angelegter Unternehmensarbeitsbeziehungen
Mahle	eigenständiges Regelungsinteresse: – erforderliches Glied zur Aufstellung einer unilateralen Verhaltensrichtlinie	EBR (vom Management bereitwillig aufgenommen)	EBR (aufgrund gewachsener Vertrauensbeziehung)	pragmatisch effizienzorientiert: – keine prinzipielle Ablehnung einer Beteiligung von Gewerkschaften/EMB/IMB an Verhandlungen – Ablehnung der IMB-Unterschrift aus sachlichem Grund

5.1.4 Relevanz der zu verhandelnden Gegenstände

Die Regelungsgegenstände transnationaler Vereinbarungen der in die Untersuchung einbezogenen Unternehmensfälle decken ein breites Themenspektrum ab (vgl. Tab. 2). Die meisten Vereinbarungen befassen sich mit der Frage europäischer Restrukturierungen. Sie regeln entweder, mehr oder minder detailliert, die Modalitäten konkreter Restrukturierungsprozesse oder sie formulieren Leitlinien, die bei grenzüberschreitenden Restrukturierungen zur Anwendung kommen sollen. Zu ersteren zählen die Restrukturierungsvereinbarungen bei Ford, die Vereinbarung zur Vertriebsausgliederung bei Daimler und die bei Bayer hinsichtlich konkreter Umstrukturierungsprojekte getroffenen Absprachen. Letztere umfassen die Vereinbarung zur Personalanpassung bei Daimler und die ABB-Vereinbarung. Die ArcelorMittal-Vereinbarung enthält sowohl allgemeine Leitlinien zum Umgang mit Restrukturierungsprozessen als einer fortdauernden Aufgabe als auch Bestimmungen zu den Modalitäten eines konkreten Restrukturierungsfalls.

Nach unserer Untersuchung sind europäische Unternehmensvereinbarungen zur Unternehmensrestrukturierung für die EBR- und Gewerkschaftsvertreter – im Vergleich zu allen anderen Regelungsgegenständen – die politisch gewichtigsten und brisantesten Verhandlungsmaterien, da Unternehmensrestrukturierungen oftmals mit weitreichenden negativen Auswirkungen für die Beschäftigten (Entlassungen, Versetzungen, Verschlechterung der Beschäftigungsbedingungen) einhergehen. Die gemeinsame Positionsfindung ist in der Regel schwierig, da Belegschaften unterschiedlicher Standorte im Rahmen von Standort- und Investitionsentscheidungen oder von Auslagerungen von Unternehmensteilen in unterschiedlicher Weise betroffen sind und dadurch in Konkurrenz zueinander stehen (können). Die (gemeinsamen) Vorteile einer europäischen Unternehmensvereinbarung werden darin gesehen, die einheitliche Behandlung der betroffenen Standorte sicherzustellen und damit einen transnationalen Unterbietungswettbewerb zu verhindern.

Auch für das Management ist die transnationale Vereinbarungspolitik im Bereich der Konzernrestrukturierung ein ebenso sensibles wie bedeutendes Thema. Denn Auseinandersetzungen an verschiedenen Standorten können notwendig erachtete Restrukturierungen zeitlich verzögern und deren Kosten in die Höhe treiben. Demgegenüber können transnationale Lösungen dazu beitragen, das Konfliktpotential von Restrukturierungsprozessen zu minimieren und Transaktionskosten zu reduzieren.

Die Gewinnbeteiligung, Regelungsgegenstand europäischer Unternehmensverhandlungen bei EADS und John Deere, ist gleichfalls ein sensibles und zugleich neues Feld einer transnationalen Vereinbarungspolitik. Dabei geht es um materielle Leistungen, die allen Beschäftigten in Europa gleichermaßen zugute kommen sollen. Die Initiative des Arcelor-Managements, mit dem EBR eine europäische Vereinbarung zur finanziellen Arbeitnehmerbeteiligung zu verhandeln, war zudem, wie beschrieben, ein wesentlicher Auslösefaktor zur Entwicklung des EMB-Verhandlungsverfahrens (vgl. Kap. 3.5.1). Bei John Deere war die Verhandlung einer europäischen Gewinnbeteiligungsvereinbarung unmittelbar mit der Verhandlung eines Ergänzungstarifvertrags für den deutschen Konzernteil verknüpft.

Ein dritter Themenbereich transnationaler Unternehmensvereinbarungen betrifft qualitative Fragen der Arbeits- und Organisationsgestaltung. Hierzu zählen die Vereinbarungen zur Chancengleichheit bei Areva, UniCredit und Bayer und zur Aus- und Weiterbildung bei UniCredit. Bei diesen Themen steht für die Verhandlungsparteien weniger auf dem Spiel, da keine Kernfragen der Arbeits- und Beschäftigungsbedingungen tangiert sind. Durch diese unternehmensbezogene Selbstregulierung eher konfliktarmer Themen wird gleichwohl ein europäischer Mehrwert angestrebt, der zur Angleichung bzw. Anhebung sozialer Standards führen soll und der in den Ländern seine größte Wirkung entfaltet, in denen die entsprechenden Arbeitnehmerrechte schwächer ausgestaltet sind.

Die Gestaltung nationaler und lokaler Arbeitsbeziehungen ist ein vierter Themenbereich transnationaler Unternehmensvereinbarungen. Sie ist ein wichtiger Bestandteil der Vereinbarungen von Areva und ArcelorMittal. Im Fall Daimler und EADS wurde die Information und Konsultation lokaler Arbeitnehmervertreter zum Regelungsgegenstand eigener Vereinbarungen.

Die Regelung sozialer Mindeststandards stellt schließlich einen weiteren Themenbereich transnationaler Unternehmensverhandlungen dar. Darunter fallen sowohl die Verhandlungen einer Internationalen Rahmenvereinbarung bei EADS, Daimler und John Deere als auch einer entsprechenden europaweiten Vereinbarung bei Ford. Die ABB-Vereinbarung enthält ebenfalls einige Bestimmungen, die diesem Themenbereich zuzuordnen sind. Das Besondere an diesem Themenbereich ist, dass die zuständigen Globalen Gewerkschaftsverbände an den Verhandlungen beteiligt sind bzw. ihre Beteiligung einfordern, sobald globale Fragen berührt sind.

Angesichts der großen Bandbreite der verhandelten Materien und der unterschiedlichen Regelungstiefen der Vereinbarungen stellt sich die Frage nach dem generellen Einfluss des Verhandlungsgegenstandes auf die soziale Ordnung europäischer Arbeitsbeziehungen auf Unternehmensebene und der darin angelegten Rollenverteilung zwischen EBR und Gewerkschaften. Aufgeworfen ist hiermit die Frage nach Korrelationen (bzw. Kausalzusammenhängen) zwischen dem Verhandlungsgegenstand und der Wahl eines spezifischen Verhandlungsverfahrens. Die empirischen Beobachtungen lassen sich wie folgt generalisieren:

(1) Es lassen sich keine eindeutigen Rückschlüsse hinsichtlich des Einflusses des Verhandlungsgegenstandes auf die Gestaltung des Verhandlungsprozesses ziehen. Dies gilt für die Interaktionen zwischen dem Unternehmensmanagement und der Belegschaftsvertretung ebenso wie für die Rollenverteilung zwischen Europäischem Betriebsrat und Gewerkschaften. Bezüglich letzterem ist, wie oben (Kap. 5.1.2) herausgearbeitet, der nationale Arbeitsbeziehungshintergrund der stärksten EBR-Fraktion, die den EBR-Vorsitzenden stellt, eine zentrale Einflussgröße.

(2) Es zeigt sich ferner, dass das jeweils bestehende Zeitfenster die Wahl des Verhandlungsverfahrens nicht beeinflusst. Sowohl bei zeitkritischen Verhandlungen, wie im Falle von Unternehmensrestrukturierungen oder Gewinnbeteiligungen, die innerhalb einer bestimmten Frist verhandelt sein müssen, als auch bei zeitlich nicht gebundenen Verhandlungen über qualitative Materien (Arbeitssicherheit/Gesundheitsschutz, Antidiskriminierung, Aus- und Weiterbildung etc.) finden sich sowohl EBR-zentrierte als auch gewerkschaftszentrierte Verhandlungsmuster. Gleichermaßen hat ein bestehender oder wahrgenommener Zeitdruck in den Verhandlungen keinen eindeutigen Einfluss darauf, welchen Stellenwert die Akteure Beteiligungsfragen beimessen. Es gibt Fälle, in denen unter hohem Zeitdruck schnell und pragmatisch Verfahrenslösungen entwickelt werden, die mit Blick auf die Umsetzungseffizienz die (formale) Beteiligung der betroffenen nationalen Gewerkschaften ermöglichen, und es gibt ebenso Fälle, in denen auf national bewährte Verhandlungspraktiken ohne breiten gewerkschaftlichen Einbezug zurückgegriffen wird, um angesichts zeitlicher Begrenzungen einen schnellen Verhandlungserfolg sicherzustellen.

(3) Unabhängig vom materiellen Gehalt, der Reichweite und Tiefe des Vereinbarungsgegenstandes unterstreichen alle Fälle die hohe thematisch-inhaltliche und prozedurale Komplexität europäischer Unternehmensverhandlungen. Diese sind inhaltlich komplex, weil für die jeweiligen Verhandlungsgegenstände bereits Regelungen auf nationaler (und teilweise europäischer) Ebene existieren und damit vor allem bei Vereinbarungen mit hoher Regelungstiefe die Kompatibilität mit bestehenden nationalen (und europäischen) Regelungen sichergestellt werden muss. Sie sind zugleich prozedural komplex, weil sich eine verhaltenssteuernde Ordnung europäischer Unternehmensverhandlungen im Gros der Fälle noch nicht herausgebildet hat. Im Verhandlungsprozess europäischer Unternehmensvereinbarungen treffen vielmehr unterschiedliche nationale Verhandlungskulturen und – damit verbunden – unterschiedliche Vorstellungen über die Kompetenzverteilung von EBR und Gewerkschaften aufeinander, die sich ihrerseits aus den je nach Verhandlungsgegenstand unterschiedlichen Verhandlungskompetenzen und Sensibilitäten der Arbeitsbeziehungsakteure auf nationaler Ebene ergeben.

(4) Alle Fälle bekräftigen schließlich die Ausgangsthese, dass unabhängig vom konkreten Regelungsgegenstand die soziale Ordnung stets mitverhandelt wird. In den Fällen Ford und EADS wurde das anzuwendende Verhandlungsverfahren selbst explizit zum Regelungsgegenstand europäischer Unternehmensverhandlungen, in allen anderen Fällen wurde es implizit mitverhandelt.

5.2 Auf dem Weg zu einer verhandelten Ordnung europäischer Unternehmensarbeitsbeziehungen?

Transnationale Konzernverhandlungen und -vereinbarungen sind Ausdruck eines wachsenden arbeitspolitischen Regelungsbedarfs „jenseits des Nationalstaates". Die Dynamik dieses Prozesses, ist, wie gezeigt, dem Zusammenwirken unterschiedlicher managementseitiger Faktoren (u.a. der Europäisierung und transnationalen Zentralisierung der Unternehmensentscheidungen) und arbeitnehmerseitiger Faktoren (u.a. der „überschießenden" Praxis Europäischer Betriebsräte, dem wachsenden Bedarf an transnationalen Lösungen bei Unternehmensrestrukturierungen) geschuldet.

Seit 2000 ist ein kontinuierliches Wachstum des Abschlusses sowohl globaler als auch europäischer Unternehmensvereinbarungen zu beobachten.

Abb. 8: Wachstumsdynamik transnationaler Unternehmensvereinbarungen

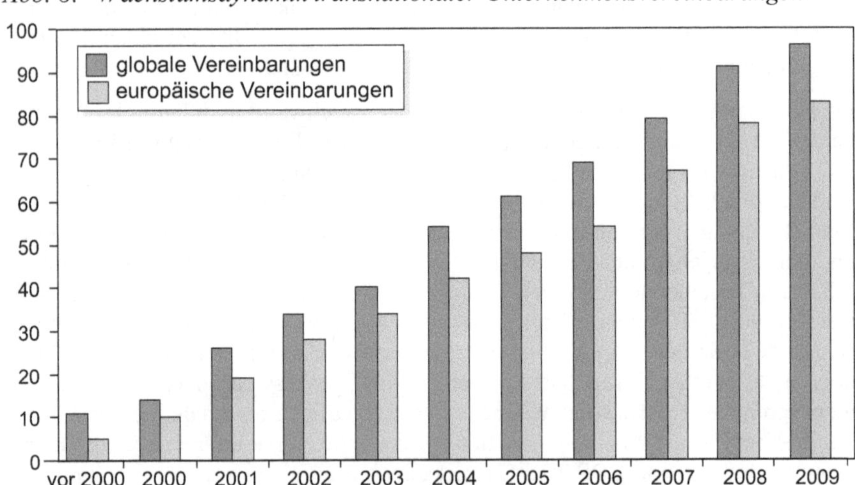

Eigene Erhebung aus Bestandslisten der EU-Kommission (European Commission 2008a/2009)

Bis Herbst 2009 wurden insgesamt 179 transnationale Vereinbarungen in 103 Unternehmen abgeschlossen, davon wiederum 96 globale Vereinbarungen in 73 Unternehmen und 83 europäische Vereinbarungen in 41 Unternehmen. In elf Unternehmen wurden sowohl europäische als auch globale Vereinbarungen getroffen.

Demnach wurden bislang in weniger als fünf Prozent der etwa 2.200 EBR-pflichtigen Unternehmen eine oder mehrere transnationale und in weniger als zwei Prozent eine oder mehrere europäische Vereinbarungen abgeschlossen. Auch bei Zugrundelegung der derzeit aktiven 969 EBR sind es weniger als fünf Prozent, die bislang am Abschluss einer oder mehrerer europäischer Vereinbarungen beteiligt waren.

Wie sind das jüngste Wachstum und künftig möglichen Entwicklungen einer konzernbezogenen transnationalen Vereinbarungspolitik durch Europäische Betriebsräte bzw. Gewerkschaften zu beurteilen? Inwieweit lässt sich der jüngere Wachstumstrend extrapolieren? Beschreibt die seit 2000 einsetzende Entwicklung transnationaler Konzernvereinbarungen mit ihrer bis dato evidenten Wachstumsdynamik einen Prozess, in welchem die realisierten Vereinbarungen – von Pionieren angestoßen – Wegbereiter einer weitergehenden, sich vervielfältigenden Entwicklung sind? Oder bleibt die transnationale Vereinbarungspolitik letztlich doch auf eine überschaubare Zahl von Fällen begrenzt, in denen unter bestimmten konzernspezifischen Bedingungen – und nur unter diesen – sich eine transnationale Vereinbarungspraxis entwickeln konnte bzw. (wie der Fall Ford mit mittlerweile zehn Vereinbarungen zeigt) weiter entwickeln kann?

Die im Teil 3 dargestellten strukturellen Rahmenbedingungen, insbesondere die konzernbezogenen Entwicklungstrends, sprechen für die Wachstumsoption. Die bisherigen transnationalen Konzernvereinbarungen markieren demnach den Beginn einer neuen dynamischen Entwicklungsphase, zumindest eines graduell expandierenden Prozesses und nicht den weitgehenden Abschluss oder nahen Endpunkt einer Entwicklung.

Betrachtet man die Akteurskonstellationen und Verhandlungsverläufe der untersuchten Fälle einer transnationalen Vereinbarungspolitik lässt sich im Quervergleich kein durchgängiges Verlaufsmuster erkennen. Vielmehr folgen die europäischen Unternehmensverhandlungen konzernspezifischen Bedingungen. Dabei haben sich nur in einem Teil der Fälle bereits vergleichsweise stabile Verhandlungspraktiken herausgebildet, im anderen Teil sind Verhandlungspraktiken eher naturwüchsig und behelfsweise entwickelt worden. In zwei Fällen, bei Ford und EADS, sind infolge vorangegangener europäischer Unternehmensverhandlungen Strukturen und Verfahren solcher Verhandlungen formal festgeschrieben worden.

Mit Blick auf die arbeitnehmerseitige Akteurskonstellation lassen sich im Wesentlichen zwei Muster europäischer Unternehmensverhandlungen unterscheiden:

(1) Im Falle eines EBR-zentrierten Verhandlungsmusters ist der EBR der zentrale arbeitnehmerseitige Akteur einer europäischen unternehmensbezogenen Vereinbarungspolitik. Vertreter des zuständigen Europäischen Gewerkschaftsverbands oder einzelner nationaler Gewerkschaften können in den Verhandlungsprozess einbezogen sein, der EBR hält aber arbeitnehmerseitig in jeder Prozessphase das Heft des Handelns in der Hand. Der gewerkschaftliche Anspruch auf Verhandlungsführerschaft wird zurückgewiesen, das EMB-Verfahren kommt allenfalls kompromisshaft zur Anwendung.

(2) Im Fall eines gewerkschaftszentrierten Verhandlungsmusters übernehmen die Gewerkschaften, Vertreter des zuständigen Gewerkschaftsverbands und der betroffenen nationalen Gewerkschaften, die arbeitnehmerseitige Führungsrolle im Verhandlungsprozess. Der EBR akzeptiert den Verhandlungsanspruch der Gewerkschaften oder überträgt die Zuständigkeit für europäische Unternehmensverhandlungen von sich aus den Gewerkschaften und verbleibt im Kompetenzrahmen der Information und Konsultation. Gewerkschaftlich organisierte EBR-Mitglieder können als ehrenamtliche Gewerkschaftsfunktionäre oder als Funktionsträger des EBR (Vorsitzender, Mitglied des engeren Ausschusses) in den Verhandlungsprozess einbezogen sein, die Gewerkschaften übernehmen aber formal und in der Regel auch praktisch die Führungsrolle in den Verhandlungen und geben Strukturen und Verfahren der arbeitnehmerseitig internen Organisation der Verhandlungsprozesse vor.

In Anbetracht dieser beiden Pole stellt sich die Frage, ob und inwieweit das 2006 verabschiedete EMB-Verfahren, das im Bereich der europäischen Gewerkschaften eine Vorreiterfunktion erfüllt, bislang Ordnungswirkung entfalten konnte, ob es perspektivisch zur weiteren Vereinheitlichung der Verhandlungsprozeduren beitragen kann und welche Probleme und Grenzen mit diesem Steuerungsansatz verbunden sind.[16]

Die Frage nach der Ordnungswirkung dieses Verfahrens stellt sich gemäß unserer Ausgangshypothese vor folgendem Hintergrund. Transnationale Unternehmensvereinbarungen sind angesichts eines bislang fehlenden europäischen (optionalen) Rechtsrahmens auf eine voluntaristische Problemlösungslogik verwiesen. Unter diesen politischen Vorzeichen wird in jeder Verhandlung jenseits der materiellen Regelungsgegenstände immer auch – explizit oder implizit –

---

16 Zustandekommen und Ausgestaltung des EMB-Verfahrens wurden in Kapitel 3.5 als eigenständiger Verhandlungsraum im Detail analysiert.

über Akteursrollen und Vertretungsdomänen mitverhandelt. Die exponierte Rolle von verhandlungsorientierten EBR beinhaltet für die Gewerkschaften Chancen und Risiken, stellt sie aber in jedem Falle vor die Herausforderung, einer möglichen Syndikalisierungstendenz vorzubeugen und die betrieblichen Verhandlungsprozesse gewerkschaftlich anzubinden, zu steuern und zu kontrollieren. Das EMB-Verfahren ist der Versuch, diesen Anforderungen Rechnung zu tragen und einem mehr oder weniger naturwüchsigen, kontingenten bottom-up-Prozess einer betrieblichen Transnationalisierungsdynamik eine top-down-Logik einer durch die Gewerkschaften strukturierten, durch ihre Machtressourcen ermöglichten und zugleich legitimierten Verhandlungsprozedur entgegenzustellen. Das EMB-Verfahren ist dabei selbst das Ergebnis interessenpolitischer Auseinandersetzungen zwischen den Mitgliedsgewerkschaften und ein Interessenkompromiss, dessen Funktions- und Tragfähigkeit sich in der Praxis erweisen muss.

Der Erprobungszeitraum des EMB-Verhandlungsverfahrens ist für eine abschließende Gesamtbewertung seiner Praktikabilität und Leistungsfähigkeit noch zu kurz. Gleichwohl lassen sich auf der empirischen Grundlage der hier skizzierten Fälle, die zugleich Grundkonfigurationen einer transnationalen konzernbezogenen Vereinbarungspolitik im Metallsektor repräsentieren, in Bezug auf eine mögliche Ordnungswirkung des Verfahrens die folgenden ersten Schlussfolgerungen ziehen.

Die nationalen „customs and practices" der betrieblichen und überbetrieblichen Arbeitsbeziehungen und der damit verbundene *Stammlandeffekt* der Verhandlungsführung haben einen Einfluss auf den Verfahrensverlauf und die Wahrnehmung spezifischer Akteursrollen.

Die Ausschilderungen des EMB-Verfahrens mit seiner gewerkschaftlichen Prärogative, also die Hinleitung auf eine gewerkschaftszentrierte Ordnung, sind in den französischen Fällen kongruent mit den tradierten Arbeitsteilungsmustern der betrieblichen Verhandlungspraxis zwischen gewählten Vertretungsgremien der Beschäftigten und gewerkschaftlichen Vertretungsstrukturen. Analog zum EMB-Verfahren kommt die Verhandlungsführerschaft von Unternehmensvereinbarungen in Frankreich üblicherweise den Gewerkschaften zu, wogegen das französische Comité de Groupe als reines Informations- und Konsultationsgremium konzipiert ist, das formal keine Verhandlungskompetenz besitzt. In Verlängerung dieses nationalen Modells erheben die französischen Arbeitnehmervertreter, die als EBR-Spitzenvertreter die EBR-Kultur prägen, für den EBR keinen Anspruch auf die Führerschaft europäischer Unternehmensverhandlungen.

Das EMB-Verfahren mit seiner Rückbindung an die Gewerkschaften als alleiniger Verhandlungs- und Vertragspartner entspricht nationalen Gepflogenheiten, die auch das Management französischer (Mutter-)Unternehmen internalisiert hat.

Auch das Management französischer (Mutter-)Unternehmen hat aufgrund analoger Gepflogenheiten im nationalen Verhandlungskontext vergleichsweise wenig Berührungsangst gegenüber gewerkschaftlich geführten europäischen Verhandlungen. Angesichts der in Frankreich bestehenden richtungsgewerkschaftlichen Konkurrenz hat es sogar umgekehrt oftmals ein eigenes Interesse an Verhandlungen unter Federführung des EMB, da dieser als europäischer Gewerkschaftsdachverband in der Lage ist, im Verhandlungsprozess die potentiell widerstreitenden Interessen der im Unternehmen vertretenen französischen Richtungsgewerkschaften zu aggregieren und gegenüber dem Management zu vertreten.

Entsprechend stößt das EMB-Verfahren in der bisherigen Praxis französisch geführter EBR auf vergleichsweise große Akzeptanz und war in seiner unternehmensbezogenen Anwendung nicht nur in den von uns untersuchten Fällen Areva und ArcelorMittal arm an Rollenkonflikten und Reibungsverlusten.

Dagegen erweist sich die Anwendung des EMB-Verfahrens im Rahmen des deutschen Arbeitsbeziehungssystems, in dem den Betriebsräten eine vergleichsweise große Autonomie und Handlungskompetenz gewährt wird, als ambivalent bzw. als umstritten. Das EMB-Verfahren, das das gewerkschaftliche Verhandlungsmonopol festzuschreiben und die Verhandlungskompetenz des EBR zu beschneiden versucht, trifft im deutschen Arbeitsbeziehungskontext in weitaus geringerem Maß auf die Akzeptanz selbstbewusster Betriebsratsspitzen, die es auf nationaler Ebene gewohnt sind, im Rahmen ihrer betriebsverfassungsrechtlichen Möglichkeiten eigenständig Verhandlungen zu führen. Aufgrund des *Stammlandeffekts* deutscher (Unternehmens-)Arbeitsbeziehungen besteht deshalb eine gewisse Neigung, europäische Unternehmensverhandlungen im Falle deutsch dominierter EBR und deutsch geprägter Interaktionsbeziehungen zwischen EBR und europäischem Unternehmensmanagement nach dem EBR-zentrierten Verhandlungsmuster zu entwickeln.

Die Verfahrensleitlinien des EMB entfalten zwar auch in diesen Fällen eine gewisse Steuerungswirkung. Ihre unternehmensbezogene Anwendung ist aber gegenüber den betrieblichen Akteuren nicht eins-zu-eins durchsetzbar und in der Regel auch nicht konfliktfrei. Vielmehr stößt sie bei den betrieblichen Akteuren, die den europäischen Verhandlungsprozess in Gang gesetzt haben und steuern, oftmals auf Unverständnis und entsprechenden Widerstand. Die EMB-Verfahrensleitlinien werden von deutsch geführten EBR, oftmals unterstützt von den von der IG Metall gestellten EBR-Koordinatoren des EMB, entsprechend der kulturellen Tradition und eigenen Interessenlage umgedeutet und in die Unternehmenspraxis übersetzt. Dies führt dazu, dass sie in vielen Fällen nur partiell und kompromisshaft zur Anwendung kommen, bei der die Interessen der betrieblichen und überbetrieblich-gewerkschaftlichen Akteure zu einem unterschiedlichen Grad Berücksichtigung finden.

Die hier analysierten Fälle ergeben folgendes Bild: Im Fall Ford traf das EMB-Verhandlungsverfahren auf eine bereits etablierte und in der Praxis bewährte europäische Vereinbarungspolitik des EBR und führte nur zu marginalen Veränderungen der etablierten EBR-zentrierten Vereinbarungspraxis. Der Daimler-EBR akzeptiert das EMB-Verfahren als gewerkschaftliche Beschlusslage, hält es in der eigenen Anwendungspraxis aber für kaum praktikabel und bewertet es als potentielles Hemmnis einer zukünftigen europäischen Vereinbarungspraxis bei Daimler. Im Fall ABB akzeptierte der EBR die formale Anwendung des Verfahrens, ohne aber das Ergebnis, die gewerkschaftliche Nichtzustimmung eines Vereinbarungsabschlusses, in der Konsequenz mitzutragen. Im Fall EADS wurde ein unternehmensbezogenes Verhandlungsverfahren schrittweise entwickelt und ausgehandelt, das einen Kompromiss zwischen den gewerkschaftlichen Leitlinien des EMB-Verfahrens und den Interessen der betrieblichen Verhandlungsakteure darstellt. Einzig im Fall John Deere traf das EMB-Verhandlungsverfahren auf die vorbehaltlose Akzeptanz der deutschen EBR-Spitze.

Die Gesamtbetrachtung der „deutschen" Fälle legt damit die folgende Schlussfolgerung nahe: Das EMB-Verfahren vermag zwar zur Sensibilisierung deutscher EBR-Spitzen beizutragen, dass es notwendig ist, die Gewerkschaften in den Verhandlungsprozess einzubeziehen, weil und wenn diese auf nationaler Ebene für den zu verhandelnden Gegenstand Verhandlungskompetenz besitzen,[17] es stößt aber bezüglich des von den Gewerkschaften erhobenen Anspruchs auf Verhandlungsführerschaft auf wenig Akzeptanz und erheblichen Gegenwind.

Die Falluntersuchungen lassen schließlich ein ganz praktisches Problem erkennen, nämlich dass das EMB-Verfahren bei denjenigen, die unternehmensbezogene Verhandlungen initiieren und durchführen, bislang vielfach nicht bzw. nicht hinreichend bekannt ist oder in seiner Bedeutung unterschätzt wird. Die Umsetzung des EMB-Verfahrens wird deshalb umso besser gelingen, je stärker die Gewerkschaften den innerorganisatorischen Erfahrungsaustausch, den politischen Diskurs und die Vernetzung zwischen den für die Verhandlungsproblematik relevanten Akteure vorantreiben, um dadurch bei den ehren- wie hauptamtlichen Gewerkschaftsvertretern, die in europäische Unternehmensverhandlungen involviert sind, das Bewusstsein für die Notwendigkeit eines solchen Verfahrens zu schärfen und um die für das EMB-Verfahren unabdingbare enge Verknüpfung von betrieblicher und überbetrieblicher Ebene gewerkschaftlicher Interessenvertretung sicherzustellen.

---

17 Das EMB-Verhandlungsverfahren weicht aber dahingehend von diesem Verständnis ab, dass es den Einbezug der nationalen Gewerkschaften generell, unabhängig von ihrer nationalen Verhandlungsrolle, vorschreibt.

Die empirischen Befunde zeigen also insgesamt, dass das EMB-Verfahren nicht die Ordnungskraft entfaltet, um eine Ordnung transnationaler Unternehmensverhandlungen und -vereinbarungen hervorzubringen. Jedoch ist eine gewisse Ordnungswirkung dahingehend erkennbar, dass gewerkschaftliche Interessen im Falle EBR-zentrierter Verhandlungsmuster eine stärkere Berücksichtigung finden.

Vor diesem Hintergrund der betrieblichen und überbetrieblich-gewerkschaftlichen Prozesse zur *Ordnung* transnationaler Unternehmensvereinbarungen stellt sich schließlich die Frage nach den Perspektiven eines optionalen Rechtsrahmens. Auch dieser wurde als Verhandlungsraum konzipiert, in dem Auseinandersetzungen über das Ob und Wie einer durch EU-Recht geordneten transnationalen Vereinbarungspraxis stattfinden (vgl. Kap. 3.2). Nach dem dort beschriebenen Entwicklungsstand befindet sich das Gesetzgebungsverfahren im Stadium wissenschaftlicher Expertisen und Anhörungen, in denen konkrete Praktiken einer transnationalen Vereinbarungspolitik evaluiert und problematisiert werden.

Der weitere Fortgang dieses Gesetzgebungsprozesses ist derzeit nur schwer einzuschätzen. Eine rechtliche Rahmenregelung wird von den Gewerkschaften gefordert, aber nicht mit allergrößtem Nachdruck politisch betrieben. Im Arbeitgeberlager dominieren (ungeachtet eines in dieser Studie sichtbar gewordenen Managementinteresses an einer proaktiven transnationalen Vereinbarungspolitik) bislang die Kräfte, die einer arbeitspolitischen EU-Regulierung generell – und damit auch der konkreten Kommissionsinitiative – ablehnend gegenüber stehen. Allerdings sind, wie ebenfalls in Kapitel 3.2 beschrieben, von der EU-Kommission imitierte Prozesse im Gange, die auf den Umgang mit Unternehmensumstrukturierungen zielen und die – ungeachtet ihrer künftig möglichen prozeduralen, d.h. „freiwilligen" oder rechtlichen Ausgestaltung – auch auf einen (optionalen) Rechtsrahmen für europäische Unternehmensvereinbarungen ausstrahlen dürften.

Insgesamt bleibt aus gegenwärtiger Sicht offen, ob und inwieweit die im Rahmen dieser Studie analysierten Entwicklungen – die quantitative Wachstumsdynamik und die realen Verhandlungsmuster einer transnationalen Vereinbarungspolitik– ihrerseits rechtstreibend wirken und ob darüber hinaus die mittlerweile etablierten gewerkschaftlichen Verhandlungsverfahren als Blaupausen dienen können, die sich dann (zumindest teilweise) auch in einer künftigen gesetzlichen Ausgestaltung wiederfinden würden.

5.3 Die transnationale Vereinbarungspolitik auf Unternehmensebene und das europäische Mehrebenensystem der Arbeitsbeziehungen: Perspektiven der Europäisierung

Transnationale Verhandlungen und Vereinbarungen in Unternehmen repräsentieren ein neues Stadium im Entwicklungsprozess grenzübergreifender und überstaatlicher Arbeitsbeziehungen. Dies wirft grundlegende Fragen nach der Einordnung dieses Prozesses in eine historisch längerfristige Perspektive der Europäisierung der Arbeitsbeziehungen auf.

Damit ist eine vielschichtige wissenschaftliche Kontroverse berührt, die seit geraumer Zeit innerhalb der Arbeitsbeziehungsforschung geführt wird und bei der sich eine euro-optimistische und eine euro-pessimistische Denkschule gegenüber stehen (zusammenfassend Müller/Hoffmann 2001; Hertwig et al. 2009). Die Kontroverse, die den Entwicklungsprozess Europäischer Betriebsräte von Anfang an begleitet hat, war und ist wiederum Teil einer Debatte, bei der es um den Wandel nationaler Arbeitsbeziehungen unter den Bedingungen der europäischen Integration und um die Entwicklungspotentiale und -grenzen transnationaler Arbeitsbeziehungen geht.

Der abschließende Versuch, die Befunde dieser Studie in diesem größeren Debattenkontext zu verorten, erfordert zunächst einen kurzen Blick auf die wesentlichen Diskurslinien und konträren Grundpositionen, die vor allem durch unterschiedliche Sichtweisen der EU-Integrationslogik und deren Auswirkungen auf die Machtverhältnisse im System der Arbeitsbeziehungen geprägt sind. Nicht zuletzt ist die Kontroverse dadurch gekennzeichnet, dass die Frage der Europäisierung mit unterschiedlichen konzeptionellen Zugängen und normativen Bezugshorizonten analysiert und bewertet wird.

Die Europäisierungsdebatte innerhalb der Arbeitsbeziehungsforschung ist ihrerseits durch die politikwissenschaftliche EU-Integrationsforschung inspiriert. Ein erster Hauptstrang der EU-Integrationsforschung fasst und analysiert unter dem Begriff der Europäisierung die Herausbildung einer distinktiven europäischen Ebene von Institutionen, formalisierten Entscheidungsverfahren und rechtlichen Regelsystemen (stellvertretend für eine Vielzahl einschlägiger Arbeiten Cowles et al. 2001). Ein zweiter Hauptstrang widmet sich unter dem Begriff der Europäisierung vorrangig den Diffusionswirkungen der auf europäischer Ebene hervorgebrachten Politiken innerhalb der je nationalstaatlichen politischen und gesellschaftlichen Systeme (stellvertretend für diese Perspektive Radaelli 2000). Dabei geht es unter dem Blickwinkel der Europäisierung um Fragen eines „institutional fit" der mitgliedstaatlichen Systembedingungen mit den auf EU-Ebene hervorgebrachten Regelsystem und um die Formen und Reichweiten eines integrationsbedingten „domestic change", der sich entlang eines Kontinuums zwischen Absorption, Akkommodation und Transformation bewegen kann (Börzel/ Risse 2003). Schließlich fließen in der politikwissenschaftlichen Europäisierungsdebatte die skizzierten Blickrichtungen auch zusammen, in dem das downloading und uploading und die Wirkungsketten zwischen den vertikalen und horizontalen Europäisierungsprozessen gleichermaßen in den Blick genommen werden. Diese Analyseperspektiven, Begrifflichkeiten und Problemstellungen prägen auch die Europäisierungsdebatte innerhalb der Arbeitsbeziehungsforschung.

Bei der Analyse des Strukturwandels der nationalen Arbeitsbeziehungen orientiert sich die vergleichende Arbeitsbeziehungsforschung traditionell an einem Konvergenz-/Divergenz-Paradigma. Die Frage der Europäisierung wird in dieser Forschungstradition daran überprüft, ob und inwieweit der ökonomisch-politische Vergemeinschaftungsprozess im Rahmen der EU gleiche oder vergleichbare Anpassungsprozesse in den Arbeitsbeziehungssystemen der EU-Mitgliedstaaten hervorruft, welche sich von den Anpassungspfaden in anderen westlichen Industrieländern signifikant unterscheiden (Traxler 1995; Armingeon 1994). Unter einem solchen Länder vergleichenden, makrostrukturellen Blickwinkel und bei einer solchen Definition der Europäisierung sind die Befunde weithin unstrittig. Weder unterliegen die Arbeitsbeziehungen aller entwickelten Industriegesellschaften (einschließlich der außereuropäischen) als Folge der voranschreitenden ökonomischen Internationalisierung einem Prozess der Konvergenz (nämlich, nach der aktuellen Version der Konvergenzthese, einem unaufhaltsamen Prozess der Disorganisierung und Dezentralisierung), noch kommt es unter dem Einfluss des EU-Integrationsprozesses zur Europäisierung im Sinne gleich gerichteter Transformationsentwicklungen der nationalen Arbeitsbeziehungssysteme in den Mitgliedstaaten der Union (Traxler 1995/1997). Eine gewisse Synchronität der Anpassungsprozesse wird – über die Grenzen der EU-Länder hinweg – in einzelnen Sektoren konstatiert, in denen die transnationale Verflechtung der Produkt- und Arbeitsmärkte besonders hoch ist (Marginson/Sisson 2004).

Mit diesen übergreifenden Befunden aus traditionell komparatistischer Perspektive sind die empirisch-analytisch wie politisch-strategisch relevanten Europäisierungsprozesse noch nicht hinreichend erfasst, denn

> „the ‚Europeanisation' of industrial relations takes place at different levels and in various arenas of interest representation and is not a homogeneous or integrated process of development." (Keller/Platzer 2003: 3)

Zur Strukturierung dieses Gesamtzusammenhangs haben wir unserem Untersuchungsdesign das Modell eines *europäischen Mehrebenensystems der Arbeitsbeziehungen* zugrunde gelegt (Kap. 2.3.1). Dieser Zugang orientiert sich ebenfalls an der politikwissenschaftlichen EU-Forschung. Diese modelliert die EU als dynamisches Mehrebenensystem des Regierens. Mit diesem Ansatz soll nicht zuletzt der lange Zeit in dichotomischen Kategorien (Staatenbund oder Bundesstaat) oder unter teleologischen Vorzeichen (Finalität der EU, Staatswerdung Europas etc.) geführte Europadiskurs überwunden werden (u.a. Jachtenfuchs/ Kohler-Koch 1997). Ein solcher Wechsel der Perspektive und die Ausdifferenzierung des Bezugsmodells erweist sich auch im Bereich der Arbeitsbeziehungsforschung als fruchtbar, da mittels eines Mehrebenenmodells die vielschichtigen Strukturmuster und widersprüchlichen Prozesse der Europäisierung empirisch differenziert erfasst werden können. Dies wiederum ermöglicht eine kritische Auseinandersetzung mit euro-pessimistischen Positionen, wonach der Nationalstaat einen letztlich unübersteigbaren Rahmen einer substantiellen arbeitspolitischen Regulation darstellt, und ebenso mit euro-optimistischen Trendbeschreibungen bzw. normativen Zielvorstellungen, wonach sich – gleichsam in einer Maßstabsvergrößerung nationaler Strukturen – eine genuin europäische Ebene supranationaler Arbeitsbeziehungen herausbilden werde bzw. unter normativen Vorzeichen zwingend herausbilden müsste.

Auf der Basis eigener früherer Forschungsarbeiten zum Themenfeld Arbeitsbeziehungen und europäische Integration gehen wir davon aus, dass „seit Ende der 1980er Jahre (...) ein ebenso komplexes wie dynamisches *europäisches Mehrebenensystem industrieller Beziehungen* Gestalt gewinnt“ (Platzer 1998: 267). Konstitutiv für dieses europäische Mehrebenensystem der Arbeitsbeziehungen sind die folgenden Merkmale (ebd.):

(1) Eine (fortdauernde) Vielfalt in den Basisstrukturen der nationalen Arbeitsbeziehungen im Kontext jeweiliger gesellschaftlicher Modernisierungsprozesse.

(2) Die verstärkte Einbeziehung und Verarbeitung der Bedingungen des EU-Integrationssystems – der sich transnationalisierenden Ökonomie wie der sich wandelnden Governance-Strukturen – auf der nationalen Ebene: Hierdurch kommt es zu einer Europäisierung nationaler Handlungsorientierungen und organisations- und interessenpolitischer Entscheidungen der Akteure. Die Europäisierung manifestiert sich in nationalen Anpassungsformen, die überwiegend im Bereich der Adaption und Akkommodation liegen, die in transnational stark verflochtenen Sektoren aber auch einzelne transformatorische Elemente aufweisen können.

(3) Die Entwicklung und tendenziell wachsende Bedeutung grenzübergreifender arbeitspolitischer Interaktionszusammenhänge und die Herausbildung transnational verbundener Akteursnetzwerke.

(4) Schließlich die graduelle Bedeutungszunahme einer genuin europäischen Handlungs-, Entscheidungs- und Steuerungsebene.

Die letztere supranationale Entwicklungsdimension spielt in euro-pessimistischen Diagnosen keine Rolle. Gleichwohl werden Europäisierungsprozesse konstatiert, deren Ausprägungen und Entwicklungsrichtungen wie folgt beschrieben werden:

> „Auch wenn die europäische Integration im Bereich der industriellen Beziehungen nicht vertikal und hierarchisch verläuft, werden die europäischen Gesellschaften doch ‚europäischer'. Das sich abzeichnende Europa (...) europäisiert sich (...) durch zunehmende Orientierung nationaler Akteure und Institutionen an ihrem internationalen Umfeld, nach Maßgabe nationaler Interessen und Gegebenheiten. Man könnte von einem horizontalen Europäisierungsprozess sprechen, bei dem der Wahrnehmungs- und Handlungshorizont nach wie vor nationaler Akteure ebenso über die nationalen Grenzen hinauswächst wie ihre sozialen Beziehungen (‚Netzwerke') und Handlungsmöglichkeiten." (Streeck 1999: 17)

Demgegenüber haben wir bereits an anderer Stelle argumentiert, dass sich empirisch innerhalb eines sich entwickelnden europäischen Mehrebenensystems der Arbeitsbeziehungen – zumal im Bereich der Konzernpolitik und der Entwicklung Europäischer Betriebsräte – auch Prozesse einer vertikalen Europäisierung vollziehen, die über diese horizontale Europäisierung hinausgreifen (Müller/Platzer 2003). Demnach gewinnt die transnationale und genuin europäische Ebene der Problembearbeitung gegenüber den lokalen und nationalen Handlungszusammenhängen ein spezifisches Gewicht; meist in Gestalt einer ergänzenden oder komplementären, in bislang seltenen Fällen auch vorrangigen Ebene der Entscheidungsproduktion.

Was folgt nun aus den empirischen Befunden dieser Untersuchung für die hier skizzierte grundlegende Europäisierungsdebatte der Arbeitsbeziehungsforschung?

Grundsätzlich ist vorauszuschicken, dass die Möglichkeiten und Grenzen einer Generalisierung durch den methodischen Ansatz einer Untersuchung definiert sind. Demzufolge eignet sich eine fallstudienbasierte Untersuchung grundsätzlich nicht zum Testen und Falsifizieren konkurrierender theoretischer Erklärungsansätze. Wohl aber kann sie Hypothesen generieren und damit weitere empirische und theoretische Bausteine zur Debatte über die Formen, Verläufe, Ausprägungen und Entwicklungsrichtungen der Europäisierung der Arbeitsbeziehungen beisteuern.

(1) Ein erster aus dieser Studie gewonnener empirischer und theoretischer Baustein fügt sich unmittelbar in eine lang andauernde Kontroverse ein, die zwischen den euro-optimstischen und euro-pessimistischen Denkschulen über die Entwicklungspotentiale Europäischer Betriebsräte geführt wird. Nach dem derzeitigen Stand der quantitativen und qualitativen EBR-Entwicklung ist davon auszugehen, dass es weiterhin eine größere (freilich nur schwer bestimmbare) Zahl passiver oder symbolischer Europäischer Betriebsräte gibt, auf die das in der EBR-Debatte viel zitierte Theorem „weder Betriebsrat noch europäisch" (Streeck 1997) zutrifft.

Die in dieser Studie analysierten Fälle bekräftigen hingegen eine Sichtweise, die die EBR-Debatte gleichfalls von Anfang an begleitet hat, wonach die EBR-Richtlinie transitorisch *ist* und *wirkt*[18] und diese transitorische Qualität auch in der Entwicklungslogik Europäischer Betriebsräte zum Ausdruck kommt. Demnach sind Europäische Betriebsräte bereits bei ihrer Konstituierung durch den Regulierungsmodus der Verhandlung geprägt und sie sind von Anfang an strukturell mit der Mehrebenenproblematik konfrontiert, wenn sie auf europäisch-transnationaler Ebene Gestaltungskraft entfalten wollen. Transnationale Unternehmensverhandlungen und -vereinbarungen sind Ausdruck einer Fortschreibung dieser zweifachen transitorischen Konstitutionslogik Europäischer Betriebsräte. Sie bekräftigen und erweitern zum einen den Modus der Verhandlung und bringen, so unsere Kennzeichnung, Vereinbarungen zweiter Ordnung hervor. Sie werden zum anderen zum konkreten Testfall einer Mehrebenenentscheidung und werten zugleich den EBR als transnationalen unternehmenspolitischen Akteur (weiter) auf bzw. lassen ihn als solchen (erstmals) in Erscheinung treten.

Die Verhandlungsprozesse intensivieren die grenzübergreifenden Interaktionen und tragen zu einer *horizontalen Europäisierung* betrieblicher Arbeitsbeziehungen bei. Selbst in den Fällen, in denen die Verhandlungen vorrangig von einer dominanten nationalen EBR-Fraktion am Stammsitz des Unternehmens geführt werden, kommt es auch zu einer *vertikalen Europäisierung,* da die Verhandlungsschritte an die europäische Vertretungsebene des gesamten EBR zurückgekoppelt sind und über den Vereinbarungsabschluss auf dieser überstaatlichen Ebene entschieden wird.

(2) Die transitorischen Wirkungen, die von verhandelnden EBR ausgehen, umfassen des Weiteren den vielschichtigen Interaktionszusammenhang mit den Gewerkschaften, deren unternehmenspolische Rollen und Aufgabenfelder sich im Zuge einer transnationalen Vereinbarungspolitik gleichfalls und gleichzeitig europäisieren. Dabei greift auch dieser inner- und zwischengewerkschaftliche Europäisierungsprozess, wie in den Fallstudien dokumentiert, über eine rein horizontale Europäisierung hinaus, da die europäischen Gewerkschaftsverbände, also die europäische gewerkschaftliche Organisationsebene, in zweifacher Hinsicht ins Spiel kommen (und dabei tendenziell aufgewertet werden): der europäische Verband (dessen Sekretariatsmitarbeiter) ist (fallweise) unmittelbar mit-

18 „Die Richlinie 94/45/EG hat transitorischen Charakter in einem zweifachen Sinn. Sie *ist* transitorisch und sie *wirkt* transitorisch. Sie ist transitorisch in ihrer Funktion als bisher einziger in sich geschlossener Rechtsakt zur Mitwirkung der Arbeitnehmer in gemeinschaftsweit tätigen Unternehmen. (...) Die Richtlinie wirkt transitorisch, weil und soweit sie durch ihre voluntaristische und prozeduralistische Konzeption zwar inhaltlich wenig vorsetzt, aber damit auch wenig determiniert. Das wird positive Unterschiede zwischen Texten und Praxis erzeugen." (Höland 1997: 103)

verhandelnder Akteur; zugleich wird die europäische Organisationsebene zum Ort der Festlegung von Verfahrensleitlinien sowie der Steuerung und Kontrolle von Verhandlungsprozessen.

(3) In allen untersuchten Fällen vollziehen sich die Verhandlungsprozesse innerhalb einer europäischen Mehrebenenstruktur bzw. bringen eine solche hervor. Innerhalb dieser Mehrebenenstruktur sind horizontale (zwischenstaatliche) und vertikale (ebenenübergreifende) Interaktionen miteinander verschränkt. Das Europäisierungsgeschehen verläuft mithin in beide Richtungen. Zugleich sind die konzernbezogenen Verhandlungen durch eine doppelte – teils kooperierende, teils konkurrierende – arbeitnehmerseitige Vertretungsschiene aus (internen) betrieblichen und (externen) gewerkschaftlichen Akteuren geprägt. Deren Zusammenwirken bzw. die je unterschiedliche Gewichtung der Akteursrollen im konkreten Verhandlungsprozess sind wiederum durch unterschiedliche strategische Erwägungen oder pragmatisch-flexible Herangehensweisen des Managements beeinflusst. Die variablen Konturen der Verhandlungsprozesse sprechen dafür, dass sich die Europäisierung der konzernbezogenen Arbeitsbeziehungen nicht als einfaches Nullsummenspiel vollzieht, wonach die eine Ebene (etwa die nationale) das verliert, was die andere Ebene (etwa die europäische) gewinnt. Gleiches gilt für die Akteure auf den jeweiligen Ebenen. Vielmehr handelt es sich um eine signifikante Vermehrung und Verdichtung grenzübergreifender horizontaler und vertikaler Interaktionen, die insgesamt eine neue Qualität einer transnationalen unternehmenspolitischen Interessenvertretung und arbeitspolitischen Regulation jenseits des Nationalstaats hervorbringen.

(4) Die vergleichende Fallbetrachtung hat zur Identifikation gewisser Prozessmuster – EBR-zentrierte versus gewerkschaftszentrierte Verhandlungen – geführt, die ihrerseits wiederum auf Stammlandeffekte und nationale (in unserem Falle auf deutsche und französische) Arbeitsbeziehungstraditionen zurückzuführen sind. Dieser Befund, dass sich nicht eine Ordnung europäischer Unternehmensverhandlungen herausbildet, macht es schwierig, einzuschätzen, ob und inwieweit von einer transnationalen Vereinbarungspolitik auch transitorische Wirkungen ausgehen (können), die zu längerfristig wirksamen, nachhaltigen Veränderungen der nationalen (betrieblichen) Arbeitsbeziehungen führen. Solche Veränderungen wären beispielsweise dann gegeben, wenn – gemäß der These des Betriebssyndikalismus (vgl. Kap. 2.1) – die europäische Vereinbarungspolitik sich in einer Weise ausformt, die zu einer Verdrängung der Gewerkschaften oder (in dualen Systemen) zu einer Schwächung einer überbetrieblichen Kollektivvertragspolitik führen würde. Nach der oben beschriebenen Sicht einzelner komparatistischer Forschungsansätze wäre dies ein Prozess, der zur Konvergenz nationaler Systeme und – so deren Begrifflichkeit – zur Europäisierung führen würde.

Unsere Untersuchung liefert für ein solches Szenario aus zwei Gründen keine Anhaltspunkte. Dort wo das EMB-Verfahren greift, sind durch dieses Regelwerk mit seinen de facto eingebauten Vetomechanismen für die jeweils nationale Gewerkschaftsebene *Sperrriegeleffekte* wirksam, die einer Erosion nationaler Systemtraditionen vorbeugen. Des Weiteren ist auch in unseren Untersuchungsfällen einer EBR-zentrierten Vereinbarungspraxis durchgängig eine Gewerkschaftsidentität der verhandelnden betrieblichen Arbeitnehmervertretungen so weit ausgeprägt, dass eine konzernsyndikalistische Entkopplung von der gewerkschaftlichen Interessensphäre nicht zu beobachten ist. Als entscheidende Größe erweisen sich die gewerkschaftlichen Organisationsgrade im Unternehmen und die damit verbundenen gewerkschaftlichen Relais und Betreuungsverhältnisse im jeweiligen Konzern. Daraus folgt allerdings auch, dass in Branchen oder Unternehmen, in denen im Gegensatz zu unseren Untersuchungsfällen diese Bedingungen nicht erfüllt sind, eine Vereinbarungspraxis Raum greifen kann, bei der (gewerkschaftlich nicht oder schwach angebundene) Europäische Betriebsräte, die gegebenenfalls auch durch die Unternehmensleitung einseitig vereinnahmt und instrumentalisiert werden, Vereinbarungen abschließen, die in Konflikt mit nationalen Strukturen und Traditionen geraten können.[19]

Insgesamt aber legt unsere Untersuchung die Schlussfolgerung nahe, dass auch eine sich weiter dynamisierende transnationalen Vereinbarungspolitik nicht zum Erosionsvehikel nationaler Mitbestimmungs- und Kollektivvertragstraditionen wird, mit ihr also keine weitreichenden systemischen Transformationseffekte verbunden sein werden. Nicht die Transnationalisierung betrieblicher Arbeitsbeziehungen wird mittelfristig zu einem gleichsam von außen kommenden Problem für die Stabilität nationaler (betrieblicher) Arbeitsbeziehungen und für die darin zum Tragen gebrachte Gewerkschaftsmacht. Gravierender ist vielmehr eine schleichende Erosion von innen, die sich in zahlreichen EU-Ländern in Gestalt rückläufiger gewerkschaftlicher Organisationsgrade, abnehmender tariflicher Deckungsraten, Verbandsflucht im Arbeitgeberlager etc. ausdrückt.

(5) Schließlich stellt sich die Frage, ob und inwieweit die transnationale Vereinbarungspolitik auch auf die europäisch sektorale und sektorübergreifende Ebene von Arbeits- und Tarifbeziehungen in der EU ausstrahlt und mithin auch Wirkungen auf der europäischen Ebene des Mehrebenengefüges insgesamt entfaltet. Auf der Ebene der EU interagieren die europäischen Dachverbände der Gewerkschaften und Arbeitgeber im Rahmen des institutionalisierten Sozialen Dialogs und die sektoralen Verbände im Rahmen von derzeit rund 40 Ausschüssen des

---

19 Die in Kapitel 4.4 analysierte Vereinbarungspraxis bei ABB weist tendenziell in diese Richtung. Gewerkschaftliche Bedenken wurden in diesem Fall seitens des Europäischen Betriebsrats nicht Ernst genommen und berücksichtigt.

Sektoralen Sozialen Dialogs (zur Entwicklung und den Ergebnissen dieser Dialogpolitik siehe Platzer/Müller 2009: 783ff.).

Ein solcher Blick auf den Gesamtzusammenhang der Arbeitsbeziehungen auf europäischer Ebene schließt auch eine denkbare Wirkungskette ein, wonach Europäische Betriebsräte als Transmissionsagenturen der innerbetrieblichen Umsetzung und Überwachung von sektoralen und sektorübergreifenden Sozialpartnervereinbarungen fungieren. Diese Optionen tauchen in einzelnen Strategiedebatten der europäischen Gewerkschaften bereits auf. Nach diesem Szenario würden aktive, zumal verhandlungserfahrene Europäische Betriebsräte – in jeweils konzertierten Aktionen – Themen und Verhandlungsmaterien aufgreifen, konzernintern vermitteln und verhandeln, welche auch Gegenstand der sektoralen Sozialdialoge sind bzw. sein könnten. Auf diese Weise würde die konzernbezogene Vereinbarungspolitik einer auf europäischer Branchenebene angestrebten (Rahmen-)Regulierung betriebliche Erfahrungsgrundlagen und politische Impulse verleihen. Es sind in der Tat in zahlreichen Sektoren Konstellationen denkbar, in denen die Europäischen Betriebsräte in großen, die jeweilige Branche beherrschenden Konzernen eine solche – gewerkschaftlich gesteuerte und flankierte – Rolle übernehmen könnten und mittels Pilotvereinbarungen die sektoralen europäischen Arbeitsbeziehungen in den Feldern der Industriepolitik und Arbeitspolitik unterstützen oder gar vorantreiben könnten.

Die realen Entwicklungen sind gegenwärtig noch nicht über das Stadium von strategischen Denkansätzen hinausgekommen. Noch sind keine dauerhaften produktiven Wechselwirkungen etabliert, die zu einer Art Koevolution zwischen der transnational-betrieblichen und der europäisch-sektoralen bzw. -sektorübergreifenden Arbeitsbeziehungsebene führen würde. Perspektivisch sind derartige Entwicklungen aus folgenden Gründen gleichwohl denkbar und möglich. Die eingangs in Kapitel 3.1 analysierte politisch-ökonomische EU-Integrationsdynamik und der dort skizzierte Stand der sektorübergreifenden Arbeitsbeziehungen auf europäischer Ebene haben die Probleme einer substantiellen Weiterentwicklung transnationaler Arbeitsbeziehungen ebenso deutlich gemacht wie die Notwendigkeit einer weitergehenden Erwerbsregulierung auf europäischer Ebene. Eine überstaatliche Erwerbsregulierung wird – legt man die gegenwärtige politische Machtarchitektur der EU zu Grunde – in der voraussehbaren Zukunft in starkem Maße auf Ansätzen einer *private governance* durch die Arbeitsmarktakteure basieren (müssen). Die Konzernebene stellt – angetrieben durch die Entwicklungs- und Steuerungslogik der Konzerne selbst – ein zentrales Feld zur Erprobung und Weiterentwicklung einer solchen Politik dar. Das transnationale Unternehmen ist nach aller Voraussicht auch künftig der zentrale Ort und der dynamischste Pol der Europäisierung der Arbeitsbeziehungen. Europäische Unternehmensvereinbarungen sind ebenso Ausdruck wie Vehikel dieser Entwicklung.

Literatur

Ales, E.; Engblom, S.; Jaspers, T.; Laulom, S.; Sciarra, S.; Sobczak, A.; Valdés Dal-Ré, F. (2006): Transnational Collective Bargaining: Past, Present and Future. Brussels: European Commission

Armingeon, K. (1994): Arbeitsbeziehungen und Staat. Ein internationaler Vergleich. Opladen: Westdeutscher Verlag

Arrowsmith, J.; Marginson, P. (2006): The European cross-border dimension to collective bargaining in multinational companies. In: European Journal of Industrial Relations, Vol. 12 (3), S. 245–266

Bähr, H.; Treib, O.; Falkner, G. (2008): Von Hierarchie zu Kooperation? Zur Entwicklung von Governance-Formen in zwei regulativen Politikfeldern der EU. In: Tömmel, I. (Hg.): Die Europäische Union. Governance und Policy-Making. Politische Vierteljahresschrift, Sonderheft 40, S. 92–115

Bayer (2006): Bayer-Nachhaltigkeitsbericht 2006 (Internet: http://www.nachhaltigkeit2006.bayer.de/de/Nachhaltigkeitsbericht-2006-Mitarbeiter.pdfx; zuletzt aufgesucht am 13.10.2010)

Bé, D. (2008): A report on the European Commission initiative for a European framework for transnational collective bargaining. In: Papadakis, K. (eds.): Cross-Border Social Dialogue and Agreements: An emerging global industrial relations framework? Geneva: International Labour Office and International Institute for Labour Studies

Bispinck, R. (2004): Kontrollierte Dezentralisierung der Tarifpolitik – Ein schwierige Balance. In: WSI-Mitteilungen, Vol. 57 (5), S. 237–245

Blanke, T. (1999): Europäisches Betriebsrätegesetz, EBRG-Kommentar. Baden-Baden: Nomos

Börzel, T.; Risse, T. (2003): Conceptualizing the Domestic Impact of Europe. In: Featherstone, K.; Radaelli, C. (eds.): The Politics of Europeanization. Oxford: University Press, S. 57–82

Bosch, A.; Ellguth, P.; Schmidt, R.; Trinczek, R. (1999): Betriebliches Interessenhandeln – Zur politischen Kultur der Austauschbeziehungen zwischen Management und Betriebsrat in der westdeutschen Industrie. Opladen: Leske + Budrich

Brandl, S. (2006): Nachholende Internationalisierung? Zur Dynamik Internationaler Rahmenvereinbarungen. In: Industrielle Beziehungen, Vol. 13 (3), S. 270–281

Busch, K.; Platzer, H.-W. (2010): Europäisierung der Tarifpolitik und Konzernpolitik im Dienstleistungssektor (unveröffentlichter Forschungsantrag)

Businesseurope (2009): Speaking Note. Commission Expert Group on Transnational Company Agreements. Brussels, 14 May 2009 (Internet: http://www.nho.no/getfile.php/bilder/RootNY/EU_UNICE/BE%20speaking%20notes%20vedr%F8rende%20Transnational%20Company%20Agreements,%2014.05.09.pdf; zuletzt aufgesucht am 25.08.2010)

Carley, M. (2001): Bargaining at European level? Joint texts negotiated by European Works Councils. Luxembourg: Office for Official Publications of the European Communities

Carley, M.; Hall, M. (2006): European Works Councils and transnational restructuring. Luxembourg: Office for Official Publications of the European Communities

Cowles, M.; Caporaso, J.; Risse, T. (eds.) 2001: Transforming Europe: Europeanization and Domestic Change. Ithaka/New York: Cornell University Press

Da Costa, I.; Rehfeldt, U. (2007): European Works Councils and transnational bargaining about restructuring in the auto industry. In: Transfer, Vol. 13 (2), S. 313–316

Daimler-GBR (2008): Tätigkeitsbericht 2007. Stuttgart: Daimler-Gesamtbetriebsrat

Dehnen, V. (2010): Quantitative Übersicht zu Europäischen Betriebsräten und Internationalen Rahmenvereinbarungen (unveröffentlichtes Manuskript)

Devetzi, S.; Platzer, H.-W. (Hg.) 2009: Offene Methode der Koordinierung und Europäisches Sozialmodell. Interdisziplinäre Perspektiven. Stuttgart: ibidem-Verlag

EADS-EBR (2009): Europäischer Betriebsrat der EADS. Power-Point-Präsentation des EBR-Vorsitzenden (unveröffentlicht)

Ebbinghaus, B.; Visser, J. (1997): Der Wandel der Arbeitsbeziehungen im westeuropäischen Vergleich. In: Hradil, S.; Immerfall, S. (Hg.): Die westeuropäischen Gesellschaften im Vergleich. Opladen: Leske + Budrich, S. 333–376

Eichner, V.; Voelzkow, H. (1994): Europäische Regulierung im Arbeitsschutz. Überraschungen aus Brüssel und ein erster Versuch ihrer Erklärung. In: Eichner, V.; Voelzkow, H. (Hg.): Europäische Integration und verbandliche Interessenvermittlung. Marburg: Metropolis, S. 385–417

Eller-Braatz, E; Klebe, T. (1998): Benchmarking in der Automobilindustrie – Folgen für Betriebs- und Tarifpolitik am Beispiel General Motors Europe. In: WSI-Mitteilungen, Vol. 51 (7), S. 442–450

EMB (2001): EMB-Positionspapier zum Europäischen System der Industriellen Beziehungen (IRS). In: EMB (2006): Milestones – Jalons – Meilensteine. Brüssel: EMB, S. 292–299

EMB (2006): Politischer Ansatz des EMB zur Gewährleistung von sozial verantwortlichen Umstrukturierungen. In: EMB-Handbuch. Bewältigung von Restrukturierungen in transnationalen Unternehmen. Brüssel: EMB, S. 11–15

EMB (2008a): Pressemitteilung: Verteidigung der Arbeitsplätze und der industriellen Zukunft von ArcelorMittal (Internet: http://www.emf-fem.org/Press/Press-release-archive/2008/Defending-jobs-and-an-industrial-future-in-ArcelorMittal; zuletzt aufgesucht am 18.01.2011)

EMB (2008b): Neuverhandlung der EBR-Vereinbarung bei EADS. Anschreiben an alle EMB-Mitgliedsorganisationen vom 14. Oktober 2008 (unveröffentlicht)

Erne, R. (2004): European Labour – An Actor of Euro-Democratisation, Euro-Technocracy or Re-Nationalisation. Thesis, Florence: European University Institute

ETUC (2005): The Coordination of Collective Bargaining in 2006. Resolution adopted by the ETUC Executive Committee, Brussels 5–6 December. In: ETUC, ETUC Resolutions 2005. Brussels: ETUC, S. 114–122

ETUI (2010): EWC database, July 2010 (Internet: http://www.ewcdb.eu/documents/freegraphs/2010_10_EN.pdf; zuletzt aufgesucht am 01.04.2011)

ETUI-REHS (2007): Benchmarking Working Europe. Brussels: ETUI-REHS

Europäische Kommission (1998): Mitteilung der Kommission: Anpassung und Förderung des Sozialen Dialogs auf Gemeinschaftsebene. Brüssel, 20.5.1998. Kom(1998) 322 endg. (Internet: http://eur-lex.europa.eu/LexUriServ/LexUriServ.do?uri=COM:1998:0322:FIN:DE:PDF; zuletzt aufgesucht am 03.06.2009)

Europäische Kommission (2003): Gemeinsame Erklärung der europäischen Sozialpartner des Banksektors über Lebenslanges Lernen im Banksektor (Internet: http://ec.europa.eu/employment_social/dsw/public/actRetrieveText.do?id=9945; zuletzt aufgesucht am 09. 02.2011)

European Commission (2005a): Communication from the Commission on the Social Agenda. Brussels, 9.2.2005, COM (2005) 33 final (Internet: http://eur-lex.europa.eu/LexUriServ/LexUriServ.do?uri=COM:2005:0033:FIN:EN:PDF; zuletzt aufgesucht am 01.04.2010)

European Commission (2005b): EU Bank social partners joint statement: Employment and social affairs in the European banking sector: some aspects related to CSR (Internet: http://ec.europa.eu/employment_social/dsw/public/actRetrieveText.do?id=10621; zuletzt aufgesucht am 09.02.2011)

European Commission (2008a): Mapping of transnational texts negotiated at corporate level (Internet: http://ec.europa.eu/social/main.jsp?catId=707&langId=en&intPageId=214; zuletzt aufgesucht am 01.04.2010)

European Commission (2008b): The role of transnational company agreements in the context of increasing international integration. Commission Staff Working Document, Brussels, 2.7.2008, SEC(2008) 2155 (Internet: http://eur-lex.europa.eu/LexUriServ/LexUriServ.do?uri=SEC:2008:2155:FIN:EN:PDF; zuletzt aufgesucht am 01.04.2010)

European Commission (2009): Latest examples of transnational texts. Working document (Internet: http://ec.europa.eu/social/main.jsp?catId=707&langId=en&intPageId=214; zuletzt aufgesucht am 22.12.2010)

European Commission (2010): Study on the characteristics and legal effects of agreements between companies and workers' representatives. Call for Tenders VT/2010/051. In: Official Journal no. 2010/S 122-184831 on 26/06/2010 (Internet: http://ec.europa.eu/social/main.jsp?catId=625&langId=en&callId=278&furtherCalls=yes; zuletzt aufgesucht am 04.05. 2011)

European Commission (2011): Consultation of the European Social Partners. An EU framework for anticipation and management of change and restructuring. Brussels

European Foundation for the Improvement of Living and Working Conditions (2005): EWC case studies. EADS (Internet: www.eurofound.europa.eu/pubdocs/2005/7141/en/1/ef057141en.pdf; zuletzt aufgesucht am 12.1.2011)

Fichter, M.; Sydow, J. (2008): International Framework Agreements: Ein Instrument der Mehr-Ebenen-Governance auf dem Prüfstand. Forschungsprojekt der Hans-Böckler-Stiftung (Internet: http://www.boeckler.de/show_project_fofoe.html?projectfile=S-2008-141-2.xml; zuletzt aufgesucht am 5.4.2011)

Fulton, L. (1998): Arbeitsbeziehungen und Europäische Betriebsräte in Großbritannien. In: Lecher, W. (Hg.): Europäische Betriebsräte und Arbeitsbeziehungen – zur Lage und Entwicklung in Großbritannien, Frankreich und Italien. Graue Reihe 128. Düsseldorf: Hans-Böckler-Stiftung, S. 7–26

Fulton, L. (2009): Arbeitnehmerbeteiligung in Europa. Labour Research Department und ETUI (Internet: http://de.worker-participation.eu/Nationale Arbeitsbeziehungen; zuletzt aufgesucht am 8.3.2011)

Haipeter, T. (2006): Der Europäische Betriebsrat bei General Motors – Auf dem Weg zur europäischen Mitbestimmung? In: WSI-Mitteilungen, Vol. 59 (11), S. 617–623

Hall, M.; Hoffmann, A.; Marginson, P.; Müller, T. (2003): National Influences on European Works Councils in UK- and US-based Companies. In: Human Resource Management Journal, Vol. 13 (4), S. 75–92

Hall, P.; Soskice, D. (2001): Varieties of Capitalism. The institutional foundations of comparative advantage. Oxford: Oxford University Press

Hassel, A.; Höpner, M.; Rehder, B.; Zugehör, R., (2000): Dimensionen der Internationalisierung: Ergebnisse der Unternehmensdatenbank „Internationalisierung der 100 größten Unternehmen in Deutschland". MPIfG Workingpaper 00/1 (Internet: http://www.mpifg.de/pu/workpap/wp00-1/wp00-1.html; zuletzt aufgesucht am 23.05.2010)

Hauser-Ditz, A.; Hertwig, M.; Pries, L.; Rampeltshammer, L. (2010): Transnationale Mitbestimmung? Zur Praxis Europäischer Betriebsräte in der Automobilindustrie (unter Mitarbeit von J. Buchholz und V. Mählmeier). Frankfurt/M., New York: Campus

Hege, A. (1996): Trade union identity and workplace representation: Do works councils make a difference? Coventry: IRRU, University of Warwick

Hege, A.; Dufour, C. (1995): Decentralization and Legitimacy in Employee Representation: A Franco-German Comparison. In: European Journal of Industrial Relations, Vol. 1 (1), S. 83–99

Hellmann, M. (2007): Social partnership at the global level: Building and Wood Workers' International experiences with International Framework Agreements. In: Schmidt, V. (eds.): Trade union responses to globalization: A review by the Global Union Research Network. Geneva: International Labour Office, S. 23–34

Hertwig, M.; Pries, L.; Rampeltshammer, L. (2009): European Works Councils as international non-profit-organisations: an organisational approach to a crucial element of Europeanisation. In: Hertwig, M.; Pries, L.; Rampeltshammer, L. (eds.): European Works Councils in Complementary Perspectives. Brussels: ETUI, S. 13–46

Hirsch-Kreinsen, H. (2010): Multinationale Unternehmen. In: Böhle, F.; Voß, G.; Wachtler, G. (Hg.): Handbuch Arbeitssoziologie. Wiesbaden: VS, S. 597–617

Höland, A., (1997), Mitbestimmung und Europa. Expertise für das Projekt „Mitbestimmung und neue Unternehmenskulturen" der Bertelsmann Stiftung und der Hans-Böckler-Stiftung. Gütersloh: Verlag Bertelsmann Stiftung

Höpner, M.; Schäfer, A. (2010): Grenzen der Integration – wie die Intensivierung der Wirtschaftsintegration zur Gefahr für die politische Integration wird. In: integration, Vol. 33 (1), S. 3–20

IG Metall (2008): Beteiligung der Arbeitnehmer am wirtschaftlichen Erfolg bei John Deere. Präsentation des EMB-Koordinators des John-Deere-EBR anlässlich des europäischen gewerkschaftlichen Koordinierungstreffens am 6.6.2008 (unveröffentlicht)

International Metalworkers' Federation (2006): Recommendations of the International Framework Agreement (IFA) Conference. Geneva: IMF

Jachtenfuchs, M.; Kohler-Koch, B. (1996): Regieren im dynamischen Mehrebenensystem. In: Jachtenfuchs, M.; Kohler-Koch, B. (Hg.): Europäische Integration. Opladen: Leske + Budrich, S. 15–44

Jagodzinski, R. (2007): Involving European Works Councils in Transnational Negotiations – a Positive Functional Advance in their Operations or Trespassing? In: Industrielle Beziehungen, Vol. 14 (4), S. 316–333

Jürgens, U. (1984): Die Entwicklung von Macht, Herrschaft und Kontrolle im Betrieb als politischer Prozeß – eine Problemskizze zur Arbeitspolitik. In: Leviathan, Sonderheft 5/1983. Opladen: Westdeutscher Verlag, S. 58–91

Kädtler, J. (2006): Sozialpartnerschaft im Umbruch. Industrielle Beziehungen unter den Bedingungen von Globalisierung und Finanzmarktkapitalismus. Hamburg: VSA

Keller, B. (1996): Nach der Verabschiedung der Richtlinie zu Europäischen Betriebsräten: von enttäuschten Erwartungen, unerfüllbaren Hoffnungen und realistischen Perspektiven. In: WSI-Mitteilungen, Vol. 49 (8), S. 470–482

Keller, B. (2007): An Optional Framework for Transnational Collective Bargaining: Old Wine in New Bottles or a Major Breakthrough. In: Jacobi, O.; Jepsen, M.; Keller, B.; Weiss, M. (eds.): Social Embedding and the Integration of Markets – an Opportunity for Transnational Trade Union Action or an Impossible Task? Düsseldorf: Hans-Böckler-Stiftung, S. 179–191

Keller, B.; Platzer, H.-W. (2003): Introduction: The Europeanisation of Industrial Relations. in: Keller, B.; Platzer, H.-W. (eds) Industrial Relations and European Integration. Trans- and Supranational Developments and Prospects. Aldershot: Ashgate, S. 1–10

Knudsen, H. (2003): European Works Councils: A Difficult Question for Trade Unions. In: Foster, D.; Scott, P. (eds.): Trade Unions in Europe. Meeting the Challenge. Brussels: Peter Lang, S. 145–166

Kohl, H.; Platzer, H.-W. (2004): Industrial Relations in Central and Eastern Europe. Transformation and Integration. A Comparison of the eight new EU member states. Brussels: European Trade Union Institute

Kohl, H.; Platzer, H.-W. (2007): West-East trade Union Cooperation and Integration in the new Europe: Barriers, Challenges and Opportunities. In: Jacobi, O.; Jepsen, M.; Keller, B.; Weiss, M. (eds.): Social Embedding and the Integration of Markets. An Opportunity for Transnational Trade Union Action or an Impossible Task? Düsseldorf, Hans-Böckler-Stiftung, S. 193–215

Kotthoff, H. (2005): EU-Osterweiterung: die aktuelle Herausforderung für den Europäischen Betriebsrat. Erste Basiskontakte zwischen West und Ost. Eine Kurzrecherche im Auftrag der Hans-Böckler-Stiftung und der Otto-Brenner-Stiftung. Düsseldorf: Hans-Böckler-Stiftung

Kuhlmann, M. (2009): Perspektiven der Arbeitspolitik nach der Krise: Entwicklungslinien und Handlungsbedingungen. In: WSI-Mitteilungen, Vol. 62 (12), S. 675–682

Lecher, W.; Nagel, B.; Platzer, H.-W. (1998): Die Konstituierung Europäischer Betriebsräte – Vom Informationsforum zum Akteur? Eine vergleichende Studie von acht Konzernen in Deutschland, Frankreich, Großbritannien und Spanien. Baden-Baden: Nomos

Lecher, W.; Platzer, H.-W.; Rüb, S.; Weiner, K.-P. (1999): Europäische Betriebsräte – Perspektiven ihrer Entwicklung und Vernetzung. Baden-Baden: Nomos

Lecher, W.; Platzer, H.-W.; Rüb, S.; Weiner, K.-P. (2001): Verhandelte Europäisierung. Die Einrichtung Europäischer Betriebsräte – Zwischen gesetzlichem Rahmen und sozialer Dynamik. Baden-Baden: Nomos

Leiber, S.; Schäfer, A. (2008): Der doppelte Voluntarismus in der EU-Sozial- und Beschäftigungspolitik. In: Tömmel, I. (Hg.): Die Europäische Union. Governance und Policy-Making. Politische Vierteljahresschrift, Sonderheft 40, S. 116–138

Léonard, E.; Erne, R.; Marginson, P.; Smismans, S. (2007): New structures, forms and processes of governance in European industrial relations. Luxembourg: Office for Official Publications of the European Communities

Mählmeier, V. (2010): Vom Informations- und Konsultationsgremium zum Verhandlungspartner? Eine Analyse der Bedingungen zur Entwicklung der Handlungsfähigkeit eines Europäischen Betriebsrates (EBR) am Beispiel des Ford EBR im Verselbständigungsprozess der Visteon-Komponentensparte bei Ford of Europe. Bochum: Ruhr-Universität Bochum (Magisterarbeit)

Marginson, P.; Hall, M.; Hoffmann, A.; Müller, T. (2004): The impact of European Works Councils on management decision making in UK- and US-based multinationals. In: British Journal of Industrial Relations 42 (2), 209–233

Marginson, P.; Sisson, K. (2004): European Integration and Industrial Relations. Multi-Level Governance in the Making (with the collaboration of J. Arrowsmith). Basingstoke: Palgrave Macmillan

Miller, D. (2004): Preparing for the Long Haul – Negotiating International Framework Agreements in the Global Textile, Garment and Footwear Sector. In: Global Social Policy, Vol. 4 (2), S. 215–239

Müller, T.; Hall, M.; Hoffmann, A.; Marginson, P. (2001): Die Auswirkungen Europäischer Betriebsräte auf betriebliche Arbeitsbeziehungen und Managemententscheidungen in angelsächsischen Unternehmen. In: WSI-Mitteilungen, Vol. 54 (12), S. 767–774

Müller, T.; Hoffmann, A. (2001): EWC Research: A Review of Literature. Warwick Papers in Industrial Relations 65, University of Warwick (Internet: http://www2.warwick.ac.uk/fac/soc/wbs/research/irru/wpir/wpir65.pdf; zuletzt aufgesucht am 15.12.2010)

Müller, T.; Platzer, H.-W.; Rüb, S. (2004): Globale Arbeitsbeziehungen in globalen Konzernen? Zur Transnationalisierung betrieblicher und gewerkschaftlicher Politik. Wiesbaden: VS

Müller, T.; Platzer, H.-W.; Rüb, S. (2010): Transnational company policy and coordination of collective bargaining – new challenges ad roles for European industry federations. In: Transfer, Vol. 16 (4), S. 509–524

Müller, T.; Rüb, S. (2007): Coming of age: the development of a collective identity in European Works Councils. In: Whittall et al. 2007, S. 198–213

Papadakis, K. (2008): Cross-Border Social Dialogue and Agreements: An emerging global industrial relations framework? Geneva: International Labour Office, International Institute for Labour Studies

Pichot, E. (2006): Transnational texts negotiated at corporate level: facts and figures, European Commission, study seminar „Transnational Agreements“, 17 May 2006. Working Document, Brussels: European Commission

Platzer, H.-W (1998): Arbeitsbeziehungen in der transnationalen Ökonomie und Mehrebenenpolitik der EU. Wandel nationaler Systeme und Europäisierungsprozesse. In: Schmid, J.; Niketta, R. (Hg.): Wohlfahrtstaat. Krise und Reform im Vergleich, Marburg: Metropolis-Verlag, S. 237–271

Platzer, H.-W. (2002): Europäisierung und Transnationalisierung der Arbeitsbeziehungen in der EU. In: Internationale Politik und Gesellschaft, Nr. 2, S. 103–121

Platzer, H.-W. (2009a): Europäisches Sozialmodell und sozialpolitisches Regieren (in) der EU. Zum integrationspolitischen Kontext der Offenen Methode der Koordinierung. In: Devetzi/Platzer 2009, S. 83–120

Platzer, H.-W. (2009b): Konstitutioneller Minimalismus: die EU-Sozialpolitik in den Vertragsreformen von Nizza bis Lissabon. In: integration, Vol. 32 (1), S. 33–49

Platzer, H.-W. (2011): Das Europäische Sozialmodell auf dem Prüfstand. Zur wissenschaftlichen Modelldebatte und den Perspektiven der Europäischen Sozialpolitik unter den Vorzeichen der Weltwirtschafts- und Eurokrise und des EU-Reformvertrages. In: Hentges, G.; Platzer, H.-W. (Hg.): Europa – quo vadis? Ausgewählte Problemfelder der europäischen Integrationspolitik. Wiesbaden: VS, S. 93–126

Platzer, H.-W.; Müller, T. (2009): Die globalen und europäischen Gewerkschaftsverbände. Handbuch und Analysen zur transnationalen Gewerkschaftspolitik (unter Mitarbeit von S. Rüb, T. R. Oettgen und M. Helmer). Berlin: edition sigma

Platzer, H.-W.; Rüb, S. (1999): Europäische Betriebsräte: Genese, Formen und Dynamiken ihrer Entwicklung – eine Typologie. In: Industrielle Beziehungen, Vol. 6 (4), S. 393–426

Radaelli, C. (2000): Whither Europeanisation? Concept stretching and substantial change. European Integration online Papers (EloP), Vol. 4 (8) (Internet: http://eiop.or.at/eiop/texte/2000-008.htm; zuletzt aufgesucht am 26.04.2011)

Riisgaard, L. (2004): The IUF/COLSIBA – Chiquita framework agreement – A Case Study. Working Paper No. 94, Geneva: ILO

Roth, S.; Kuckelkorn, W. (2000): Vereinbarung des Ford-EBR mit der Ford-Konzernspitze zur Verselbständigung der Ford Visteon-Organisation (unveröffentlicht)

Rüb, S. (2009): Die Transnationalisierung der Gewerkschaften. Eine empirische Untersuchung am Beispiel der IG Metall. Berlin: edition sigma

Scharpf, F.W. (2002): The European Social Model. Coping with the Challenges of Diversity. In: Journal of Common Market Studies, Vol. 40 (4), S. 645–670

Schneider, R. (2004): Arbeitsbeziehungen und Europäischer sozialer Dialog auf Konzernebene am Beispiel Arcelor. EMB Focus No. 2 (Internet: http://www.emf-fem.org/Press/Publications/Focus; zuletzt aufgesucht am 04.12.2006)

Schömann, I.; Sobczak,A.; Voss, E.; Wilke, P. (2008): Codes of conduct and international framework agreements: New forms of governance at company level. Luxembourg: Office for Official Publications of the European Communities

Schulten, T. (1996): European Works Councils. Prospects for a new system of European industrial relations. In: European Journal of Industrial Relations, Vol. 2 (3), S. 303–324

Schulten, T. (2004): Solidarische Lohnpolitik in Europa – Zur politischen Ökonomie der Gewerkschaften. Hamburg: VSA

Sofsky, W.; Paris, R. (1994): Figurationen sozialer Macht. Autorität – Stellvertretung – Koalition. Frankfurt/M.: Suhrkamp

Stevis, D.; Boswell, T. (2006): International Framework Agreements: Opportunities and Challenges for Global Unionism. Conference Paper, International conference "Global Companies – Global Unions – Global Research – Global Campaigns". New York, February 9–11, 2006

Strauss, A. (1978): Negotiations: Variations, Contexts, Processes and Social Order. San Francisco: Jossey-Bass

Strauss, A.; Schatzmann, L.; Bucher, R.; Ehrlich, D.; Sabshin, M. (1964): Psychiatric Ideologies and Institutions. London: Free Press of Glencoe

Streeck, W. (1979): Gewerkschaftsorganisationen und industrielle Beziehungen. In: Gewerkschaftliche Monatshefte, Vol. 30 (11), S. 721–733

Streeck, W. (1997): Neither European nor Works Councils. A Reply to Paul Knudsen. Economic and Industrial Democracy, Vol. 18 (2), S. 325–337

Streeck, W. (1999): Europas etwas andere Architektur. In: Die Mitbestimmung, 45, S. 12–24

Strübing, J. (2007): Anselm Strauss. Konstanz: UVK

Tchobanian, R. (1995): France: From Conflict to Social Dialogue? In: Rogers, J.; Streeck, W. (Hg.): Works Councils. Consultation, Representation, and Cooperation in Industrial Relations. Chicago und London: University of Chicago Press, S. 115–152

Telljohann, V.; da Costa, I.; Müller, T.; Rehfeldt, U.; Zimmer, R. (2009): European and international framework agreements: practical experiences and strategic approaches. Luxembourg: Office for Official Publications of the European Communities

Tørres, L.; Gunnes, S. (2003): Global Framework Agreements: A new tool for International Labour. Oslo: FAFO

Traum, D. (2005): Europäische Betriebsräte. Eine empirische und theoretische Analyse aus der Perspektive der Systemtheorie. München, Mering: Rainer Hampp

Traxler, F. (1995): Entwicklungstendenzen in den Arbeitsbeziehungen Westeuropas. In: Mesch, M. (Hg.): Sozialpartnerschaft und Arbeitsbeziehungen in Europa, Wien: Manz, S. 161–214

Traxler, F. (1997): Globalisierung als Herausforderung organisierter Arbeitsbeziehungen. In: Wirtschaft und Gesellschaft, Vol. 23 (4), S. 449–464

Traxler, F.; Blaschke, S.; Kittel, B. (2001): National Labour Relations in Internationalized Markets. Oxford: Oxford University Press

Treib, O. (2004): Der EU-Verfassungsvertrag und die Zukunft des Wohlfahrtsstaates in Europa. IHS Working Paper Political Science Series 99. Wien: Institut für Höhere Studien

UniCredit (2008): First Group Workshop on Industrial Relations and Social Dialogue (Internet: http://www.unicreditgroup.eu/en/events/Event0013.htm; zuletzt aufgesucht am 25. 11.2009)

Voss, E. (2006): The experience of European Works Councils in the new EU member states. Luxembourg: Office for Official Publications of the European Communities

Voss, E.; Jagodzinski, R. (2006): EWCs in the new Member States – Case Study: ABB (Internet: http://www.eurofound.europa.eu/publications/htmlfiles/ef06651.htm; zuletzt aufgesucht am 23.9.2010)

Waddington, J. (2006): Was leisten Europäische Betriebsräte? – Die Perspektive der Arbeitnehmervertreter. In: WSI-Mitteilungen, Vol. 59 (10), S. 560–567

Waddington, J. (2011): European Works Councils. A Transnational Industrial Relations Institution in the Making. New York, Abingdon: Routledge

Weiler, A. (2004): European works councils in practice. Luxembourg: Office for Official Publications of the European Communities

Weinert, R. (2007): Europäische Restrukturierungsprozesse und Arbeitnehmerbeteiligung in europäischen Großunternehmen der Metallindustrie. Das Beispiel General Motors Europe. Abschlussbericht, Berlin. Internet: http://www.boeckler.de/pdf_fof/S-2007-999-2-1.pdf, [download v. 11.2.2008]

Whittall, M.; Knudsen, H.; Huijgen, F. (eds.) 2007: Towards a European Labour Identity. The case of the European Works Council. Abingdon: Routledge

Wills, J. (1998): The experience and implications of European Works Councils in the UK. Working Paper No.3. Southampton University

Wills, J. (2002): Bargaining for the space to organise in the global economy: a review of the Accor-IUF trade union rights agreement. In: Review of International Political Economy, Vol. 9 (4), S. 675–700

Wirth, C. (2000): Industrielle Beziehungen als „negotiated order". In: Industrielle Beziehungen, Vol. 7 (1), S. 43–68

Abkürzungsverzeichnis

AEUV	Vertrag über die Arbeitsweise der Europäischen Union
ANV	Arbeitnehmervertretung
ASSD	Ausschuss für den Sektoralen Sozialdialog
BDA	Bundesvereinigung der Deutschen Arbeitgeberverbände
BEF	Bayer Europa-Forum
BVG	Besonderes Verhandlungsgremium
CC.OO	Confederación Sindical de Comisiones Obreiras
CEEMET	Council of European Employers of the Metal, Engineering and Technology-based Industries
CEEP	Centre Européen de l'Entreprise Public
CFDT	Confédération Française Démocratique du Travail
CFE-CGC	Confédération française de l'encadrement – Confédération générale des cadres
CFTC	Confédération française des travailleurs chrétiens
CGC	Confédération générale des cadres
CGIL	Confederazione Generale Italiana del Lavoro
CGT	Confédération Générale du Travail
CGT-FTM	Confédération Générale du Travail – Federation des Travailleurs de la Metallurgie
CoC	Code of Conduct
CSR	Corporate Social Responsibility
DGB	Deutscher Gewerkschaftsbund
EBR	Europäischer Betriebsrat
EFB	Europäischer Ford-Betriebsrat
EGB	Europäischer Gewerkschaftsbund
EGÖD	Europäischer Gewerkschaftsverband für den Öffentlichen Dienst
EMB	Europäischer Metallgewerkschaftsbund
EMCEF	European Mine, Chemical and Energy Workers' Federation
ETUC	European Trade Union Confederation
ETUI	European Trade Union Institute
ETUI-REHS	European Trade Union Institute – Research, Education, Health & Safety
EU	Europäische Union
EuGH	Europäischer Gerichtshof
EWC	European Works Council
EWG	Europäische Wirtschaftsgemeinschaft
fabi	Federazione Autonoma Bancari Italiani

FIBA-CISL	Federazione Italiana Bancari e Assicurativi
FIM-CISL	Federazione Italiana Metalmeccanici – Confederazione Italiana Sindacati Lavoratori
FIOM-CGIL	Federazione Impiegati Operai Metallurgici – Confederazione Generale Italiana del Lavoro
FISAC-CGIL	Federazione Italiana Sinidcato Assicurazione Credito – Confederazione Generale Italiana del Lavoro
FO	Force Ouvriére
GBR	Gesamtbetriebsrat
GM	General Motors
GME	General Motors Europe
GFT	Getrag Ford Transmissions GmbH
GUF	Global Union Federation
HOSPEEM	European hospital and healthcare employers' association
HR	Human Ressources
HRM	Human Ressource Management
IAO	Internationale Arbeitsorganisation
IFA	International Framework Agreement
IG BCE	Industriegewerkschaft Bergbau, Chemie, Energie
IG Metall	Industriegewerkschaft Metall
IGB	Internationaler Gewerkschaftsbund
IGM	IG Metall
ILO	International Labour Organisation
IMB	Internationaler Metallgewerkschaftsbund
IR	Industrial Relations
KBR	Konzernbetriebsrat
MOE	Mittel- und Osteuropa
ODEO	Open Dialogue through Equal Opportunities
OECD	Organisation for Economic Cooperation and Development
OMK	Offene Methode der Koordinierung
SE	Societas Europea
UAW	United Automobile Workers
UILCA-UIL	Uil Credito Esattorie e Assecurazioni – Unione Italiana del Lavoro
UGT	Unión General de Trabajadores
UNI	Union Network International
USW	United Steelworkers
ver.di	Vereinte Dienstleistungsgewerkschaft
WBR	Weltbetriebsrat

Verzeichnis der Abbildungen und Tabellen

Abbildungen

Tabellen

Ebenfalls bei edition sigma – eine Auswahl

Hans-Wolfgang Platzer, Torsten Müller unter Mitarb. v. Stefan Rüb, Thomas R. Oettgen, Matthias Helmer
Die globalen und europäischen Gewerkschaftsverbände
Handbuch und Analysen zur transnationalen Gewerkschaftspolitik
Forschung aus der Hans-Böckler-Stiftung, Bd. 109
2009 2 Bde., insges. 889 S. ISBN 978-3-8360- 8709-4 € 49,90

Pressestimmen:

»Dieser Doppelband zählt zu den umfassendsten, bislang erschienenen Analysen grenzüberschreitender Gewerkschaftspolitik und füllt damit eine gravierende Lücke in der Literatur. ... Insgesamt leisten sie [die Autoren] einen beeindruckenden Beitrag nicht nur zur Gewerkschaftsforschung, sondern generell zur Frage der Transnationalisierung und Europäisierung von Organisations- und Politikstrukturen vor dem Hintergrund von Globalisierung und politökonomischem Strukturwandel.« (Zs. f. Politikwiss., online 10.03.10)

»... eine Studie (...), die einen sehr wichtigen Beitrag zur politikwissenschaftlichen Verbände- und Gewerkschaftsforschung leistet. Mit dem sehr klaren Aufbau und der verständlichen Sprache kann sie – in Anlehnung an angelsächsische populärwissenschaftliche Literatur – einen über die Fachwissenschaften hinausreichenden Leserkreis erreichen, was der politischen Bedeutung dieser Thematik entspricht. Wer sich mit Globalisierung, deren sozialer Gestaltung und den neuen Herausforderungen an Organisation und Politik der Gewerkschaften beschäftigt, findet hier eine sehr umfassende, faktenreiche und aktuelle Studie, die in keiner Verwaltungsstelle der Gewerkschaften sowie in keiner wissenschaftlichen und öffentlichen Bibliothek fehlen sollte...« (Internationale Politik und Gesellschaft 2/2010)

»Ein Handbuch dieser Art war überfällig und wird für die nächsten Jahre sicherlich ein Standardwerk im Bereich der transnationaler Gewerkschaftsforschung darstellen.« (Gegenblende [DGB], Sept./Okt.2010)

Stefan Rüb
Die Transnationalisierung der Gewerkschaften
Eine empirische Untersuchung am Beispiel der IG Metall
Forschung aus der Hans-Böckler-Stiftung, Bd. 103
2009 336 S. ISBN 978-3-8360-8703-2 € 21,90

Matthias Klemm, Clemens Kraetsch, Jan Weyand
»Das Umfeld ist bei ihnen völlig anders«
Kulturelle Grundlagen der europäischen betrieblichen Mitbestimmung
Forschung aus der Hans-Böckler-Stiftung, Bd. 133
2011 199 S. ISBN 978-3-8360-8733-9 € 15,90

– bitte beachten Sie auch die folgende Seite –

Zeitfracht Medien GmbH
Ferdinand-Jühlke-Straße 7
99095 Erfurt, Deutschland
produktsicherheit@kolibri360.de